THE TWINKLE COLLECTION

Sylvie Hanot

Enseigner l'anglais à partir d'albums

CM1/CM2

RETZ
editions-retz.com

Sylvie Hanot est titulaire du CAFIPEMF généraliste et du CAFIPEMF Langues Vivantes Étrangères.
Elle est l'auteure du blog *Storytelling2*.

L'auteure remercie particulièrement :

Elisa, Marc et Alexandre Pinet pour leur patience et leur soutien

Les élèves de sa classe de CM1, pour leur enthousiasme et leur investissement
dans tous les projets d'anglais

– Valérie Paul, professeure d'anglais au collège des Baous de St Jeannet (06)

– Virginie Gorgone-Berger, PEMF à Vintimille, CE2-CM1-CM2, puis directrice d'école d'application

– Nathalie Leblanc, Conseillère Pédagogique Départementale Maitrise de la langue, académie de Nice et Formatrice Lettres à l'ESPE de Nice

– Karine Sadran, CPC de la circonscription de Vence

– Sylvie de Horsey, CM1-CM2 (St Jeannet, 06) et Julie Therenty, CM2 (Vence, 06)

– Frédérique Klein, Inspectrice de l'Éducation nationale, Anne Bayart-Villeneuve, Josiane Testi-Bury, Dominique Alcarini, CPD LVE et Frédéric Diezinger, PEMF à Bischoffsheim,
pour leurs encouragements depuis le début de l'aventure *Storytelling*

– Suzanna Kefford, parent d'élève anglophone

Retrouvez la playlist des vidéos de la méthode sur Youtube https://tinyurl.com/yautcdhz

Cet ouvrage suit l'orthographe recommandée par les rectifications de 1990
et les programmes scolaires.
Voir le site http://www.orthographe-recommandee.info et son miniguide d'information

ISBN : 978-2-7256-3839-3

Direction éditoriale : Sylvie Cuchin
Édition : Anne Marty
Préparation de copie : Bérengère de Rivoire
Corrections : Florence Richard

Conception de la maquette (couverture et intérieur) : Fusago
Illustration de couverture : Matthieu Roussel
Mise en page (ouvrage + DVD-Rom) : STDI
Réalisation du DVD-Rom : STUDIT
Recherche iconographique : Gabrielle Merizzi et Laurence Vacher
Illustrations : Jessica Secheret et istock
Photos : istock (sauf mention contraire à côté de la photo) et auteure
Projet : 10254313
Imprimé en France en mars 2020 chez Clerc (18)

PRÉFACE

Les ressources d'accompagnement des programmes de 2015 précisent que « *l'apprentissage des langues vivantes a, de manière directe ou indirecte, un intérêt pour l'apprentissage du français et inversement* ».

Forte de ce postulat, Sylvie Hanot fait le choix de l'éclairage réciproque des systèmes linguistiques mais également des convergences pour favoriser la compréhension, enrichir le lexique, s'approprier un discours et pour transmettre des messages.

Construire et consolider toutes ces compétences en s'appuyant sur une étude approfondie et pertinente de 8 albums de littérature de jeunesse anglophones est l'un de ses défis !

L'album, dans son texte et son histoire, va porter aussi bien les élèves par son effet motivant que par le nourrissage culturel et les croisements entre les enseignements que Sylvie Hanot dégage dans toutes ses séances d'apprentissage.

Des textes entendus aux mises en scène en passant par des activités ritualisées langagières et de multiples jeux, chaque support va permettre à l'élève d'apprendre en jouant, en s'exerçant, en se remémorant ou en mémorisant.

La mémorisation est sans cesse sollicitée et diversifiée dans son approche : des cinq sens à la réactivation afin de favoriser la consolidation grâce à l'interaction de la langue orale et écrite.

Des pistes de différenciation jalonnent chaque parcours linguistique afin d'être au plus près de chaque individualité.

L'évaluation est pensée de manière spiralaire tout en veillant à cibler chaque attendu et compétence du niveau A1.

Un projet d'apprentissage de l'anglais d'une grande originalité à la performance expérimentée et évaluée dans des classes pour vous accompagner au quotidien.

Nathalie Leblanc
Conseillère Pédagogique Départementale
Maitrise de la langue, académie de Nice
Formatrice Lettres à l'ESPE de NICE

SOMMAIRE

LA DÉMARCHE DE *STORYTELLING*

POURQUOI UTILISER LES ALBUMS DE LITTERATURE DE JEUNESSE ANGLO-SAXONNE ?

Les nouveaux programmes 2015 en langues vivantes pour le cycle 3 s'appuient à nouveau sur **cinq compétences langagières**, dont le nom a toutefois été légèrement modifié : **écouter et comprendre, lire et comprendre, écrire, réagir et dialoguer et parler en continu**. La finalité de la séquence de langue est avant tout de développer ces 5 compétences en vue d'atteindre le niveau A1 ou A2 du CECRL, sans omettre au cycle 3, l'analyse réflexive sur la langue qui enrichira, par comparaison, les connaissances de la langue maternelle des élèves.

La dimension culturelle occupe une large place dans ces nouveaux programmes ainsi que dans les documents d'accompagnement en anglais : **« la culture est le support de travail de la langue**. Il convient de garder à l'esprit l'âge des élèves du cycle 3 dans le choix des contenus culturels et linguistiques »**. Les albums de littérature de jeunesse choisis sont des supports authentiques visant à partager la culture d'enfants anglo-saxons d'âge similaire, avec un apport lexical et linguistique riches**. Ils correspondent aux goûts des élèves en proposant des histoires qui sollicitent l'aspect émotionnel et affectif. L'enseignant fait vivre l'album par une lecture interprétative et fréquente, la répétition faisant partie du processus d'apprentissage d'une langue. Mais elle n'est pas lassante, grâce au plaisir de retrouver les émotions suscitées par l'histoire. **Le *Storytelling*** n'est pourtant pas une simple narration d'histoires pour accompagner ou clore une séquence, mais **une démarche complète** qui **implique émotionnellement et cognitivement l'apprenant.** En effet, la démarche engage les élèves dans **un projet_d'apprentissage avec une tâche finale** leur permettant de progresser dans l'acquisition des cinq compétences langagières. **C'est une démarche qui donne du sens aux apprentissages** à travers **des projets liés aux albums** (théâtralisation, réécriture, écriture à la manière de ..., réalisation d'une capsule vidéo, construction d'un jeu ou d'une maquette, raconter l'histoire avec ses propres mots, etc), **avec des moments de compréhension active, de prise de parole et de production écrite**[1]. Cette démarche actionnelle préconisée par les nouveaux programmes a donc pleinement sa place dans le *Storytelling*. Les projets, en lien avec les albums en anglais, permettent de **développer la créativité langagière**[2] **des élèves**, même si elle reste modeste, au travers d'activités motivantes qui rendent les apprenants acteurs de leur apprentissage. Toutefois, les programmes rappellent que **« la tâche finale reste un moyen et non une fin. La finalité d'une séquence de langue est avant tout de développer les compétences langagières de l'élève** à travers une connaissance plus fine et plus approfondie de la langue et de la culture qui la sous-tend. » Avec le *Storytelling*, les apprenants peuvent exercer dans un objectif précis, en contexte et en situation de transfert, leurs compétences de compréhension, de prise de parole interactive ou continue, de lecture et d'écriture.

Si chaque album **amène un élément langagier intéressant sans détruire le plaisir de lire**, il arrive aussi que l'enseignant lise d'autres albums aux élèves, en rapport avec le thème étudié, comme supplément d'âme. Cette mise en réseau contribue à l'enrichissement de la culture littéraire mis en avant dans les nouveaux programmes.

---

1. « À chaque séquence correspond un scénario pédagogique qui comporte une série de tâches communicatives ; ce scénario est fédéré par un projet de fin de séquence permettant à l'élève de réinvestir en autonomie les compétences et les connaissances travaillées » et « En situation d'entraînement ou d'évaluation, en compréhension ou en expression, à l'oral ou à l'écrit, le développement de la compétence langagière des élèves s'effectue dans le cadre de réalisation de projets visant à impliquer les élèves dans une situation de communication dont le sens est explicite pour les élèves et qui les rend actifs. » (MEN, document d'accompagnement : élaborer une progression)
2. Sophie Rosenberger, docteur en linguistique et spécialisée dans l'apprentissage des langues vivantes à l'école dit que c'est la créativité langagière de l'élève qui est le moteur de l'apprentissage d'une langue.

Les nouveaux programmes insistent également sur **les croisements entre enseignements**[1]. Apprendre à faire des liens est une forme d'intelligence qui apprend à apprendre. C'est ainsi que fonctionne le cerveau, avec ses connexions, par **constellations associatives**. Le *Storytelling* permet de croiser les enseignements. On retrouvera ainsi des liens entre les séquences en anglais et la Géographie, les Mathématiques, les TUIC, les Enseignements Artistiques, les Sciences, l'EMC, le Français et l'EPS pour les activités de consolidation passant par le corps. **La dimension multi sensorielle** de l'apprentissage des langues vivantes préconisée par les documents d'accompagnement est exercée autant que possible dans les séances. Cette approche visant les canaux auditifs, kinesthésiques, visuels et rythmiques, favorise la mémorisation, chaque canal pouvant en réactiver un autre.

Pour finir, le document d'accompagnement en langues vivantes intitulé « élaborer une progression » accorde **une place privilégiée au récit** : « S'il convient, au fil du temps, d'initier les élèves à tous les types de discours, le récit est particulièrement indiqué tout au long du cursus et ce dès les débuts de l'apprentissage. Sa maîtrise progressive permet de faciliter le passage de l'école au collège. La narration est un bon support de la construction du discours en continu grâce, notamment, à l'exercice de la reformulation ou de la paraphrase. »

LE CHOIX DES ALBUMS

Chaque album a été choisi suivant plusieurs critères

D'abord, en fonction des thèmes culturels développés dans les documents d'accompagnement des langues vivantes qui recommandent quelques titres, mais aussi pour le lexique ou les structures langagières en lien avec le document sur les déclinaisons linguistiques. Ensuite, pour leur qualité littéraire : les auteurs, les illustrateurs ou les albums eux-mêmes ont été primés. Enfin, chaque ouvrage apporte son originalité : originalité plastique pour *Monsters love School*, qualité des illustrations et éloge de la diversité culturelle pour *Madlenka*, invitation au voyage pour *How to make an apple pie and see the world*, humour pour *The Gruffalo*, convocation des personnages de contes pour *Mr Wolf's pancakes* et références artistiques *dans My Mum* et *My Brother.*

Par ailleurs, les compétences construites autour des albums de littérature de jeunesse sont autant d'aptitudes qui enrichiront les activités de lecture en langue française, que ce soit lors de la prise d'indices dans les illustrations et pendant l'écoute du texte, pour l'attention portée aux héros ou aux lieux, pour le message véhiculé par l'auteur ou lorsque les élèves s'approprient l'histoire et la font vivre : ils entrent dans l'univers d'un auteur et vivent une aventure, le temps d'un album.

"A book is like an alligator's mouth: if you see one open, you will probably disappear inside."
Lemony Snicket, pseudonyme de l'auteur David Handler,
auteur de la série de romans *Les orphelins Baudelaire*.

À noter

LA DEMARCHE DE *STORYTELLING* DANS CET OUVRAGE, C'EST :

– Utiliser des supports authentiques et motivants pour les élèves (les albums) ;
– générer des projets qui donnent du sens aux apprentissages ;
– favoriser des situations de communication permettant de progresser dans les cinq compétences langagières : écouter et comprendre, lire et comprendre, écrire, réagir et dialoguer et parler en continu ;
– associer des activités de compréhension, de prise de parole et de production écrite et orale sollicitant autant que possible une approche multi sensorielle ;
– favoriser la créativité langagière des élèves ;
– développer une culture littéraire ;
– utiliser des supports permettant l'acquisition de connaissances sur la culture anglo-saxonne ;
– permettre de tisser des liens entre les enseignements, notamment avec le français ;
– favoriser les jeux de société qui mettent les élèves en situation de communication, les comptines et les chansons, pour la prise de parole continue, et les écoutes de dialogues pour la compréhension orale.

---

1. « Les activités langagières en langue vivante étrangère sont l'occasion de poursuivre le travail de comparaison du fonctionnement de la langue cible avec le français, entamé au cycle 2. Des projets interdisciplinaires peuvent impliquer le cours de langue vivante et un ou plusieurs des cours suivants : français, histoire, géographie, éducation musicale, arts plastiques, technologie, éducation physique et sportive… » (MEN, nouveaux programmes cycle 3 BO spécial n° 11)

PROGRAMMATION

Compétences langagières A1 (travaillées de manière spiralaire jusqu'à l'évaluation A1 des différentes académies) :

Écouter et comprendre / Parler en continu / Réagir et dialoguer / Lire et comprendre / Écrire

ALBUM	Objectifs principaux	Lexique	Structures langagières	Éléments culturels	Phonologie	Grammaire	Projet / tâche finale
1.Monsters love School 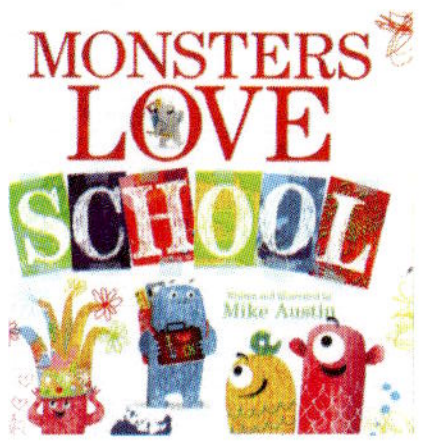	▪ Mettre en place les rituels, réviser les formulations du cycle 2.	▪ Révision et enrichissement : – des salutations – des émotions – des couleurs – des jours de la semaine – des saisons – des affaires d'école – de la météo – de l'alphabet ▪ Les nombres jusqu'à 100	▪ *How are you ?* ▪ *What colour is it ?* ▪ *What's your favourite colour ?* ▪ *What's the day today ?* ▪ *What's the date today ?* ▪ *What season is it ?* ▪ *What is it ?* ▪ *What's the weather like today ?* ▪ *What's your name ?* ▪ *Can you spell your name ?* ▪ *How old are you ?* ▪ *How many pencils are there ? There is/ There are …*	▪ L'école en Angleterre ▪ Chansons traditionnelles : *– If you're happy and you know it,* *– The Alphabet song,* *– One, two, buckle my shoe* ▪ Jeu de plateau : *Snakes and ladders* ▪ Les maisons de briques rouges en Angleterre. ▪ Mise en réseau avec un autre album : *There is a bird on your head,* Mo Willems.	▪ La maison du son [θ] ▪ La maison du son [i :] ▪ La maison du son [i]	▪ *There is + singulier There are + pluriel* ▪ L'adjectif de couleur placé avant le nom	▪ Réaliser un livre (numérique ou papier) à la manière de *Monsters love school.*
2. The Gruffalo 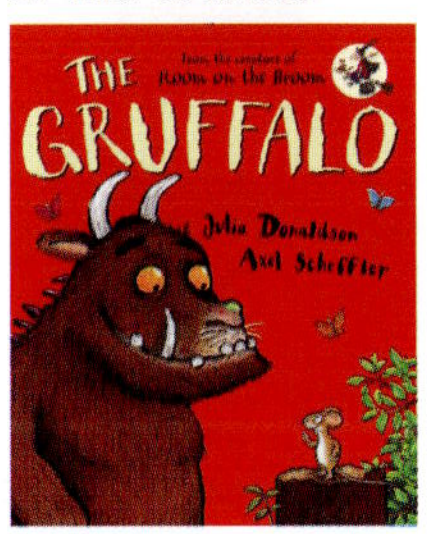	▪ Décrire les parties du corps.	▪ Personnages d'Halloween ▪ Consignes de classe ▪ Les animaux sauvages ▪ Le corps ▪ Le visage	▪ *Are you … ? Yes, I am / No, I am not.* ▪ *Have you got blue eyes ? Yes, I have / No, I haven't.* ▪ *I have got, I've got …* ▪ *He/She has got …* ▪ *Who ? Where ? When ?*	▪ *Halloween* ▪ *Guy Fawkes night.* ▪ *The Loch Ness Monster & Scotland.* ▪ *Arts and crafts : Halloween cards.* ▪ Chanson traditionnelle : ▪ *Head, shoulders, knees and toes.* ▪ Jeu traditionnel : *Who is who ?*	▪ La maison du son [h]	▪ Pas d'accord de l'adjectif épithète en anglais	▪ Créer la bande-annonce de l'album ou mettre en place une pièce de théâtre.

ALBUM	Objectifs principaux	Lexique	Structures langagières	Éléments culturels	Phonologie	Grammaire	Projet / tâche finale
3. *The Royal Baby's big red bus* 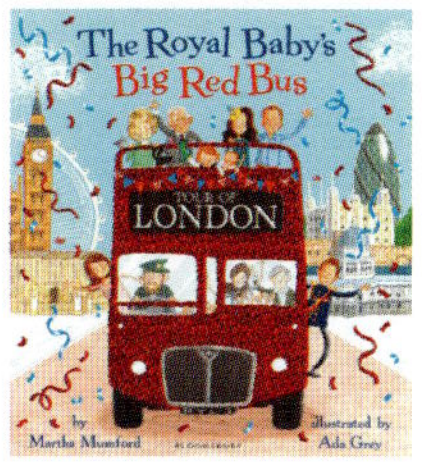	▪ Indiquer et demander son chemin.	▪ Noël ▪ Les jouets ▪ Les monuments de Londres ▪ Les directions ▪ Les prépositions de localisation	▪ *I'd like …/I would like* ▪ *What is it ?* ▪ *What's the way to… ?* ▪ *Where is the dinosaur?*	▪ Noël à Londres ▪ *A letter to Father Christmas* ▪ Le Royaume-Uni ▪ Les membres de la famille Royale	▪ La diphtongue [ai]	▪ L'article indéfini *a* ▪ Les pronoms personnels sujets en anglais ▪ Le présent de *HAVE* en anglais	▪ Réaliser un grand jeu de plateau sur Londres.
4. *Mr Wolf's pancakes* 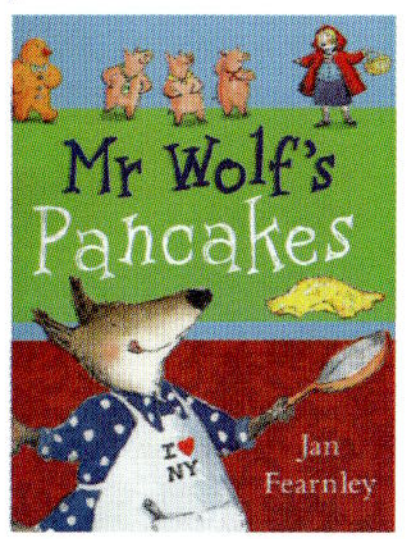	▪ Exprimer ses goûts, dire ce que l'on aime boire et manger. ▪ Demander un prix.	▪ La nourriture et les boissons ▪ La monnaie : penny, pence, pounds ▪ Des formules de politesse	▪ *What do you like ?* ▪ *Do you like … ? Yes, I do / No, I don't.* ▪ *How much is it ?*	▪ Les petits déjeuners anglais et américains ▪ *Shopping lists* ▪ La monnaie anglaise ▪ Contes populaires anglais ▪ *Pancake day* ▪ *Valentine's day*	▪ Les sons [tʃ] et [ʃ]	▪ L'article *a* devient *an* ▪ *LIKE* au présent en anglais ▪ Première approche du génitif	▪ Réaliser un grand jeu de marchande.
5. *My Brother* 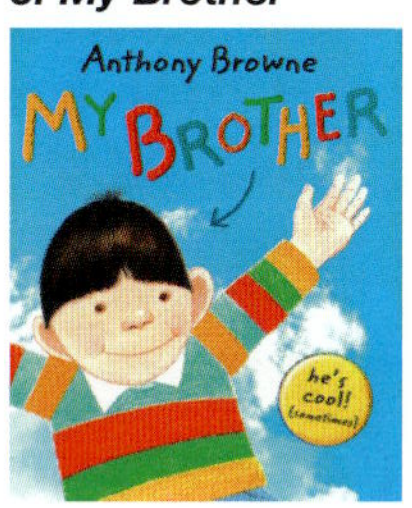	▪ Décrire ses vêtements. ▪ Parler de ses hobbies et des sports pratiqués.	▪ Les vêtements ▪ Les hobbies ▪ Les sports ▪ Les mois de l'année	▪ *What are you wearing ?* *I am wearing … / He/She is wearing …* ▪ *What do you play ?* *I play …* *He/She plays* *He/She likes playing …* ▪ *What's your favourite sport ? My/His/Her favourite sport is …* ▪ *When is your birthday?* *My birthday is in …/* *My birthday is on …*	▪ *British & American sports* ▪ *St Patrick's day* ▪ *The Queen's birthday* ▪ *Paper dolls*	▪ Les sons [ŋ] et [dʒ]	▪ *BE* au présent simple ▪ *PLAY* au présent simple ▪ Les adjectifs possessifs : *HIS/HER*	▪ Réaliser une page de magazine sur soi-même.

ALBUM	Objectifs principaux	Lexique	Structures langagières	Éléments culturels	Phonologie	Grammaire	Projet / tâche finale
6. My Mum  	▪ Dire ce que l'on sait faire, ce que l'on peut faire. ▪ Parler des membres de sa famille.	▪ Les animaux ▪ Les verbes d'action ▪ Quelques adjectifs ▪ La famille ▪ Les instruments de musique	▪ *Can you … ? Yes, I can / No, I can't.* ▪ *I can …* ▪ *She/He can …* ▪ *She/He can … like a …* ▪ *She is as … as a …* ▪ *How many … can you see ?*	▪ *Arts and crafts* : une carte de fête des mères ▪ L'Australie et quelques animaux australiens ▪ Les membres de la famille royale ▪ Jeu de cartes : *Happy families*	▪ Le son [ð]	▪ Le modal *CAN* ▪ Le génitif	▪ Rédiger une carte de fête des mères et/ou des pères.
7. Madlenka  	▪ Dire de quel pays on vient. ▪ Dire l'heure.	▪ Les sites touristiques de New York City ▪ Les pays ▪ Les nationalités ▪ Les commerçants ▪ L'heure	▪ *Where are you from ? I am from … He/She is from …* ▪ *What's your nationality ? I am …* ▪ *What time is it ?* ▪ *He/She tells me about …, He/She sells…*	▪ New York City ▪ *A postcard from New York City* ▪ Jeu de plateau type *Risk* ▪ L'heure	▪ La diphtongue [ei] ▪ L'accent tonique ▪ L'intonation descendante des *WH questions*	▪ La forme contractée	▪ Écrire et illustrer un nouvel épisode de *Madlenka*.
8. How to make an apple pie and see the world 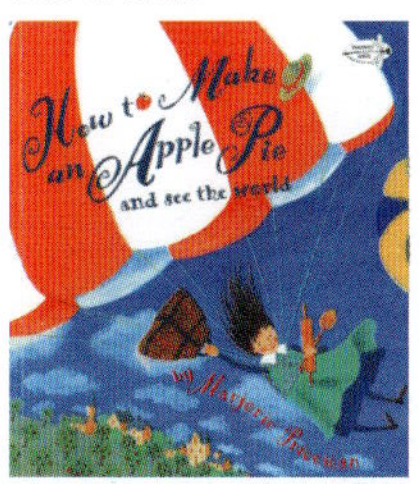 	▪ Dire où l'on vit, décrire sa maison. ▪ Se présenter.	▪ Les pays de langue anglaise ▪ La maison	▪ *Where do you live ? I live in … She/He lives in …* ▪ *Where is the cow ? The cow is in the garden.*	▪ *English Speaking Countries* ▪ Le passeport américain ▪ *« All about me »*	▪ Le son [u:]	▪ Révisions	▪ Se présenter et remplir son passeport pour partir faire le tour du monde.

LES ACTIVITÉS RITUALISÉES EN LANGUES VIVANTES

Les activités ritualisées permettent de revenir sur des structures langagières et du vocabulaire **connus**, tout en faisant vivre le coin anglais et en mettant les élèves en situation de réussite dans un cadre rassurant de prise de parole. Le premier album permet de mettre en place des activités ritualisées, gérées par les élèves, sous le regard bienveillant de l'enseignant, jusqu'à ce qu'elles soient **suffisamment maitrisées pour être complexifiées**.

Comme en Maternelle, les activités ritualisées en anglais visent essentiellement **l'acquisition d'un lexique précis visant l'autonomie langagière**. Durant ce moment, **les élèves répètent** quotidiennement **et automatisent des formulations et du vocabulaire sous forme de questions-réponses**. **La répétition fait partie de l'apprentissage d'une langue vivante** et ici, elle se veut rassurante, surtout pour les petits parleurs qui oseront prendre la parole dans ce cadre sécurisant. Si on veut faire de ce moment **une activité de langage, en situation de communication visant l'autonomie, l'enseignant, qui guide les activités au début, va devoir s'effacer peu à peu pour laisser la parole à ses élèves**.

LES ACTIVITÉS RITUALISÉES DANS L'EMPLOI DU TEMPS

Les documents d'accompagnement précisent que les activités ritualisées font partie de la séance d'apprentissage. **Le volume horaire de la langue vivante au cycle 3 étant de 1 h 30 par semaine**, on peut prévoir **2 séances hebdomadaires de 45 min dans la semaine, démarrant par 10/15 min d'activités ritualisées**. Il n'est en tout cas pas judicieux de faire reposer ce volume horaire sur 4 séances d'activités ritualisées de 15 min et une seule séance d'apprentissage de 30 min pour envisager de faire progresser les élèves en anglais au cycle 3. Toutefois, en plus des séances de 45 min deux fois par semaine, on peut envisager des moments d'activités ritualisées quotidiennes et se préparer aux apprentissages de la journée d'école *(Brain exercices to prepare for learning)*.

En classe, on peut favoriser la langue anglaise lorsque les mots sont déjà bien connus en français : exprimer des formules de politesse toute l'année même hors cours d'anglais, utiliser du lexique ou des consignes dans d'autres matières (sciences, arts plastiques...), afficher au tableau la frise des mois de l'année avec les anniversaires, les disciplines de la journée et les responsabilités.

Exemple de coin anglais avec affichage des activités ritualisées

COMMENT ÉVALUER LA PRISE DE PAROLE PENDANT LES ACTIVITÉS RITUALISÉES ?

Au collège, ce que l'on appelle le *Question Time* fait partie des moments d'activités ritualisées. Elles seront de plus en plus complexes, mais si les élèves sont habitués, ils ne seront pas déstabilisés. Si au début on pratique les activités ritualisées en grand groupe pour habituer, rassurer et motiver les élèves à la prise de parole en langue vivante, **il est nécessaire de savoir où ils en sont individuellement dans cet apprentissage et s'ils sont bien capables de communiquer de manière autonome**[1]. On peut établir un tableau avec le nom des élèves afin de noter leurs réussites soit en

1. « Pour effectuer une tâche communicative, l'élève mobilise en autonomie des connaissances et des compétences linguistiques, pragmatiques et culturelles qui ont été précisément identifiées. Seule cette identification préalable permet en effet au professeur de savoir si la tâche envisagée est adaptée au niveau de matrise visé. » (MEN, document d'accompagnement : élaborer une progression)

tant que responsables de rituel, soit lorsqu'ils répondent ou posent des questions (voir un exemple page suivante). Comme ce sont les élèves qui mènent les activités ritualisées, il est possible pour l'enseignant d'observer et de commencer à évaluer la prise de parole. Dans la classe, pendant que chacun accomplit ses responsabilités devant le grand groupe, le professeur peut parfois rester avec quelques élèves pour revenir sur une prononciation hasardeuse, une formulation difficile à retenir ou quelques mots oubliés.

En fin de séquence, on peut mener une activité de *Question box* qui réunit toutes les questions des activités ritualisées de la période sous forme d'étiquettes dans une grande boite. Chacun dispose d'une étiquette avec une question. En croisant un de ses camarades, l'élève pose la question, l'autre lui répond ; puis, on inverse les rôles. Ensuite, les 2 élèves échangent leur étiquette car ils vont reprendre leur promenade dans la classe, mais ils poseront une autre question, et ainsi de suite. On termine par un moment de synthèse où chacun note ses difficultés afin de les retravailler avec l'enseignant si nécessaire. Suivant l'objectif que l'on s'est donné, on choisira le jeu de questions avec images et sans écrit (pour la compétence **réagir et dilaoguer**) ou le jeu avec écrit (pour la compétence **lire**), une fois l'oral bien maîtrisé.

Exemple de tableau d'évaluation de prise de parole pendant les activités ritualisées, compétence « Réagir et dialoguer », séquence 1.

Légende :

X = a déjà formulé correctement en étant responsable d'un rituel ou parce qu'il a été interrogé.

AR = à revoir, car n'a pas su répondre ou poser la question. Cibler cet élève pour le faire répéter lors des activités ritualisées, le solliciter à nouveau plus tard.

	What's the date today?	Say: *Monday, the 10th of October*	How are you?	I'm fine, sleepy and cold.	What's the weather like today?	Today it's sunny.	What's the temperature?	Today it's cool.	How many absences today?	Nobody / 2 absences today / Paul is absent today.	How many days in school?	23 days in school.	What season is it?	It's summer / It's fall.	What colour is it? / What colour is the pencil?	It's yellow. / It's a yellow pencil.	Can you spell your name?	*Spelling*	How old are you?	I am nine years old.
Paul A.	X	X							X	X										
Léa B	X	X			X	X							X	X				X		
Noah C			X	X							X	X						X		
Elisa D		X		X						X			AR	AR			X	X		X

PROPOSITION D'ÉVOLUTION DES ACTIVITÉS RITUALISÉES DANS L'ANNÉE :

***Compétences : Réagir et dialoguer*, puis *Lire et comprendre*.** Durant la première période, on revient sur les compétences de **fin de cycle 2** concernant l'aptitude langagière ORALE « **prendre part à une conversation** ». En cycle 3, cette aptitude se nomme « Réagir et dialoguer ».

Certains objectifs peuvent être atteints dans le cadre des activités ritualisées, à condition de ne pas rendre la répétition lassante (d'où la complexification progressive) et de conserver des repères sûrs et des contraintes claires. Les activités ritualisées s'enrichiront également d'activités révisions au fur et à mesure des apprentissages.

Une fois l'oral maîtrisé, les élèves pratiqueront régulièrement des activités de **lecture** des formulations étudiées.

À noter

COMMENT UTILISER CET OUVRAGE ?

Cette méthode a été conçue pour couvrir l'essentiel du programme de cycle 3 aux niveaux CM1 et CM2 avec appui sur les documents d'accompagnement en anglais du MEN. Elle est par conséquent assez dense et il appartiendra à l'enseignant de s'adapter aux besoins de ses élèves en choisissant ou non de s'appuyer sur les pistes de différenciation Niveau +, de suivre les propositions de prolongement pour consolider les notions et les compétences ou de mener les séances dites « facultatives ».

Si vous avez **un double niveau CM1-CM2**, ou que vous souhaitez utiliser la méthode pour tout le cycle 3 de l'école primaire, il est envisageable de scinder la méthode en deux parties : les quatre premiers albums pour l'année 1, en recourant aux pistes de différenciation, et les quatre albums suivants pour l'année 2 avec révisions des notions précédentes en début d'année (reprise des jeux de société et de la *Question Box*, par exemple). Cette organisation permettrait de prendre le temps de mener les séances dites « facultatives » et de suivre tous les prolongements proposés à la fin des séances pour consolider les notions et les compétences.

Album 1

Monsters love school

Mike Austin

- Mise en place des activités ritualisées avec révisions du cycle 2
- Approfondissement du lexique des nombres associé aux formulations *How many... are there? There is, there are...*

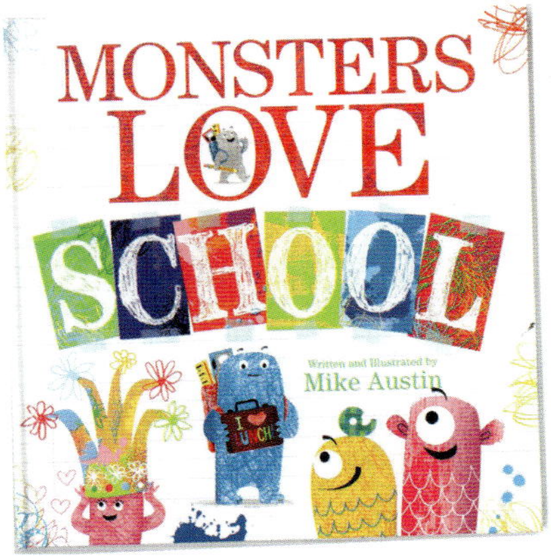

L'objectif de ce module est de permettre aux élèves de réviser les formulations vues au cycle 2 et de les rendre capables de mener, en autonomie, des activités ritualisées en anglais.

MONSTERS LOVE SCHOOL

Mike Austin

Cet auteur-illustrateur, originaire de Pennsylvanie (États-Unis), vit maintenant à Hawaï. Il a remporté de nombreux prix littéraires, notamment pour l'album de jeunesse *A present for Milo.* Mike Austin est connu pour la série « *Milo* » qui met en scène un petit chat et une souris, mais aussi pour la série des monstres : **Monsters love colors** et **Monsters love school**.

Dans cet album, les lecteurs vont suivre la bande des petits monstres qui retourne à l'école avec joie, sauf Blue qui a de nombreuses angoisses. Le thème des monstres reste populaire auprès du public de cet âge. L'histoire est proche de l'univers des enfants, même des plus grands, qui découvrent l'école américaine en cette période de rentrée scolaire. Les aventures des monstres servent de fil conducteur pour réviser les notions étudiées au cycle 2 : les salutations, le matériel scolaire, les sentiments, les jours de la semaine, les nombres, les couleurs, la météo, les saisons et l'alphabet, notions que l'on retrouvera dans les activités ritualisées.

Même si l'album est mis au service de la langue car il amène des éléments langagiers intéressants, cela ne détruit pas le plaisir d'écouter lire. En créant leur propre livre, les élèves apprennent à avoir un regard distancié sur l'effet captivant de **Monsters love school**. Ils analysent, en suivant les pas de l'auteur-illustrateur, ce qui dans le texte ou dans les illustrations fait que c'est un album original et attirant pour le lecteur.

Lien Youtube de la lecture à haute voix :
https://tinyurl.com/yxxn34rk *Voir le lien dans le DVD-Rom.*

PROJET / TÂCHE FINALE

Pour travailler les compétences langagières de ce module, il vous est proposé de **créer un album à la manière de Monsters love school,** mais avec le point de vue du monstre Blue, qui s'exprime à la première personne du singulier. Les élèves vont réinvestir les formulations, les structures langagières et le lexique étudiés durant cette période. Ce livre peut être réalisé au format papier et/ou sous forme de livre numérique avec une tablette, à l'aide d'applications comme Adobe Spark Video ou Imovie. Tout au long des séances, on pourra prévoir des activités d'arts plastiques en lien avec le projet final, pour ne pas se retrouver surchargé en fin de séquence.

AUTRES PROJETS POSSIBLES

Lien Youtube des productions d'élèves :
https://tinyurl.com/w93s5na

- Filmer les activités ritualisées de début d'année pour les élèves de 6e qui renverront à leur tour un petit film (lien école-collège).
- Filmer les activités ritualisées pour envoyer le travail au site *English for School* qui organise un concours « *My class has got talent* ».

- Fabriquer un grand jeu de *Snakes and ladders*, jeu traditionnel anglais, avec des cartes-questions permettant de reprendre les formulations, les structures langagières et le vocabulaire étudiés durant cette période. Vous pouvez aussi utiliser le jeu dans le DVD-Rom. Les petits monstres du livre, dessinés par les élèves sur des feuilles cartonnées, serviront de pions afin de rester dans l'univers de l'album.

Carte mentale sur les croisements entre enseignements

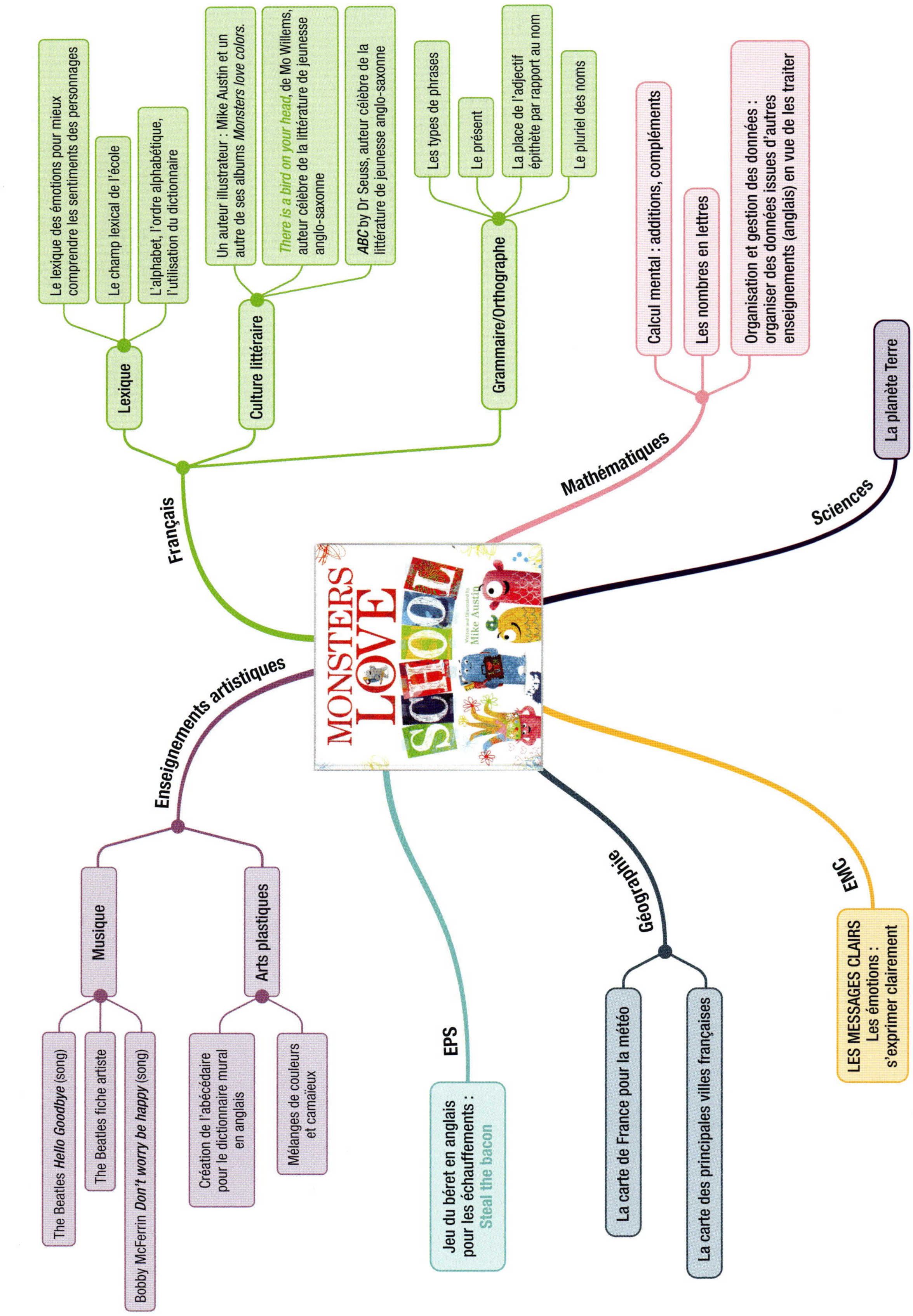

Carte mentale sur le lexique et les formulations étudiées

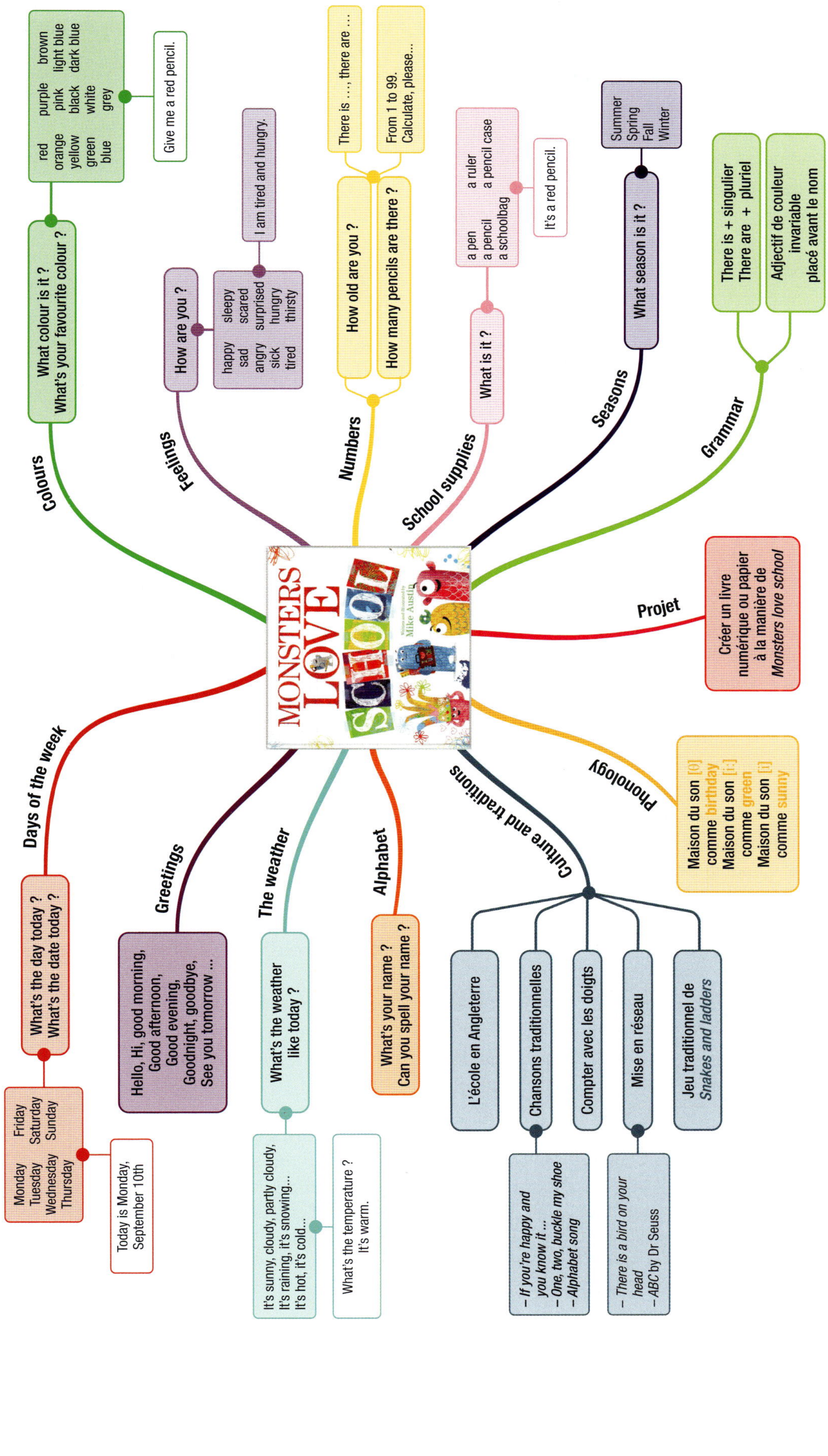

COMPÉTENCES TRAVAILLÉES AUTOUR DE CET ALBUM[1]

Attendus de fin de cycle et connaissances/compétences travaillées spécifiquement dans ce module MONSTERS LOVE SCHOOL	Domaines du socle
Écouter et comprendre L'élève est capable de comprendre des mots familiers et des expressions très courantes sur lui-même, sa famille et son environnement immédiat. ▪ Suivre des instructions données (consignes des exercices et de l'évaluation). ▪ Comprendre des mots familiers et des expressions courantes. ▪ Suivre le fil d'une histoire simple : **Monsters love school**. ▪ Comprendre et extraire l'information essentielle d'un message de courte durée.	**1, 2**
Lire et comprendre L'élève est capable de comprendre des mots familiers et des phrases très simples. ▪ Comprendre des textes courts et simples.	**1, 2**
Parler en continu : évalué avec la grille de l'enseignant tout au long de la séquence L'élève est capable d'utiliser des expressions et des phrases simples pour parler de lui et de son environnement immédiat. ▪ Reproduire un modèle oral, répéter : chanson *One, two, buckle my shoe*. ▪ Raconter une histoire courte à l'aide de supports visuels : évalué lors de la présentation du projet ou lors de l'enregistrement.	**1, 2, 3**
Écrire L'élève est capable de copier un modèle écrit, d'écrire un court message et de renseigner un questionnaire simple. ▪ Copier des mots isolés et des textes courts (activités ritualisées d'écriture, exercices, fiches mémo à compléter). ▪ Écrire sous la dictée des expressions connues Niveau +. ▪ Renseigner un questionnaire. ▪ Décrire des objets.	**1, 2, 3**
Réagir et dialoguer : évalué avec la grille de l'enseignant tout au long de la séquence L'élève est capable de communiquer de façon simple, à condition que l'interlocuteur soit disposé à répéter ou à reformuler ses phrases plus lentement et à l'aider à formuler ce qu'il essaie de dire. ▪ Établir un contact social (activités ritualisées : différentes manières de saluer, âge, nom, épellation). ▪ Demander à quelqu'un de ses nouvelles et réagir en utilisant des formules de politesse (activités ritualisées : émotions). ▪ Dialoguer sur des sujets familiers (activités ritualisées : couleurs, météo, saisons, nombre de jours de classe, calculs).	**1, 2**
Découvrir les aspects culturels d'une langue vivante étrangère et régionale Identifier quelques repères culturels de l'environnement quotidien des élèves du même âge dans les régions ou pays étudiés : l'école en Angleterre, compter sur les doigts comme les Anglo-Saxons, des comptines traditionnelles et un album authentique de littérature jeunesse connu des élèves anglo-saxons.	**1, 2, 3, 5**

1. *En conformité avec les nouveaux programmes du 26 novembre 2015, BO spécial n° 11.*

QUELQUES PRÉCISIONS AVANT DE COMMENCER

- Le travail autour de **Monsters love school** est prévu pour s'étaler sur toute la période 1. En effet, cet album permet la reprise et l'approfondissement de nombreuses notions vues au cycle 2. En ce début d'année, il est conseillé de faire des séances quotidiennes de 20/25 min pour bien rebrasser les formulations et le lexique appris au cycle 2 et pour installer les activités ritualisées. Les séances sont prévues pour 45/50 min environ, deux fois par semaine, **mais il est préférable de les scinder en deux fois 25 min quotidiennement**. Comme le livre est proche de l'univers des enfants, il n'y a pas de lassitude, d'autant que les séances sont entrecoupées de chansons, de vidéos et de jeux.
- **L'exploitation proposée est riche en activités que vous pourrez choisir en fonction de vos envies, des connaissances et des compétences de vos élèves. Toutes les activités ne sont pas forcément à mener, à vous de choisir en fonction des besoins de votre public**. Il faudra peut-être scinder quelques séances en deux. **Cette méthode a été créée pour des élèves de CM qui pratiquent l'anglais régulièrement depuis le CP, comme le prévoient les programmes**. Si vos élèves ne parviennent pas à suivre, la méthode n'y est pour rien, prenez simplement le temps qu'il faut pour revoir les bases avec eux.
- Il y a de nombreuses flashcards individuelles (voir DVD-Rom) pour les activités de *Pairwork* (travail en binôme), mais elles seront conservées d'une année sur l'autre pour être réutilisées par vos élèves. Vous pouvez les imprimer sur papier cartonné pour leur donner une durée de vie plus longue et les plastifier. On peut conserver les jeux de flashcards individuelles dans des enveloppes. **Il est impératif de préparer la séance en amont et de découper les flashcards ou de les faire découper avant la séance, pour ne pas perdre trop de temps.**
- Si vous avez besoin de vérifier la phonétique ou l'accent tonique d'un mot, le site *Tophonetics.com* vous permet d'entrer un mot, une phrase ou un texte court qui sera transcrit phonétiquement avec l'alphabet phonétique international ou prononcé.
- Le site *Naturalreaders.com* permet de recopier un texte court qui sera lu à haute voix en anglais. Vous pouvez choisir des voix féminines ou masculines, les accents et la vitesse du débit puis enregistrer cette lecture.
- **Durant toute l'année, il est conseillé d'afficher l'emploi du temps de la journée au tableau, en utilisant les étiquettes « *School subjects* » afin que les élèves mémorisent le lexique des disciplines en anglais.**
- Pendant les activités ritualisées, l'enseignant dispose en permanence de sa grille d'évaluation de prise de parole pour évaluer les élèves responsables et ceux qui participent.

POUR LA RENTRÉE – Petite idée

À réaliser avant la séance 1 : Dès la rentrée, l'enseignant demande aux élèves de se présenter en leur posant la question « *What's your name?* » Enchainer sur un *ball game* : chaque élève passe le ballon à son voisin en lui demandant « *What's your name?* » Réponses attendues : « *My name is…* » ou « *I am…* »

L'enseignant peut également demander aux élèves d'écrire sur des petits cartons la date de leur anniversaire pour les placer sur la frise des mois de l'année en anglais et chanter *Happy Birthday to you* le moment venu.

C'est l'occasion de travailler un élément culturel : la date en chiffres. Elle diffère en anglais britannique et en anglais américain. Elle suit le même ordre qu'en français en anglais britannique, mais on inverse le mois et le jour en anglais américain.

Exemple pour le 7 octobre 2019 :
– en anglais britannique, on écrit 7/10/19 ;
– en anglais américain, on écrit 10/7/2019.

Si vous écrivez 7/10/19, pour un Américain, cela voudra dire *July 10th, 2019*.

SÉANCE 1

MISE EN PLACE DES ACTIVITÉS RITUALISÉES, RÉVISION DES JOURS DE LA SEMAINE

Éléments culturels

- Le 1er jour de la semaine est le lundi pour les Anglais. C'est le dimanche pour les Américains.
- Les jours de la semaine s'écrivent toujours avec une majuscule, tout comme les mois de l'année.

Matériel

Cahier d'anglais des élèves

Lien Youtube de la chanson « *Days of the week song for kids* »
https://tinyurl.com/pbhd6b5

Dans le DVD-Rom

Pour les étapes 1 et 2

- Affiche *Back to school*

- Affichage des activités ritualisées au coin anglais

Pour les étapes 3 et 4

- Flashcards collectives et individuelles des jours de la semaine

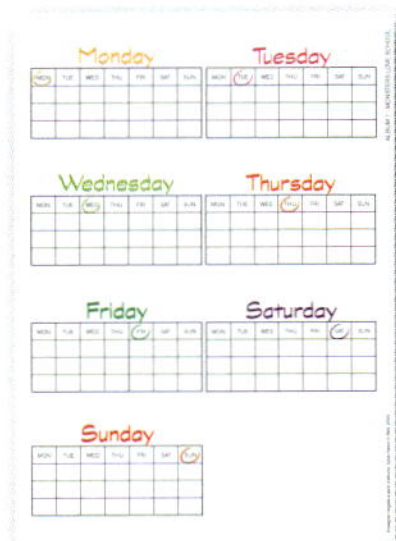

Pour l'étape 5

- Fiche mémo sur les jours de la semaine (2 niveaux)

1. WARMING UP 5'

Entrée dans l'activité

L'enseignant utilise un déclencheur de séance de son choix (drapeau, chapeau, chanson courte, virelangue) et explique aux élèves que ce sera le signal pour écouter et parler anglais.

Compétences langagières
- Parler en continu
- Écouter et comprendre

▸ Premier diagnostic des connaissances des élèves

Demander si les élèves connaissent quelques mots anglais. Les laisser s'exprimer et répéter. « *Do you know any English words?* » Les élèves connaissent normalement le vocabulaire de la météo, des jours de la semaine, des couleurs, la comptine des nombres jusqu'à 10 et la question « *What's your name?* »

2. RECYCLING 10'

Activités ritualisées

Compétences langagières
- Écouter et comprendre
- Parler en continu

- Regrouper les élèves devant le coin anglais et l'affiche « *Back to school* ».
- Présenter rapidement le coin anglais où les activités ritualisées seront menées par des responsables. Ce coin sera complété au fur et à mesure de vos avancées dans les activités ritualisées (voir programmation dans le DVD-Rom).
- Présenter l'affichage des activités ritualisées et demander aux élèves s'ils connaissent des questions, des phrases, des mots en rapport avec l'affichage. « *Do you know any questions in English, about the weather, the feelings, the day...?* »
- On peut s'attendre aux questions sur la météo, la date, les sentiments : « *What's the weather like today?* » ou « *How is the weather?* », « *What's the day, today?* », « *How are you feeling?* »...
- Aider des élèves volontaires à remplir le tableau des activités ritualisées pour la date et la météo. Faire répéter les questions ci-dessus et les réponses collectivement et en groupes.
- Montrer l'affiche « *Back to School* ». Expliquer que pour les élèves anglais et américains, la rentrée est un peu plus tôt que pour nous et qu'il y a partout des publicités autour de « *back to school day* ».

3. TEACHING 10'

Révision des jours de la semaine

Compétences langagières
- Écouter et comprendre
- Parler en continu

Montrer ce qui est écrit en bas de l'affiche : « *Every Monday* ». Solliciter les élèves pour dire/lire les jours de la semaine dans l'ordre. « *Do you remember the days of the week? The week starts with… Monday.* »

- Faire répéter le nom des jours de la semaine avec l'appui des flashcards collectives : en collectif, en groupes et individuellement si nécessaire.
  « *Monday, Tuesday, Wednesday, Thursday, Friday, Saturday, Sunday* »
- Déplier les doigts au fur et à mesure, pour faire correspondre un nombre à un jour de la semaine. Pour rendre la répétition moins lassante, on peut jouer à parler comme un monstre, comme une princesse, fort, à voix basse, lentement, vite…
- Rappeler la question pour connaitre le jour : « *What's the day, today?* » Faire répéter plusieurs fois, collectivement et en groupes.
- Écrire la question sur une affiche (en laissant la place pour les autres questions qui seront utiles aux activités ritualisées).

Niveau + : parler de la forme contractée utilisée à l'oral le plus souvent. « *What's* », c'est en fait « *What is* ».

PHONOLOGIE :
- Réalisation des sons [ju] de *T**ue**sday*
- Réalisation du [θ] de ***Th**ursday*
- Prononciation de *Saturday* : [sætədeɪ] et de *Thursday* : [θɜ:zdeɪ]
- Réalisation de la diphtongue [aɪ] de *Fr**i**day*
- Prononciation de *Wednesday* : [wenzdeɪ]

Astuce Petit moyen mnémotechnique pour ne plus confondre *Tuesday* et *Thursday* : le [tju:] de *Tuesday*, 2e jour de la semaine, ressemble à *two*.

- Écrire en gros les noms des jours au tableau, pour que les élèves s'habituent à voir les mots écrits pour y prélever des indices graphiques d'identification.

Éléments culturels

Les jours de la semaine prennent toujours une majuscule en anglais. Le 1er jour de la semaine est le lundi pour les Anglais. C'est le dimanche pour les Américains.

4. LEARNING 15'

Jeux pour utiliser la langue

Compétences langagières
- Parler en continu
- Écouter et comprendre
- Réagir et dialoguer
- Lire

▸ **Chanson à gestes sur les jours de la semaine**

Faire écouter puis chanter la chanson « *Days of the week song for kids* » en dépliant les doigts.

▸ **Jeu de production orale : *Show me***

- L'enseignant dit un nombre de 1 à 7 en montrant ses doigts et les élèves doivent dire le nom du jour de la semaine correspondant. Laisser les élèves réciter la comptine des jours en dépliant leurs doigts.
- Entre chaque partie, faire réciter la comptine des jours.

Interaction orale

▸ **Jeu : *Pick a card and say the word***

Les élèves jouent en binômes. Ils font un tas avec leurs flashcards individuelles. L'élève 1 demande « *What's the day today?* ». L'autre pioche puis répond (par exemple) « *It's Tuesday* ».

Vers l'écrit

▸ **Lecture des jours de la semaine**

- Placer les flashcards collectives au tableau. Lire à haute voix puis faire lire plusieurs fois les mots collectivement, et par des volontaires.
- Les élèves connaissent normalement les mots à l'oral depuis le cycle 2. On peut donc introduire la lecture pour les amener à prélever des indices graphiques, afin d'identifier les mots.

- Changer l'ordre des étiquettes à chaque fois pour habituer les élèves à prélever des indices pour la lecture.
- Distribuer les flashcards individuelles des jours de la semaine.

▸ **Jeu de lecture : *Sequencing***
- Sur leur bureau, les élèves remettent dans l'ordre leurs flashcards individuelles des jours de la semaine en s'aidant des indices graphiques prélevés dans les mots écrits.
- Ils peuvent réciter la comptine des jours pour s'aider.

5. READING, WRITING 5'

- Coller la fiche mémo *Days of the week* dans le cahier d'anglais.
- L'enseignant lit à haute voix la leçon des jours seulement, puis il la fait relire plusieurs fois par des élèves volontaires.

Niveau + : les élèves ont une leçon à trous qu'ils complètent en s'aidant des flashcards individuelles.

Compétences langagières
- Lire et comprendre
- Écrire (pour le niveau+)

6. SUMMARY 1'

Qu'avez-vous appris ?

Révision des jours de la semaine.

Compétences langagières
- Retour en français sur les acquis de la séance

POUR LA RENTRÉE – Petite idée

Faire écrire la date en anglais quotidiennement sur les fiches de travail de la journée. C'est un parti pris délibéré si l'orthographe des jours et des mois en français est déjà connue au CM. Ainsi, les élèves vont mémoriser peu à peu l'orthographe des jours et des mois en anglais, et se familiariser avec l'écriture des ordinaux.

On peut aussi écrire sur les fiches la date en français *et* en anglais.

SÉANCE 2

MISE EN PLACE DES ACTIVITÉS RITUALISÉES, RÉVISION DE LA MÉTÉO ET DES SAISONS

Éléments culturels
- On dit qu'il pleut beaucoup au Royaume-Uni. S'il est vrai qu'il y a souvent des averses, il y a 143 jours de pluie par an en moyenne, soit un peu moins de la moitié de l'année.
- Les pays composant le Royaume-Uni et les capitales.

Matériel
- Album **Monsters love school**
- Cahier d'anglais des élèves, ardoise
- Carte du Royaume-Uni
- De la pâte adhésive

Lien Youtube de la lecture de l'album à haute voix :
https://tinyurl.com/yxxn34rk

Dans le DVD-Rom

Pour les étapes 1 et 2
- Affichage des activités ritualisées au coin anglais

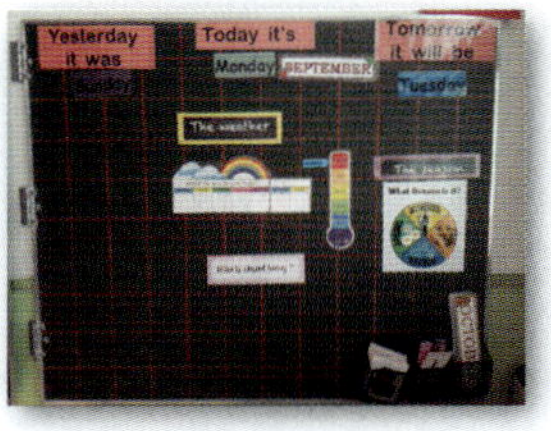

Pour les étapes 3 et 4
- Flashcards collectives et individuelles de la météo (1 jeu pour 2)

- Roue des saisons

- Flashcards individuelles des jours de la semaine pour le niveau +

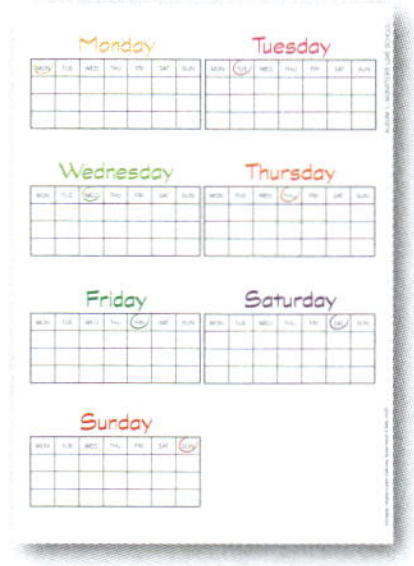

- Une grande carte du Royaume-Uni et une carte en A3 par groupes de 3 ou 4 élèves.

Pour l'étape 5 et le prolongement

- Fiche mémo : *The weather* (2 niveaux)

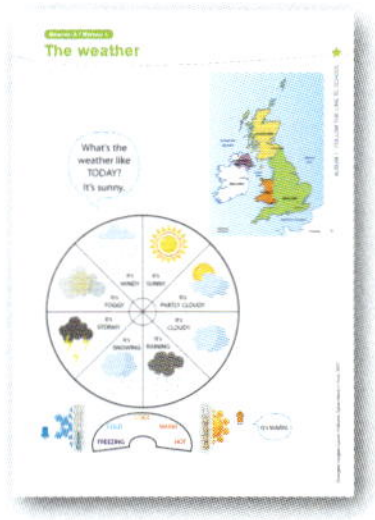

- Affiche de sciences sur les saisons

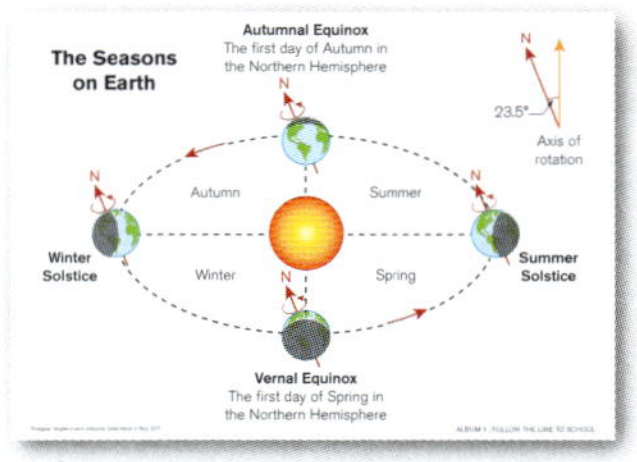

1. WARMING UP 10'

Activités ritualisées

- Elles ont lieu en grand groupe, de la même façon que pour la séance 1.
- Des élèves volontaires mènent le rituel de la date et de la météo. L'enseignant guide ses élèves dans un premier temps. Ex. : l'élève responsable annonce son rituel « *The day* ». La classe demande en chœur « *What's the day, today?* » et le responsable répond « *It's Monday. Repeat* ». Il peut faire répéter à toute la classe la réponse ou la question, ou à cinq élèves volontaires.
- Faire de même avec la météo.
- Ajouter un responsable pour la question des saisons : « *What's season is it?* » Elle est écrite sur l'affiche du rituel, tout comme la réponse : « *It's Summer.* »

Compétences langagières
- Réagir et dialoguer
- Écouter et comprendre

2. RECYCLING 5/10'

Chanson et révision des jours de la semaine

- Chanter à nouveau la chanson « *Days of the week song* ».
- Faire relire la fiche mémo *Days of the week* par plusieurs élèves volontaires.
- Reprendre au choix un des jeux de la séance 1 : ***Sequencing*** (compétence : lire) ou ***Pick a card and say the word*** (compétence : réagir et dialoguer), suivant les besoins de la classe.

Compétences langagières
- Écouter et comprendre
- Parler en continu
- Lire
- Réagir et dialoguer

3. TEACHING 10'

Révision du lexique de la météo et des saisons

- Le vocabulaire de la météo est généralement bien connu depuis le cycle 2. Il est bon toutefois de rafraichir la mémoire des élèves, de revenir sur une prononciation hasardeuse ou d'enrichir le lexique.
- Faire répéter de nombreuses fois la question « *What's the weather like today?* », mot par mot puis en entier.
- À l'aide des flashcards collectives, l'enseignant énonce les mots : « *It's sunny, cloudy, partly cloudy, windy, foggy, stormy, it's raining, it's snowing.* »
- Faire répéter les mots collectivement, en groupes et individuellement si nécessaire. Insister sur les accentuations.

Compétences langagières
- Écouter et comprendre
- Parler en continu

PHONOLOGIE :
- Réalisation du [^] de *sunny*
- Réalisation de la diphtongue [əʊ] de *cold*
- Réalisation de la diphtongue [aʊ] de *cloudy*
- Dans *partly*, allongement de la voyelle due à la présence d'un R graphique qui la suit : [pɑ:tli]
- Réalisation de la diphtongue [eɪ] de *rainy/raining*

Niveau + : on peut introduire la question supplémentaire « *What's the temperature?* » Les réponses se feront avec l'aide des mots écrits sur l'affichage des activités ritualisées.

► ***The weather report*** **: mimer devant la classe un bulletin météo**
- Utiliser la carte du Royaume-Uni et y coller des grandes flashcards de la météo sur quatre grandes villes, par exemple Londres (Angleterre), Cardiff (pays de Galles), Édimbourg (Écosse) et Belfast (Irlande du Nord).
- L'enseignant mime un bulletin météo. « *Hello. In Cardiff, the weather is partly cloudy, in Belfast it's raining, in London it's sunny, in Edinburgh it's stormy. Who wants to do a weather report?* »
- Reprendre sur le même modèle avec des élèves volontaires.

4. LEARNING 15'

Jeux pour réviser le lexique de la météo et des saisons

Compétences langagières
- Écouter et comprendre
- Parler en continu
- Lire et comprendre

► **Jeu collectif de compréhension**
- L'enseignant dit « *It's sunny* » et les élèves doivent dessiner rapidement un soleil sur l'ardoise. Utiliser tous les mots de la météo.
- Faire reprendre ce jeu en binômes. Passer dans les rangs pour aider et corriger.

► **Jeu collectif d'expression :** ***pick a card and say the word***
- Distribuer les flashcards individuelles de la météo (1 jeu pour 2).
- Les élèves tirent une carte et énoncent les mots de la météo chacun à leur tour. Faire plusieurs parties.
- Passer dans les rangs pour aider et corriger.

► **Jeu :** ***The weather report***
- Ce jeu permet de parler en continu, par groupes de trois ou quatre élèves.
- Reprendre le jeu du bulletin météo en groupes restreints, pour que chacun passe à tour de rôle, avec des cartes du Royaume-Uni et des flashcards individuelles de la météo.
- Exemple de production orale : « *Hello. In London, it's raining. In Belfast, it's snowing…* »
- L'enseignant passe dans les groupes pour aider, corriger, faire répéter, encourager…

Niveau + : distribuer les flashcards individuelles des jours de la semaine.

Faire des phrases en associant le jour de la semaine et la météo. Exemple de production orale : « *Hello. Today is Tuesday. In London, it's raining. In Belfast, it's snowing…* », « *Hello. Today is Friday. In London, it's cloudy. In Belfast, it's stormy…* »

Vers l'écrit

► **Lecture du lexique de la météo**
- Placer les flashcards collectives au tableau et écrire en gros les mots en dessous. Lire à haute voix puis faire lire plusieurs fois les mots collectivement et par des volontaires.
- Les élèves connaissent les mots à l'oral normalement. On peut donc introduire la lecture pour les amener à la prise d'indices, afin d'identifier les mots.

5. READING, WRITING 5'

La météo

Compétences langagières
- Lire et comprendre
- Écrire

- Coller la fiche mémo sur la météo, *The weather*.
- Lire à haute voix puis la faire relire plusieurs fois par des élèves volontaires.

Niveau + : les élèves complètent la leçon à l'écrit et lisent la partie concernant la température.

6. SUMMARY 2'

Qu'avez-vous appris ?

Révision du lexique de la météo et des saisons.

Présentation de l'album

Présenter l'album **Monsters love school** pour attiser la curiosité : il s'agit de monstres colorés qui vont à l'école, c'est la période du « *Back to school* ». Montrer la galerie de portraits à la fin du livre, ainsi que quelques illustrations pour permettre une écoute active la fois prochaine.

Compétences langagières
- Retour en français sur les acquis de la séance

CROISEMENTS ENTRE ENSEIGNEMENTS

- **GÉOGRAPHIE** : la carte des grandes villes du Royaume-Uni, utilisée pour l'activité « *The weather report* », peut permettre d'introduire une leçon sur les grandes villes en France (programmes : Localiser son lieu de vie ; Se loger, travailler, se cultiver, avoir des loisirs en France ; Se déplacer de ville en ville en France).
- **SCIENCES/LA PLANÈTE TERRE.** Extraits des programmes : décrire les mouvements de la Terre (rotation sur elle-même et alternance jour-nuit, autour du soleil et cycle des saisons). Réutiliser le vocabulaire des saisons en anglais. On pourra donner **le schéma en français et en anglais**.

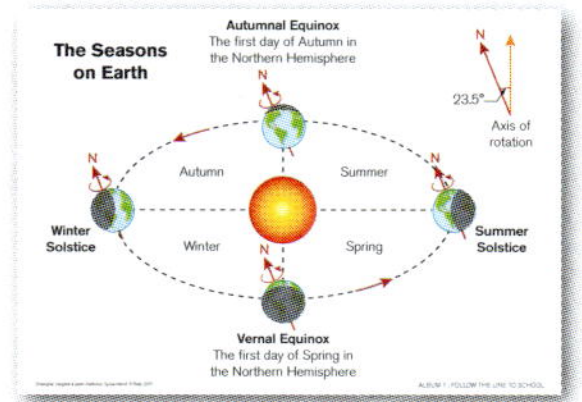

SÉANCE 3

RÉVISION DU LEXIQUE DES COULEURS

Éléments culturels

- *Color* est le mot américain, *colour* est le mot anglais. *Gray* est le mot américain, *grey est* le mot anglais.
- Chanson traditionnelle : « *The Rainbow Colors Song* ».

Matériel

- Album **Monsters love school**

Lien Youtube de la lecture à haute voix de l'album :
https://tinyurl.com/yxxn34rk

- Cahier d'anglais, ardoise, crayons de couleur des élèves
- Facultatif : un foulard pour le jeu du béret

Lien Youtube de la chanson « *The Rainbow Colors Song* » :
https://tinyurl.com/cr4aqma

Dans le DVD-Rom

Pour l'étape 1
- Affichage des activités ritualisées au coin anglais

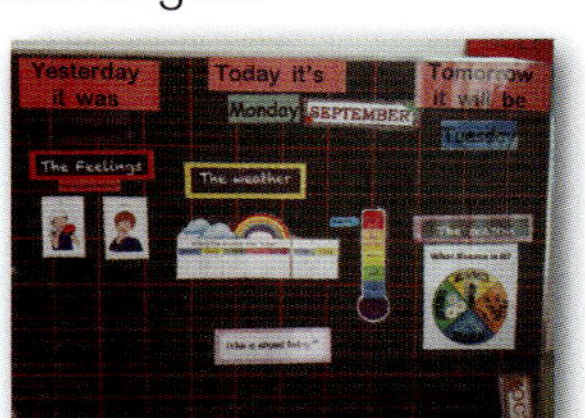

Pour les étapes 3 et 4
- Flashcards collectives des couleurs

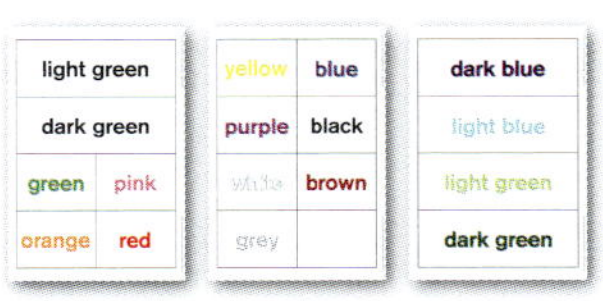

- Jeu de Memory (1 par binôme)

- Étiquettes-mots collectives des couleurs

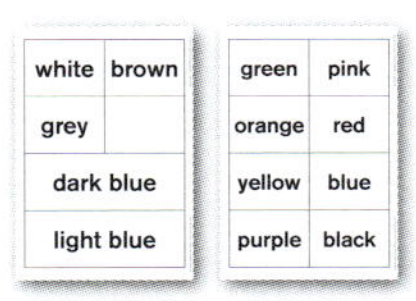

Pour l'étape 5
- Fiche mémo sur les couleurs (2 niveaux)

- Exercice sur les couleurs (2 niveaux)

1. WARMING UP 10'

Activités ritualisées

- Même déroulement que pour la séance 2 : *days, weather and seasons*.
- Faire passer plusieurs élèves comme responsables pour qu'ils s'habituent aux différents rôles pour mener les activités ritualisées en autonomie.

Compétences langagières
- Réagir et dialoguer
- Écouter et comprendre

2. RECYCLING 5/10'

Révision du lexique des saisons et de la météo

- Faire relire la leçon sur la météo dans le cahier par plusieurs élèves volontaires.
- Reprendre une activité de la séance précédente : soit le jeu en binômes *Pick a card and say the word*, soit *The weather report* par groupes, suivant les besoins des élèves.

Compétences langagières
- Écouter et comprendre
- Parler en continu

3. TEACHING 10/15'

Révision du lexique des couleurs (vu au cycle 2)

- Lire l'album **Monsters love school** en s'arrêtant à la page « *Miss Wiggles sings* ».
- Laisser les élèves s'exprimer en français sur ce qu'ils ont compr s. Ils ont normalement reconnu le nom de la saison (« *Summer* ») ains que les noms des couleurs.
- Chercher les couleurs dans la page « *Miss Wiggles sings* » en demandant pour chaque mot « *What colour is it?* » et faire répondre les élèves. Ex. : « *It's blue, it's red, it's green, it's yellow* ». Ceci permettra de faire le point sur les connaissances des élèves. Retrouver les autres couleurs à la page « *Miss Scribble, the art teacher* ».
- Enfin, faire remarquer que les monstres ont des noms qui vont avec leur couleur (voir la galerie de portraits à la fin du livre).

Compétences langagières
- Écouter et comprendre
- Parler en continu

▸ **Chanson : « *The rainbow colors song* »**
- Cette chanson, généralement apprise au cycle 2, permet de réactiver les connaissances des élèves. On retrouve les couleurs suivantes : « *red, orange, yellow, green, blue, purple, pink* ».
- Ajouter : « *brown, black, white, grey* ».
- Faire répéter de nombreuses fois à l'aide des flashcards, en changeant leur place ou en faisant disparaitre certaines cartes qu'il faut retrouver.
- Afficher les étiquettes-mots des couleurs au tableau : en couleurs pour le niveau simple et en noir et blanc pour le Niveau +.

PHONOLOGIE :
- Intonation descendante de la question ouverte « *What colour is it?* »
- Réalisation du [i:] long de *green*
- Réalisation de la diphtongue [ei] de *grey*
- Réalisation de la diphtongue [əʊ] de *yellow*
- Réalisation du [ɜ] de *purple*
- Réalisation de la diphtongue [aɪ] de *white*

- Faire répéter de nombreuses fois la question « *What colour is it?* » puis le nom des couleurs, collectivement et en groupes.

4. LEARNING 20'

Le lexique des couleurs

▸ **Chanson « *The rainbow color song* »**
- Apprendre cette chanson.

Jeux pour réviser le lexique connu

▸ **Activité collective de compréhension : *Colour dictation***

Dictée de couleurs avec les crayons de couleur à étaler sur le bureau, dans l'ordre dicté par l'enseignant. Correction avec appui sur les flashcards collectives.

Compétences langagières
- Parler en continu
- Écouter et comprendre
- Réagir et dialoguer
- Lire et comprendre
- (Écrire)

▸ **Jeu collectif de compréhension : *Give me***

Niveau + : l'enseignant demande aux élèves de lui tendre des crayons de couleur. « *Give me a blue pencil* », « *Give me a red pencil* », « *Give me a yellow pencil* », etc.

GRAMMAIRE :
Remarquer que la place de l'adjectif épithète de couleur est toujours avant le nom. Comparer avec le français.

▸ **Jeu d'interaction orale : *Meet someone***

Les élèves se promènent avec leurs crayons de couleur. Un élève montre un crayon et demande : « *What colour is it?* » L'autre répond par exemple « *It's green* », et on inverse les rôles.

Niveau + : les élèves demandent « *What colour is this pencil?* »

Vers l'écrit

▸ **1. Lecture**

- Lecture des mots des couleurs avec les étiquettes-mots, collectivement, en groupes, voire individuellement. La lecture est ici aidée par les fonds de couleur.
  Les mots étant connus à l'oral, les élèves peuvent prélever des indices graphiques pour les identifier à l'écrit.

Niveau + : peu à peu, se défaire de l'appui des couleurs des mots des étiquettes.

- **Jeu de Memory** des couleurs, en binômes. Il faut associer l'image au mot pour former des paires et gagner les cartes, à condition de bien énoncer et prononcer les mots.

▸ **2. Écriture**

Niveau + **(facultatif)**

- ***Separate and copy*** : sur leur ardoise, les élèves doivent détacher les mots des couleurs.
- Ex. : blueredgreenbrownblackwhitegrey, ce qui donne : *blue/red/green/brown/black/white/grey.*

5. READING, WRITING 5'

- Coller la fiche mémo sur les couleurs dans le cahier d'anglais. Laisser un temps de lecture silencieuse. Puis, lire à haute voix et faire relire.

Niveau + : les élèves complètent la leçon en s'appuyant sur les étiquettes-mots laissées au tableau.

Compétences langagières
- Lire et comprendre
- Écrire

- Faire le petit exercice écrit sur les couleurs (2 niveaux) : il s'agit de retrouver le nom des couleurs, avec un réservoir de mots pour le niveau simple, sans réservoir pour le Niveau +. Le coller à la fin du cahier après correction.

6. SUMMARY 5'

Qu'avez-vous appris ?

Révision des couleurs à l'oral et à l'écrit, et place de l'adjectif de couleur avant le nom.

Compétences langagières
- Retour en français sur les acquis de la séance

Lancer le projet

- Proposer aux élèves de créer un album comme **Monsters love school**, mais avec le point de vue et les pensées de Blue. Les élèves pourront ainsi réinvestir ce qu'ils ont appris sur la météo, les saisons, les couleurs, l'alphabet, le matériel scolaire, en lien avec la classe et l'affichage des activités ritualisées. Ce projet permet de donner un sens aux activités de ce module et de motiver les élèves à apprendre.
- **Commencer à créer les illustrations en arts plastiques : réaliser une galerie de portraits des monstres, d'environ 10 cm de hauteur, qui serviront pour le projet final.**

CROISEMENTS ENTRE ENSEIGNEMENTS

- **ARTS PLASTIQUES** : réaliser une galerie de portraits des monstres, d'environ 10 cm de hauteur, qui serviront pour le projet final. Les élèves s'approprient les personnages en les dessinant le plus fidèlement possible. Compétence : mettre en œuvre un projet artistique.

Exemple de production d'élève

On peut aussi prévoir un travail en anglais de mélange de couleurs et de camaïeux, « *Mix the colours* ». C'est l'occasion de réutiliser le lexique des couleurs et d'ajouter des nuances comme « *dark blue, light blue* ». L'enseignant demandera « *What colour do you get if you mix blue with yellow?* ».

- **EPS** : on pourra utiliser le jeu **Steal the bacon** (le béret) en échauffement pour revoir le lexique des couleurs avec la question « *What colour is it?* » Répartir la classe en deux lignes. Chaque élève reçoit une étiquette des couleurs. Les élèves d'en face reçoivent les mêmes. Toute la classe crie en chœur « *What colour is it?* » et l'enseignant dit le nom d'une couleur. Les élèves concernés viennent et essaient de prendre le béret (ou le foulard) pour rapporter un point à leur équipe. Dès que possible, l'enseignant laisse sa place à des élèves volontaires. Si les élèves sont nombreux, on dédouble les groupes et on organise le jeu sur deux terrains.

SÉANCE 4

RÉVISION DU LEXIQUE DES SENTIMENTS[1]

Éléments culturels

- Chanson traditionnelle « *If you're happy and you know it* ».
- Jeu traditionnel : *Simon says* (Jacques a dit).

Matériel

- Album **Monsters love school**

Lien Youtube de la chanson « If you're happy. Super simple songs » :
https:/tinyurl.com/pw2ah3d

Lien Youtube de la lecture de l'album à haute voix :
https://tinyurl.com/yxxn34rk

- Cahier d'anglais des élèves, ardoise

Dans le DVD-Rom

Pour les étapes 1 et 2

- Affichage des activités ritualisées au coin anglais

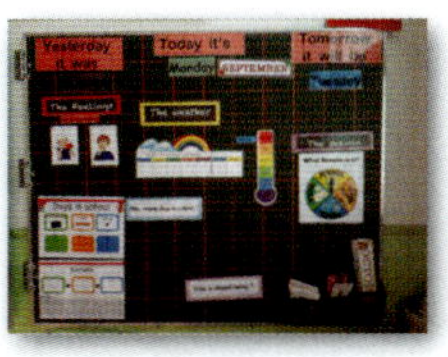

- Affichage de la bande numérique des nombres en lettres en anglais

thirteen	fourteen	fifteen
sixteen	seventeen	eighteen
nineteen	twenty	
13	14	15
16	17	18
19	20	

Pour les étapes 2, 3 et 4

- Flashcards collectives et individuelles des sentiments

- Étiquettes-mots des sentiments, pour le tableau

happy	fine
sad	angry
cold	hot
sick	hungry
thirsty	scared

Pour l'étape 5

- Fiche mémo *Feelings* (2 niveaux)

- Exercice sur les *feelings* (2 niveaux)

- Grille d'autoévaluation de l'album 1

1. WARMING UP 10'

Activités ritualisées

- Même déroulement que pour la séance 3 : *days, weather and seasons.*
- Ajouter le rituel « *Days in school* » avec un responsable qui compte les jours d'école uniquement, depuis le début de l'année. La classe apprend à demander en chœur au responsable : « *How many days in school?* »

Compétences langagières
- Réagir et dialoguer
- Écouter et comprendre

1. *Scinder cette séance en deux parties si les élèves connaissent très peu de mots.*

Il répond « *4 days in school* », par exemple, et fait un calcul : « *three plus one equals four* ».
- Puis les élèves s'entrainent à écrire les nombres en lettres de 1 à 4 sur l'ardoise. Ils peuvent s'aider de la bande numérique des nombres en lettres affichée.

2. RECYCLING 10'

Lecture de l'album
- Regroupement des élèves devant le coin anglais.
- Lecture de l'album **Monsters love school** par l'enseignant jusqu'à « *Miss Wiggles sings* ». Rappeler de quoi parle l'histoire et revoir les mots des couleurs.

Compétences langagières
- Exposition à un long flux langagier
- Écouter et comprendre
- Parler en continu

Jeux de mémorisation
- Reprendre les jeux de la séance précédente : l'activité collective « *Colour dictation* » avec les crayons de couleur et/ou le jeu de Memory en binômes.

3. TEACHING 10'

Révision du lexique des sentiments
- Continuer la lecture de l'album jusqu'à « *...now move those feet!* » et s'arrêter sur les expressions des monstres : on y trouve le courage (« *brave* »), la peur, la surprise, la joie. Les élèves s'expriment en français sur ce qu'ils ont compris.

Compétences langagières
- Écouter et comprendre
- Parler en continu

- Revoir les différents sentiments avec l'appui des flashcards collectives et les faire mimer aux élèves : *fine, happy, sad, tired, surprised, in love, brave, so-so, angry, sick, cold, hot/warm, hungry, thirsty, scared.*

PHONOLOGIE :
Intonation descendante de la question ouverte « *How are you feeling?* »
- Réalisation de la diphtongue [aɪ] aspiré de *f**i**ne, surpr**i**sed*
- Réalisation du [h] de ***h**appy, **h**ot, **h**ungry*
- Réalisation de la diphtongue [əʊ] de *c**o**ld*
- Réalisation du [θ] et du [ɜ] de ***thir**sty*
- Réalisation de la diphtongue [eɪ] de *br**a**ve*
- Prononciation de *tired* : [taɪəd] et de *surprised* : [səpraɪzd]

- Faire répéter de nombreuses fois collectivement et en groupes en jouant à mélanger les flashcards ou à en retirer une.

À noter

On peut choisir moins de mots si la majorité d'entre eux n'ont pas été vus au cycle 2. On rajoutera alors les nouveaux mots au fil des jours, pendant les activités ritualisées. On évite de dire « I am so-so », on dit juste « so-so ».

GRAMMAIRE :
- Expliquer que si on utilise plusieurs émotions, on fait comme en français : on met des virgules et on finit par « *and* » qui veut dire « et » en anglais.
- Écrire « *and* » au tableau.
- Faire répéter une succession de sentiments avec « *and* » : « *I'm angry, hot and thirsty* », « *I'm tired, scared and cold* »...

- Puis interroger quelques élèves : « *And you, how are you feeling?* »
- Faire répéter de nombreuses fois la question « *How are you feeling?* » en insistant sur la prononciation du H de « *How* ».

4. LEARNING 15'

Jeux pour réviser le lexique des sentiments

► **Jeu collectif de compréhension : *Simon says***
- L'enseignant demande au groupe classe de mimer les émotions demandées... mais seulement s'ils entendent la phrase *Simon says*...

Compétences langagières
- Écouter et comprendre
- Réagir et dialoguer
- Parler en continu
- Lire et comprendre
- (Écrire)

- Consigne en anglais : « *Mime the feelings, but only if I say Simon says.* » Ex. : « *Simon says… be happy! Simon says… be tired! Be sad!…* »
- Essayer de travailler sur les mots moins connus comme *surprised, brave, thirsty* et *hungry*, qui ne doit pas être confondu avec *angry*.

▸ **Jeu de production orale : *Pick up and say the word***
- Distribuer les flashcards individuelles des sentiments.
- En binômes, les élèves mélangent leurs tas de flashcards et tirent une carte chacun leur tour, en énonçant le mot correspondant.

▸ **Jeu d'interaction orale : *Meet someone***
- Distribuer deux flashcards individuelles des sentiments à chaque élève.
- Les élèves disposent ainsi chacun de deux flashcards individuelles pour les obliger à utiliser la conjonction « *and* ». Ils se promènent en classe, se rencontrent. L'un demande « *How are you feeling?* » et l'autre répond en mimant « *I'm tired and cold* ». Inverser les rôles.
- Ils échangent ensuite leurs flashcards pour ne pas répéter toujours la même chose. L'enseignant intervient pour aider en cas d'oubli.
- Consigne en anglais : « *You walk in the classroom and when you meet someone, you ask the question "How are you feeling?" The other one answers and then, you swap your cards.* »

Chanson

Chanter la chanson à gestes « *If you're happy and you know it* » en continuant à inventer des actions avec d'autres sentiments étudiés (activité facultative).

Vers l'écrit

▸ **1. Lecture**
- Ne faire cette activité que si les mots sont bien maitrisés à l'oral.
- Placer les étiquettes-mots collectives des sentiments au tableau.
- Lire et faire lire plusieurs fois ces mots collectivement (« *Let's read together* »).
- Changer l'ordre des étiquettes à chaque fois pour habituer les élèves à prélever des indices pour la lecture.

▸ **2. Écriture (Niveau + seulement)**
- **Sur l'ardoise, les élèves doivent remettre les mots dans l'ordre** pour former deux phrases : la question et la réponse.

are	you?	I	How	fine.	am

5. READING, WRITING 10'

- Coller la fiche mémo sur les sentiments (*Feelings*) dans le cahier d'anglais.
- Lire à haute voix puis faire lire plusieurs élèves volontaires. On peut surligner uniquement les mots appris et ne faire relire que ceux-ci.

Niveau + : les élèves complètent la leçon, avec l'aide des étiquettes-mots collectives si nécessaire.

- Les élèves font le petit exercice sur les *Feelings* (mots à relier aux images) avec l'aide du cahier si nécessaire.

Niveau + : les élèves ont plus de mots.

- Coller l'exercice à la fin du cahier, après correction.
- Faire copier plusieurs fois sur l'ardoise : *I am fine.*

Compétences langagières
- Lire et comprendre
- Écrire

6. SUMMARY 1'

Qu'avez-vous appris ?

Révision du lexique des sentiments.

Compétences langagières
- Retour en français sur les acquis de la séance

À noter

L'enseignant peut déjà donner la grille d'autoévaluation de l'album 1 afin que les élèves se projettent et sachent ce que l'on attendra d'eux pour le bilan (concernant la compétence Réagir et dialoguer).

CROISEMENTS ENTRE ENSEIGNEMENTS

Exemple de production d'élève

- **ARTS PLASTIQUES** : réaliser la page où Blue apprend que c'est bientôt la rentrée et où il est effrayé. Compétence : mettre en œuvre un projet artistique. Ajouter des masques et des couronnes, comme dans le livre.
- **FRANÇAIS/LEXIQUE** et **EMC** : on peut faire le lien avec le lexique des sentiments étudié en classe, en contexte, où l'on retrouve les émoticônes (fiche mémo). En EMC, on peut travailler sur ce même lexique pour s'exprimer simplement, faire passer des messages clairs et éviter les débordements de violence.
- **ENSEIGNEMENTS ARTISTIQUES/MUSIQUE** : apprendre la chanson de Bobby McFerrin « *Don't worry be happy* » (vidéo sur Youtube).

SÉANCE 5

RÉVISION DU LEXIQUE DES AFFAIRES D'ÉCOLE : *SCHOOL SUPPLIES*

Matériel

- Objets de l'école pour chaque élève et pour l'enseignant : sac à dos, règle, crayons de couleur, feutres, stylos, gomme, colle, ciseaux, cahier, livre, feuilles
- Cahier d'anglais, ardoise, pour les élèves
- Album **Monsters love school**

Lien Youtube de la lecture de l'album à haute voix :
https://tinyurl.com/yxxn34rk

Lien Youtube de la vidéo***Real English, What's your favorite color?*** **:**
https://tinyurl.com/ycco59gy

Dans le DVD-Rom

Pour l'étape 1

- Affichage des activités ritualisées au coin anglais

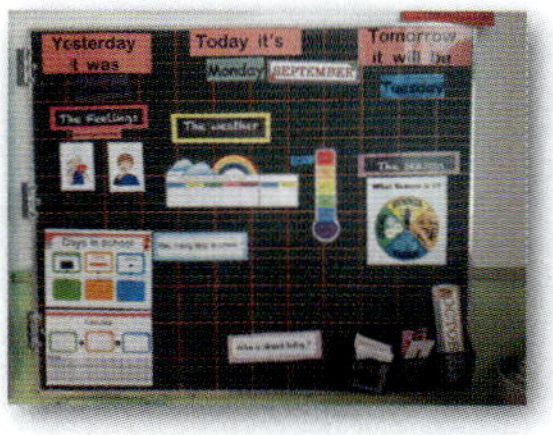

Pour les étapes 2, 3 et 4

- Flashcards collectives des couleurs

- Fiche d'enquête *Colour Survey*

- Flashcards collectives du matériel scolaire

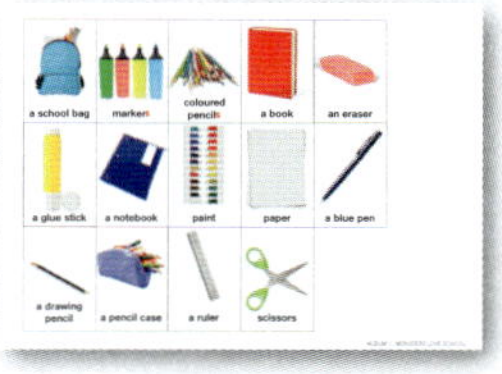

Pour l'étape 5

- Fiche mémo *School supplies* (2 niveaux)

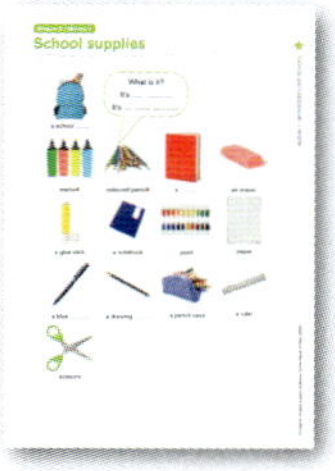

- Exercice de mots croisés sur le matériel scolaire (2 niveaux)

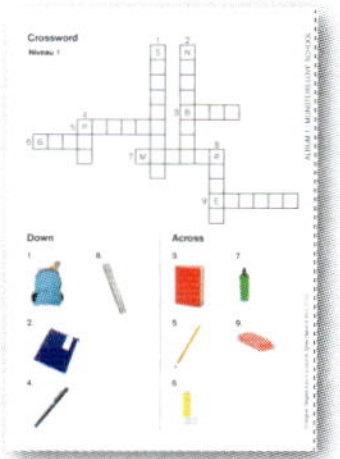

1. WARMING UP 15'

Activités ritualisées

Compétences langagières
- Réagir et dialoguer
- Écouter et comprendre

- Même déroulement que pour la séance précédente : *days, weather, seasons, days in school.*
- Ajouter un responsable pour la question « *What colour is it?* », qui utilisera les crayons de couleur pour poser la question à quatre ou cinq camarades. La réponse attendue est (par exemple) « *It's red* ».

Niveau + : « *It's a red pencil.* »

2. RECYCLING 15'

Révision du lexique des couleurs

Compétences langagières
- Écouter et comprendre
- Réagir et dialoguer

- Montrer la vidéo de *Real English* : *What's your favourite colour?*
- Restitution en français de ce qui a été compris.
- Poser la question « *What is your favourite colour?* » et répondre pour soi-même « *My favourite colour is blue. And you? What is your favourite colour?* »
- Interroger plusieurs élèves.

▸ **Jeu d'enquête « *Survey* »**
- Distribuer la fiche *Colour Survey.*
- Donner les consignes de coloriage des cases en anglais.
- Les élèves vont se promener dans la classe et interroger six de leurs amis en demandant « *What's your favourite colour?* » et les autres doivent répondre « *My favourite colour is…* » Les élèves écrivent le prénom du camarade en face de la bonne couleur.
- Mise en commun.

En lien avec les mathématiques :
- Plus tard, on pourra traduire les résultats dans un graphique de type histogramme en organisation et gestion de données.

3. TEACHING 10'

School supplies (les affaires d'école)

Compétences langagières
- Exposition à un long flux langagier
- Écouter et comprendre
- Parler en continu

- Relire l'album **Monsters love school** jusqu'à la page « *…now move those feet!* ». Les élèves devraient être plus à l'aise pour comprendre.
- Revenir à la page « *School Supply Checklist* ».
- Repérer les mots connus des élèves. En s'appuyant sur les illustrations, demander aux élèves de nommer les objets : « *What is it?* »

À noter

Attention : « *scissors* » est au pluriel. Ne pas l'utiliser dans une phrase au singulier du type « *This is a… ou It's a…* »

- Montrer chaque objet et demander aux élèves de prendre en main leurs affaires scolaires au fur et à mesure (on associe l'objet à la parole). Afficher les flashcards collectives au fur et à mesure : « *paper, an eraser, a pencil, scissors, a glue stick, a ruler, a school bag/a backpack, (paint)* ». Écarter « *tape, crayons, stapler* » qui ne sont généralement pas utilisés par les élèves de nos classes. Ajouter par contre « *a book, a notebook, a pen, a marker, a pencil case* ».
- Faire répéter de nombreuses fois collectivement, puis en groupes. Jouer à enlever une flashcard : « *What's missing?* »

PHONOLOGIE :
- Intonation descendante de la question en Wh… « *What is it?* »
- Réalisation de la diphtongue [eɪ] de *er**a**ser* et de *pencil c**a**se*
- Réalisation du [ɪ] de ***e**raser*
- Réalisation du [u:] de *sch**oo**l* et de *r**u**ler*
- Prononciation de *scissors* : [sɪzəz]

GRAMMAIRE (plutôt pour le Niveau +) :

- Les élèves peuvent remarquer que le déterminant singulier « *a* » se traduit par *un* ou *une*. Le déterminant ne marque pas le genre en anglais.
- « *Scissors* » est au pluriel, il n'a pas de « *a* ». Le pluriel de « *a* », c'est l'absence de déterminant. Par contre, il y a un S au nom pluriel qui se prononce.
- Pour « *eraser* », comme il y a une voyelle après « *a* », on doit rajouter un N pour faire « ***an*** *eraser*» On y reviendra de manière explicite plus tard.

4. LEARNING **10'**

Jeux pour réviser le lexique des *School supplies*

Compétences langagières
- Écouter et comprendre
- Réagir et dialoguer
- Parler en continu

▸ **Jeu de compréhension orale : *Show me***
- L'enseignant demande de montrer un des objets étudiés.

▸ **Jeu d'interaction orale : *What is it?***
- L'élève 1 montre un objet et demande : « *What is it?* » L'élève 2 répond : « *It's a pencil, it's a ruler…* »
- Lancer le jeu en collectif avec quelques élèves volontaires puis les élèves travaillent en binômes.
- Rajouter l'adjectif de couleur pour tout le monde : « *What is it?* » « *It's a blue pencil* », « *It's a red pen* », « *It's a grey ruler* »…

▸ **Jeu de production orale : *What's in your school bag?***
- Chaque élève prépare son sac rempli des objets de la classe étudiés.
- Quelques élèves volontaires viennent décrire le contenu de leur sac en anglais en sortant les objets au fur et à mesure. S'aider des flashcards collectives du tableau ou d'un camarade « souffleur ». « *It's a ruler, it's an eraser…* »

Niveau + : les élèves peuvent ajouter l'adjectif de couleur : « *It's a red pencil, it's a blue ruler, it's an orange book…* »

5. READING, WRITING **5/10'**

Vers l'écrit

Compétences langagières
- Lire et comprendre
- Écrire

▸ **1. Lecture**
- Coller la fiche mémo *School supplies* dans le cahier d'anglais.
- L'enseignant lit la leçon à haute voix plusieurs fois puis la fait lire à des élèves volontaires.

▸ **2. Écriture**

Niveau + : les élèves complètent la fiche mémo à l'écrit.
- Exercice de mots croisés (2 niveaux).

Niveau + : les élèves peuvent commencer à rédiger des phrases en autonomie à l'aide des étiquettes collectives laissées au tableau. « *It's a red notebook. It's a blue pencil.* » Etc.

6. SUMMARY **1'**

Qu'avez-vous appris ?

Compétences langagières
- Lire et comprendre
- Écrire

- Le nom des objets de la classe et les questions « *What is it?* » et « *What's your favourite colour?* » (révision).
- En grammaire, l'adjectif de couleur épithète est placé avant le nom.

POUR LA RENTRÉE — Petite idée

Dans chaque discipline, tout au long de la journée, ne pas hésiter à utiliser les mots du matériel scolaire en anglais.

CROISEMENTS ENTRE ENSEIGNEMENTS

- **ARTS PLASTIQUES** : réaliser la page avec les affaires d'école de Blue et tout ce à quoi il doit penser. Compétence : mettre en œuvre un projet artistique.
- **MATHÉMATIQUES/ORGANISATION ET GESTION DE DONNÉES** : organiser des informations dans un graphique à partir de l'enquête menée sur les couleurs.

Exemple de graphique

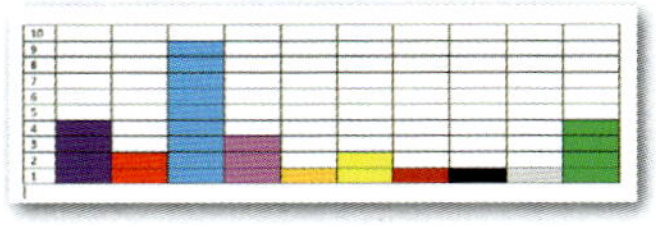

Exemple de production d'élève

- **EPS** : le jeu ***Steal the bacon*** (le béret) pourra être utilisé en échauffement, soit avec la question « *What's your favourite colour?* », soit avec la question « *What is it?* » et le lexique du matériel d'école.

SÉANCE 6

RÉVISION DES SALUTATIONS

Éléments culturels

- Album authentique de littérature jeunesse utilisé dans les classes anglo-saxonnes.
- Se saluer différemment suivant le moment de la journée et la personne rencontrée, serrer la main pour dire bonjour, comme les Anglais.

Matériel

- Album **Monsters love school**

Lien Youtube de la lecture à haute voix :
https://tinyurl.com/yxxn34rk

Lien Youtube de la chanson « *The Greetings song* »
https://tinyurl.com/kntbs07

Dans le DVD-Rom

Pour les étapes 1 et 2

- Affichage des activités ritualisées au coin anglais

- Flashcards collectives et individuelles des salutations

Pour les étapes 3 et 4

- Flashcards collectives et individuelles des salutations

Pour l'étape 5

- Fiche mémo *Greetings* (2 niveaux)

- Facultatif : liste de prénoms anglo-saxons

1. WARMING UP **15'**

Activités ritualisées

- Même déroulement que pour la séance précédente : *days, weather, seasons, days in school, colours.*
- Ajouter un responsable pour la question « *How are you feeling?* », avec les cartes des sentiments de la séance 4. Question de la classe : « *How are you feeling?* » Réponse du responsable « *I am…* »

Compétences langagières
- Réagir et dialoguer
- Écouter et comprendre

- Puis question du responsable à cinq élèves de la classe qui répondent par un ou deux sentiments en les mimant pour prouver qu'ils comprennent ce qu'ils disent.

Niveau + : répondre par trois adjectifs. Ex. : « *I am happy, cold and tired.* »

2. RECYCLING 10'

Chanson

Chanter à nouveau la chanson des couleurs *a capella* ou en musique.

Reprise du jeu d'interaction orale : What is it?

- L'élève 1 montre un objet et demande : « *What is it?* » L'élève 2 répond : « *It's a pencil* », etc.
- Lancer le jeu en collectif avec quelques élèves volontaires puis les élèves travaillent en binômes ou par groupes de quatre.

Niveau + : si les élèves s'en sentent capables, ils peuvent ajouter l'adjectif de couleur : « *It's a blue pencil.* »

Compétences langagières
- Parler en continu
- Écouter et comprendre
- Réagir et dialoguer

3. TEACHING 10'

Les salutations (*Greetings*)

- Relire **Monsters love school** jusqu'à la page « *"Good morning!" says Miss Wiggles* ». Expliquer que la dame qui fait traverser est appelée « *the lollipop lady* ». C'est un personnage type de l'école aux États-Unis.
- Demander aux élèves s'ils se souviennent des différentes salutations en anglais. « *Do you remember how to say Hello in the morning… in the afternoon… in the evening…?* »
- Rappeler les salutations en fonction des différents moments de la journée, mais aussi en fonction des personnes : pour celles que l'on connait, on peut dire *Hello* ou *Hi*, mais pour les autres, ce sera « *Good morning Madam, Good morning Sir* ».

Compétences langagières
- Écouter et comprendre

PHONOLOGIE :
- Réalisation du [h] aspiré de *hello* et *hi*
- Réalisation du [r] rétroflexe de *afte<u>r</u>noon, mo<u>r</u>ning*
- Réalisation du [u:] de *aftern<u>oo</u>n*
- Réalisation du [ʊ]de *g<u>oo</u>d*

Répéter collectivement, en groupes, voire individuellement, les salutations dans l'ordre de la journée, à l'aide des flashcards collectives.

Élément culturel

Les Anglais ne se font pas la bise, ils se serrent la main.

4. LEARNING 15'

Jeux pour utiliser la langue

Distribuer les flashcards individuelles des salutations. Vérifier qu'elles ont bien été identifiées par tous.

Compétences langagières
- Écouter et comprendre
- Réagir et dialoguer
- Parler en continu

► **Jeu de compréhension** : ***Listen and show me***
- Énoncer une salutation, les élèves lèvent la flashcard individuelles correspondante. « *When I say "Good morning", raise the right flashcard.* »
- **Exercice inverse** : l'enseignant affiche une grande flashcard, les élèves doivent dire la salutation correspondante en anglais.

► **Jeu d'interaction orale** : ***Meet someone***
- Les élèves disposent chacun d'une flashcard individuelle des salutations. Ils se promènent en classe, se rencontrent, puis, en binômes, se disent en fonction de leur flashcard « *Good morning, good afternoon, good evening…* » Ils échangent ensuite leur flashcard pour ne pas répéter toujours la même chose.
- Consigne en anglais : « *You walk in the classroom and when you meet someone, you tell him/her, for example, good morning, good afternoon, good evening and then you swap your cards.* »

Niveau + : saluer et poser la question « *Good morning, What's your name ?* »

▸ **Chanson à gestes : « *The Greetings song* »**

- Cette chanson a probablement déjà été vue au cycle 2. Mimer les salutations avec les mains pour la course du soleil (Ex. : pour *Good morning*, la main ouverte est en bas, pour *Good afternoon*, la main monte, pour *Good evening*, elle redescend, pour *Good night*, on mime l'endormissement).

5. READING, WRITING 5'

Les salutations

- Coller la fiche mémo *Greetings*, qui sera étudiée peu à peu, dans le cahier anglais.
- Lire à haute voix la partie étudiée seulement, puis faire lire plusieurs fois des élèves volontaires pour qu'ils s'habituent à voir la forme écrite. Ici, les élèves connaissent les mots à l'oral. On peut donc introduire la lecture pour les amener à la prise d'indices qui permet d'identifier les mots écrits.

Compétences langagières
- Lire

6. SUMMARY 5'

Qu'avez-vous appris ?

- Révision des salutations.
- Facultatif : proposer aux élèves d'adopter un prénom anglais qu'ils écriront sur un petit carton.

Compétences langagières
- Retour en français sur les acquis de la séance

CROISEMENTS ENTRE ENSEIGNEMENTS

- **ARTS PLASTIQUES :** créer la page avec des masques de couleurs différentes, à la manière de l'album sur « *the art teacher* », pour le projet final. Compétence : mettre en œuvre un projet artistique.

Exemple de production d'élève

SÉANCE 7

RÉVISION DE L'ALPHABET : *THE ALPHABET*

Éléments culturels

- La lettre Z se nomme « zi » en américain et « zed » en anglais.
- Chanson traditionnelle apprise par les petits Anglais.
- Les élèves anglais et américains apprennent à écrire en script et non en cursive, à l'école.

Matériel

- Album **Monsters love school**
- Affichage de la comptine alphabétique de la classe
- Si nécessaire, vidéo de la lecture de l'album à haute voix

Lien Youtube de la chanson « *Alphabet song for kids* »
https://tinyurl.com/tld3yoj

Lien Youtube de la lecture de l'album à haute voix
https://tinyurl.com/yxxn34rk *Voir le lien dans le DVD-Rom.*

Lien Youtube *Real English* : « *What's your name? Can you spell it?* »
https://tinyurl.com/y8ewyd29

- Facultatif : un ballon en mousse

Dans le DVD-Rom

Pour l'étape 1

- Affichage des activités ritualisées au coin anglais

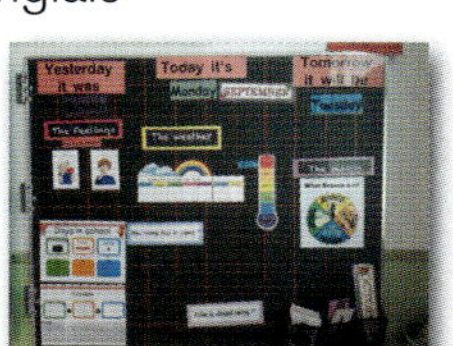

Pour les étapes 2, 3 et 4

- Exemple de rédaction d'un élève anglais, en script

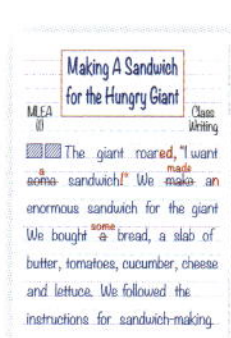

- Flashcards individuelles des salutations (1 par élève)

- Accessoires facultatifs pour le jeu *The TV show*

Pour l'étape 5

- Fiche mémo sur l'alphabet (2 niveaux)

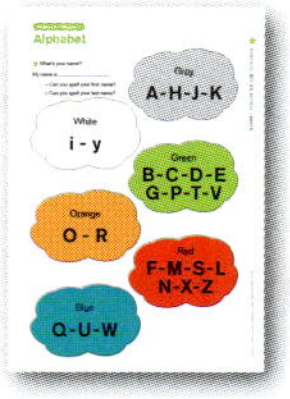

- Fiche d'aide

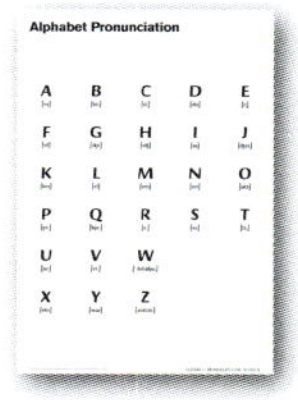

1. WARMING UP 15'

Activités ritualisées

- Même déroulement que pour la séance précédente : *days, weather, seasons, days in school, colours, feelings.*

Compétences langagières
- Réagir et dialoguer
- Écouter et comprendre

2. RECYCLING 5'

Les salutations

- Distribuer une flashcard individuelle des salutations (1 par élève).

▸ **Jeu d'interaction orale : *Meet someone***

- Les élèves disposent chacun d'une flashcard individuelle des salutations. Ils se promènent en classe, se rencontrent, puis, en binômes, se disent en fonction de leur flashcard « *Good morning, good afternoon, good evening…* » Ils échangent ensuite leur flashcard pour ne pas répéter toujours la même chose.

▸ **Chanson : « *The Greetings song* »**

- Ou chanter à nouveau la chanson « *The Greetings song* ».

Compétences langagières
- Réagir et dialoguer
- Parler en continu

3. TEACHING 15'

The alphabet

▸ **Lecture de l'album Monsters love school**

- Reprendre l'album jusqu'à « *H-U-N-G-R-Y! When do we eat?* » et s'arrêter sur le « ABCs » du Principal Blinkin et le « ABGs » dit par Blue qui croit connaitre son alphabet mais qui ne le connait pas. S'arrêter ensuite à la page « *Can you spell monster?* »

Compétences langagières
- Exposition à un long flux langagier
- Écouter et comprendre
- Parler en continu

▸ **Chanson : *« The ABC song »***

- Cette chanson est généralement apprise au cycle 2.
- Faire plusieurs écoutes puis chanter avec le support vidéo.
- Pour rendre l'écoute plus active, les élèves dont le prénom commence par la lettre de l'alphabet entendue peuvent se lever puis se rasseoir.
- Répéter les lettres en anglais en suivant la comptine avec aide de l'affichage de classe, collectivement puis en groupes.
- Faire répéter essentiellement les lettres mal connues, collectivement, en groupes et individuellement.

> **PHONOLOGIE** pour veiller à la bonne prononciation du nom des lettres :
> A [eɪ] - B [biː] - C [siː] - D [diː] - E [iː] - F [ef] - G [dʒiː] - H [eɪtʃ] - I [aɪ] -
> J [dʒeɪ] - K [keɪ] - L [el] - M [em] - N [en] - O [əʊ] - P [piː] - Q [kjuː] -
> R [ɑː(r)] - S [es] - T [tiː] - U [juː] - V [viː] - W [dʌbljuː] - X [eks] - Y [waɪ] -
> Z [zed] (*British English*) ou [ziː] (*American English*)

- Demander aux élèves de nommer les lettres dans le désordre. Cette situation permet un premier diagnostic de leurs connaissances[1].

▸ **Écoute du dialogue *Real English* « *What's your name? Can you spell it?* »**

- Dire aux élèves qu'ils vont écouter une interview avec des éléments connus.
- Leur demander : « *What words did you pick out?* »
- Les élèves reconnaissent quelques prénoms anglais et les lettres de l'alphabet car les personnes épellent leur prénom. Il y a également des prénoms étrangers puisque les passants viennent de différents pays.
- Isoler les questions « *What's your name? Can you spell it?* » et la réponse « *My name is…* » + épellation.
- Faire répéter les différentes questions : collectivement, en groupes, individuellement. Frapper des mains au moment des accentuations.

---

1. Si les élèves ne connaissent pas encore l'alphabet, ne pas continuer la séance avant que la comptine, en chanson ou non, soit connue par cœur. Elle servira d'appui en cas d'oubli.

Élément culturel

- Montrer un exemple de rédaction d'élève anglais : les enfants apprennent à écrire en script d'abord, pas en cursive.

PHONOLOGIE :
- Intonation descendante de la question en Wh…
« *What's your name?* »
- Intonation ascendante de la question fermée
« *Can you spell it?* »

4. LEARNING 15'

Compétences langagières
- Écouter et comprendre
- Réagir et dialoguer
- Parler en continu

Chanson

- Chanter « *The ABC song* » pour bien mémoriser la comptine dans l'ordre. Les élèves y auront recours au début, puis s'en passeront peu à peu.

Jeux autour des lettres de l'alphabet

Faire travailler essentiellement le nom des lettres mal connues.

▸ **Jeu de production orale : *What's missing?***

Cacher une lettre de la frise murale et demander aux élèves celle qui manque.

▸ **Jeu de production orale : *Fingers play***

- Ce jeu se joue en binômes. Mimer des lettres de l'alphabet avec les doigts et faire deviner. L'élève 1 dit par exemple « *It's a D* » et l'élève 2 répond « *Yes/No* ».

Niveau + : l'élève 1 demande par exemple « *Is it a D?* » et l'élève 2 répond « *Yes it is/No it isn't.* »
- Laisser un temps pour que chaque élève s'entraine à épeler son prénom, de plus en plus vite, avec la fiche d'aide sous les yeux.

Activité collective d'interaction orale : *The TV show*

- Faire passer les élèves volontaires par deux et réaliser une interview à la manière du groupe *Real English*.
- L'élève 1 demande à l'autre « *What's your name? Can you spell it?* »
- Puis échanger les rôles.
- L'enseignant aide et corrige la prononciation et l'intonation si nécessaire, il fait répéter.
- Variante : le *ball game*. Chaque élève envoie le ballon à son voisin et lui pose la question « *What's your name? Can you spell it?* ». Le voisin épelle, puis à son tour, pose la question à son camarade d'à côté.

5. READING, WRITING 5'

Compétences langagières
- Lire et comprendre

- Rapprocher le nom des lettres de l'alphabet avec le nom des couleurs, bien connues pour leur prononciation. Ex. : les lettres FLMNSXZ ont un nom qui se prononce comme le [e] de « *red* ».

Informations pour l'enseignant :

[ei]	[i]	[e]	[ai]	[u:]	Autres
A H J K	B C D E G P T V	F L M N S X Z	I Y	Q U W	O R

À noter

Ne pas confondre le nom des lettres et les sons qu'elles produisent.
Il y a 49 phonèmes en anglais contre 36 en français.

- Distribuer aux élèves la fiche mémo sur l'alphabet.
- Lire à haute voix puis faire lire plusieurs fois la leçon à quelques élèves pour les habituer au contact avec l'écrit. Si vous le souhaitez, vous pouvez coller la fiche d'aide à la prononciation des lettres.

 1'

Qu'avez-vous appris ?

- Révision de l'alphabet et de la question « *Can you spell your name* ? »

Compétences langagières
- Retour en français sur les acquis de la séance

CROISEMENTS ENTRE ENSEIGNEMENTS

- **FRANÇAIS** : c'est l'occasion de revoir l'alphabet, l'ordre alphabétique et l'utilisation du dictionnaire.
- **ARTS PLASTIQUES** : projet d'abécédaire mural que l'on pourra compléter avec les mots de la classe. Il sera utilisé pendant les moments d'écriture autonome. Voir le blog Storytelling2 pour le déroulement :
  https://tinyurl.com/j3qpelf
  La séance peut être menée en anglais pour les consignes de classe : « *cut, stick, draw, write…* »

Exemple d'abécédaire mural produit collectivement

SÉANCE 8

RÉVISION DES NOMBRES JUSQU'À 12 : *NUMBERS FROM 1 TO 12*

Élément culturel

- Compter sur les doigts à la manière des Anglo-Saxons.

Matériel

- Album **Monsters love school**
- Cahier d'anglais, ardoise
- Si nécessaire, vidéo de la lecture de l'album à haute voix

Dans le DVD-Rom

Pour l'étape 1
- Affichage des activités ritualisées au coin anglais

Pour les étapes 2, 3 et 4
- Affiche montrant comment les Anglo-Saxons comptent sur les doigts

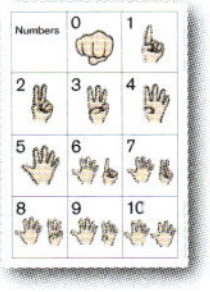

- Étiquettes-mots et étiquettes-nombres pour le tableau des nombres jusqu'à 12

- Affichage de la bande numérique en anglais avec les nombres en lettres

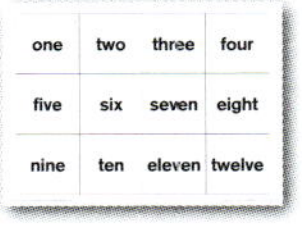

one	two	three	four
five	six	seven	eight
nine	ten	eleven	twelve

- Jeu de Memory des nombres jusqu'à 12 (1 pour 2 élèves)

Pour l'étape 5
- Fiche mémo sur les nombres (2 niveaux)

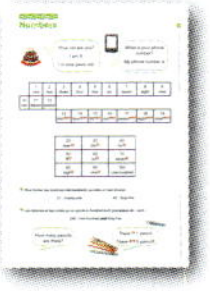

- Maison du son [θ] pour la classe et pour les élèves

- Exercice écrit sur les nombres de 1 à 10 (2 niveaux)

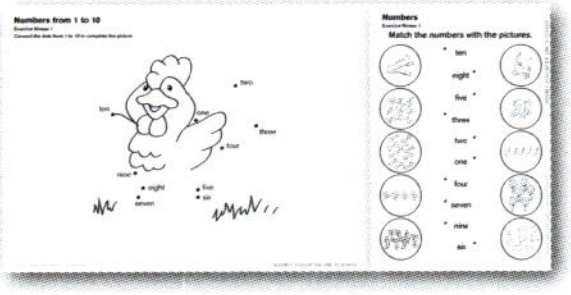

 15'

Activités ritualisées

- Même déroulement que pour la séance précédente : *days, weather, seasons, days in school, colours, feelings.*
- Ajouter un responsable pour la question « *Can you spell your name?* »

Compétences langagières
- Réagir et dialoguer
- Écouter et comprendre

 5'

L'alphabet

▸ **Jeu d'interaction orale : *the ball game***
- Chaque élève envoie le ballon à son voisin et lui pose la question « *Can you spell your name?* » Le voisin épelle puis, à son tour, pose la question à son camarade d'à côté.

▸ **Chanson**
- Facultatif : chanter la chanson de l'alphabet.

Compétences langagières
- Écouter et comprendre
- Réagir et dialoguer

3. TEACHING 15'

> **Compétences langagières**
> - Exposition à un long flux langagier
> - Écouter et comprendre
> - Parler en continu
> - Lire

Les nombres de 1 à 12 à l'oral

- Reprendre l'album jusqu'à « *H-U-N-G-R-Y! When do we eat?* » et s'arrêter sur le « 123s » du Principal Blinkin et le « 413s » de Blue qui croit connaitre la comptine des nombres mais qui ne la connait pas. Les élèves devraient mieux comprendre la lecture de ces pages. S'arrêter ensuite sur la page de récréation.
- Au tableau, dessiner une marelle de récréation jusqu'à 12 et demander de prononcer les nombres dans l'ordre : « *one, two, three, four, five, six, seven, eight, nine, ten, eleven, twelve* »[1].
- À l'aide de l'affiche, expliquer que les Anglais et les Américains comptent différemment avec leurs doigts (pour le 3 notamment).

Phonologie pour les élèves : le son [θ]

- Faire prononcer le son [θ] de *three*, avec la langue entre les dents afin d'éviter qu'ils disent « *free* » ou « *tree* ».
- Faire répéter les nombres collectivement puis en groupes.

Vers l'écrit

- Afficher au tableau les étiquettes-mots des nombres jusqu'à 12, dans l'ordre et laisser un temps de lecture silencieuse.
- Les élèves connaissent les nombres à l'oral. Ici, il s'agit de regarder comment ils s'écrivent et de repérer des indices de lettres. Observer chaque mot et discuter des lettres qui peuvent poser problème. Ce qui revient le plus souvent est l'oubli du R dans *three*, de GH de *eight*, de W de *two*, de TH de *three*, du U de *four*.
- Les élèves sont habitués à écrire le nombre de jours dans le rituel « *Days in school* ».

Jeux collectifs de mémorisation

► *Let's read*

Faire lire les étiquettes-mots dans le désordre, afin que les élèves prélèvent des indices avec les lettres.

► *Match the cards*

Demander d'associer les nombres en chiffres écrits au tableau aux nombres en lettres. Faire passer plusieurs volontaires au tableau.

► *What's missing*

L'enseignant copie les nombres en lettres au tableau et laisse un blanc pour des lettres manquantes. Les élèves réfléchissent seuls sur l'ardoise et des volontaires viennent compléter au tableau. On corrige en vérifiant sur les étiquettes-mots.

4. LEARNING 10'

> **Compétences langagières**
> - Écouter et comprendre
> - Lire et comprendre

Jeux sur les nombres de 1 à 12

► Jeu de compréhension et de production orale : *Number dictation*

- Dictée de nombres en chiffres en binômes : un élève énonce des nombres de 1 à 12 en anglais et l'autre les écrit en chiffres sur son ardoise. Puis on inverse les rôles

► Jeu de lecture : Memory.

- En binômes. Associer les nombres en chiffres aux nombres en lettres. Poser les cartes face blanche et retourner deux cartes à la fois pour former des paires en prononçant les mots. Faire plusieurs parties.

► Jeu de lecture : *Calculate*

Calculer avec les nombres écrits en lettres et écrire la réponse en chiffres sur l'ardoise. Les élèves pratiquent cette activité à l'oral depuis le début de l'année, avec les nombres en chiffres, dans les activités ritualisées. Le but ici est de travailler la lecture. Par exemple, écrire au tableau :

- two + three =
- three + three + one =
- seven + three =
- six + five =
- two + one =
- four + four =
- eight + three =
- ten + two =
- one + eight =

---

1. *Si les élèves ne connaissent pas la comptine numérique jusqu'à 12 (même si cela aurait dû être appris au cycle 2), ne pas prolonger la séance sur l'écrit et rester d'abord sur l'oral.*

5. READING, WRITING 10'

Exercices sur les nombres

- Coller la fiche mémo sur les nombres dans le cahier d'anglais. Lire à haute voix puis faire lire des élèves volontaires (uniquement la partie étudiée).
- Faire les petits exercices sur les nombres de 1 à 10 (2 niveaux).

Compétences langagières
- Lire et comprendre
- Écrire
- Parler en continu

Phonologie pour les élèves

- Commencer rapidement une maison du son [θ] en écrivant tous les mots vus qui contiennent ce son : *three, birthday, thirsty, Thursday*. Cette maison des sons sera complétée tout au long de l'année.

À noter

Ne pas confondre avec le son [ð] de *the, this*.

- Faire répéter plusieurs fois un virelangue, de plus en plus vite :

I thought of thinking of thanking you.

Ou ***I can think of six thin things.***

- Coller la fiche élèves de la maison du son [θ] dans le cahier d'anglais. Elle sera complétée tout au long de l'année.

Niveau + : les élèves peuvent recopier le virelangue sous la maison du son **[θ]** (facultatif).

- Facultatif : « *Tongue twister battle* » : pour clore la séance, faire répéter le virelangue par deux équipes qui s'affrontent en prononçant de plus en plus vite.

6. SUMMARY 1'

Qu'avez-vous appris ?

- Révision des nombres à l'oral de 1 à 12.
- Apprentissage de la lecture des nombres en lettres.

Compétences langagières
- Retour en français sur les acquis de la séance

CROISEMENTS ENTRE ENSEIGNEMENTS

- **MATHÉMATIQUES** : les élèves feront le lien avec le calcul mental et les tables d'addition. Quelques techniques doivent être bien ancrées pour pouvoir réaliser les activités de calcul.

SÉANCE 9

RÉVISION DE LA QUESTION *HOW OLD ARE YOU?*

Lien Youtube de la vidéo « *Gogo's adventures: How old are you?* » (première partie)
https://tinyurl.com/yazv3swl

Matériel

- Cahier d'anglais, ardoise
- Un ballon

Dans le DVD-Rom

Pour l'étape 1
- Affichage des activités ritualisées au coin anglais

Pour les étapes 2, 3 et 4
- Affichage de la bande numérique en anglais avec les nombres en lettres
- Étiquettes-mots des nombres jusqu'à 12 pour le tableau
- Des morceaux de papier

Pour l'étape 5
- Exercice écrit sur *How old are you?*

- Fiche mémo sur les nombres de la séance 8

1. WARMING UP 15'

Activités ritualisées

- Même déroulement que pour la séance précédente : *days, weather, seasons, days in school, colours, feelings, spell your name.*
- Ajouter un responsable pour l'appel « *Calling the role* » : pour compter les absences, on dit : « *How many absences today?* » La réponse attendue, pour le moment, est « *1 absence, 2 absences* ».

Compétences langagières
- Réagir et dialoguer
- Écouter et comprendre
- Lire et comprendre
- Écrire (nombre de jours d'école)

2. RECYCLING 10'

Jeux sur les chiffres

▸ Jeu de compréhension orale : *Number dictation*
- Dictée de nombres en chiffres sur l'ardoise.

▸ Jeu de lecture : *Calculate*

Calculer avec les nombres écrits en lettres et écrire la réponse en chiffres sur l'ardoise. Exemple de calculs à écrire au tableau :

- two + three =
- three + three + one =
- seven + three =
- six + five =
- two + one =
- four + four =
- eight + three =
- ten + two =
- one + eight =

Compétences langagières
- Exposition à un long flux langagier
- Écouter et comprendre

3. TEACHING 10'

How old are you?

- Faire écouter le dialogue « *Gogo's adventures* ». La restitution se fait en français pour la compréhension.
- Isoler la question « *How old are you?* » et la réponse « *I am ten years old* ».
- Faire répéter la question et la réponse, collectivement puis en groupes.
- Poser la question à tous les élèves : « *How old are you?* »

PHONOLOGIE :
Intonation descendante de la question ouverte « *How old are you?* »

Compétences langagières
- Écouter et comprendre
- Parler en continu

4. LEARNING 10'

Jeux d'interaction orale

▸ *Meet someone*
- Demander aux élèves de choisir un nombre de 1 à 12 et de l'écrire en chiffres sur un bout de papier, pour qu'ils ne donnent pas toujours la même réponse.
- Lorsqu'ils se rencontrent, ils demandent : « *How old are you?* » et ils répondent en fonction de leur papier. Ex. : « *I'm eleven years old.* »
- À chaque fois que deux élèves se rencontrent, ils échangent leur bout de papier pour s'entrainer à dire des nombres différents.

▸ *Ball game*
- Les élèves se passent le ballon en se demandant « *How old are you?* ». Ils répondent par leur véritable âge : « *I'm nine* » ou « *I'm ten years old* ».

▸ Facultatif : jeu pour parler en continu : *Sketchtime*
- Faire rejouer la saynète de « *Gogo's adventure* » avec quelques élèves volontaires, pour clore cette partie de la séance.

Compétences langagières
- Écouter et comprendre
- Réagir et dialoguer
- Parler en continu

5. READING, WRITING 10'

Vers l'écrit

▸ Activité de lecture et de copie : *Put in the right order and copy*
- Les élèves remettent dans l'ordre les phrases en les copiant sur l'ardoise :

old	are	how	you?

Compétences langagières
- Lire et comprendre
- Écrire

Puis :

am	years	nine	I	old

- Sur la fiche mémo sur les nombres, recopier la question « *How old are you?* » et la réponse « *I'm ten years old* ».

▶ **Exercice**

- Faire l'exercice « *How old are you?* » et le coller à la fin du cahier d'anglais après correction.

6. SUMMARY 1'

Qu'avez-vous appris ?

Révision de la question « *How old are you?* »

Compétences langagières
- Retour en français sur les acquis de la séance

SÉANCE 10

RÉVISION DES NOMBRES JUSQU'À 20 : *NUMBERS FROM 1 TO 20*

Élément culturel
- Une comptine traditionnelle apprise par les petits Anglais.

Matériel
- Album **Monsters love school**

Lien Youtube de la chanson « *One two buckle my shoe* » (recommandée par les documents d'accompagnement)
https://tinyurl.com/ycagbjjo

Lien Youtube de la lecture à haute voix :
https://tinyurl.com/yxxn34rk

- Affichage de la bande numérique en chiffres de la classe
- Cahier d'anglais, ardoise, crayons de couleur des élèves

Dans le DVD-Rom

Pour l'étape 1
- Affichage des activités ritualisées au coin anglais

Pour les étapes 2, 3 et 4
- Affichage de la bande numérique en anglais avec les nombres en lettres
- Étiquettes-mots et étiquettes-nombres pour le tableau des nombres jusqu'à 20

thirteen	fourteen	fifteen
sixteen	seventeen	eighteen
nineteen	twenty	13
14	15	16
17	18	19
20		

- Jeu de Memory des nombres jusqu'à 20 (1 jeu pour 2)

Pour l'étape 5
- Maison du son [iː] pour la classe et pour les élèves

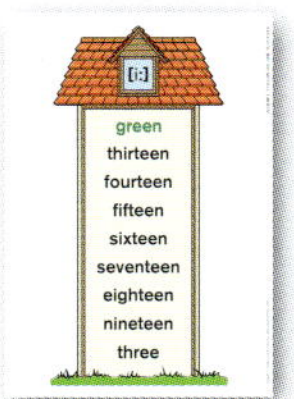

- Exercice écrit sur les nombres de 1 à 20 (2 niveaux)

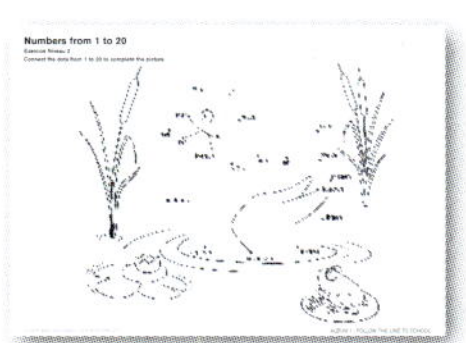

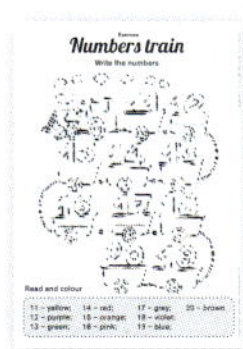

- Fiche mémo sur les nombres de la séance 8

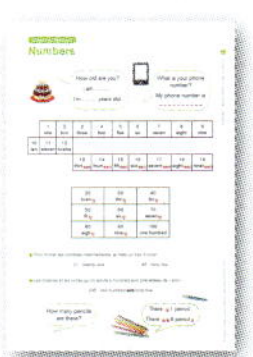

1. WARMING UP 15'

Activités ritualisées

- Même déroulement que pour la séance précédente : *days, weather, seasons, days in school, colours, feelings, spell your name, call the role.*
- Ajouter un responsable pour la question « *How old are you?* »
- Facultatif Niveau + : écriture autonome et dictée de nombres en lettres jusqu'à 12.

Compétences langagières
- Réagir et dialoguer
- Écouter et comprendre
- Lire et comprendre
- Écrire (nombre de jours d'école)

2. RECYCLING 10'

Numbers from 1 to 12

- Écoute de la comptine traditionnelle « *One, two buckle my shoe* ».
- Commencer à l'apprendre en ne chantant que la partie lente jusqu'à 2'13 pour réviser les nombres de 1 à 10. Prévenir les élèves qu'ils vont l'apprendre par cœur et qu'ils vont être évalués.

Compétences langagières
- Écouter et comprendre
- Parler en continu

3. TEACHING 10'

Les nombres de 1 à 20 (*numbers from 1 to 20*)

- Reprendre l'album et lire jusqu'à la fin. Demander aux élèves ce qu'ils ont compris. Traduire les passages mal compris, mais seulement si les élèves le demandent.
- L'enseignant énonce plusieurs fois la comptine des nombres de 13 à 20 : « ***thirteen, fourteen, fifteen, sixteen, seventeen, eighteen, nineteen, twenty*** ».
- Observer la formation des nombres avec le suffixe -*teen* ajouté aux nombres de 3 à 9. Attention à « *thirteen* » et « *fifteen* » où il y a une variation. Écrire les mots au tableau pour les repérer visuellement.

Compétences langagières
- Exposition à un long flux langagier
- Écouter et comprendre
- Parler en continu

Activité collective de mémorisation de la comptine

- Répéter collectivement puis en groupes la comptine numérique de 10 à 20 en s'appuyant sur la bande numérique affichée en classe.
- Interroger les élèves sur les nombres de 13 à 20 dans le désordre.

Jeux collectifs de mémorisation

- Utiliser les étiquettes-mots et les étiquettes-nombres du tableau.

► ***Let's read***
- Faire lire les étiquettes-mots dans l'ordre puis dans le désordre, afin que les élèves prélèvent des indices avec les lettres.

► ***Match the cards***
- Demander d'associer les nombres en chiffres écrits au tableau aux nombres en lettres. Faire passer plusieurs volontaires au tableau.

PHONOLOGIE :
Matérialiser avec un élastique la réalisation du i long [iː] de -*teen*.

4. LEARNING 15'

Les nombres de 1 à 20

► **Jeu de production orale et de dénombrement : *Let's count***
- Ce jeu s'effectue en binômes. Un élève prépare des crayons de couleur (de 12 à 20 seulement) et demande à l'autre de dénombrer en récitant la comptine à haute voix d'abord. Ex. : « *1, 2, 3, 4, 5 … 20 pencils* ».
- Inverser les rôles. Jouer de nombreuses fois.
- Puis, reprendre le jeu sans réciter la comptine à haute voix (on peut le faire dans sa tête) et donner le résultat : « *13 pencils* ».
- En n'utilisant que des crayons, l'attention porte uniquement sur le lexique des nombres de 12 à 20.
- Variante : on peut utiliser d'autres objets (cubes, jetons, pâtes…).

Compétences langagières
- Écouter et comprendre
- Parler en continu
- Lire

Niveau + : on peut ajouter un adjectif de couleur. Ex. : « *13 red pencils* ».

▸ **Jeu de compréhension orale : *Number dictation***

- En collectif d'abord, puis en binômes. Dictée de nombres en chiffres sur l'ardoise. Un élève dit un nombre de 12 à 20 en anglais et l'autre l'écrit en chiffres. Puis on inverse les rôles.

Vers l'écrit

▸ **Activité de lecture : Memory des nombres jusqu'à 20**

- Les élèves doivent associer seuls les étiquettes des nombres en lettres et en chiffres. Faire plusieurs parties.

5. READING, WRITING 10'

Les nombres

- Reprendre la fiche mémo sur les nombres et lire à haute voix la partie étudiée. Faire relire par des élèves volontaires.
- Faire le petit exercice sur les nombres de 1 à 20 (2 niveaux). Niveau 1 : des points à relier avec les nombres en lettres de 1 à 20.

Niveau + : nombres en lettres de 11 à 20 à écrire et à colorier.

Compétences langagières
- Lire et comprendre
- (Écrire)
- Parler en continu

Phonologie pour les élèves

- Commencer une maison du son [i:] en écrivant tous les mots vus qui contiennent ce son : « *green*, ***please***, *three* » (par opposition au [i] court de *windy, cloudy, sunny, eraser*). Cette maison sera complétée pendant toute l'année.
- Faire prononcer le virelangue (*tongue twister* en anglais) de plus en plus vite :
- Coller la maison du son [i:] dans le cahier d'anglais.
- Facultatif : « *Tongue twister battle* » : pour clore la séance, faire répéter le virelangue par deux équipes qui s'affrontent en prononçant de plus en plus vite :

I scream, you scream, we all scream for ice cream.

6. SUMMARY 1'

Qu'avez-vous appris ?

- Les nombres de 1 à 20 à l'oral et à l'écrit.
- Une comptine traditionnelle : « *One, two, buckle my shoe* ».

Compétences langagières
- Retour en français sur les acquis de la séance

SÉANCE 11

THERE IS – THERE ARE ET CONSOLIDATION DU LEXIQUE DES NOMBRES DE 1 À 20

Élément culturel

- Une comptine traditionnelle apprise par les petits Anglais.

Matériel

- Affichage de la bande numérique en chiffres de la classe
- Cahier d'anglais, ardoise, crayons de couleur des élèves

Lien Youtube de la chanson « *One two buckle my shoe* »
https://tinyurl.com/ycagbjjo

Lien Youtube de la lecture de l'album *There is a bird on your head* de Mo Willems
https://tinyurl.com/y9p2ysug

Dans le DVD-Rom

Pour l'étape 1
Affichage des activités ritualisées au coin anglais

Pour l'étape 5
Exercice écrit

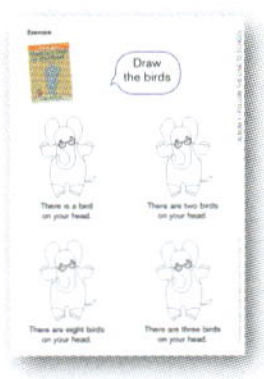

1. WARMING UP 15'

Activités ritualisées

- Même déroulement que pour la séance précédente : *days, weather, seasons, days in school, colours, feelings, spell your name, call the role, how old are you?*
- Niveau + : écriture autonome et dictée de nombres en lettres jusqu'à 20.

Compétences langagières
- Réagir et dialoguer
- Écouter et comprendre
- Lire et comprendre
- Écrire (nombre de jours d'école)

2. RECYCLING 5'

Numbers from 1 to 20

▸ **Comptine traditionnelle : « *One, two buckle my shoe* »**
- Continuer à l'apprendre de plus en plus vite.

Compétences langagières
- Écouter et comprendre
- Parler en continu

▸ **Jeu de compréhension orale : *Number dictation***
- Jeu en binômes. Dictée de nombres en chiffres sur l'ardoise. Un élève dit un nombre de 12 à 20 en anglais, l'autre l'écrit en chiffres. Puis on inverse les rôles.

3. TEACHING 15'

There is, there are...

▸ ***There is a bird on your head***
- Faire écouter la lecture d'un nouvel album : *There is a bird on your head.*
- La restitution se fait en français pour la compréhension globale. On peut vérifier avec une seconde écoute.
- Au tableau, dessiner un éléphant avec 1 puis 2, puis 3 oiseaux sur la tête.
- Reformuler l'histoire avec *There is – There are*. Écrire « *There is 1 bird* » au tableau.
- Continuer avec 2 puis 3 oiseaux : dire « *There are 2 bird**s*** » en insistant bien sur le -s qui se prononce.

Compétences langagières
- Exposition à un long flux langagier
- Écouter et comprendre
- Parler en continu

Niveau + : dire et écrire les phrases complètes : « *There is 1 bird on your head* », « *There are two birds on your head.* »
- Faire répéter de nombreuses fois ces deux phrases : collectivement puis en groupes, voire individuellement, afin que les élèves les mémorisent et les réutilisent plus tard par analogie.

GRAMMAIRE :
- Demander aux élèves de comparer les phrases.
- Faire remarquer que pour dire « il y a 1 oiseau », on dit *THERE IS*.
- Pour dire « il y a 2 oiseaux », on dit *THERE ARE* et il y a un -S à la fin du nom. Ce -S s'écrit et se prononce. Il s'agit d'un pluriel.

▸ **Jeu collectif de compréhension**
- L'enseignant énonce des phrases et les élèves doivent dessiner sur l'ardoise le nombre d'oiseaux correspondant, très rapidement.
- Ex. : « *There are three birds / There are ten birds / There is one bird* », etc.

▸ **Jeu collectif de production orale**
- L'enseignant dessine un certain nombre d'oiseaux au tableau et les élèves doivent produire des phrases.
- Ex. : « *There are five birds / There is one bird* », etc.

4. LEARNING 10'

Jeu de production orale

- Reprise du jeu précédent, en binômes. L'élève 1 dessine sur l'ardoise un certain nombre d'oiseaux (pas plus de 20) et l'autre dit (par exemple) : « *There is one bird* » ou « *There **are** 4 bird**s**.* » Puis on inverse les rôles.

Compétences langagières
- Écouter et comprendre

Jeu de reproduction orale : *jazz chant*

- Réciter de manière rythmée, à la manière d'un rap : « *There is one bird on your head* »/« *There are two birds on your head* », en mimant les oiseaux avec les doigts.

5. READING, WRITING 10'

Activité de lecture et de copie

- Sur l'ardoise, remettre les phrases dans l'ordre, en ajoutant la ponctuation :

bird	is	there	one

puis

there	two	birds	are

Niveau + : phrase plus longue.

your	birds.	on	There	two	are	head

Compétences langagières
- Lire et comprendre
- Écrire

Exercice

- Faire le petit exercice sur fiche avec le dessin d'*Elephant*.
- Faire surligner les **-s** à la fin des noms et les **are** dans les phrases au pluriel de l'exercice.
- Le coller dans le cahier d'anglais une fois corrigé.

GRAMMAIRE :
- Écrire la leçon de grammaire dans le cahier d'anglais.
- Cette leçon sera complétée plus tard.

> – Pour dire Il y a 1 oiseau en anglais on dit
> *There is 1 bird.*
> – Pour dire Il y a 2 oiseaux en anglais, on dit
> *There are 2 birds.*
> – Le nom prend très souvent un -s au pluriel.

6. SUMMARY 1'

Qu'avez-vous appris ?

- *There is* + singulier.
- *There are* + pluriel.

Compétences langagières
- Retour en français sur les acquis de la séance

SÉANCE 12

NUMBERS FROM 1 TO 99

Élément culturel

- Jeu traditionnel : **I spy with my little eye**.

Lien Youtube de la chanson « *One two buckle my shoe* »
https://tinyurl.com/ycagbjjo

Matériel

- Affichage de la bande numérique en chiffres de la classe
- Cahier d'anglais, ardoise

Dans le DVD-Rom

Pour l'étape 1
- Affichage des activités ritualisées au coin anglais
- Exercice écrit « *Calculate* »

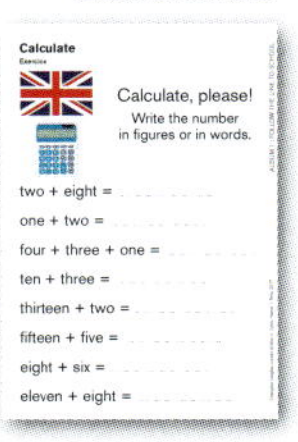

Pour les étapes 2, 3, 4 et 5
- Affichage de la bande numérique en anglais avec les nombres en lettres
- Étiquettes-mots des nombres en lettres pour le tableau

- Maison du son [i]

- Exercice « *Back To School I Spy* »

- Fiche mémo sur les nombres de la séance 8

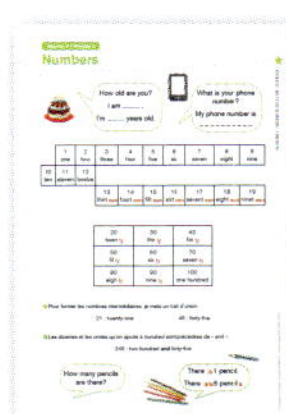

1. WARMING UP 10'

Activités ritualisées

- Même déroulement que pour la séance précédente : *days, weather, seasons, days in school, colours, feelings, spell your name, call the role, how old are you?*
- Niveau + : écriture autonome et dictée de nombres en lettres jusqu'à 20.

Compétences langagières
- Réagir et dialoguer
- Écouter et comprendre
- Lire et comprendre
- Écrire (nombre de jours d'école)

2. RECYCLING 10'

Comptine traditionnelle : « *One, two buckle my shoe* »

- Continuer à l'apprendre de plus en plus vite.

Exercice écrit : « *Calculate* »

Compétences langagières
- Écouter et comprendre
- Réagir et dialoguer
- Lire

3. TEACHING 15'

Numbers from 1 to 99

► La comptine des nombres

- L'enseignant énonce plusieurs fois la comptine des nombres de 10 à 90 : « ***ten, twenty, thirty, forty, fifty, sixty, seventy, eighty, ninety*** ».
- Observer la formation des nombres avec le suffixe *-ty.*
- Attention à « *forty* » qui n'a pas de U contrairement à « *fourteen* ».
- Activité collective de mémorisation de la comptine. Répéter collectivement puis en groupes la comptine de 10 en 10 jusqu'à 90 en s'appuyant sur une bande numérique affichée en classe. Consigne en anglais : « *Count by tens.* »
- Interroger les élèves sur les dizaines entières de 10 à 90 dans le désordre.

Compétences langagières
- Écouter et comprendre
- Parler en continu

► Jeux collectifs de mémorisation

- Utiliser les étiquettes-mots et les étiquettes-nombres du tableau.
- ***Let's read*** : faire lire les étiquettes-mots de la bande numérique des nombres en lettres dans l'ordre, puis dans le désordre, afin que les élèves prélèvent des indices avec les lettres.
- ***Match the cards*** : demander d'associer les nombres en chiffres écrits au tableau aux nombres en lettres. Faire passer plusieurs volontaires au tableau.
- Demander aux élèves s'ils savent comment former d'autres nombres, par exemple 24. Il est formé de « *twenty* » et « *four* », reliés par un tiret.
- Former d'autres nombres à l'oral puis à l'écrit avec les élèves volontaires. Utiliser les étiquettes-mots du tableau.
- Facultatif : l'enseignant propose de compter jusqu'à 99 de 1 en 1. Compter lentement de 1 en 1 jusqu'à 99 en s'appuyant sur un tableau de nombres de la classe ou une bande numérique de classe.

Phonologie pour les élèves

- Insister sur la prononciation du i court de *twen**ty**, thir**ty**, forty, fifty, sixty, seventy, eighty, ninety.*

4. LEARNING 15'

Jeu de compréhension orale : *Number dictation*

- Dictée de nombres en chiffres, sur l'ardoise d'abord, collectivement. Commencer par des dizaines entières puis enchainer avec des nombres composés. Ex. : *ninety-three, fifty-four, thirty-nine…*
- Dès que les élèves sont suffisamment entrainés, reprendre l'activité par groupes de cinq avec un meneur de jeu.
- Penser à changer le meneur de jeu au bout d'un moment.

Compétences langagières
- Écouter et comprendre
- Parler en continu

Exercice de dénombrement : « *Back to school I spy* »

- Distribuer la fiche d'exercice. Demander par exemple « *How many pencils?* » Laisser le temps de compter. Les élèves répondent en donnant d'abord le nombre à l'oral puis pour le Niveau +, en faisant une phrase avec « *there is* » et « *there are* ».
- Reprendre avec les mots « *notebooks* », « *rulers* », « *scissors* », « *pens* », « *markers* », « *glue sticks* ». Cet exercice pourra être terminé à la séance suivante.

5. READING, WRITING 5/10'

Vers l'écrit

- Coller la fiche « *Back to school I spy* » dans le cahier.
- Lire la fiche mémo sur les nombres, la partie des dizaines entières et de la formation des nombres. Puis faire lire des élèves volontaires.

Compétences langagières
- Lire et comprendre
- Écrire

Phonologie pour les élèves

- Commencer une maison du son [i] en écrivant tous les mots étudiés qui contiennent ce son : *thirty, forty, fifty, sixty, seventy, eighty, ninety, windy, cloudy, sunny, eraser* (par opposition au i long [i:] de *-teen*).
- Cette maison sera complétée pendant toute l'année.
- Faire prononcer le virelangue (*tongue twister* en anglais) de plus en plus vite : ***The king gives me fish and chips for dinner***
- Coller la maison du son [i] dans le cahier d'anglais.
- Facultatif : *tongue twister battle*. Pour clore la séance, faire répéter le virelangue par deux équipes qui s'affrontent en prononçant de plus en plus vite : ***The king gives me fish and chips for dinner.***

6. SUMMARY 1'

Qu'avez-vous appris ?

- Les nombres de 1 à 99 à l'oral et à l'écrit.

Compétences langagières

- Retour en français sur les acquis de la séance

CROISEMENTS ENTRE ENSEIGNEMENTS

- **ARTS PLASTIQUES** : **le projet**. Faire des séances décrochées en arts plastiques pour finir de préparer le livre du projet. Faire le livre à plusieurs (quatre élèves). L'enseignant aide à l'élaboration, à la mise en place et note les phrases que les élèves pourront dire.

Exemples de productions d'élèves

SÉANCE 13

TRAVAIL EN ATELIERS POUR LE PROJET LIVRE

En groupes de langage, travailler sur la prononciation afin que les élèves s'enregistrent pour faire un livre numérique.

Lien Youtube : exemple de livre numérique d'élèves : « *I love school* »
https://tinyurl.com/w93s5na

Élément culturel

- Jeu traditionnel : ***Snakes and Ladders***

Matériel

Lien Youtube de la chanson « *One two buckle my shoe* »
https://tinyurl.com/ycagbjjo

- Affichage de la bande numérique en chiffres de la classe
- Cahier d'anglais, ardoise, crayons de couleur

Pour l'étape 1

- Bulles-questions de la *Question Box* orale

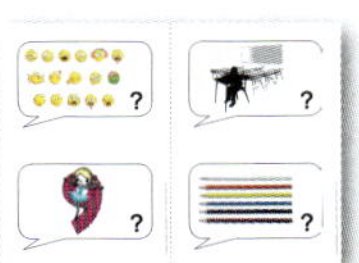

- Facultatif : bulles-questions de la *Question Box* écrite

Pour les étapes 2 et 3

- Exercice « *Back to school I spy* »

- Tablettes pour s'enregistrer

- Jeu *Snakes and ladders*

- Jeu de Memory des couleurs

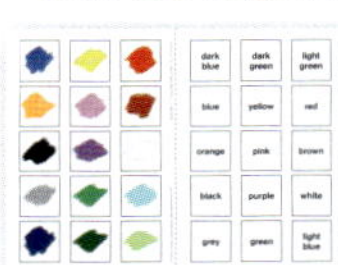

Pour l'étape 4

Fleur lexicale de l'album 1

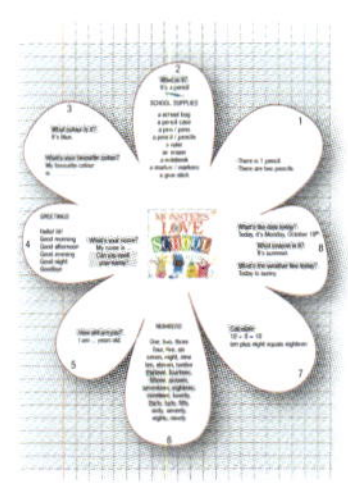

1. WARMING UP 15'

Préparation à l'évaluation avec la *Question Box* à l'oral

Compétences langagières
- Écouter et comprendre
- Réagir et dialoguer
- Lire et comprendre

- Tous les élèves participent.
- Distribuer à chaque élève une étiquette-bulle de la *Question Box*. Les élèves vont se croiser puis poser la question de leur étiquette. Le camarade rencontré doit répondre. Celui qui a posé la question peut l'aider, lui donner des indices ou l'amorce de phrase, quitte à l'emmener vers le tableau des activités ritualisées où il y a les aides, sous formes d'images et d'étiquettes-mots.
- Puis les deux élèves inversent leur rôle.
- Ensuite, les deux élèves échangent leur étiquette-bulle pour ne pas poser toujours la même question.

À noter

Ce temps est un moment d'autoévaluation pour l'élève qui pourra noter ses réussites et prendre conscience de ce qui lui reste à revoir. C'est aussi un moment d'évaluation formative pour l'enseignant qui peut continuer à remplir sa grille d'évaluation orale et repérer quels élèves sont en difficulté sur une question ou une réponse, de manière à pouvoir les faire travailler en petits groupes de langage.

Il y a deux types de *Question Box* : celle qui permet d'évaluer l'oral et celle qui permet d'évaluer la lecture. Cette dernière sera utilisée plus tard, quand les élèves seront prêts, en sachant qu'ils ont lu un peu à chaque rituel mais qu'il n'y a pas d'inquiétude à avoir si ce n'est pas encore acquis à cette période.

Niveau + : si les élèves sont à l'aise à l'oral, ils peuvent faire la *Question Box* à l'écrit. Même déroulement avec les bulles-questions écrites mais avec l'évaluation de la compétence de lecture.

2. RECYCLING 5'

How many... are there?

Compétences langagières
- Écouter et comprendre
- Réagir et dialoguer

- Finir le petit exercice *I spy*. Terminer de compter les objets. Les élèves répondent sur le modèle « *There is... / There are...* »

3. WORKSHOPS 30'

3 ateliers en rotation toutes les 10 minutes

Compétences langagières
- Écouter et comprendre
- Parler en continu
- Lire et comprendre
- Écrire

- À moduler suivant les compétences des élèves.
- Les élèves se répartissent dans les différents ateliers tournants.

▸ Atelier 1
- Avec l'enseignant. Ce groupe de langage va s'entrainer à parler pour s'enregistrer avec la tablette. Revenir sur l'élocution, la prononciation et les accents toniques, répartir les phrases entre les élèves.

▸ Atelier 2
- Travail en autonomie sur le Memory des couleurs de la séance 3.

▸ Atelier 3
- Le jeu *Snakes and ladders* pour réviser. Expliquer rapidement les règles du jeu pour les échelles et les serpents. En binômes, les élèves lancent le dé et avancent leur jeton jusqu'à la bonne case. Ils doivent dire en anglais le nombre écrit sur la case. Si la réponse est correcte, ils y restent. Sinon, ils retournent d'où ils viennent.
- On ne peut que descendre sur les serpents : lorsque l'on tombe sur la tête d'un serpent et que la réponse est erronée, on doit redescendre. Pour les échelles, on ne peut que les monter. Lorsque l'on tombe sur le bas d'une échelle et que la réponse est juste, on peut la monter.
- Pour s'aider, les élèves ont leur cahier d'anglais.

4. READING, WRITING 5'

Fleur lexicale

Compétences langagières
- Lire et comprendre
- Écrire

- Lire à haute voix puis faire lire et coller dans le cahier d'anglais la fleur lexicale reprenant les formulations étudiées et le lexique autour de l'album, qui servira de point d'appui pour d'éventuelles révisions avant l'évaluation.

5. SUMMARY 5'

Qu'avez-vous appris ?

- Révision des formulations et du lexique étudiés pendant la séquence, avant l'évaluation.
- Travail sur le projet de livre.

Compétences langagières
- Retour en français sur les acquis de la séance

Devoirs

Revoir la fleur lexicale pour l'évaluation.

SÉANCE 14

HOW MANY… ARE THERE? Niveau + seulement

Matériel

- Affichage de la bande numérique en chiffres de la classe
- Cahier d'anglais, ardoise, crayons de couleur

Dans le DVD-Rom

Pour l'étape 1
- Affichage des activités ritualisées au coin anglais
- Bulles-questions de la *Question Box* orale (et écrite)

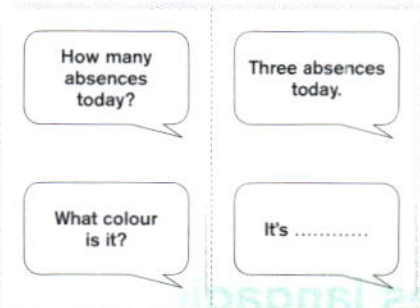

Pour les étapes 2, 3 et 4
- Paroles de la chanson « *One two buckle my shoe* »

- Exercice « *How many… are there?* » (2 niveaux)

1. WARMING UP 10'

Préparation à l'évaluation avec la *Question Box*

- Voir séance précédente.

Compétences langagières
- Réagir et dialoguer
- Écouter et comprendre
- Lire et comprendre
- Écrire (nombre de jours d'école)

2. RECYCLING 5'

Comptine traditionnelle « *One, two buckle my shoe* »

- Continuer à la chanter de plus en plus vite. L'enseignant peut évaluer ses élèves par simple observation.
- Coller les paroles dans le cahier d'anglais.

Compétences langagières
- Écouter et comprendre
- Parler en continu

3. TEACHING 10'

How many… are there?

- Reprendre l'album **Monsters love school**. Aller aux pages où on peut compter les monstres.
- Poser la question « *How many monsters are there?* » Ainsi, les élèves s'imprègnent de la structure avec appui de l'album. Les faire compter à chaque fois en anglais.
- Faire répéter les questions collectivement, en groupes, voire individuellement.
- Montrer cinq crayons et demander « *How many pencils are there?* »
- Amorcer la phrase-réponse : « *There are…* » Les élèves répondent : « *There are 5 pencils.* »
- Expliquer que « *How many…?* » sert à demander « combien » lorsqu'il faut **compter, dénombrer** quelque chose.
- Poser la question avec un seul crayon à la main : la question reste au pluriel.

Compétences langagières
- Exposition à un long flux langagier
- Écouter et comprendre
- Parler en continu

- Demander « *How many pencils are there?* »
- Amorcer la phrase-réponse : « *There is…* », les élèves répondent « *There is 1 pencil* ».

PHONOLOGIE :
Intonation descendante de la question ouverte
« *How many… are there?* »

GRAMMAIRE :
- Écrire la question « *How many pencils are there?* » au tableau avec deux réponses : « *There are 5 pencils* » et « *There is 1 pencil* ».
- Faire remarquer que même avec une réponse au singulier, la question est au pluriel. Quand on pose la question, on part toujours du principe qu'il peut y avoir plusieurs choses.
- Rappeler que le **S** final se prononce en anglais, là où il est souvent muet en français.

- Écrire au tableau : « *How many pencils are there?* », « *How many birds are there?* » Bien insister sur le S final.
- Faire répéter les questions collectivement, en groupes, voire individuellement.

4. LEARNING 15'

Jeux d'interaction orale

Compétences langagières
- Écouter et comprendre
- Réagir et dialoguer

▸ **Jeu de compréhension collectif**
- Montrer des crayons et demander aux élèves de dire combien il y en a. Ex. : « *How many pencils are there?* » « *Ten pencils / There are ten pencils* », « *One pencil / There is one pencil* ».
- Faire l'activité inverse. Les élèves demandent en chœur « *How many pencils are there?* » et l'enseignant répond par exemple « *Twelve pencils / There are twelve pencils* ».
- Reprendre le jeu précédent en groupes de cinq avec un meneur de jeu. Les élèves demandent en chœur « *How many pencils are there?* » Le meneur de jeu choisit un nombre de crayons et les autres répondent (par exemple) « *Twenty pencils / There are twenty pencils* ».

▸ ***Meet someone***
- Les élèves choisissent une certaine quantité de crayons. Penser à n'en prendre qu'un seul aussi. Ils se promènent avec et posent la question « *How many pencils are there?* » et les autres répondent « *There is one pencil* » ou « *There are… pencil**s.*** »
- Proposer aux élèves d'inventer d'autres phrases-questions sur le même modèle. « *How many rulers are there? How many monsters are there?…* » Corriger si nécessaire.

5. READING, WRITING 15'

Vers l'écrit

Compétences langagières
- Lire et comprendre
- Écrire

▸ **1. Lecture**
- *Put in the right order* (remettre les mots dans l'ordre).

pencils	there?	How	are	many

▸ **2. Écriture**
- *Separate and copy* (séparer les mots de la phrase) *Howmanypencilsarethere?*
- Ce qui donne : *How/many/pencils/are/there?*

GRAMMAIRE :
- Compléter la leçon de grammaire sur *there is, there are.*
- Pour demander en anglais « Combien y a-t-il de crayons ? », on dit « *How many pencil**s** are there?* »
- Le nom prend en général un **-s** au pluriel dans la question.

- Faire la fiche d'exercice « *How many are there?* » (2 niveaux) et la coller dans le cahier d'anglais, après correction.

6. SUMMARY 1'

Qu'avez-vous appris ?

Compétences langagières
- Retour en français sur les acquis de la séance

- La question « *How many… are there?* » pour demander « Combien y a-t-il de… ? »

CROISEMENTS ENTRE ENSEIGNEMENTS

- **FRANÇAIS/ORTHOGRAPHE** : les élèves révisent le pluriel des noms et comparent avec l'anglais. Le **-s** en anglais s'entend, il n'est pas muet comme en français. Préciser qu'il y a des pluriels irréguliers en anglais qui seront vus plus tard (ex. : *mouse/mice, foot/feet, goldfish/goldfish, reindeer/reindeer…*).

SÉANCE 15

ÉVALUATION

Élément culturel

- L'école en Angleterre.

Lien Youtube dialogue pour l'exercice 3 de l'évaluation :
https://tinyurl.com/y7zlwevk

Lien Youtube vidéo « This is Britain: school » :
https://tinyurl.com/y4vatrun

Matériel

- Crayons de couleur
- Lien du dialogue pour l'exercice 3 de l'évaluation
- Lien de la vidéo « *This is Britain : School* »

Dans le DVD-Rom

Pour l'étape 1

- Affichage des activités ritualisées au coin anglais
- Bulles-questions de la *Question Box* orale

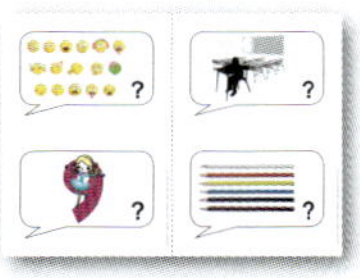

- Facultatif : bulles-questions de la *Question Box* écrite

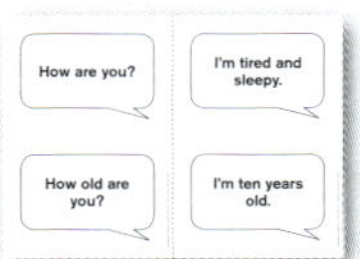

Pour l'étape 2

- Fiches d'évaluation (2 niveaux)

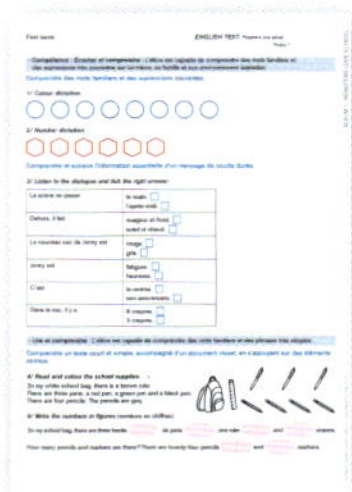

Pour l'étape 3

- Fiche mémo de civilisation sur l'école en Angleterre

1. WARMING UP 10'

Question Box à l'oral, évaluation de la compétence Réagir et dialoguer

- Tous les élèves participent. L'enseignant termine d'évaluer les élèves avec sa grille.

Une *Question Box*

Compétences langagières
- Écouter et comprendre
- Réagir et dialoguer
- ou Lire et comprendre

Niveau + : si les élèves sont à l'aise à l'oral, ils peuvent faire la ***Question Box* à l'écrit**. Même déroulement avec les bulles-questions écrites mais avec une compétence de lecture évaluée.

2. ÉVALUATION 20'

À noter

Les élèves pratiquent leur évaluation de compréhension orale et écrite. Les compétences **Parler en continu** et **Réagir et dialoguer** sont évaluées tout au long de la séquence, pendant les activités ritualisées ou de révision.

Compétences langagières
- Écouter et comprendre
- Lire et comprendre
- Écrire

Consignes

Elles peuvent être expliquées en français pour ne pas gêner la compréhension des exercices. Il y a 2 niveaux d'évaluation.

Compétence : écouter et comprendre

1. L'enseignant dicte lentement, pour que les élèves colorient les cases : *blue, yellow, red, purple, orange, green, grey, brown.*

2. L'enseignant dicte des nombres en anglais pour que les élèves écrivent en chiffres : 6, 13, 83, 65, 17, 40 (*six, thirteen, eighty-three, sixty-five, seventeen, forty*).

3. L'enseignant fait écouter le dialogue une fois (lien dans la partie « Matériel »). Les élèves essaient de répondre en cochant. Il permet une 2e puis une 3e écoute, pour laisser la possibilité de terminer ou de se corriger.

4. L'enseignant lit l'album et demande aux élèves de coller les images dans l'ordre de l'histoire, au fur et à mesure de sa lecture (on peut s'arrêter à la page « *History class is awesome* », si c'est trop long). Les élèves doivent ainsi relever des mots connus et faire le lien avec les images pour retrouver les pages correspondantes.

Compétence : lire et comprendre

5. Les élèves lisent le court texte et colorient les dessins comme demandé.
Niveau + : les élèves dessinent les objets dans le sac et les colorient.

6. Les élèves lisent le texte à la recherche des nombres en lettres. Ils peuvent les surligner. Ils doivent les écrire en chiffres dans la bulle.

Compétence : écrire

7. Les élèves répondent à la question du prénom et du sentiment. Ils doivent écrire « *I am fine* » (dictée).

8. Les élèves remettent dans l'ordre la question et la réponse, et la recopient.

9. Les élèves doivent créer quelques phrases à l'aide du réservoir de mots.

Niveau + : ces élèves peuvent terminer par une dictée de nombres en lettres pour la compétence **Écrire sous la dictée des expressions connues**.

3. CIVILIZATION 10/15'

Compétences langagières
- Écouter et comprendre

- Reprendre l'album **Monsters love school** et demander aux élèves ce qu'ils ont pu observer des écoles anglo-saxonnes, les ressemblances puis les différences avec nos propres écoles. Les informer des heures habituelles d'entrée (8 heures) et de sortie (15 heures).
- Visionner la vidéo sur l'école en Angleterre « *This is Britain* ». Elle est en anglais mais il y a des images et des mots connus. Faire quelques pauses ou arrêts sur image si nécessaire, afin de clarifier certains passages.
- La première écoute sert à comprendre un maximum de choses. La restitution se fait en français mais les élèves peuvent dire les mots anglais relevés.
- Questions pour une écoute active n° 2 : le prénom et l'âge du narrateur, le nom de la dame qui fait traverser (*the Lollipop lady*), l'uniforme, l'heure du début de classe, le déroulement de la journée, l'assemblée, les heures de récréation, le *Lunch time*.
- Lire à haute voix puis faire lire la fiche mémo de civilisation sur l'école en Angleterre. Coller la fiche dans le cahier d'anglais.

4. SUMMARY 1'

Qu'avez-vous appris ?
- Les élèves font une synthèse orale de ce qui a été appris en civilisation.

Compétences langagières
- Retour en français sur les acquis de la séance

Album 2

The gruffalo

Julia Donaldson

▸ Les parties du corps et la structure *have got*.

L'objectif final de cette séquence est de rendre les élèves capables de se décrire physiquement ou de décrire quelqu'un d'autre.

Il faudra penser à faire évoluer les activités ritualisées pendant le temps de *Warming up*, en suivant le tableau indicatif, selon les progrès des élèves.

THE GRUFFALO,

Julia Donaldson, Axel Scheffler

Julia Donaldson est une écrivaine anglaise très connue pour ses albums de littérature de jeunesse, notamment *The Room on the broom, Fox's socks, Hippo has a hat, The Snail and the Whale* et *The Smartest Giant in town.* Elle est membre du prestigieux ordre de l'Empire britannique et a gagné de très nombreux prix littéraires, notamment pour ses albums illustrés par Axel Scheffler.

The gruffalo est le livre qui a valu à Julia Donaldson le plus grand nombre de récompenses. L'histoire est inspirée d'un conte chinois mettant en scène une petite fille et un tigre qu'elle dupera en lui faisant croire qu'elle est la créature la plus féroce de la jungle. Julia Donaldson a remplacé la petite fille par une souris et le tigre par un monstre imaginaire, moitié grizzly, moitié buffle, ce qui donnera le nom *gruffalo*.

Le livre s'est vendu à plus de 13 millions d'exemplaires à travers le monde et a été traduit en 40 langues. Il a été adapté en film d'animation (nominé aux Oscars) et au théâtre.

L'intérêt de cet album, outre sa notoriété, repose sur sa structure répétitive, un texte accessible aux élèves de CM1, le lexique des parties du corps avec l'utilisation de *Have* pour les caractéristiques personnelles et le champ lexical de la peur, en pleine fête d'Halloween durant les mois d'octobre-novembre.

Lien Youtube de la lecture à haute voix en anglais :
http://tinyurl.com/oxym7or

Ici l'album n'est pas mis qu'au service de la langue, même s'il amène des éléments langagiers intéressants. Les élèves étudient aussi les relations entre les personnages, leurs émotions, le temps et les lieux perceptibles grâce au texte et aux illustrations. Ces compétences sont travaillées en langage oral (compréhension d'un texte entendu) et en littérature française également. En créant leur bande-annonce de livre, les élèves vont devoir adopter un regard distancié sur les éléments captivants de l'album, dans le texte comme dans les illustrations, sans toutefois révéler l'histoire.

PROJET / TÂCHE FINALE

Pour travailler les compétences langagières de ce module, il vous est proposé de créer une bande annonce du livre, reprenant le lexique des parties du corps et l'utilisation de *Have got*. Cette bande annonce pourra être complétée par une galerie de portraits pour présenter d'autres personnages effrayants.

AUTRES PROJETS POSSIBLES

- **Récrire un épisode** en utilisant des mots-valises tout comme le nom du *gruffalo (Grizzly-Buffalo)*. Le lexique d'Halloween pourra s'y prêter : « a *witchire* » (*a creature half a witch, half a vampire*), « *a ghostire* » (*a creature half a ghost, half a vampire*), « a *ghostleton* » (*a creature half a ghost, half a skeleton*), etc.
- **Faire une représentation théâtrale** pour un spectacle de fin d'année ou de Noël.
- **Préparer une galerie de portraits de personnages effrayants,** en lien avec les arts plastiques, pour reprendre le lexique des parties du corps et l'utilisation de *Have got*.

COMPÉTENCES TRAVAILLÉES AUTOUR DE CET ALBUM

Attendus de fin de cycle et connaissances/compétences travaillées dans le module THE GRUFFALO	Domaines du socle
Écouter et comprendre L'élève est capable de comprendre des mots familiers et des expressions très courantes sur lui-même, sa famille et son environnement immédiat. ▪ Comprendre l'ensemble des consignes utilisées en classe. ▪ Comprendre des mots familiers et des expressions courantes (description physique, consignes). ▪ Suivre le fil d'une histoire simple *(**The gruffalo**)*. ▪ Comprendre et extraire l'information essentielle d'un message de courte durée.	**1, 2**
Lire et comprendre L'élève est capable de comprendre des mots familiers et des phrases très simples. ▪ Comprendre des textes courts et simples (description physique).	**1, 2**
Parler en continu : évalué avec la grille du maitre tout au long de la séquence L'élève est capable d'utiliser des expressions et des phrases simples pour parler de lui et de son environnement immédiat. ▪ Reproduire un modèle oral, répéter : chansons *(The gruffalo song* ou *Head, shoulders, knees and toes).* Évalué pendant le *Recycling* ou pendant les activités de *Brain Breaks*. ▪ Raconter une histoire courte à l'aide de supports visuels : évalué lors de l'enregistrement de la bande-annonce du livre.	**1, 2, 3**
Écrire L'élève est capable de copier un modèle écrit, d'écrire un court message et de renseigner un questionnaire simple. ▪ Copier des mots isolés et des textes courts. ▪ Renseigner un questionnaire (description physique). ▪ Produire de manière autonome quelques phrases sur soi-même ou les autres (description physique).	**1, 2, 3**
Réagir et dialoguer : évalué avec la grille du maitre tout au long de la séquence L'élève est capable de communiquer de façon simple, à condition que l'interlocuteur soit disposé à répéter ou à reformuler ses phrases plus lentement et à l'aider à formuler ce qu'il essaie de dire. ▪ Établir un contact social (activités ritualisées). ▪ Demander à quelqu'un de ses nouvelles et réagir en utilisant des formules de politesse (activités ritualisées). ▪ Dialoguer sur des sujets familiers. ▪ Réagir à des propositions, dans des situations de la vie courante.	**1, 2**
Découvrir les aspects culturels d'une langue vivante étrangère et régionale Identifier quelques grands repères culturels de l'environnement quotidien des élèves du même âge dans les pays ou régions étudiés : *Halloween, Arts & Crafts, Guy Fawkes Night*, le monstre du Loch Ness et l'Écosse, chansons traditionnelles, album authentique de littérature de jeunesse sur le thème des monstres et des fées (document d'accompagnement culturel).	**1, 2, 3, 5**

QUELQUES PRÉCISIONS AVANT DE COMMENCER

- La séquence débute par deux séances sur Halloween pour faire une fiche mémo de civilisation sur le 31 octobre, pour revoir le lexique des consignes de classe pendant l'activité de *Arts & Crafts*, mais aussi pour réviser le nom des personnages et quelques formulations vues au cycle 2.
- L'enseignant a en permanence avec lui sa grille d'évaluation pour les compétences orales.

Les compétences « Parler en continu » (chansons du *gruffalo* ou *Head, shoulders, knees and toes*) et « Réagir et dialoguer » sont évaluées tout au long de la séquence.

- **Encore une fois, l'exploitation proposée est riche en activités que l'on peut moduler suivant les connaissances et les compétences des élèves.**

SÉANCE 1

RÉVISION DU LEXIQUE D'HALLOWEEN / *ARE YOU...? YES, I AM / NO, I AM NOT*

Éléments culturels

- Conte traditionnel anglais
- Fête calendaire : *Halloween*

Matériel

Album *Big Pumkin* d'Erica Silverman

Lien Youtube de la lecture à haute voix, si pas d'album en classe :
http://tinyurl.com/oxym7or

Lien Youtube de la chanson *Knock knock trick or treat – Halloween song* :
http://tinyurl.com/koqdvo4

Dans le DVD-Rom

Pour les étapes 3 et 4

- Flashcards collectives et mini flashcards d'Halloween

- Maison du son [h]

Pour l'étape 5

- Fiche mémo : *Halloween*

- Exercice et mots croisés

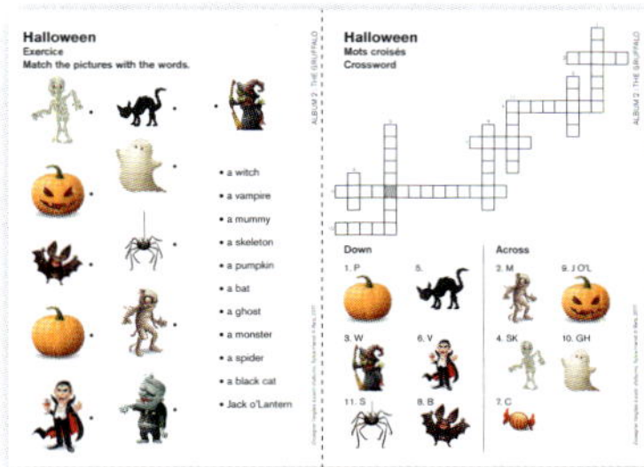

1. WARMING UP 10'

Compétences langagières
- Réagir et dialoguer
- Écouter et comprendre
- Lire et comprendre
- Écrire

Activités ritualisées

- Reprendre le déroulement de l'album 1.
- Rappel : pour *How many days in school?* : tous les élèves recopient le nombre en lettres sur l'ardoise pour s'entrainer. Il y a toujours la bande numérique affichée en classe pour s'aider.

Écriture autonome

- Laisser les élèves écrire de petites phrases avec l'aide des modèles laissés au tableau : *It's a... , Give me..., I am... [feelings or age], There is..., There are...*
- Dictée de nombres en chiffres (et en lettres ainsi que les phrases vues en séquence 1 pour le Niveau +).
- Penser à faire évoluer les activités ritualisées bien maitrisées par les élèves, mais pas toutes en même temps. Par exemple, remplacer la question des couleurs vue dans l'album 1 par « *What's your favourite colour?* ».

2. RECYCLING 10'

Révision des personnages d'Halloween

Compétences langagières
- Écouter et comprendre
- Parler en continu

- Montrer la vidéo de l'album *Big Pumpkin*, de Erica Silverman, qui est une reprise du célèbre conte *The Gigantic Turnip* (« le gros navet ») mais avec les personnages d'Halloween. Ce conte d'origine russe, recommandé par le document d'accompagnement en anglais, met en valeur l'attitude solidaire des protagonistes et valorise le plus petit.
- L'enseignant peut mimer l'action de tirer à la lecture de « *She pulled and she tugged* ». Il explique le mot « *Drat* » qui revient souvent, qui est la traduction de « Zut ».
- Les élèves racontent en français ce qu'ils ont compris et s'ils ont reconnu des mots en anglais (par exemple « *Halloween, the pumpkin pie, fun party* »). Faire répéter le nom des personnages dans leur ordre d'apparition : « *the witch, the ghost, the vampire, the mummy and the bat* ».

Flashcards d'Halloween

- Montrer les flashcards collectives d'Halloween et reprendre les personnages de l'histoire pour faire répéter leur nom et vérifier la bonne prononciation. Ajouter d'autres personnages, vus au cycle 2, pour compléter la collection de personnages effrayants : « *the spooky characters* ».
- Répétition collective des noms des personnages « *whisper…, speak up* », en groupes « *this line, only boys, only girls* » ou individuelle.

Astuce

Jeu ***The magic eye*** si nécessaire pour rendre la répétition moins lassante : afficher les flashcards des personnages dans un certain ordre. Tout le monde énonce leur nom dans cet ordre. Enlever une carte et on répète ces noms, comme si la flashcard enlevée était encore présente. On enlève ensuite une 2e flashcard et on recommence, etc.

PHONOLOGIE :
- Réalisation du [ʌ] de *p**u**mpkin*
- Non-réalisation du R final de *spide**r*** et *monste**r***
- Réalisation [æ] de *bl**a**ck c**a**t*, *b**a**t*, *J**a**ck O' L**a**ntern*, *c**a**ndy*, *H**a**lloween*, *v**a**mpire*
- Réalisation de la diphtongue [ai] de *vamp**i**re* et *sp**i**der*
- Réalisation du i long [i:] de *Hallow**ee**n* par opposition au *i* bref de *w**i**tch* (et on peut compléter les maisons des sons faites dans l'album 1)
- Réalisation de la diphtongue [əʊ] de *gh**o**st*
- Réalisation du [dʒ] de ***J**ack*
- Prononciation de *vampire* : [væmpaɪə] et de *lantern* : [læntən]
- Réalisation du [h] aspiré de ***H**alloween*.

L'enseignant commence une maison du son [h] qui sera complétée dans l'année.
L'enseignant fait répéter le virelangue du son [h] plusieurs fois et de plus en plus vite *:* ***Henry is happy, he has a horrible hamster.***
Pour bien discriminer le son, l'enseignant peut faire taper dans les mains à chaque fois que les élèves entendent le son [h] dans une série de mots, afin de solliciter l'intelligence rythmique.

Chanson à gestes

Écouter la chanson *Knock Knock trick or treat, who are you?* puis la chanter en mimant les personnages (elle peut être connue du cycle 2, mais ce n'est pas grave, c'est une phase de révision). Dire : « *Let's sing a song!* »

PHONOLOGIE :
- Intonation descendante de la question en WH « *Who are you?* »
- Prononciation de *Who* → [hu:]

3. TEACHING 5'

La structure : *Are you…? Yes, I am / No, I am not*

Compétences langagières
- Écouter et comprendre

▸ **Jeu : *the Guessing game***

Distribuer des flashcards à quelques élèves et utiliser le jeu des devinettes *the Guessing game*. Poser la question : « *Are you a witch?* » et lorsqu'un élève répond « *Yes* », reprendre la réponse complète « *Yes, I am* ». Faire répéter la question et la réponse plusieurs fois et l'écrire au tableau.

Reposer une question : « *Are you a ghost?* » et reprendre avec la réponse complète « *No, I am not* ». Faire répéter la question et la réponse plusieurs fois et l'écrire au tableau.

PHONOLOGIE :
Intonation ascendante de la question fermée « Are *you…?* »

4. LEARNING 10'

Compétences langagières
- Réagir et dialoguer
- Parler en continu

Halloween et *Who are you ?*

- Distribuer les flashcards individuelles aux élèves.

▸ **Jeu : *the Guessing game***

- En binôme, chacun a son tas de flashcards mélangées. Un élève tire une carte, la regarde discrètement et son camarade doit deviner qui il est. Il demande à l'autre « *Are you a skeleton?* » et l'autre répond « *Yes, I am* » ou « *No, I am not* », etc. L'enseignant peut montrer une fois le jeu avec un élève-assistant, si nécessaire. « *I pick a card and I watch it. Now, guess who I am. Ask me the questions: Are you a ghost? Are you a witch? …* »

Niveau + : poser la question en ajoutant un adjectif obligatoire avant le nom : *little, big, spooky* ou un adjectif de couleur. Ex : « *Are you a spooky vampire?* »

▸ **Chanson à gestes**

- Pour clore la séance, reprise de *Knock knock trick or treat*, pour revoir la question « *Who are you?* ». Ne faire écouter que le 1er couplet et le 3e et continuer à chanter sur le même modèle en mimant les personnages vus, « *the spooky characters* ».
- Après chaque couplet, on peut demander à un élève « *Are you a witch?* » et suivant ce qui vient d'être chanté, il répondra « *Yes, I am/ No, I am not* ».

5. READING, WRITING 10'

Compétences langagières
- Lire et comprendre
- Écrire

Les personnages d'Halloween à l'écrit

▸ **Activité collective : *Match the pictures with the words***

Le lexique est connu à l'oral depuis le cycle 2.

- Écrire le nom des personnages au tableau dans le désordre et placer les flashcards collectives à côté. Lire plusieurs fois à voix haute puis demander aux élèves volontaires de les lire à nouveau, collectivement, en groupes voire individuellement.
- Enlever les flashcards, les mélanger et demander aux élèves de venir au tableau pour associer les flashcards aux mots écrits : « *Match the pictures with the words.* »
- Exercice qui reprend l'activité ***Match the pictures with the words*** sur fiche individuelle.

Niveau + : si les mots sont bien identifiés à la lecture, on peut donner un jeu de mots croisés pour travailler la compétence « *Écrire* ».

- Coller la fiche mémo sur le lexique d'Halloween dans le cahier d'anglais (et la compléter pour le Niveau +).

6. SUMMARY 1'

Synthèse
- Retour en français sur les acquis de la séance

Qu'avez-vous appris ?

« *What did you learn?* »

- Révision des noms des personnages d'Halloween.
- La question « *Are you…?* » et la réponse « *Yes, I am/ No, I am not* ».
- L'enseignant peut donner aux élèves la grille d'autoévaluation des activités ritualisées afin qu'ils puissent se projeter et s'évaluer. Ils pourront pointer leurs réussites et ce qui reste à travailler (DVD-Rom).

PROLONGEMENTS

Facultatif : Les élèves peuvent compléter les paroles de la chanson (texte à trous) en réutilisant les mots du lexique d'Halloween (paroles dans le DVD-Rom).

- **Dans les activités ritualisées** : consolidation de la question « *Are you…?* » qui va être réutilisée dans les activités ritualisées pour les *Feelings*. On fera évoluer la question « *How are you?* » vue dans l'album 1, si elle est bien maitrisée, en « *Are you sad?* » et les élèves répondront « *Yes, I am* » ou « *No, I am not* ».
- **En autonomie** : Jeux d'Halloween en ligne du British Council, si vous avez des tablettes en classe : http://tinyurl.com/ybs7az8t

CROISEMENTS ENTRE ENSEIGNEMENTS

FRANÇAIS (LEXIQUE) : l'époque d'Halloween est le moment idéal pour travailler sur **le champ lexical de la peur** avec des lectures d'albums et/ou de romans en français.

SÉANCE 2

RÉVISION DES CONSIGNES DE CLASSE / FABRICATION D'UNE CARTE D'HALLOWEEN

Éléments culturels

- Album authentique de littérature jeunesse anglo-saxonne
- Jeu de *Simon Says* (Jacques a dit)

Lien youtube de l'album *Witch witch come to my party* :
http://tinyurl.com/y7xqoynu

Lien des instructions de la carte d'Halloween :
http://tinyurl.com/y9odpqht

Lien de la vidéo de civilisation, *This is Britain – Halloween* :
http://tinyurl.com/yaagaltf

Matériel

Dans le DVD-Rom

Pour les étapes 1 et 2

- Flaschards individuelles et collectives *Classroom English*
- Fiche mémo *Classroom English*

Pour l'étape 3

Pour les étapes 4 et 5

- Fiche mémo de civilisation : *Halloween*

1. WARMING UP 10'

Activités ritualisées

- Reprendre le déroulement des activités ritualisées de l'album 1.
- Penser à faire évoluer les activités ritualisées bien maitrisées par les élèves, mais pas toutes en même temps. Changer la question des *Feelings* (« *How are you?* ») par « *Are you angry? Yes, I am. No, I am not* ». L'enseignant écrit cette nouvelle question au dos du tableau avec les autres.

Compétences langagières
- Réagir et dialoguer
- Écouter et comprendre
- Lire et comprendre
- Écrire

2. RECYCLING 10'

Mise en réseau (Consignes de classe et Halloween)

- Faire écouter l'enregistrement audio de l'histoire ***Witch Witch, come to my party***, de Arden Druce. Demander aux élèves quels personnages ils ont reconnus parmi ceux cités dans le livre.
- Les élèves remarquent la structure répétitive. La phrase à isoler est « *Please come to my party* », phrase à l'impératif qui est répétée à chaque page. L'écrire au tableau. Proposer de créer une jolie carte d'invitation pour Halloween mais les consignes seront données en anglais. Il va donc falloir réviser ces consignes.

Compétences langagières
- Écouter et comprendre
- Parler en continu

- Demander aux élèves s'ils se rappellent de quelques consignes apprises au cycle 2. Les répéter en les mimant avec du matériel : ***stand up, sit down, be quiet, open the window, write, draw, colour, cut, stick, fold, listen, repeat, look, take your pencil, come in***.
- Faire refaire la même chose aux élèves pour associer le geste à la parole. Insister surtout sur les consignes oubliées.

▸ **Jeu de compréhension : *Simon Says***
- Lancer un jeu de ***Simon says***, pour revoir plus longuement le lexique des consignes, notamment celles qui vont servir à la réalisation de la carte : *write, draw, colour, cut, stick, fold, listen, repeat, look, take your pencil, take your markers.*
- Coller la fiche mémo dans le cahier pour mémoire ou laisser au tableau une affiche avec toutes les consignes de classe**.**

▸ **Chanson à gestes**
- *Knock Knock trick or treat*, sans fond musical, pour revoir les personnages d'Halloween.

3. TEACHING 15'

La carte d'Halloween

Compétences langagières
- Écouter et comprendre

- Distribuer et préparer le matériel nécessaire pour réaliser la carte d'Halloween.

« *Take an eraser, a grey pencil, scissors, markers and a glue stick.*
– *Choose a coloured sheet of paper on the table.*
– *Put it horizontally.*
– *Fold the sheet of paper.*
– *Fold the front page.*
– *Take the white sheet of paper. Draw a medium-sized ghost on it.* » (L'enseignant peut dessiner au tableau des modèles simples de fantômes. Il précise : « *Here is an angry ghost, a happy ghost, a spooky ghost.* »)
– *Cut out the ghost.*
– *Stick it on the folded front page.*
– *Take your markers and write "Boo" and "Happy Halloween".*
– *Inside, draw a spider and a web.*
– *Take the white paper. Draw a vampire face and a witch face on it.*
(L'enseignant peut dessiner au tableau des modèles simples de visages.)
– *Open the coloured sheet of paper.*
– *Stick the faces on it.*
– *Now, draw a black window around the faces.*
– *Write: Please come to my party on Monday, October 31st.*
My name is: ....
My address is: ....
My phone number is: ....
– *You have now finished making the card. Show it to me!* »

- Coller la carte dans le cahier.

4. EXPOSITION À UN LONG FLUX LANGAGIER 10'

Civilisation : la fête d'Halloween

Compétences langagières
- Écouter et comprendre

- Les élèves regardent la vidéo de *This is Britain: Halloween.* Ils ont pour mission de retrouver les jeux pratiqués lors de la fête d'Halloween dans les foyers. Le lexique appris ainsi que les images les aideront à comprendre le sens. La restitution se fait en français.
- Distribuer la fiche mémo de civilisation sur Halloween. Comme les élèves connaissent assez bien cette fête, ils peuvent lire le petit passage en anglais de la fiche mémo. L'enseignant la lit plusieurs fois à haute voix puis demande si un mot pose problème. Il propose ensuite à des élèves volontaires de lire.

5. READING, WRITING 2'

Halloween

Compétences langagières
- Lire et comprendre
- Écrire

- Coller la fiche mémo de civilisation sur Halloween.
- Les élèves complètent le nom des jeux d'Halloween. On peut les faire jouer à l'un des jeux si l'on dispose du matériel et qu'il n'y a pas de dangers alimentaires pour les enfants.

6. SUMMARY 1'

Qu'avez-vous appris ?

« What did you learn? »

- Révision des consignes de classe et des personnages d'Halloween. Les origines d'Halloween.
- L'enseignant met en appétit en disant que, la fois prochaine, les élèves étudieront l'histoire d'un monstre bien plus effrayant que les personnages d'Halloween…

Synthèse

- Retour en français sur les acquis de la séance

PROLONGEMENTS

- **Dans les activités ritualisées** : on peut faire revoir les consignes de classe avec un responsable qui demande aux élèves de mimer les consignes.
- **En autonomie** : activités sur tablettes ou ordinateurs.

– Réécouter sur tablette l'enregistrement audio de l'histoire *Witch Witch, come to my party* avec album-support ou non.

– Revoir les consignes de classe avec un jeu du British Council :
http://tinyurl.com/y9hosyjd

– Visionner la recette de la tarte à la citrouille, en anglais : *the* ***Pumpkin Pie***. Lien Youtube :
http://tinyurl.com/ych3h6db

– Voir et réaliser une recette simple de *Ghost Banana Pops*. Lien sur British Council :
http://tinyurl.com/y9cldkx4

Les élèves peuvent refaire d'autres cartes d'Halloween si on leur laisse un peu de papier coloré et des feuilles blanches à disposition.

CROISEMENTS ENTRE ENSEIGNEMENTS

- **ENSEIGNEMENTS ARTISTIQUES / ARTS PLASTIQUES :** veiller à utiliser chaque fois que c'est possible les consignes en anglais dans d'autres matières.
- **LECTURE / PRODUCTION D'ÉCRITS :** produire des écrits variés, travail sur la recette de cuisine, en français.
- On pourra lire des **documentaires sur d'autres fêtes d'automne** aux États-Unis (comme ***Thanksgiving***) que l'on peut trouver ici, avec un petit questionnaire : http://tinyurl.com/y9latbxv
- **MATHS :** on peut envisager de travailler sur **le vocabulaire géométrique du cercle**, avec une activité où il est demandé aux élèves de fabriquer une autre carte pour Halloween (voir exemple dans le DVD-Rom). Les disques à découper doivent être formés à partir de cercles, tous tracés au compas, avec des mesures précises. Le lien d'une vidéo pour réaliser la carte Frankenstein : http://tinyurl.com/ydau4vz5

SÉANCE 3

THE GRUFFALO : LES PERSONNAGES ET LE DÉBUT DE L'HISTOIRE

Éléments culturels

- Jeu traditionnel du Bingo

Matériel

Album **The gruffalo** (http://tinyurl.com/oxym7or)

Dans le DVD-Rom

Pour les étapes 1 et 2

- Flashcards collectives et mini flashcards des animaux sauvages

Pour les étapes 3 et 4

- Flashcards des personnages et des mots de l'histoire (enlever la carte du Gruffalo pour le moment)

- Affiche *When? Where? Who?*

1. WARMING UP 15'

Activités ritualisées

- Reprendre le déroulement des activités ritualisées de l'album 1.
- **Penser à faire évoluer les activités ritualisées : *pour la question des absents, dire « How many absences are there? », « There is 1 absence / There are... absences, today ».***

Compétences langagières
- Réagir et dialoguer
- Écouter et comprendre
- Lire et comprendre
- Écrire

2. RECYCLING 5'

Le lexique des animaux sauvages

- Faire réviser le lexique de quelques animaux sauvages rencontrés au cycle 2 ou dont les noms sont transparents. Ceci permettra de faire un jeu de Bingo.
- Montrer les flashcards et faire répéter le nom des animaux : *owl, snake, fox, mouse, grizzly bear, buffalo, tiger, lion, crocodile.*
- Facultatif (si les élèves ont besoin de revoir plus longtemps les mots) : Jeu ***The magic eye***.

Compétences langagières
- Écouter et comprendre
- Parler en continu

PHONOLOGIE :
- Réalisation du [ʌ] de *b**u**ffalo*
- Non-réalisation du R final de *tige**r***
- Réalisation de la diphtongue [aʊ] de ***ow**l* et *m**ou**se*
- Réalisation de la diphtongue [ai] de *crocod**i**le*, *l**i**on* et *t**i**ger*

▸ **Jeu de Bingo**

- Distribuer les miniflashcards aux élèves. Chacun découpe et ne garde avec lui que 6 miniflashcards de son choix. Les élèves doivent retourner les cartes choisies au fur et à mesure que le meneur de jeu énonce le nom des animaux.
- L'enseignant peut faire mener le jeu directement par des élèves volontaires. Les vainqueurs sont ceux qui ont retourné toutes leurs cartes. « *Let's play bingo. You turn your card over when you have the animal item. The winner is the one who has turned over all his cards.* »

Niveau + : si les élèves connaissent la question « *What have you got?* », qui a pu être apprise au CE, ils demandent en chœur « *What have you got?* » au meneur de jeu juste avant qu'il ne donne le nom de l'animal.

3. TEACHING 15'

L'album : *The gruffalo*

Compétences langagières
- Écouter et comprendre

L'enseignant aura pris soin au préalable de cacher le visage du *gruffalo* sur le livre et à l'intérieur de l'album lors de la rencontre avec la souris.

- Expliquer qu'il y a des mots difficiles qu'il faut comprendre, avant de lire l'histoire. Il ne s'agit pas de les apprendre par cœur, juste de les repérer lors de l'écoute.
- Répéter plusieurs fois les mots difficiles : *deep dark wood, log-pile house, treetop house, underground house, have lunch, a tea, a feast.* Les élèves comprennent que l'histoire va se passer dans la forêt et que les animaux ont des maisons particulières.
- Classer les cartes-animaux ensemble (cela permettra de répondre à la question *Who?)* et les cartes-maisons ensemble en les faisant correspondre en dessous (cela permettra de répondre à la question *Where?).* Il y a aussi des indications de repas : *lunch, tea, feast* (cela permettra de répondre à la question *When?*)
- Rappeller que c'est aussi l'histoire d'un terrible monstre…

Comprendre le début de l'histoire

- La 1re écoute de l'album consiste à comprendre le début de l'histoire, à l'aide des illustrations du livre, des flashcards et des gestes que pourra faire l'enseignant en lisant.
- Lire l'album jusqu'à la rencontre de la souris avec *le gruffalo*. Traduire « *silly* » et « *scrambled snake* ». « *Crumble* » et « *ice cream* » sont connus des élèves, en général.
- Demander aux élèves ce qu'ils ont compris de l'histoire : ceux-ci ont repéré la structure répétitive, les personnages et ont compris qu'ils voulaient tous inviter la souris pour la manger. Ils ont repéré les parties du corps du monstre mais ne savent pas encore à quoi il ressemble.
- Distribuer les miniflashcards des animaux de l'histoire aux élèves.
- La 2e écoute consiste à remettre dans l'ordre les personnages. La vérification se fait avec les illustrations de l'album.

4. LEARNING 10'

Jeux de compréhension orale

Compétences langagières
- Écouter et comprendre
- Réagir et dialoguer
- Parler en continu

▸ **Jeu de devinettes : *the guessing game***

- Un élève choisit une flashcard-personnage en cachette dans la boite commune, et il la cache. Les autres doivent deviner qui il est en lui posant la question : « *Are you a snake?* » L'élève répondra : « *Yes, I am / No, I am not* » et il faudra poser la question jusqu'à ce qu'on trouve qui il est.
- On change ensuite de rôle avec un autre élève.

▸ ***Let's chant***

À noter

Remarque : un *chant* en anglais n'est pas une chanson mais une récitation rythmée.

- L'enseignant fait apprendre un court passage du texte, qui pourra être repris pour faire la bande-annonce du livre.
  « *There is a gruffalo in the deep dark wood. / A gruffalo? What's a gruffalo?* »
- Dire chaque partie sur un rythme scandé de son choix et les élèves répètent. On peut ensuite faire réciter chaque partie en trois équipes, les unes après les autres, pour mémoriser ce court passage.

Who? When? Where?

- Mettre l'affiche WHO? WHEN? WHERE? au tableau. Il s'agit des mêmes compétences que celles travaillées en littérature en français.
  En anglais, cette fois, les élèves ordonnent les personnages (WHO?) et leur font correspondre au-dessus les repères de temps (WHEN?) et les lieux (WHERE?). Pour cet exercice, l'enseignant peut relire partiellement l'histoire, uniquement les passages permettant d'ordonner les cartes.
- Demander aux élèves de coller les flashcards dans le cahier et de recopier les questions *Who? When? Where?*

5. SUMMARY 1'

Qu'avez-vous appris ?

« What did you learn? »

- Quelques noms d'animaux sauvages.
- Une nouvelle histoire en anglais.
- Les questions *Who? When? Where?* Ce travail se fera pour chaque histoire en anglais avec des personnages.

Synthèse

- Retour en français sur les acquis de la séance

PROLONGEMENTS

- **Dans les activités ritualisées** : les élèves peuvent demander d'épeler les noms des personnages : *« Can you spell OWL? »*
- **En autonomie**

Laisser en accès libre quelques enveloppes contenant les jeux de Bingo.

Un jeu de plateau sur tablette ou ordinateur avec des questions sur les animaux : http://tinyurl.com/p9qkoyw

CROISEMENTS ENTRE ENSEIGNEMENTS

LECTURE : lors de l'étude d'albums ou de textes, on peut réutiliser les affiches *Who? When? Where?* pour nommer les personnages, situer les lieux et le temps.

SCIENCES : on peut faire un lien avec l'étude des chaines alimentaires concernant la partie du programme de cycle 3 sur les besoins alimentaires des animaux. En effet, le renard, la chouette et le serpent sont des prédateurs pour la souris, ils ont le même milieu de vie. Extraits des programmes : « Identifier les matières échangées entre un être vivant et son milieu de vie. Besoins alimentaires des animaux. »

SÉANCE 4

THE GRUFFALO'S BODY

Lien de la chanson du gruffalo The gruffalo's song :
http://tinyurl.com/jang5xe

Matériel

Dans le DVD-Rom

Pour les étapes 3 et 4

- Flashcards collectives des parties du corps du gruffalo

- Étiquettes-mots des parties du corps

- *When? Where? Who?*

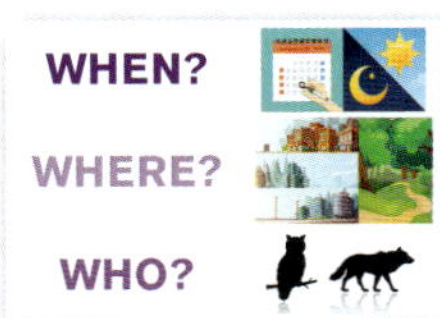

- Affiche *The gruffalo* en A3 (2 versions : une sans point et une avec points rouges pour les étiquettes-mots du corps)

- Chanson du gruffalo

- Lecture à haute voix http://tinyurl.com/oxym7or

1. WARMING UP 10'

Activités ritualisées

- Reprendre le déroulement activités ritualisées de l'album 1.
- **Changer la question de l'âge pour celle du numéro de téléphone afin de revoir le lexique des nombres : *« What is your phone number? My phone number is... »*** L'enseignant écrit cette nouvelle question au dos du tableau avec les autres.

Compétences langagières

- Réagir et dialoguer
- Écouter et comprendre
- Lire et comprendre
- Écrire

À noter

Remarque : pour un numéro de téléphone, le zéro est souvent prononcé comme la lettre O et on donne le numéro chiffre par chiffre.

2. RECYCLING 5'

Compétences langagières
- Écouter et comprendre
- Lire, écrire
- Parler en continu

Let's chant

- Reprise de la récitation de la séance précédente. « *There is a gruffalo in the deep dark wood. / A gruffalo? What's a gruffalo?* »
- Les élèves rappellent en français le début de l'histoire avec le cahier comme outil d'aide.
- Relire l'histoire de manière interactive : laisser la parole aux élèves qui connaissent le nom des personnages et de courts passages.

3. TEACHING 15'

Compétences langagières
- Écouter et comprendre

The gruffalo : les parties du corps

À noter

L'idéal est d'avoir une marionnette du gruffalo, en vente sur Internet. Les élèves ont beau être en cycle 3, ils n'en restent pas moins des enfants qui auront plaisir à nommer les parties du corps directement sur la marionnette plutôt que sur les flashcards.

- Relire plusieurs fois les passages qui décrivent le gruffalo, tout en mimant les parties du corps et en utilisant les flashcards correspondantes affichées au tableau. Les mots écrits peuvent constituer une aide pour les élèves. L'essentiel est que les parties du corps soient reconnues à l'écoute, dans un premier temps.

▸ **Jeu de compréhension : *Listen and draw***

- Décrire les parties du corps du gruffalo et demander aux élèves de dessiner ce monstre tel qu'ils l'imaginent.
- Les élèves affichent les dessins au tableau et on regarde si les consignes ont été respectées.
- Puis, regrouper les élèves et montrer la photo du gruffalo imaginée par l'illustrateur. Préciser que le gruffalo est moitié grizzly, moitié buffle : « *He is half a Grizzly Bear and half a Buffalo.* »
- Faire répéter à nouveau les parties du corps collectivement.
- Puis, faire répéter plusieurs fois les mots importants : « *eyes, nose, mouth, teeth, back, knees, toes* », collectivement, en groupes, individuellement.

PHONOLOGIE :
- Réalisation de la diphtongue [aɪ] de ***ey****es*
- Réalisation de la diphtongue [əʊ] de *n****o****se*, *t****oe****s*
- Réalisation du son [aʊ] de *m****ou****th*
- Réalisation du i long [i:] de *t****ee****th*
- Réalisation du son [θ] de *tee****th***
- Non prononciation du K de ***k****nees* : [ni:z]

▸ **Jeu collectif de compréhension : *Listen and mime***

- Dire le nom d'une partie du corps et les élèves miment (*tusks, wart, claws, prickles*) ou les montrent sur leur corps (*teeth, jaws, knees, toes, nose, eyes, tongue, back*).
- Dire et montrer l'exemple : « *When I say knees, you touch your knees, when I say claws, you mime the claws with your hands and your fingers.* »

▸ **Activité collective de compréhension : *Come to the board***

L'enseignant dit le nom d'une partie du corps, les élèves lèvent le doigt pour venir montrer la bonne flashcard. Ils touchent ensuite la partie de leur corps correspondante.

4. LEARNING 10'

Les parties du corps

▸ Chanson à gestes

- « *The gruffalo song* ». Faire d'abord écouter la chanson. À la 2e écoute, les élèves miment et touchent les parties de leur corps. Ensuite, ils vont apprendre le 1er couplet tout en associant le geste à la parole. Les mots écrits peuvent être une aide dans le clip vidéo.

Dire : « *Let's sing the song!* »

▸ Vers l'écrit

- Lecture des mots sur les flashcards. Les élèves prélèvent des indices.

▸ Activité de lecture : *Label the picture*

- Afficher la grande photo du gruffalo au tableau. Demander aux élèves de venir légender les parties du corps avec les étiquettes-mots collectives.

Niveau + : lecture sur les étiquettes-mots sans images.
On peut refaire cette activité plusieurs fois si nécessaire. Demander aux élèves de verbaliser les indices sur lesquels ils s'appuient pour identifier les mots.

Compétences langagières
- Écouter et comprendre
- Parler en continu
- Lire et comprendre

GRAMMAIRE :
Niveau + : les élèves peuvent faire des remarques concernant l'adjectif. L'adjectif de couleur épithète « *purple* » se place avant le nom en anglais : « *purple prickles* » ; idem pour « *orange eyes* » et « *black tongue* » sur les étiquettes-mots, alors que dans le texte, il s'agit d'un adjectif attribut séparé du nom par un verbe d'état (et il ne s'accorde pas) : « *his eyes are orange* », « *his tongue is black* ». Remarquer que les autres adjectifs comme « *terrible, knobbly, poisonous* » sont placés aussi avant le nom et ne s'accordent pas.

Lire la fin de l'histoire

- Demander aux élèves ce qu'ils ont compris. La restitution se fait en français. Remarquer la ruse de la souris et le fait que les animaux ont peur. Dire : « *They are scared of the gruffalo. The mouse is clever.* »

5. READING, WRITING 5'

- Les élèves ajoutent une petite photo du gruffalo sur la page des personnages (WHO?). Ils peuvent ajouter une petite phrase sur la souris : « *The mouse is clever.* »
- Coller les paroles de la chanson du gruffalo qui servira d'aide-mémoire pour les séances à venir (dans le DVD-Rom).

Compétences langagières
- Lire et comprendre
- Écrire

6. SUMMARY 1'

Qu'avez-vous appris ?

« *What did you learn?* »
Les parties du corps du gruffalo.

Synthèse
- Retour en français sur les acquis de la séance

PROLONGEMENTS

- L'enseignant commence **un affichage répertoriant les adjectifs relatifs au portrait moral des personnages rencontrés**. Il écrit « *clever* » (pour la souris) et « *silly* » pour le renard, la chouette et le serpent.
- **En autonomie** : les élèves peuvent réécouter la chanson du gruffalo.

CROISEMENTS ENTRE ENSEIGNEMENTS

LECTURE : les relations entre les personnages sont également analysées dans les œuvres de littérature lues en français.

SÉANCE 5

HAVE YOU GOT…? YES, I HAVE / NO, I HAVEN'T

Matériel

Dans le DVD-Rom

Pour l'étape 2

Flashcards collectives et mini flashcards des émotions des personnages au fil de l'histoire

Pour les étapes 3 et 4

- Flashcards collectives des parties du corps du gruffalo

- Affiche *The gruffalo* en A3

- Étiquettes-mots des parties du corps

1. WARMING UP 10'

Activités ritualisées

Reprendre le déroulement habituel des activités ritualisées.

Écriture autonome

- Laisser les élèves écrire de petites phrases avec l'aide des modèles laissés au tableau : *It's a…, Give me…, I am… [feelings or age], There is…, There are…*

Compétences langagières
- Réagir et dialoguer
- Écouter et comprendre
- Lire et comprendre
- Écrire

2. RECYCLING 10'

Les sentiments

▸ **Chanson à gestes : « *The gruffalo song* »**

- Les élèves rechantent le 1er couplet de la chanson apprise lors de la séance précédente, avec appui des flashcards collectives. Ils apprennent le second et le troisième couplet.
- Faire répéter collectivement le nom de chaque partie du corps.

Compétences langagières
- Parler en continu
- Lire et comprendre
- Écrire

▸ ***Feelings***

Montrer les 3 dessins de chaque prédateur à différents moments de l'histoire. Les élèves sont capables de décrire leurs émotions en anglais : « *hungry, surprised, scared* ». Faire parler les personnages : « *I am hungry, I am surprised, I am scared.* »

Niveau + : les élèves disent « *The fox is hungry, the fox is surprised, the fox is scared.* »

- Les élèves collent sur le cahier les photos de l'évolution des personnages et écrivent « *I'm hungry / I am surprised / I am scared* » dans des bulles.

3. TEACHING 5'

Les parties du corps

▸ ***Complete the gruffalo's body parts***

- Distribuer à quelques élèves une flashcard collective des parties du corps du gruffalo.
- L'enseignant va tenter de reconstituer les parties du corps du gruffalo en demandant des flashcards. Il va voir un élève et lui demande : « *Have you got terrible tusks?* » L'élève répondra sûrement « *Yes* » ou « *No* ».

Compétences langagières
- Écouter et comprendre

L'enseignant reprend avec la réponse complète « *Yes, I have / No, I haven't* ». Il fait répéter collectivement à chaque fois.
- Reprendre ce jeu collectivement plusieurs fois avec d'autres élèves.
- Laisser peu à peu la place à des élèves volontaires pour mener le jeu et prendre soin de faire répéter collectivement la question et la réponse plusieurs fois entre chaque partie.

PHONOLOGIE :
Intonation ascendante de la question fermée « *Have you got…?* »

4. LEARNING 10'

Jeu de compréhension orale

▸ ***Complete the gruffalo's body parts***
- Reprise du jeu de cartes mais en groupes de langage. Faire des groupes de trois. Chaque élève vient avec son jeu de miniflashcards et on les mélange. Les élèves prennent chacun 4 flashcards au hasard et le reste constitue une pioche. Le jeu se fait comme pour les 7 familles : un élève demande aux autres « *Have you got a nose?* » Ils répondront « *Yes, I have* » ou « *No, I haven't* » et dans ce cas, il faudra tirer une carte de la pioche. Le gagnant est celui qui a réussi à réunir toutes les parties du corps du gruffalo.
- Les élèves peuvent s'aider de la chanson collée dans le cahier en cas d'oubli.

Compétences langagières
- Écouter et comprendre
- Réagir et dialoguer

▸ **Jeu d'interaction orale : *Find your partners***
- Partager la classe en trois équipes : donner à chaque élève de l'équipe 1 une flashcard du corps du gruffalo et pareil aux élèves des équipes 2 et 3.
- Les élèves doivent se croiser et se poser la question « *Have you got…?* » pour trouver un partenaire qui a la même carte. L'élève interrogé répondra « *Yes, I have / No, I haven't* ». Dès que les élèves ont trouvé leurs partenaires, ils s'isolent du jeu en attendant les autres.

5. READING, WRITING 10'

Les parties du corps

- Au tableau, l'enseignant fait légender les parties du corps du gruffalo avec les étiquettes-mots collectives.
- Exercice : les élèves relient les mots-images à la silhouette du gruffalo.

Niveau + : mots sans aide des images. « *Match the words with the gruffalo's body parts.* »
- Vérification avec la chanson.

Compétences langagières
- Lire et comprendre
- Écouter et comprendre

6. SUMMARY 1'

Qu'avez-vous appris ?

« *What did you learn?* »
- La question *Have you got …?* et la réponse *Yes, I have / No, I haven't.*
- L'enseignant peut clore la séance par une relecture de l'album (ou de certains passages seulement) en interaction avec ses élèves.

Synthèse
- Retour en français sur les acquis de la séance

PROLONGEMENTS

- La question « *Have you got…?* » et la réponse « *Yes, I have / No, I haven't* » seront reprises dans d'autres séances.

CROISEMENTS ENTRE ENSEIGNEMENTS

LECTURE : les émotions et les sentiments des personnages sont également analysés dans les œuvres de littérature lues en français.

SÉANCE 6

ENRICHISSEMENT DU LEXIQUE DES PARTIES DU CORPS

À noter

NB : L'enseignant aura pris soin de faire découper le jeu de Memory avant la séance et de ranger les cartes dans des enveloppes, par exemple. Faire attention qu'on ne puisse pas voir par transparence les mots et les images lorsque les cartes sont retournées. Veiller à trier le nombre de cartes suivant le niveau des élèves.

Éléments culturels

- Extrait du film d'animation nominé aux Oscars, avec les voix originales de James Corden (connu pour ses célèbres karaokés en voiture, « *Carpool* »), Helena Bonham Carter et Robbie Coltrane, acteurs vus dans *Harry Potter.*

Matériel

Lien Youtube des extraits de films : *Mouse meets Fox, Mouse meets Owl, Mouse meets Snake, Mouse meets gruffalo* :
http://tinyurl.com/y8u4kf4u

Lien Youtube de la chanson *Head, shoulders, knees and toes* :
http://tinyurl.com/m9thmor
ou version Halloween :
http://tinyurl.com/y96l42s9

Dans le DVD-Rom

Pour l'étape 2

Extraits du film d'animation *The gruffalo* sur Youtube

Pour les étapes 3 et 4

Chanson à geste : *Head shoulder knees and toes*

Affiche *The gruffalo* en A3

- Flashcards des parties du corps humain

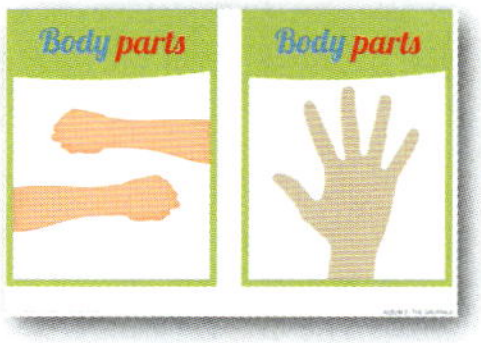

- Jeu de Memory sur les parties du corps humain

Pour l'étape 5

Fiche mémo : *Les parties du corps*

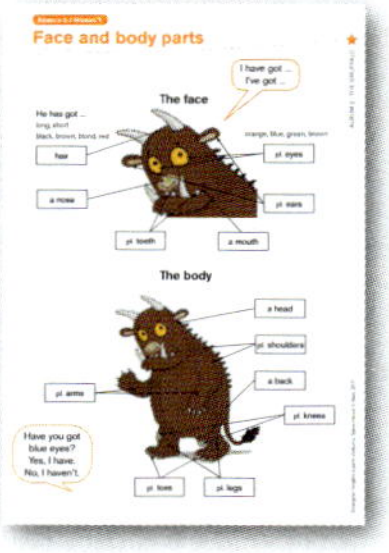

Exercices : *Les parties du corps (2 niveaux)*

Paroles de la chanson *Head shoulder knees and toes*

1. WARMING UP 10'

Activités ritualisées

Reprendre le déroulement habituel des activités ritualisées de l'album 1.

▸ **Écriture autonome**

▸ **Évolution des activités ritualisées bien maitrisées**

- Introduire la nouvelle question « *What was the day yesterday?* ». La réponse correspondante est : « *Yesterday, it was* [+jour de la semaine]. » L'enseignant écrit la nouvelle question au dos du tableau avec les autres.

Compétences langagières
- Réagir et dialoguer
- Écouter et comprendre
- Lire et comprendre
- Écrire

2. RECYCLING 5'

L'histoire du gruffalo

- L'enseignant diffuse les extraits du film d'animation *The gruffalo*, nominé aux Oscars et les élèves comparent avec le livre. Ils peuvent répéter les paroles avec les personnages, s'ils les connaissent déjà.
- Rappel des mots des parties du corps du gruffalo qui vont être réutilisés dans cette séance : « *teeth, knees, toes, eyes, nose* », en touchant chaque partie de son corps pour associer le geste à la parole.

Compétences langagières
- Écouter et comprendre

3. TEACHING 10'

Les parties du corps

▸ **Chanson à gestes : *Head shoulders knees and toes***

- Chanson généralement apprise au cycle 2. Si ça n'est pas le cas, faire écouter la chanson. Les élèves ont reconnu les mots « *knees, teeth, toes, eyes, nose* » vus lors des séances précédentes. Répéter les gestes plusieurs fois, afin que les élèves mémorisent peu à peu.
- Ensuite, faire apprendre progressivement la chanson aux élèves. L'enseignant dit : « *Let's learn the song!* »
- Montrer et nommer les autres parties du corps vues dans la chanson sur soi-même puis sur la marionnette ou le poster du gruffalo : « *head, shoulders, ears, mouth* ». Demander aux élèves de toucher ces parties de leur corps aussi, pour associer le geste à la parole. Ajouter les mots « *legs, arms, hair* ».
- Expliquer que « *hair* » est au singulier (on peut dire *la chevelure*).
- Énoncer les mots au singulier : « ***an** arm, a leg, a shoulder, **an** ear* » qui prennent un S au pluriel : « *arm**s**, leg**s**, shoulder**s**, ear**s*** ». En règle générale, on les trouve au pluriel.

Niveau + : on peut ajouter les mots « ***a hand, a finger, a foot*** » qui donnent au pluriel : « *hand**s**, finger**s**, **feet*** ».

- Préciser que le mot singulier « *foot* » a un pluriel irrégulier : « *feet* » sans le S (idem pour « *a tooth* » et son pluriel « *teeth* »).
- Faire répéter les mots au pluriel plusieurs fois, collectivement, en groupes et individuellement en demandant aux élèves de toucher leurs parties du corps.

Compétences langagières
- Écouter et comprendre
- Parler en continu

PHONOLOGIE :
- Réalisation du [z] de *nose* et des pluriels *shoulder**s**, knee**s**, toe**s**, eye**s**, ear**s**, leg**s**, arm**s**, hand**s**.*

Remarque : le pluriel des noms se forme en ajoutant un S au singulier. Ce S se prononce |z|, sauf après les consonnes dures (k, p, t, th) où il se prononce |s|. Les mots terminés par -s, -sh, -ch, -x, -z forment leur pluriel en **-es**, qui se prononce comme une syllabe supplémentaire (*a witch, witches*).
- Non-réalisation du R de *should**r**s* et du K de ***k**nees.*
- Réalisation du [iː] de *kn**ee**s* et compléter la maison du son [iː]

Réalisation du [h] aspiré de ***h**air, **h**ands* et *head* et compléter la maison du son [h]
- Réalisation du [θ] de *mouth* et compléter la maison du son [θ]
- Réalisation du [əʊ] de *n**o**se, t**oe**s, sh**ou**lders*
- Réalisation du [i] de ***ea**rs* par opposition au [aɪ] de ***e**yes*

▸ **Activité collective de compréhension : *Show me***

L'enseignant dit le nom d'une partie du corps et les élèves la montrent sur leur corps.

▸ **Activité collective de compréhension : *Simon says***

L'enseignant demande « *Simon says touch your... mouth* » et les élèves touchent leur bouche.
Laisser la place aux élèves volontaires pour mener le jeu. Entre chaque partie, faire répéter collectivement le nom des nouveaux mots pour les parties du corps.

4. LEARNING 15'

Les parties du corps

Compétences langagières
- Parler en continu
- Écouter et comprendre
- Lire et comprendre

▸ **Chanson à gestes : *Head shoulders knees and toes***
Les élèves chantent la chanson plusieurs fois *a cappella*. Prolonger la chanson « *and eyes, and ears and mouth and nose, and hair, and legs, and arms, (and hands, and fingers, and feet* », pour Niveau +).

▸ **Jeu de compréhension : *Simon says***
Faire des groupes de 5 avec un élève meneur de jeu qui demande « *Simon says touch your... mouth*». Changer le rôle de meneur de jeu à chaque partie.

▸ **Vers l'écrit**
- Jeu ***Label the pictures*** : afficher les flashcards-images au tableau puis les étiquettes-mots au tableau. Laisser les élèves prélever des indices. Leur demander de les verbaliser.
- Lire à haute voix les étiquettes-mots puis les faire relire plusieurs fois par les élèves. Demander ensuite aux élèves de venir au tableau pour associer les mots aux images. Dire : « *Come to the board and label the pictures* » et montrer un exemple si nécessaire.

Niveau + : les élèves ont plus de mots à identifier.

▸ **Jeu de Memory**
- Les élèves ont un jeu de Memory pour deux. Ils doivent faire des paires images-mots. À chaque carte retournée (mot ou image), ils doivent lire/dire le mot.

Niveau + : les élèves ont un jeu de Memory plus étoffé en vocabulaire. À la deuxième partie, faire une phrase lorsqu'on retourne les cartes : « *I've got a nose, I've got legs.* »
- Passer dans les groupes pour aider, corriger, faire répéter les élèves.

▸ **Légender le gruffalo (parties du corps)**
Afficher le poster du gruffalo au tableau. Demander aux élèves de venir légender les parties de son corps en utilisant uniquement les étiquettes-mots et en faisant des flèches.

5. READING, WRITING 5'

Fiche mémo et exercices

Compétences langagières
- Lire et comprendre
- Écrire

- Les élèves collent la fiche mémo sur le corps dans le cahier d'anglais.
- L'enseignant lit plusieurs fois à haute voix, mais pas encore les parties du visage. Puis des élèves volontaires relisent.

Niveau + : les élèves commencent à compléter les mots de la fiche.
- Les élèves font un exercice sur les parties du corps (2 niveaux).
- Faire coller les paroles de la chanson *Head shoulders knees and toes.*

6. SUMMARY 1'

Qu'avez-vous appris ?

Synthèse
- Retour en français sur les acquis de la séance

« *What did you learn?* »
D'autres mots des parties du corps, la formulation « *I've got...* ».

PROLONGEMENTS

- **En autonomie** : les élèves peuvent rejouer au jeu du Memory sur tablettes. Lien du jeu de Memory sur tablette : http://tinyurl.com/y7w8t67m
- **En autonomie** : un jeu de plateau sur tablette ou ordinateur avec des questions sur les parties du corps : http://tinyurl.com/o3u94zu

SÉANCE 7

JEU *WHO IS WHO?* POUR RÉVISER LE LEXIQUE DES PARTIES DU CORPS

Éléments culturels

- Jeu de société pratiqué par les enfants Anglais.

Matériel

Dans le DVD-Rom

Pour l'étape 2

- Flashcards collectives des parties du corps humain

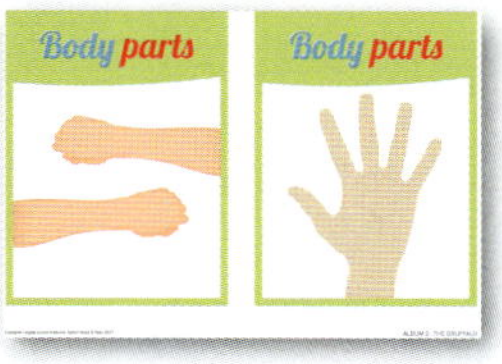

- Jeu de Memory

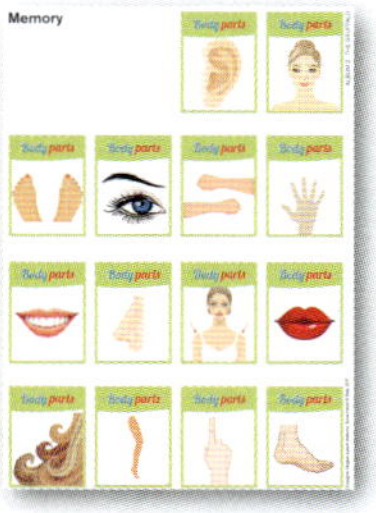

Pour les étapes 3 et 4

- Exercice *Who is who?*

- Jeu de *Who is who?*

Pour l'étape 5

- Fiche mémo : *Les parties du corps*

En amont, prévoir de construire le jeu de *Who is who?* pendant la séance **d'arts plastiques** avec des papiers cartonnés de couleur.

Ceci n'est pas obligatoire : on peut très bien jouer avec les planches de visages glissées dans une pochette plastique où on entoure le personnage choisi et où on barre les visages au feutre d'ardoise effaçable.

Pour la version ci-dessous, il faudra quand même prévoir un lot de cartes-personnages à part pour choisir son personnage à placer sur la partie verte.

Pour ce jeu, les planches d'images utilisées sont extraites du blog le cartable de Séverine : http://tinyurl.com/o3u94zu

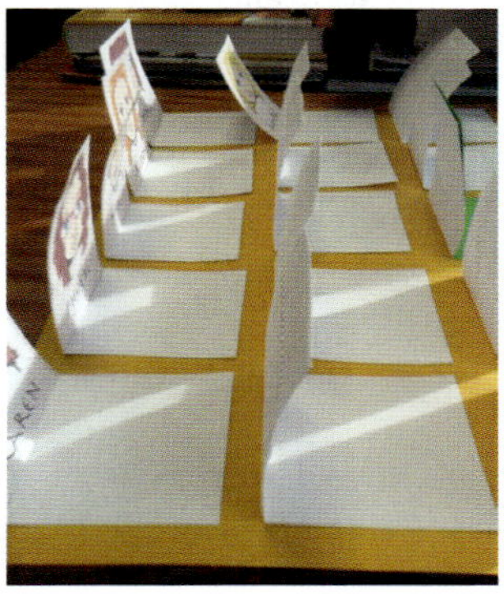

1. WARMING UP 10'

Activités ritualisées

- Reprendre le déroulement habituel des activités ritualisées de l'album 1.
- Les élèves disposent toujours des mêmes aides.

▸ Lecture

- La fiche mémo sur le corps (plusieurs lectures).

▸ Écriture autonome

- Laisser les élèves écrire de petites phrases avec l'aide des modèles laissés au tableau : *I have got…*

Dictée de nombres en chiffres (et en lettres pour le **Niveau +**) sur l'ardoise.

Compétences langagières

- Réagir et dialoguer
- Écouter et comprendre
- Lire et comprendre
- Écrire

2. RECYCLING 10'

Compétences langagières
- Écouter et comprendre
- Parler en continu

I've got
- Les élèves rechantent la chanson *Head, shoulders, knees and toes.*
- Faire répéter le nom des parties du corps vues lors de la séance précédente.
- Faire répéter ensuite le lexique en utilisant une phrase complète « *I've got a nose, arms…* » ou « *I have got a nose, arms…* ».

Évoquer la forme contractée utilisée à l'oral que l'on peut trouver écrite dans les exercices : « *I've got* » c'est comme « *I have got* », qui indique la possession, ce que l'on a.

▸ **Jeu de Memory**
- Les élèves ont un jeu de Memory pour deux. Ils doivent faire des paires images-mots. Cette fois, ils doivent faire une phrase lorsqu'ils retournent les cartes : « *I've got a nose, I've got legs.* »

Niveau + : les élèves ont un jeu de Memory plus étoffé en vocabulaire.

3. TEACHING 10'

Compétences langagières
- Écouter et comprendre
- Parler en continu

Adjectifs pour le jeu de *Who is who?*
- Expliquer que pour compléter l'exercice et jouer au jeu de *Who is who?* il va falloir apprendre quelques adjectifs.

Donner donc :
– des indications sur les yeux (déjà connues) : « *blue eyes, green eyes, brown eyes* » ;
– des indications sur les cheveux : « ***long** hair, **short** hair, brown hair, **blond** hair, black hair, **red** hair* » ;
– deux indications d'accessoires : ***a hat, glasses***. « *Have you got a hat?* »

Écrire ces mots au tableau.
- Faire répéter les mots collectivement, en groupes ou individuellement : « ***brown hair, red, hair, blond, hair, long hair, short hair, green eyes, blue eyes, brown eyes*** ».

Niveau + : les élèves mélangent la taille des cheveux et la couleur « *Short brown hair, long brown hair, short blond hair, long blond hair*, etc. »
- Demander à quelques élèves : « ***Have you got blond hair? Have you got long hair? Have you got a hat?*** », etc. Si les élèves répondent « *Yes* » ou « *No* », reprendre : « ***Yes, I have / No, I haven't.*** »
- Faire répéter collectivement la question et la réponse plusieurs fois. Puis, laisser les élèves se poser des questions entre eux.

Présentation du jeu *Who is who?*
- Présenter le jeu *Who is who?* et rappeler les règles du jeu et la question à poser « ***Have you got…?*** » et la réponse « ***Yes, I have / No, I haven't*** ». Les écrire au tableau.
- On peut faire une partie collective si les règles ne sont pas bien connues.

4. LEARNING 10'

Compétences langagières
- Écouter et comprendre
- Réagir et dialoguer

Jeu du *Who is who?*
- Les élèves jouent par groupes de quatre, deux contre deux, au jeu *Who is Who?* L'avantage du binôme est que chacun peut aider son camarade.
- Passer pour vérifier que les questions et les réponses sont correctes, pour aider et encourager.

5. READING, WRITING 5'

Compétences langagières
- Lire et comprendre
- Écrire

Fiche mémo et exercices
- Les élèves lisent la partie de la fiche mémo sur le visage avec les adjectifs pour les yeux et les cheveux.

Niveau + : les élèves complètent la question et la réponse et écrivent « *I've got…* ».

Remarque : pour le Niveau +, voici un moyen mnémotechnique pour mémoriser l'ordre des adjectifs : TAC (taille, aspect, couleur). Ex. : « *long curly black hair* ».

- Les élèves font un exercice de lecture *Who is who?* pour identifier le personnage (2 niveaux).

6. SUMMARY 1'

Qu'avez-vous appris ?

« What did you learn? »

- Jeu *Who is who?* et révision de la question « *Have you got…?* » et les parties du visage.
- L'enseignant peut clore la séance avec une relecture partielle de l'album ou en chanson (en fonction du projet choisi).

Synthèse
- Retour en français sur les acquis de la séance

PROLONGEMENTS

- **En autonomie** : les élèves peuvent rejouer seuls en ligne au jeu de *Who is who?* en anglais. Lien du jeu en ligne : http://tinyurl.com/yd6kzqee

Ils peuvent aussi rejouer à plusieurs au jeu de *Who is who?* vu lors de cette séance.

SÉANCE 8

LA STRUCTURE À LA 3e PERSONNE *HE HAS GOT…*

Éléments culturels

- Jeu de société pratiqué par les enfants Anglais.

Matériel

Dans le DVD-Rom

Pour les étapes 3 et 4

- Jeu de *Who is who?* des monstres

- Exercice du monstre

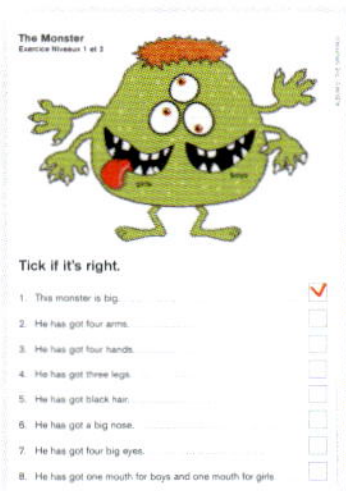

- Exercice *Draw the monster*

Pour l'étape 5

- Fiche mémo des parties du corps

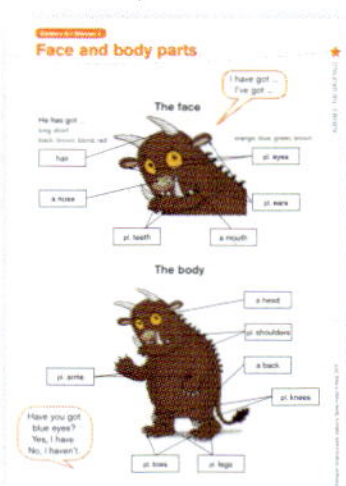

1. WARMING UP 10'

Activités ritualisées

- Reprendre le déroulement habituel des activités ritualisées.

Écriture autonome

- Procédure habituelle.

Évolutions des activités ritualisées

- Demander d'épeler le prénom anglais ou d'autres mots : « *Can you spell your English name? Can you spell OWL?* »…

Compétences langagières
- Réagir et dialoguer
- Écouter et comprendre
- Lire et comprendre
- Écrire

2. RECYCLING 10'

Se décrire physiquement

- Les élèves se décrivent par groupes de six : « *I've got blond hair, and blue eyes.* »

Niveau + : « *I've got short blond hair and blue eyes.* »

Passer dans les groupes pour corriger, encourager.

- Chanter la chanson du gruffalo si on souhaite revoir la structure « *He has…* » ou la chanson *Head, shoulders, knees and toes*, si on souhaite revoir les parties du corps.

Compétences langagières
- Parler en continu

GRAMMAIRE :
- Suite à toutes les remarques faites lors des séances, les élèves écrivent sur le cahier la leçon sur l'adjectif.
- L'enseignant pourra demander d'apprendre ces phrases et ces GN par cœur afin de les utiliser plus tard, par analogie.

L'adjectif qualificatif en anglais

En anglais, les adjectifs sont invariables : ils ne prennent donc jamais de S, la marque du pluriel, ni de marque de féminin.
(Mais le nom prend un S au pluriel, lui.)
L'adjectif épithète en anglais se place toujours avant le nom :

a black cat
black cats
red pencils
brown eyes
I have got blond hair.
I've got **blue** eyes.
green eyes
a yellow pencil.
I have got long brown hair.

3. TEACHING 10'

He has got

- Dessiner deux monstres au tableau. Dire que l'on va parler du monstre : on ne va donc pas dire « *I have got* », mais « *He has got…* » comme dans la chanson du gruffalo. Écrire au tableau : « *He has got* ».

Compétences langagières
- Écouter et comprendre
- Parler en continu

À noter

En règle générale, on dit « *it* » plutôt que « *he* » pour un monstre. Mais les élèves sont habitués à la phrase « ***He has** terrible tusks* » pour le gruffalo. Ici, cela se justifie car les monstres ont une valeur affective et dans ce contexte, la personnification peut donc être tolérée.

- Décrire l'un des monstres et les élèves doivent trouver lequel est-ce : « *My monster has got 1 eye, 2 legs, 2 arms. He has got a pink face. Who is it? It's F!* » Faire répéter phrase par phrase la description que l'on vient de faire.
- Refaire plusieurs fois cet exercice afin de revoir le lexique des parties du corps.
- On peut laisser la place à des élèves volontaires. Faire répéter toute la description à chaque fin de partie.

Jeu *Who is who?* des monstres

- Présenter le nouveau jeu de *Who is who? Monsters.* Cette fois-ci, ce sont les parties du corps que l'on voit. Le jeu va être différent. Un élève va décrire un monstre mais en donnant un indice à la fois. Le camarade doit deviner le plus vite possible de quel monstre il s'agit. Ex. : « *He has got 1 eye… He has got 2 arms… He has got 2 legs… He has got teeth. He has got a pink face…* » Il faut répondre : « *It's F!* »
- Montrer comment jouer avec un élève volontaire. Le but est surtout de mémoriser la structure « *He has got…* » à la 3e personne du singulier et de revoir le lexique du corps.

Niveau + : les élèves peuvent refaire une partie à la manière de la séance précédente en se posant la question « *Has he got 4 arms?* » / « *Yes, he has. No, he hasn't.* »

4. LEARNING 10'

Jeu du *Who is who?* des monstres

- Les élèves jouent par groupes de quatre, binôme contre binôme, au jeu *Who is Who? Monsters.*
- Passer pour encourager, aider, répéter et faire répéter.

Compétences langagières
- Écouter et comprendre
- Parler en continu
- Lire et comprendre

Vers l'écrit

- Les élèves font un petit exercice de **lecture** : ils doivent cocher si la phrase correspond bien au dessin du monstre. Laisser un temps de lecture silencieuse aux élèves.
- Lire les phrases à haute voix. Les faire relire plusieurs fois aux élèves. Ils entourent les indices concernant le nombre et/ou l'adjectif qui va avec le nom. Cela leur servira lorsqu'ils feront seuls l'exercice suivant.

5. READING, WRITING 5'

Fiche mémo et exercices

- Les élèves complètent la fiche mémo du gruffalo : ils dessinent une main qui désigne le gruffalo pour montrer qu'on parle de lui. Ils écrivent en rouge « *He has got…* ».
- Exercice à faire en autonomie : les élèves doivent remettre les mots dans l'ordre pour former une phrase puis dessiner un monstre en suivant les indications. Les élèves les plus en difficulté peuvent s'aider du cahier si nécessaire.

Compétences langagières
- Lire et comprendre
- Écrire

6. SUMMARY 1'

Qu'avez-vous appris ?

« What did you learn? »

- La structure *« He has got… »* et les parties du visage.
- L'enseignant peut clore la séance avec une relecture partielle de l'album **The gruffalo** ou en chanson (en fonction du projet choisi).

Synthèse
- Retour en français sur les acquis de la séance

PROLONGEMENTS

- **En autonomie** : les élèves peuvent rejouer seuls au jeu de *Who is who? Monsters* vu lors de cette séance.
- Ils peuvent jouer sur tablette à créer un monstre et à le décrire. Lien du jeu : http://tinyurl.com/y7w8t67m
- Ils peuvent écouter la courte histoire de *Little Red Riding Hood*, surtout l'épisode reprenant le nom des parties du corps du loup. Lien Youtube : http://tinyurl.com/ajkzfj6

SÉANCE 9

LE PROJET

Matériel

Dans le DVD-Rom

Pour les étapes 2 et 3

- Jeu de *Who is who?*

- Exercice sur les parties du corps des animaux

- Exercice *Put the words*

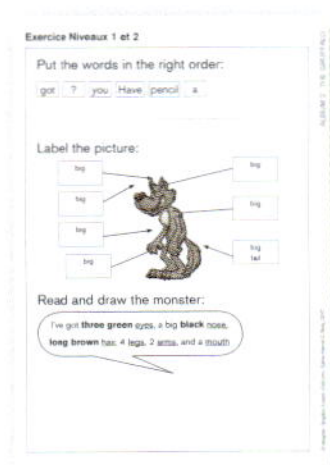

Pour l'étape 3

- Fleur lexicale

- Si vous avez opté pour **la pièce de théâtre**, vous pouvez organiser les séances d'entrainement en EPS.

Pour la mise en scène, le décor consiste à faire un fond ressemblant à une forêt. Les personnages peuvent être interprétés avec des masques que l'on peut trouver gratuitement sur ce lien :

http://tinyurl.com/yame5zvb

On peut organiser plusieurs petits groupes pour jouer la pièce devant plusieurs classes. Les élèves se relaient à partir de la rencontre avec le gruffalo, avec une coupure en chanson pour permettre l'échange de rôles. On peut donc prévoir deux élèves pour jouer la souris, deux pour le renard, deux pour la chouette, deux pour le serpent, deux pour le gruffalo, et éventuellement des narrateurs (mais on peut s'en passer).

Un **tapis de conte** laissé en classe représentant les lieux, avec les personnages plastifiés ou pliés en deux autour d'un bâtonnet de glace, permettront aux élèves de venir rejouer l'histoire en autonomie (patrons pour les marottes dans le DVD-Rom). Il existe aussi un « magnet book » du gruffalo avec les décors et les personnages aimantés.

- Si vous avez opté pour la **galerie de portraits**, vous pourrez organiser vos séances en arts plastiques pour créer vos affiches, mais les élèves présenteront leurs personnages et les parties de leur corps en anglais, en réutilisant « *She/He has got...* ».
- Si vous avez opté pour **la bande annonce du livre**, voici quelques idées plus précises :

En amont, pendant les séances d'arts plastiques, les élèves en binômes ou en trinômes auront sélectionné puis dessiné les images afin de créer leur bande annonce, suivant l'effet escompté auprès du public. Ils auront choisi les phrases qu'ils voudront utiliser. On peut les avoir écrites sur une fiche pour mémoire.

1. WARMING UP 5'

- Activités ritualisées de la date uniquement, des absents et du nombre de jours d'école.
- Répétition collective, en groupe et individuellement des nouvelles questions des activités ritualisées, avec les réponses.
- Lecture au tableau des nouvelles questions et réponses des activités ritualisées.

Compétences langagières
- Réagir et dialoguer

2. WORKSHOPS 40'

4 ateliers en rotation toutes les 10 minutes

GROUPE 1 : avec l'enseignant. Groupe de langage qui va s'entraîner à parler pour s'enregistrer avec la tablette. Il s'agira de revenir sur l'élocution, la prononciation et les accents toniques, de vérifier que chacun peut s'exprimer selon ses capacités et de s'assurer que le projet est complet et réalisable.
GROUPE 2 : travail en autonomie avec les jeux de *Who is who?* + reprise du jeu collectif de Bingo des animaux sauvages.
GROUPE 3 : deux exercices écrits en autonomie. On pourra au préalable écouter avec les tablettes la courte histoire du *Petit Chaperon rouge*, si nécessaire, afin de légender le dessin du loup. Les élèves peuvent s'auto-corriger en confrontant leurs exercices et avec l'aide du cahier.
GROUPE 4 : exercice de décontextualisation sur les parties du corps des animaux (lien avec les sciences). Cela permet de solliciter l'intelligence naturaliste[1]. Reprise du jeu de Memory sur les parties du corps.

Compétences langagières
- Écouter et comprendre
- Parler en continu,
- Réagir et dialoguer
- Lire et comprendre
- Écrire

En autonomie

Pour ceux qui auraient fini un atelier plus tôt que prévu : en autonomie, ils utilisent les tablettes numériques avec le lien des extraits du film d'animation *The gruffalo* et les chansons apprises sur tablettes ou au casque MP3 : *Head, shoulders, knees and toes* et *The gruffalo song.*

3. SUMMARY 1'

- Les élèves collent dans le cahier d'anglais la fleur lexicale de la séquence qui pourra servir d'appui pour une révision avant évaluation.

Synthèse
- Retour en français sur les acquis de la séance

Enregistrement

- Enregistrement des livres audio avec Adobe Spark Video lors d'une séance décrochée.

Prolongement pour le projet bande annonce

- Présentation aux autres classes pour donner envie de lire le livre (qui existe en français aussi, pour les plus jeunes).

PROLONGEMENTS

- Quelques images créées par des élèves en **ARTS PLASTIQUES** pour la bande annonce :

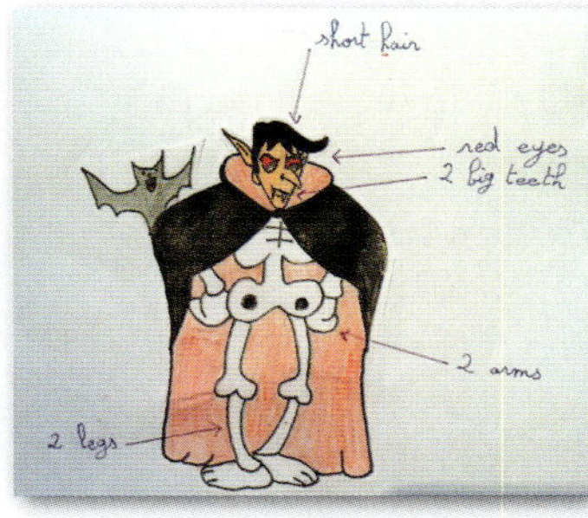

- **PROJET THÉÂTRE**, mise en scène du gruffalo :

CROISEMENTS ENTRE ENSEIGNEMENTS

SCIENCES : les élèves peuvent étudier le classement des animaux en fonction de leurs parties du corps (programmes de sciences cycle 3). L'exercice de décontextualisation (DVD-Rom) peut être le point de départ.

SÉANCE 10

ÉVALUATION ET CIVILISATION : *GUY FAWKES NIGHT*

Éléments culturels

- Le signe # est le signe indiquant le « n° »

Lien Youtube :
http://tinyurl.com/y2uflec3

Lien Youtube :
http://tinyurl.com/y9f2l6vr

Matériel

Dans le DVD-Rom

Pour l'étape 2
Évaluation

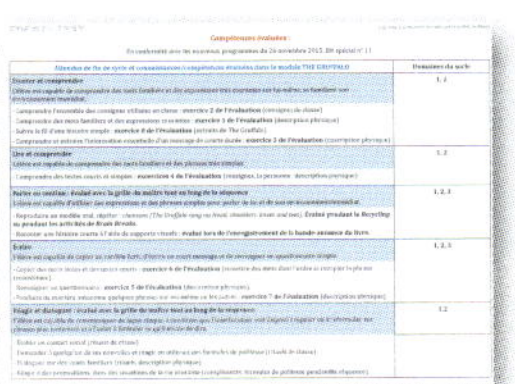

Pour l'étape 3
Fiche mémo de civilisation

Vidéo *This is Britain – Bonfire night* :
http://tinyurl.com/y9onvblo

1. WARMING UP 10'

Activités ritualisées

- Répétition collective, en groupe et individuellement des nouvelles questions des activités ritualisées, avec les réponses.
- Lecture au tableau des nouvelles questions et réponses des activités ritualisées.

Compétences langagières
- Réagir et dialoguer
- Écouter et comprendre
- Écrire

Fiches mémo

- Compléter le cahier de fiches mémo : dans les anciennes fiches des activités ritualisées, compléter les bulles correspondant aux nouvelles questions.

2. ÉVALUATION 20'

Parler en continu et réagir et dialoguer

- Les élèves pratiquent leur évaluation de compréhension orale et écrite.
- Les compétences « Parler en continu » (chansons du *gruffalo* ou *Head, shoulders, knees and toes*) et « Réagir et dialoguer » sont évaluées tout au long de la séquence, pendant les moments de jeux d'activités ritualisées et de chansons.

Compétences langagières
- Écouter et comprendre
- Lire et comprendre
- Écrire

Consignes données par l'enseignant

Rappel : elles peuvent être expliquées en français pour ne pas gêner la compréhension des exercices.
Il y a 2 niveaux d'évaluation.

Écouter et comprendre

1. Décrire lentement pour que les élèves puissent chercher le bon monstre : « 1. *the monster has got 2 eyes, 2 legs, 2 feet, 5 teeth and 2 arms* » ; « 2. *the monster has got 2 eyes, a black tongue, terrible tusks and terrible teeth in his terrible jaws* » ; « 3. *the monster has got 2 eyes, 2 legs, 2 feet, no arms, no nose* » ; « 4. *the monster has got 3 eyes, 2 legs, 2 feet, 2 arms and a nose.* »

Niveau + : « 5. *the monster has got 2 eyes, 2 legs, 3 teeth and 4 arms.* »

2. Dicter les consignes, il faut retrouver l'image correspondante et lui donner le bon numéro : « *1 : sit down, 2 : listen, 3 : repeat, 4 : open your book, 5 : be quiet, 6 : look,* 7 : come in, 8 : *take your pen and write, 9 : shut the door* (pour le **Niveau +** et le n° 4 est remplacé par *cut*) ».

3. Faire écouter le dialogue plusieurs fois (on peut couper un peu le début pour en arriver directement à la description du singe). Les élèves doivent dessiner des éléments du visage, les bras, les jambes du singe. Préciser qu'il faut bien écouter pour ne dessiner <u>que</u> ce qui est demandé, et à la bonne taille (il y a des adjectifs qui précisent : petit, gros, long, court). Prévoir trois écoutes.

Niveau + : il n'y a aucun indice en image sur les parties du corps à dessiner.

Lire et comprendre

4. L'élève lit les courts textes, colorie les visages et dessine le monstre en suivant les indications.

Niveau + : il y a plus d'adjectifs.

Écrire

5. L'élève répond à la question de manière affirmative (*Yes, I have*).

6. L'élève remet dans l'ordre la question (et la réponse, pour le **Niveau +**).

7. L'élève doit créer quelques phrases à l'aide du réservoir de mots.

8. Lire les passages du livre et demander aux élèves de coller les images correspondantes dans l'ordre au fur et à mesure de sa lecture. Ils doivent ainsi relever des mots connus et faire le lien avec les images pour retrouver les pages correspondantes. Attention : il y a 2 pages avec *Snake*, il faudra bien être attentif.

3. ÉLÉMENT CULTUREL / CIVILISATION 15'

Bonfire Night / Guy Fawkes Night

- Les élèves regardent la vidéo avec pour mission de comprendre ce que l'on fait pour fêter *Guy Fawkes Night*. La restitution se fait en français. On peut expliquer en français ce qui s'est passé (voir fiche mémo de civilisation). À la 2e écoute, les élèves vérifient leur compréhension.
- Les élèves font une synthèse orale de ce qui a été vu.
- Ils collent la fiche mémo dans le cahier d'anglais.

Compétences langagières
- Fête calendaire
- Exposition à un long flux langagier

6. SUMMARY 1'

Qu'avez-vous appris ?

« What did you learn? »

Les élèves récapitulent tout ce qu'ils ont retenu de la fiche mémo de civilisation.

Synthèse
- Retour en français sur les acquis de la séance

PROLONGEMENT

- **En autonomie**, les élèves peuvent visionner les recettes du *gruffalo crumble* et autres recettes à partir de l'album. Lien Youtube : http://tinyurl.com/yd7ygbq5
- **Mise en réseau avec d'autres albums en lecture plaisir :**

– *The gruffalo's child*, Julia Donaldson et Axel Scheffler (la suite de l'album *The gruffalo*).
– *Room on the broom*, Julia Donaldson et Axel Scheffler (une histoire de sorcière du même auteur que *The gruffalo*).
– *The Gigantic turnip*, Alexei Tolstoy (le conte traditionnel en relation avec l'album *Big Pumpkin*).
– *My book about me,* Dr Seuss (auteur classique de la littérature jeunesse), qui reprend le lexique des parties du corps.

CROISEMENTS ENTRE ENSEIGNEMENTS

FRANÇAIS / LECTURE : les élèves peuvent travailler sur les recettes de cuisine autour de l'album si vous travaillez sur la recette de cuisine en français, voici le lien d'une recette de gâteau gruffalo en français : http://tinyurl.com/ycwl5kyk

SÉANCE 11

CIVILISATION : *THE LOCH NESS MONSTER / SCOTLAND*

Matériel

Pour l'étape 2

Lien de la vidéo *Louie draw me* à partir de 2'30 :
http://tinyurl.com/y8jntelt

Lien de la vidéo sur l'Écosse :
http://tinyurl.com/y8bst6p4

Pour l'étape 3

Fiche mémo de civilisation

Pour l'étape 5

Exercice château

1. WARMING UP 10'

Activités ritualisées

- Les élèves disposent toujours des mêmes aides pour ces activités.

Lecture

- Relire les fiches mémo sur Halloween et sur les parties du visage.

Écriture autonome

- Laisser les élèves écrire de petites phrases avec l'aide des modèles laissés au tableau : *It's a…, Give me…, I am… [feelings or age], There is…, There are…, I have got…, He has got…*

Compétences langagières
- Réagir et dialoguer
- Écouter et comprendre
- Lire et comprendre
- Écrire

2. RECYCLING 5'

Dessiner un monstre

- Distribuer un quart de feuille de papier et donner des instructions pour dessiner un monstre : *« Draw a monster. This monster is half a snake and half a dinosaur. She has got small eyes, a small nose, a big mouth, no ears and a long body. »*
- Ajouter : *« This is Nessie, the famous Loch Ness Monster. »* Demander aux élèves ce qu'ils connaissent sur le monstre du Loch Ness.

Compétences langagières
- Écouter et comprendre
- Parler en continu

Variante L'enseignant peut utiliser la vidéo des instructions du dessin animé « *Louie draw me…* ».

3. TEACHING 15'

Le Loch Ness et l'Écosse

Compétences langagières
- Écouter et comprendre

- Distribuer la fiche mémo de civilisation sur le Loch Ness & l'Écosse. Les situer sur la carte du Royaume-Uni. Le chardon est l'emblème de l'Écosse.
- Les élèves ne lisent d'abord que la partie en français. La lecture est active : faire rechercher une information en fonction des connaissances de ses élèves. Les élèves peuvent également se poser des questions de compréhension en français.

► **Le Loch Ness**
- Demander ensuite de lire silencieusement la partie écrite en anglais sur Nessie. Demander aux élèves ce qu'ils ont compris et quels indices ils ont prélevés pour comprendre. Cela peut être des mots connus : « *monster, Loch Ness, Nessie, Scotland* » et des mots transparents « *lake, legend* ».
- Lire plusieurs fois ce court texte à haute voix et demander ensuite à des élèves volontaires de relire.

PHONOLOGIE :
- Réalisation du [k] de *Lo**ch** Ness*
- Réalisation de la diphtongue [eɪ] de *l**a**ke*
- Réalisation du [dʒ] de *le**g**end*

► **L'Écosse**
- Visionner une courte vidéo pour promouvoir le tourisme en Écosse. Demander aux élèves de réagir. Certains connaissent peut-être le « *kilt* », vêtement traditionnel de cérémonie, et la cornemuse : « *bagpipes* ».
- Montrer la flashcard « *castle* ». Il y a de nombreux châteaux en Écosse et beaucoup ont la réputation d'être hantés, « *haunted* ».
- Demander aux élèves de lire silencieusement les paragraphes en anglais de la fiche mémo sur l'Écosse. Ils verbalisent ensuite ce qu'ils en ont compris et sur quels indices ils se sont appuyés pour comprendre : « *castles, bagpipes, kilt, haunted, ghosts, summer, Queen* » et les mots transparents : « *reputed, legend, residence* ».

PHONOLOGIE :
- Non-réalisation du T de *cas**t**le* : [kɑːsl]

4. LEARNING 15

Dessin de Nessie et château hanté

Compétences langagières
- Parler en continu
- Lire et comprendre
- Écrire

- Sur la fiche mémo de civilisation, les élèves collent (ou redessinent) leur version de Nessie : « *Draw your own Nessie.* » Les élèves volontaires viennent ensuite la présenter sur le modèle « *Nessie is* [+ colours], *Nessie has got* [+ body parts] ».
- Les élèves sont ensuite invités à dessiner leur propre château hanté avec différents fantômes : « *Draw your own Scottish haunted Castle with Scottish ghosts. Don't forget to count them.* »

Niveau + : décorer avec les monstres d'Halloween et légender « *Draw your own Scottish haunted Castle with Scottish ghosts, Scottish witches, Scottish vampires, Scottish Mummies* ».
- Les élèves volontaires viennent ensuite le présenter sur le modèle « *In my Scottish Castle, there is a…, there are…* ».

5. SUMMARY 1'

Qu'avez-vous appris ?

Synthèse
- Retour en français sur les acquis de la séance

« *What did you learn?* »
- La légende de Nessie.
- Quelques objets d'Écosse : le kilt, la cornemuse.

PROLONGEMENTS

- **En autonomie** : si vous possédez de la pâte à modeler en classe, vous pouvez faire réaliser Nessie.

Lien Youtube : http://tinyurl.com/y82taw8m

- On peut faire lire aux élèves un documentaire sur Nessie. Voici un lien : http://tinyurl.com/yddwgglx
- Pour les petits passionnés de dessins, il y a d'autres dessins animés de « *Louie draw me…* » sur Youtube.

CROISEMENTS ENTRE ENSEIGNEMENTS

ÉDUCATION MUSICALE : on pourra faire écouter des morceaux de cornemuse pour travailler la compétence « Écouter, comparer, commenter » (identifier quelques caractéristiques qui inscrivent une œuvre musicale dans une aire géographique ou culturelle et dans un temps historique contemporain, proche ou lointain).

HISTOIRE / HISTOIRE DES ARTS : on pourra comparer le lexique du château médiéval avec l'anglais.

Album 3

The Royal Baby's Big Red Bus

Martha Mumford

▸ *Christmas, London, Directions, What's the way to…? Where is…?*

L'objectif final de cette séquence est de rendre les élèves capables de suivre ou d'indiquer un itinéraire dans Londres sur un plan et de connaitre quelques monuments célèbres de la capitale.

Il faudra penser à faire évoluer les activités ritualisées pendant le temps de *Warming up*, en suivant le tableau indicatif, selon les progrès des élèves.

THE ROYAL BABY'S BIG RED BUS

Martha Mumford

Ce livre fait partie de toute une série mettant en scène la famille royale, avec son accord. Martha Mumford est un auteur anglais qui a signé d'autres titres dont les héros sont les enfants de Kate et William, pour rester près des intérêts des jeunes lecteurs.

L'histoire est celle de la famille royale qui va prendre son bus rouge pour aller visiter Londres en compagnie de George et de Charlotte. On découvre ainsi la capitale avec ses nombreuses curiosités. Malheureusement, Baby George a perdu sa peluche de dinosaure et c'est Kate qui refera le chemin inverse en scooter. Contrairement à ce que l'on pourrait penser, les histoires de doudou perdu touchent toujours les élèves de CM1, qui apprécient l'humour du texte mais surtout les illustrations riches en détails que l'on doit à Ada Grey.

Ici l'album n'est pas seulement mis au service de la langue, même s'il amène des éléments langagiers intéressants. Les élèves étudient aussi les personnages, les lieux et font des liens avec leurs connaissances sur Londres. Ces compétences sont travaillées en littérature française également.

Lien Youtube de la lecture à haute voix :
http://tinyurl.com/y8zbc7da

PROJET / TÂCHE FINALE

Pour travailler les compétences langagières de ce module, il vous est proposé de créer un jeu type « chasse au trésor » avec un plan de Londres reprenant les monuments, avec l'utilisation des formulations « *turn left, turn right, go straight on, go past…* ». Parallèlement, les élèves pourront réaliser un carnet de voyage ou un poster pour promouvoir Londres, avec des photos.

COMPÉTENCES TRAVAILLEES AUTOUR DE CET ALBUM

Attendus de fin de cycle et connaissances/compétences travaillées dans le module THE ROYAL BABY'S BIG RED BUS	Domaines du socle
Écouter et comprendre L'élève est capable de comprendre des mots familiers et des expressions très courantes sur lui-même, sa famille et son environnement immédiat. ▪ Suivre des instructions données (étude de ville, étude de plans de Londres). ▪ Suivre le fil d'une histoire simple : **The Royal Baby's Big Red Bus**.	1, 2
Lire et comprendre L'élève est capable de comprendre des mots familiers et des phrases très simples. ▪ Comprendre des textes courts et simples en s'appuyant sur des éléments connus (lettres).	1, 2
Parler en continu : évalué avec la grille du maitre tout au long de la séquence L'élève est capable d'utiliser des expressions et des phrases simples pour parler de lui et de son environnement immédiat. ▪ Reproduire un modèle oral, répéter : *The wheels on the bus.* ▪ Lire à haute voix un texte bref (sa lettre au Père Noël).	1, 2, 3
Écrire L'élève est capable de copier un modèle écrit, d'écrire un court message et de renseigner un questionnaire simple. ▪ Copier des mots isolés et des textes courts. ▪ Rédiger un courrier court et simple en référence à des modèles (lettre). ▪ Renseigner un questionnaire (monument préféré). ▪ Décrire des objets, des lieux (monuments de Londres).	1, 2, 3
Réagir et dialoguer : évalué avec la grille du maitre tout au long de la séquence L'élève est capable de communiquer de façon simple, à condition que l'interlocuteur soit disposé à répéter ou à reformuler ses phrases plus lentement et à l'aider à formuler ce qu'il essaie de dire. ▪ Établir un contact social (activités ritualisées). ▪ Demander à quelqu'un de ses nouvelles et réagir en utilisant des formules de politesse (activités ritualisées). ▪ Dialoguer sur des sujets familiers (activités ritualisées). ▪ Dialoguer pour échanger ou obtenir des renseignements, comme un itinéraire (tout au long de la séquence et jeu type chasse au trésor avec le plan de Londres).	1, 2
Découvrir les aspects culturels d'une langue vivante étrangère et régionale Identifier quelques grands repères culturels de l'environnement quotidien des élèves du même âge dans les pays ou régions étudiés : les fêtes de Noël en Angleterre, les curiosités de Londres, le Royaume-Uni, une chanson traditionnelle et un album de littérature de jeunesse connu des petits Anglais.	1, 2, 3, 5

QUELQUES PRÉCISIONS AVANT DE COMMENCER

- La séquence débute par deux séances sur *Christmas* pour faire une leçon de civilisation sur les traditions de Noël en Angleterre, pour revoir le lexique des nombres et pour mener une séance d'écriture « *à la manière de…* » en vue de l'évaluation A1.
- Il serait souhaitable de travailler en amont la **compétence mathématique** « se repérer, décrire ou exécuter des déplacements, sur un plan ou sur une carte » pour enlever un cout cognitif supplémentaire aux élèves lors de la séance d'anglais. En effet, il faut d'abord que les élèves sachent se repérer et se déplacer sur un plan ou une carte en français avant de pouvoir le faire en anglais.
- L'enseignant a en permanence avec lui sa grille d'évaluation pour la compétence « **Réagir et dialoguer** », pour évaluer les élèves pendant les activités ritualisées. La compétence « **Parler en continu** » peut être évaluée pendant les séances avec les chansons, ou en classe, hors cours d'anglais, pendant les activités de *Brain Breaks* (voir grilles dans le DVD-Rom).
- **Encore une fois, l'exploitation proposée est riche en activités que l'on peut moduler suivant les connaissances et les compétences de ses élèves.**

SÉANCE 1

RÉVISION DU LEXIQUE DE NOËL

Éléments culturels

- Fête traditionnelle de Noël
- Fête calendaire : *Halloween*

Matériel

Lien Youtube de la video *This is Britain Christmas* :
http://tinyurl.com/jblurvs

Dans le DVD-Rom

Pour l'étape 1

- Auto-évaluation

Pour l'étape 2

- Fiche mémo de civilisation : *A British Christmas*

Pour les étapes 3 et 4

- Maison du son [ai]

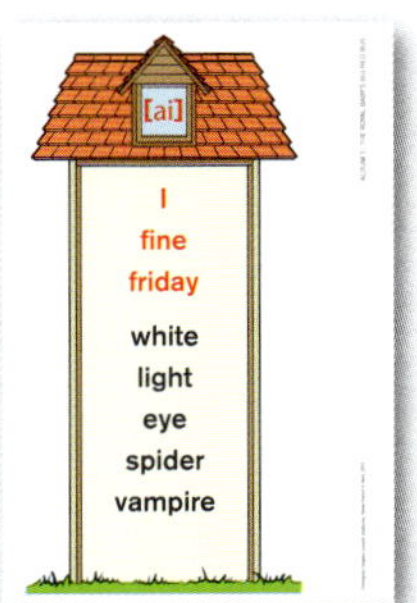

- Flashcards collectives et individuelles de Noël

- Jeu *I spy*

Pour l'étape 5

- Fiche mémo : *A British Christmas*

1. Le lexique de Noël a été vu au cycle 2, mais il y a sans doute eu quelques oublis. Si les élèves ne connaissent pas du tout le lexique, scinder cette séance en 2 : une séance axée uniquement sur le lexique, puis une de consolidation avec la question « *Is it… ? Yes, it is / No, it isn't* ».

1. WARMING UP 10'

Activités ritualisées

- Même déroulement que dans les albums 1 et 2.
- **Introduire la nouvelle question : « *What day will it be tomorrow?* »** La réponse correspondante est : « *Tomorrow, it will be [+ jour de la semaine].* » L'enseignant l'écrit au dos du tableau avec les autres nouvelles questions.
- Faire relire éventuellement quelques anciennes leçons. On peut relire également les mots des maisons de sons du cahier.

Compétences langagières
- Réagir et dialoguer
- Écouter et comprendre
- Lire et comprendre
- Écrire

Écriture autonome

- Laisser les élèves écrire de petites phrases avec l'aide des modèles laissés au tableau : *It's a…, Give me…, I am… [feelings or age], There is…, There are…, I have got…. / My monster has got [+ dessin].*
- Dictées de phrases pour le Niveau +.

2. RECYCLING 15'

Noël en Angleterre

- Demander aux élèves ce qu'ils savent des traditions de Noël en Angleterre et les mots qu'ils connaissent. Cela permet de cibler plus précisément les points sur lesquels revenir en civilisation ou lors de la révision du vocabulaire.
- Montrer la vidéo de *This is Britain: Christmas*, sur Noël en Angleterre. Passer la réalisation des *Mince pies* mais expliquer en français de quoi il s'agit.
- Faire des arrêts sur image pour expliquer certains aspects culturels qui seraient méconnus des élèves. La mission des élèves est de restituer en français ce qu'ils ont compris, ainsi que les mots reconnus en anglais.

Compétences langagières
- Écouter et comprendre
- Parler en continu

À noter

Noël est préparé longtemps à l'avance. Les gens s'envoient des cartes de vœux et celles reçues sont conservées sur les murs jusqu'en janvier. Les enfants écrivent leur lettre au Père Noël pour commander des jouets, « *toys* ». On chante des chants de Noël, « *Christmas carols* », et on prépare aussi des *Mince pies*, avec une farce à base de purée de fruits secs, des pommes et parfois du cognac. On décore le sapin, « *the Christmas tree* », avec des « *Christmas decorations* » et on installe les chaussettes de Noël, « *Christmas stockings* », qui contiendront de petits cadeaux et des bonbons. La veille de Noël est appelée « *Christmas Eve* » et le jour de Noël est « *Christmas day* ». Ce jour-là, on ouvre les cadeaux le matin et on mange assez tard « *a Christmas dinner* » (qui n'est pas le diner, mais le repas). On ouvre les « *Christmas crakers* », qui contiennent une couronne en papier, une blague et un pétard-ficelle. On mange la dinde, « *turkey* », des légumes, « *vegetables* », et le « *Christmas pudding* », à base de fruits confits et de brandy ou rhum. Le 26 décembre, c'est « *Boxing day* », jour où on offre des boites avec un peu d'argent aux enfants et où les gens donnent de la nourriture aux plus pauvres ; les employés, eux, reçoivent une prime de leur patron. À Londres, il y a de superbes illuminations, « *the Christmas lights* ».

- Après la restitution en français, avec quelques mots anglais revus car appris au cycle 2, les élèves collent la fiche mémo de civilisation dans le cahier d'anglais et la relisent avec l'aide de l'enseignant.

3. TEACHING 5'

Vocabulaire de Noël

- Montrer le lexique de Noël au fur et à mesure avec les flashcards : « *a Christmas tree, a stocking, Father Christmas/Santa Claus, a reindeer/reindeer, a present/presents, toys, Christmas lights* ».

Compétences langagières
- Écouter et comprendre

Niveau + : on ajoute les mots « *carol singers, a chimney, a sleigh, a snowflake* ».

GRAMMAIRE :
- Les élèves remarquent que « *a* » est un article indéfini. Au pluriel, il disparait, il n'y a pas de déterminant indéfini mais le nom prend un –S pour le pluriel, sauf *reindeer* qui est irrégulier au pluriel.

- Répétition collective « *whisper, speak up* », en groupes « *this line, only boys, only girls* » ou individuelle.

Astuce

Jeu ***The magic eye***
Pour rendre la répétition moins lassante : afficher les flashcards dans un certain ordre. Tout le monde énonce leur nom dans cet ordre. L'enseignant enlève une carte et on répète ces noms, comme si la flashcard enlevée était encore présente. On enlève ensuite une 2ᵉ flashcard et on recommence, etc.

PHONOLOGIE :
- Réalisation du [ð] de *fa**th**er*
- Non réalisation du R final de *fathe**r**, reindee**r***
- Réalisation de la diphtongue [əʊ] de *sn**ow***
- Réalisation du i long [i:] de ***tree*** et *reind**ee**r* (compléter la maison du son [i:]) par opposition au i court [i] de *chimn**ey***
- Réalisation de la diphtongue [ei] de *sl**eigh***
- Réalisation du [tʃ]de ***ch**imney*
- Réalisation de la diphtongue [ai] de *l**i**ghts*. Commencer à construire une maison des sons.

▸ **Virelangue**
- Dire et faire répéter plusieurs fois le virelangue (*tongue twister*) : ***I like to spy (white) spiders with my little eye on Friday nights.***
- On peut demander aux élèves de frapper dans les mains à chaque fois qu'ils entendent le son [ai] dans une série de mots, pour solliciter l'intelligence rythmique. On peut prévoir une courte « *battle* » entre équipes.

4. LEARNING 10'

Jeux de production orale
- Distribuer les mini flashcards *Christmas* aux élèves.

▸ ***Pick a card and say the word***
Chaque binôme a un tas de mini flashcards mélangées. Un élève tire une carte et dit « *It's a reindeer* » et ainsi de suite.

Compétences langagières
- Réagir et dialoguer
- Écouter et comprendre
- Parler en continu

Niveau + : les élèves ont plus de mots.

▸ ***Snap***
Les élèves jouent par groupes de 3 ou 4 avec un tas de flashcards individuelles étalées sur la table. Chacun à leur tour, les élèves vont énoncer le mot d'une flashcard en disant « *presents* », « *a Christmas tree* »... Le premier qui tape sur la bonne carte a gagné.

Niveau + : les élèves ont plus de mots. Ils peuvent énoncer les mots dans une phrase. Ex : *There are presents. There is a Christmas tree.*

▸ ***I spy***
Les élèves jouent en binômes : ils se posent la question : « *How many... are there?* » Chacun compte puis l'élève interrogé répond : « *There is... / There are...* » Puis, c'est à son tour de poser une question. Ex : « *How many Christmas trees are there? There is 1 Christmas tree / There are 2 Christmas trees.* »

Niveau + : les élèves ont plus de mots. Ils peuvent énoncer les mots dans une phrase. Ex : *There are presents. There is a Christmas tree.*

Prolongement
- Chanson traditionnelle pour clore la séance. Écouter une chanson traditionnelle de Noël : « *We wish you a merry Christmas* ». Les élèves peuvent apprendre le refrain de la chanson, qui n'est pas trop difficile.
- Sinon, en prolongement, ils pourront apprendre une chanson de Noël plus longue, pour une éventuelle chorale.

5. READING, WRITING 5'

Le lexique de Noël à l'écrit
- Donner la fiche mémo sur le lexique de Noël. La lire une première fois puis faire lire des élèves volontaires. Le lexique a été vu au cycle 2 en général. Les élèves connaissent les mots à l'oral, ils observent comment cela se transcrit à l'écrit.

Compétences langagières
- Lire et comprendre
- Écrire

Niveau + : les élèves complètent la leçon à trous.

- Les élèves écrivent la leçon de GRAMMAIRE sur l'article indéfini anglais « *a* ».

> L'article indéfini a
>
> En anglais, il n'y a qu'un seul article indéfini : a. Il est au singulier, il n'a pas de pluriel. Il n'indique pas le genre.
>
> Exemple :
>
> singulier : a present
>
> pluriel : presents.

- Cette leçon sera complétée plus tard pour l'article « *a* » qui devient « *a**n*** » devant une voyelle.

6. SUMMARY 1'

Qu'avez-vous appris ?

« What did you learn? »

- Révision de mots du champ lexical de Noël, les traditions de Noël.

> **Synthèse**
>
> - Retour en français sur les acquis de la séance

PROLONGEMENTS

- **En autonomie** : jeu en ligne du British Council sur le lexique de Noël, si vous avez des tablettes en classe : http://tinyurl.com/y6w64ehx

CROISEMENTS ENTRE ENSEIGNEMENTS

FRANÇAIS/LEXIQUE : on peut travailler sur le champ lexical de Noël en français et classer les mots dans des groupes, avec des termes génériques.

ÉDUCATION MUSICALE : apprendre une longue chanson de Noël pour une chorale d'école, par exemple « *Santa Claus is coming to town* », la version de Justin Bieber, pour être proche des intérêts des élèves ou la version de Franck Sinatra, pour travailler en histoire des arts sur cet artiste américain.

SÉANCE 2

ÉCRIRE LA LETTRE AU PÈRE NOËL

Éléments culturels

- *Meg and Mog*, personnages célèbres de la littérature de jeunesse anglo-saxonne. Il existe toute une série dédiée à leurs aventures, facile à lire (livres recommandés dans le document d'accompagnement sur les déclinaisons culturelles)
- La lettre au Père Noël, *« a letter to Santa »*, que les petits Anglais écrivent aussi

Matériel

> **Lien de la vidéo Youtube de *Meg's Christmas:***
> http://tinyurl.com/yd9mpbxv

Dans le DVD-Rom

Pour l'étape 2

- Maison du son [ai]

- Flashcards collectives et individuelles de Noël

Pour l'étape 3

- Lettre au Père Noël

En amont, l'enseignant aura préparé une sélection de jouets nommés en anglais sous forme d'imagier, sur le site de Hamleys (http://www.hamleys.com/), le célèbre magasin de jouets de Londres. Les jouets souvent souhaités sont : *a computer, a game console, video games, a soft toy (une peluche), a princess costume, a bike, roller-skates, a skateboard, a doll, a board game.*

1. WARMING UP 10'

Activités ritualisées

- Continuer à travailler sur la nouvelle question : « *What day will it be tomorrow?* »
- La réponse correspondante est : « *Tomorrow, it will be [+ jour de la semaine].* »

Compétences langagières
- Réagir et dialoguer
- Écouter et comprendre
- Lire et comprendre
- Écrire

Lecture

Lecture des nouvelles questions au dos du tableau et d'une ancienne leçon dans le cahier d'anglais.

Écriture autonome

- Laisser les élèves écrire de petites phrases avec l'aide des modèles laissés au tableau : *It's a…, Give me…, I am… [feelings or age], There is…, There are…, I have got… / My monster has got [+ dessin].*
- Dictées de phrases pour le Niveau +.

2. RECYCLING 10'

Vocabulaire de Noël

- Faire répéter les mots de la **maison du son** [ai] et compléter avec le mot « *night* ». Faire répéter le virelangue (*tongue twister*) : ***I like to spy (white) spiders with my little eye on Friday nights.*** On peut prévoir une courte « *battle* » entre équipes.
- Les élèves collent la maison du son [ai] dans le cahier d'anglais.

Compétences langagières
- Écouter et comprendre
- Parler en continu

Leg's Christmas

- Passer la vidéo de ***Meg's Christmas***. Si les enfants ne connaissent pas ce personnage célèbre de la littérature de jeunesse, leur expliquer que Meg est une sorcière maladroite qui jette des sorts mais rien ne se passe jamais comme prévu. Elle a deux animaux de compagnie, des « *pets* » : « *an owl and a black cat named Mog* ». Les mots « *owl* » et « *black cat* » ont été vus lors de la séquence précédente.
- Pour la 1re projection, les élèves vont devoir restituer en français ce qu'ils ont compris et les mots anglais reconnus comme « *Father Christmas, car, hat, tomorrow, presents, morning, one, two, chimney* ».
- Vérifier avec un 2e visionnage.

3. TEACHING 10'

I'd like

- Revisionner le passage de la vidéo où les personnages expriment leurs souhaits de cadeaux. Ils disent : « *I'd like…* ».
- Expliquer que c'est la forme contractée de « *I would like…* » qui indique le conditionnel « je voudrais », puisque les personnages disent ce qu'ils souhaiteraient pour Noël.
- Faire répéter plusieurs fois « *I'd like* + [nom d'animaux, de jouets, d'objets de Noël] ».

Compétences langagières
- Écouter et comprendre
- Lire et comprendre

La lettre au Père Noël

- Montrer ensuite au vidéoprojecteur une lettre au Père Noël qui reprend ce que les élèves savent dire pour se présenter et les cadeaux désirés. Laisser un temps de lecture silencieuse afin que les élèves prélèvent des indices. Ils expliquent ce qu'ils ont compris et ce qui leur pose problème.
- Lire ensuite la lettre à haute voix et faire lire quelques élèves volontaires afin que la classe s'imprègne du contenu de la lettre.
- Dire que les élèves vont eux aussi écrire une lettre au Père Noël en prenant exemple sur le modèle…

4. LEARNING 15'

Réalisation de la lettre au Père Noël

- Distribuer la lettre photocopiée aux élèves. Leur demander de la relire et de chercher comment faire pour écrire une lettre avec un modèle.
- Les élèves verbalisent leurs stratégies : repérer les mots à changer, les entourer, en trouver d'autres pour se présenter, utiliser le cahier en cas d'oubli, ajouter sa liste des jouets, recopier sans erreur en regardant mot à mot ou lettre à lettre.

Compétences langagières
- Écouter et comprendre
- Lire et comprendre
- Écrire
- Parler en continu

- Puis, les élèves entourent les mots qui devront être changés dans leur lettre par rapport au modèle : le nom, l'âge, la couleur des yeux et des cheveux, l'émotion, la liste de jouets (pas plus de 3 ou 4) et la signature. Ils s'entrainent à transformer la lettre à l'oral d'abord.
- Faire passer plusieurs élèves volontaires, puis ceux qui pourraient être en difficulté.
- Les élèves rédigent leur propre lettre au Père Noël au brouillon. Passer dans les rangs, encourager, aider.
- Puis, corriger les productions écrites pour que les élèves les recopient sur des feuilles de couleur décorées.

Variante Pour les élèves en difficulté, on peut prévoir directement une lettre à trous, dans un premier temps.

- Les élèves volontaires s'entrainent à la lecture puis lisent leur lettre devant la classe.*

5. SUMMARY 1'

- Les élèves collent dans le cahier le modèle de lettre au Père Noël photocopiée et leur lettre rédigée.

Synthèse
- Retour en français sur les acquis de la séance

Qu'avez-vous appris ?
- Écrire une lettre avec un modèle.
- Expliquer que dans l'évaluation A1, il y a un exercice du même type bien souvent (écrire une lettre ou un mail à un correspondant avec un modèle). Les élèves savent maintenant comment faire. Rappeler les stratégies (repérer les mots à changer, les encadrer, en trouver d'autres que l'on connait pour se présenter, utiliser le cahier en cas d'oubli, ajouter la liste des jouets, recopier sans erreur en regardant mot à mot ou lettre à lettre).

PROLONGEMENTS

- **En autonomie** : activités sur tablette ou ordinateur :
  – réécouter sur tablette l'histoire de *Meg and Mog*
  – récrire des lettres au Père Noël

Les élèves peuvent retourner sur le site de Hamleys pour regarder les jouets proposés.

On peut installer une boite aux lettres pour l'anglais, « ***a mail box*** », où les élèves peuvent glisser de petites lettres ou des phrases produites en autonomie, à destination de l'enseignant, qui pourra répondre en anglais.

CROISEMENTS ENTRE ENSEIGNEMENTS

- **LECTURE/PRODUCTION D'ÉCRITS :** les élèves peuvent travailler sur la lettre en français (silhouette, contenu).
- **ENSEIGNEMENTS ARTISTIQUES :** réaliser des *Christmas Crackers* traditionnels en suivant des instructions en anglais. Les programmes soulignent que le développement de la compétence « Se repérer dans les domaines liés aux arts plastiques, être sensible aux questions de l'art » permet notamment des rapprochements avec l'enseignement des langues vivantes, par la prise en compte de contextes artistico-culturels différents.

Lien de la vidéo Youtube :
http://tinyurl.com/yafx6s4g

SÉANCE 3

LES MONUMENTS ET LES CURIOSITÉS DE LONDRES

Éléments culturels
- La ville de Londres et ses curiosités
- Album authentique de littérature de jeunesse

Matériel
Album **The Royal Baby's Big Red Bus**

Lien de la vidéo Youtube de l'Office du tourisme de Londres :
https://www.youtube.com/watch?v=bvOmMO3V5Wo

* La décoration de la lettre, la copie puis la lecture à haute voix peuvent se faire dans une séance décrochée en Art plastiques.

Dans le DVD-Rom

Pour les étapes 3 et 4

- Flashcards collectives et individuelles des monuments de Londres

Pour l'étape 5

- Affiche *When? Where? Who?*

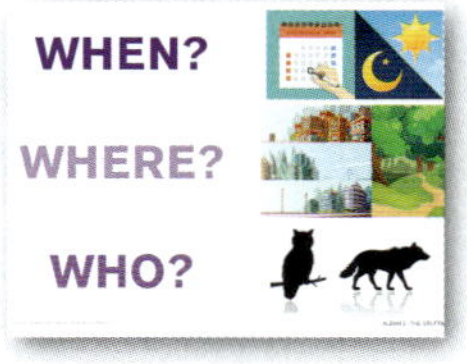

1. WARMING UP 10'

Compétences langagières
- Réagir et dialoguer
- Écouter et comprendre
- Lire et comprendre
- Écrire

Activités ritualisées

- Continuer à travailler sur la question vue dans l'album précédent : *Have you got blond hair, blue eyes? Yes, I have / No, I haven't.*
- Les élèves se décrivent physiquement : *I've got red hair and green eyes.*

Lecture

Nouvelles questions au dos du tableau et mots des maisons de sons du cahier.

Écriture autonome

Laisser les élèves écrire de petites phrases avec l'aide des modèles laissés au tableau.

2. RECYCLING 10'

Compétences langagières
- Écouter et comprendre

Londres à Noël

- Les élèves volontaires peuvent lire à haute voix leur lettre au Père Noël rédigée lors de la séance précédente.
- Montrer une vidéo sur Londres à Noël avec ses lumières et ses décorations. Une petite histoire de peluche perdue, comme dans l'album **The Royal Baby's Big Red Bus**, est racontée pour visiter la capitale. « *The girl lost her Paddington Bear, the girl lost her soft toy.* »

À noter

Voici les curiosités dans l'ordre d'apparition dans la vidéo : *St Paul's cathedral, the Tower Bridge, Hamleys, Trafalgar Square & Nelson's column, The London Eye, Big Ben.*

- Demander ensuite aux élèves quels monuments ils ont reconnus.
- On peut vérifier avec un 2e visionnage.
- Demander aux élèves s'ils connaissent d'autres lieux et d'autres monuments de Londres (peut-être *The London Zoo, Buckingham Palace*). Les élèves rappellent les cabines téléphoniques rouges, « *the red phonebox* », le bus rouge, « *the red bus* », la boite aux lettres rouge, « *the red mail box* ».

3. TEACHING 5'

Compétences langagières
- Écouter et comprendre

La ville de Londres : ses monuments

- Présenter le nouveau lexique qui va aider à comprendre l'histoire de l'album étudié. Montrer et afficher les flashcards avec les différentes curiosités de Londres : *Buckingham Palace, The London Eye, Big Ben, the London Zoo, the Tower Bridge, Hamleys* qui sont déjà connus en général. On peut demander de rappeler quelques détails sur chaque monument (*Buckingham Palace* est le palais de la reine où on peut voir la relève de la garde. *The London Eye* est une grande roue construite en partenariat avec la France. *Big Ben* est le nom de l'horloge. *The Tower Bridge* est un pont qui peut s'ouvrir pour laisser passer les bateaux. *The London Zoo* abrite la célèbre plage des pingouins et la boutique de jouets *Hamleys* a été vue lors de la séance précédente).
- Passer un peu plus de temps sur les lieux et les monuments moins connus : *Trafalgar Square, Nelson's column, St Paul's cathedral, The Shard, The Gherkin, The British Museum, The Natural History Museum, The Tower of London.*
- Ne pas donner cependant trop de détails, puisque cela fera l'objet de recherches et de petits exposés en français.

À noter

Trafalgar Square est une place où on peut voir des lions en métal et *Nelson's column,* la statue de l'Amiral Nelson. *St-Paul's cathedral* est une cathédrale reconnaissable par son dôme. *The Shard* est un gratte-ciel en forme d'éclat de verre. *The Gherkin* est un gratte-ciel en forme de cornichon, d'où son surnom. *The British Museum* est un musée d'Histoire*, the Natural History Museum* est un musée d'Histoire naturelle abritant, entre autres, des reconstitutions de dinosaures. *The Tower of London* est le musée qui abrite les bijoux de la reine.

- Faire répéter plusieurs fois le nom de chaque monument dans l'ordre des flashcards du tableau. Faire notamment répéter le nom des monuments peu connus. On peut associer un geste pour les monuments suivants : *The Shard* avec sa forme quasi triangulaire, *The Gherkin* avec sa forme de cornichon, *St-Paul's cathedral* avec son dôme, *Trafalgar Square* en mimant le rugissement du lion, *Nelson's column* comme si on regardait au loin.

PHONOLOGIE :
- Réalisation du [z] *mu**s**eum*
- Non-réalisation du R final de *Towe**r*** et allongement de la voyelle de *the Sha**r**d* dû à la présence d'un R graphique : [ʃɑ:d]
- Prononciation de *Trafalga**r** Squa**r**e* [trəfælgə skweə]
- Réalisation de [ju:] dans ***mu**seum*
- Réalisation du [i] de *mus**e**um*
- Réalisation du [ʌ] *L**o**ndon, B**u**ckingham*
- Réalisation du [u] de *z**oo***
- Réalisation du [θ] de *ca**th**edral*
- Réalisation du [ð] de ***the** Shard*
- Réalisation du [g] de *G**h**erkin*

4. LEARNING 10'

Activité de compréhension orale : *Listen and show me*

Distribuer aux élèves les mini flahscards. Énoncer les monuments, des élèves volontaires viennent les montrer au tableau. Reprendre le jeu avec les flashcards individuelles à lever. Des élèves volontaires peuvent mener le jeu.

Compétences langagières
- Écouter et comprendre
- Parler en continu
- Réagir et dialoguer

Activité de production orale : *What's missing?*

- Afficher toutes les flashcards collectives au tableau, en retirer une et demander celle qui manque. Ex. : « *What's missing? The Shard is missing.* ».
- Faire répéter encore une fois le nom des différents monuments à l'aide des flashcards. Utiliser la formulation « ***This is**…* ». Ex. : « *This is the Shard.* »

Activité de compréhension : *Pick a card and say the word*

Les élèves mélangent leur tas de mini flashcards et tirent chacun leur tour une carte. Ils doivent donner le nom des monuments.

Niveau + : utiliser la formulation « *This is…* ».

Jeu : *Find your partners*

- Scinder la classe en trois équipes. Chaque membre de la première équipe reçoit la carte d'un monument. Même chose pour les groupes 2 et 3. Chacun doit retrouver les autres camarades qui possèdent la même carte que lui. Quand un élève en croise un autre, il lui demande : « *Have you got Buckingham Palace?* », l'autre répond : « *Yes, I have / No, I haven't.* »
- Les noms des monuments sont écrits sur les flashcards car ils peuvent constituer une aide.

5. LISTEN TO A STORY 10'

Présentation de l'album

- Présenter l'album **The Royal Baby's Big Red Bus**.
- Demander : « *Who are the characters?* » Sur la couverture, les élèves reconnaissent les membres de la famille royale avec les personnages principaux : le couple Kate and William et leurs enfants, George and Charlotte.

Compétences langagières
- Exposition à un long flux langagier
- Écouter et comprendre

Who?

- Noter au tableau : « ***WHO?*** *Kate, William, baby George and baby Charlotte and the Royal Family.* »
- Une leçon spécifique sera consacrée plus tard à la famille royale. On peut montrer une vraie photo du couple princier avec ses enfants.

Where?

- Écrire au tableau : « ***WHERE?*** *In London.* »
- Demander ensuite où peut se passer l'histoire. Dès la couverture, on reconnait des monuments de Londres. Les enfants identifient le bus rouge, *Big Ben, Buckingham palace, The London Eye.* Ils peuvent ajouter maintenant *the Gherkin, the Tower of London* et *St Paul's cathedral.*

When?

- Écrire au tableau : « ***WHEN?*** *It's summer.* »
- Montrer la page de garde où l'on retrouve les enfants royaux et la page avec la piscine. Lire le début de l'histoire et demander : « *What season is it?* » Les élèves répondent : « *It's summer.* »
- Lire l'histoire. Les élèves ont pour mission de restituer en français ce qu'ils ont compris. Les illustrations sont riches en détails : ne pas hésiter à faire une petite pause de lecture pour les regarder.
- Attention à la prononciation de « *Greenwich* » en lisant l'histoire, dont le W ne s'entend pas : [grɪnɪtʃ].
- Les élèves racontent ce qu'ils ont compris, au fur et à mesure que l'enseignant tourne les pages.

6. SUMMARY 1'

Qu'avez-vous appris ?

« *What did you learn?* »

Les noms des principaux monuments de Londres.

> **Synthèse**
> - Retour en français sur les acquis de la séance

Lancement du projet (hors cours d'anglais)

Expliquer aux enfants qu'ils vont choisir des monuments ou des curiosités de Londres et faire une petite recherche. Ils vont se mettre par groupes pour réaliser une affiche et chacun choisira un monument à présenter en français, en quelques minutes.

Les élèves pourront faire une affiche avec des photos ou des *selfies* de leurs endroits préférés avec les tablettes pour compléter leur affiche en utilisant l'appli Ipad Stop Motion Studio. Des exemples sont visibles sur mon blog : http://tinyurl.com/y9cqco6m

PROLONGEMENTS

- **En autonomie** : les élèves peuvent s'amuser en ligne à associer un document audio présentant les monuments de Londres à des images. Lien de l'application : http://learningapps.org/2533521

  Ils peuvent également créer facilement leur propre appli à partir de celle-ci.
- L'enseignant peut créer un « cahier des petits voyageurs » où les élèves collent une ou plusieurs photos d'eux, s'ils ont voyagé à Londres ou dans d'autres pays de langue anglaise.

CROISEMENTS ENTRE ENSEIGNEMENTS

- **LECTURE/PRODUCTION D'ÉCRITS :** recherche documentaire sur les monuments de Londres. Si vous ne possédez pas d'ouvrage sur le sujet, vous pouvez visiter le site Internet de l'Office du tourisme de Londres pour retrouver les curiosités. http://monumentsdelondres.com/

  Les élèves pourront créer une affiche avec les monuments choisis et légendés. Il conviendra de sélectionner les informations essentielles à écrire. Lors de la présentation orale, ils pourront développer un peu plus si nécessaire.
- **TUIC :** les élèves utilisent l'appli Ipad **Stop Motion Studio**, avec un fond vert. Ils se prennent en photo avec en fond, un monument de Londres, comme s'ils y étaient.
- **SCIENCES ET TECHNOLOGIE :** la planète Terre, comme au planétarium, dans l'album. Décrire les mouvements de la Terre (rotation sur elle-même et alternance jour-nuit, autour du Soleil et cycle des saisons). Si vous travaillez sur le jour et la nuit à partir d'un globe et que vous abordez les fuseaux horaires, ce sera l'occasion d'évoquer le méridien de Greenwich qui est matérialisé au sol. Une affiche du système solaire en anglais est disponible dans le CDrom.

SÉANCE 4

PLAN DE LONDRES / *WHERE IS…?*

Éléments culturels

- Chanson traditionnelle apprise par les petits Anglais

Matériel

Album **The Royal Baby's Big Red Bus**

Lien youtube de l'histoire racontée :
http://tinyurl.com/y8zbc7da

Le plan de londres au format tableau et un plan de Londres formatr A3 ou A4 par élève.

Le lien de téléchargement :
http://www.guide-london.net/london-maps

Lien de la chanson « *Wheels on the bus go round and round - London city* » :
http://tinyurl.com/jn3tj5r

Dans le DVD-Rom

Pour les étapes 2, 3 et 4

- Flashcards collectives et individuelles des monuments de Londres

Pour l'étape 5

- Fiches mémo : *This is London* et *Welcome to London*

- Chanson : *The wheels on the bus*

1. WARMING UP 10'

Activités ritualisées

- **Introduire la nouvelle question des vêtements en fonction du temps qu'il fait. Les élèves demandent tous en chœur : « *What is Froggy wearing?* »**
- Le responsable répond (par manipulation guidée au départ) : « *Froggy is wearing a hat, a tee-shirt / a sweater, shoes, trousers* » (en fonction du temps).
- Les autres élèves répètent en chœur par groupes. Écrire cette nouvelle question au dos du tableau.

Compétences langagières
- Réagir et dialoguer
- Écouter et comprendre
- Lire et comprendre

Lecture

Nouvelles questions au dos du tableau.

2. RECYCLING 5'

Chanson

- Faire écouter la chanson traditionnelle « *The wheels on the bus* » réadaptée avec quelques monuments de Londres, uniquement les trois premiers couplets (jusqu'au *London Eye*).
- Demander aux élèves ce qu'ils ont reconnu : le bus rouge, *Big Ben*, *The London Eye*, *The Tower Bridge*, appelé « *London Bridge* » dans la chanson, ce qui est une erreur assez fréquente.

Compétences langagières
- Écouter et comprendre
- Parler en continu

À noter

Le vrai *London Bridge* est au fond de la rivière Tamise, « *The Thames* » en anglais. Depuis, un autre pont classique a été reconstruit à la place. Il y a d'ailleurs une chanson qui lui est dédiée « *London Bridge is falling down* », que l'on pourra écouter hors cours d'anglais lors d'un moment de *Brain Break*.

- Faire chanter couplet par couplet la chanson, uniquement les trois premiers couplets. « *Let's sing the song!* » Les élèves peuvent continuer à cappella sur le même modèle avec tous les autres monuments vus, en s'appuyant sur les flashcards collectives.

Lecture de l'album

- Lire quelques extraits de l'album mentionnant les monuments. L'écoute est active, les élèves montrent les miniflashcards correspondantes.

3. TEACHING 10'

Le plan de Londres

Compétences langagières
- Écouter et comprendre

- Distribuer le plan, « *the map* », et laisser les élèves se repérer et identifier Londres puis quelques monuments. Ils peuvent s'exprimer d'abord en français, afin que l'enseignant soit sûr que tout le monde se soit bien repéré dans l'espace du plan.
- Regroupement devant le tableau où est affiché le plan format poster. Chaque élève vient avec son plan également.

▸ **Activité collective de compréhension : *Come to the board***
- Demander aux élèves volontaires de venir situer un monument sur le plan du tableau après que chacun l'a situé sur son plan.
- Dire : « *Where is Buckingham Palace? Try to find it on your map. Come to the board and show me Buckingham Palace.* » L'élève montre le monument. Demander : « *Is it correct?* » Puis, ajouter : « *It's here.* »
- Reprendre l'activité avec les autres monuments sur le même modèle.

Niveau + : on peut faire réutiliser la structure « *I'd like / I would like* » vue à la séance précédente. Un élève demande à son camarade : « *I'd like to visit Big Ben. Where is Big Ben?* » et l'autre répond : « *It's here. Welcome to Big Ben!* » et montre le monument sur le plan.

PHONOLOGIE :
Intonation descendante de la question ouverte « *Where is…?* »
- Réalisation du [h] de ***Here***. On peut rajouter ce mot dans la maison du son [h].

4. LEARNING 15'

Activités à l'oral

Compétences langagières
- Écouter et comprendre
- Parler en continu
- Lire et comprendre

- Jeu d'interaction orale, en binômes :

▸ ***Show me***
Un élève demande à son camarade : « *Where is Big Ben?* » et l'autre répond : « *It's here.* » et il montre le monument sur le plan.

Niveau + : on peut faire réutiliser la structure « *I'd like / I would like* » vue à la séance précédente. Un élève demande à son camarade : « *I'd like to visit Big Ben. Where is Big Ben?* » et l'autre répond : « *It's here. Welcome to Big Ben!* » et montre le monument sur le plan.

▸ **Activité de compréhension orale : *Sequencing***
- Demander aux élèves de prendre leur mini flashcards des monuments de Londres. Raconter l'histoire à nouveau sans montrer les images. Les élèves doivent remettre dans l'ordre les miniflashcards des monuments, simplement en écoutant le texte. Insister bien sûr sur leurs noms lors de la lecture. Cela invitera les élèves à focaliser leur attention sur la langue et à se faire « un film » de l'histoire dans leur tête.
- Faire venir au tableau des élèves pour mettre les flashcards collectives dans l'ordre.

Plan de Londres

- Les élèves sont invités à repérer puis à numéroter les monuments visités sur le plan, depuis *Buckingham Palace* jusqu'au retour, dans l'ordre de la visite. Ils travaillent en binômes avec un plan. L'enseignant peut également reprendre la petite phrase de la chanson pour indiquer le trajet du bus « *The bus now goes to…* ».
- Mise en commun. On peut vérifier avec une autre lecture sélective de l'histoire, si nécessaire.
- Recopier au propre sur un plan A4, si nécessaire, et conserver les plans pour la séance prochaine dans le cahier d'anglais.

5. READING, WRITING 5'

Fiche mémo

Compétences langagières
- Lire et comprendre
- Écrire

- Les élèves collent la leçon sur les monuments de Londres.
- Lire à haute voix la fiche mémo puis faire relire quelques élèves volontaires.
- Ils collent aussi les paroles de la chanson « *The wheels on the bus* ».

6. SUMMARY 1'

Qu'avez-vous appris ?

« What did you learn? »

- Situer les monuments de Londres.
- Révision de la question « *Where is…?* » / « *It's here.* »

Synthèse

- Retour en français sur les acquis de la séance

CROISEMENTS ENTRE ENSEIGNEMENTS

- **MATHÉMATIQUES/GÉOMÉTRIE :** se repérer, décrire ou exécuter des déplacements, sur un plan ou sur une carte. Cette séance devra être faite en amont, pour enlever un cout cognitif supplémentaire aux élèves lors de la séance d'anglais. On peut utiliser d'autres plans dont celui du *London Zoo* que l'on trouve sur Internet.
- **SCIENCES ET TECHNOLOGIE :** situer la Terre dans le système solaire. Faire le lien entre les planètes vues dans l'album au Planétarium et la leçon de Sciences : on pourra nommer les planètes en anglais (voir DVD-Rom). Le Soleil se dit « *the Sun* », la Terre « *Earth* » prononcé [ɜːθ], Mercure « *Mercury* » et Saturne « *Saturn* ». On pourra faire coller une petite trace-mémoire sur les planètes, dans le cahier.

SÉANCE 5

DIRECTIONS : *TURN LEFT, TURN RIGHT…*

En amont, l'enseignant aura travaillé en mathématiques le repérage sur un plan. Cette séance nécessite de bien savoir s'orienter sur un plan en français.

Matériel

1 plan de Londres par élève

Lien de la chanson *The wheels on the bus*:
http://tinyurl.com/jn3tj5r

Dans le DVD-Rom

Pour l'étape 2

Flashcards collectives et individuelles des monuments de Londres

Pour l'étape 3

- Flashcards collectives des directions

- Plateau de jeu

- Etiquettes-mots des directions

Pour l'étape 5

- Fiche mémo : *Directions*

1. WARMING UP 10'

Activités ritualisées

- Continuer à travailler la nouvelle question « *What is Froggy wearing? Froggy is wearing a hat, a tee-shirt/ a sweater, shoes, trousers* » (en fonction du temps, par manipulation guidée).

Écriture autonome

- Laisser les élèves écrire de petites phrases avec l'aide de modèles laissés au tableau.

Compétences langagières

- Réagir et dialoguer
- Écouter et comprendre
- Lire et comprendre
- Écrire

- Dictées de phrases pour le Niveau + : *I have got blond hair, brown eyes,* par exemple.

2. RECYCLING 10'

Chanson à gestes

- Refaire chanter le début de la chanson à gestes « *The wheels on the bus* ». « *Let's sing the song!* » Les élèves peuvent continuer à cappella sur le même modèle avec tous les autres monuments vus, en s'appuyant sur les flashcards collectives. Ils apprennent les 3 couplets suivants (jusqu'à « *open and close* »).

Compétences langagières
- Écouter et comprendre
- Parler en continu

Jeu de production orale : *Show me*

Un élève demande à son camarade : « *Where is Big Ben?* » et l'autre répond : « *It's here. Welcome to Big Ben!* » et montre le monument sur le plan.

3. TEACHING 10'

Lexique des directions

- Montrer les flashcards des nouveaux mots : « *turn left, turn right, go straight on, go past…, cross…* ».
- Mimer chaque mot devant les élèves, dos à eux. Répéter ces mots plusieurs fois et demander aux élèves de se lever et de mimer les directions en s'appuyant sur la gestuelle de leur main. Ils peuvent se déplacer dans la classe. « *Turn left, turn right, go straight on, go past the library, cross the river.* »
- Faire récapituler les nouveaux mots sans bouger, uniquement avec la main.

Compétences langagières
- Écouter et comprendre
- Parler en continu

▸ Jeu de compréhension orale : *the Robot Game*

Les élèves peuvent se déplacer dans la classe, entre les tables. Ils partent d'un point de leur choix et suivent les instructions de l'enseignant : « *Turn left, turn right, go straight on, cross the river.* » Certains élèves écrivent sur leurs mains « *left* » et « *right* » pour s'aider, dans un premier temps.

Plateau de jeu : le plan de Londres

- Présenter un plateau de jeu représentant le plan de Londres. Montrer un chemin pour aller de Trafalgar Square au Zoo de Londres. Dire par exemple : « *I am in Trafalgar square. I'd like to go to The London Zoo. Where is the London Zoo? It's here. I go straight on, I turn right.* »
- Demander à un élève où il veut aller. Reprendre le jeu et partir d'un autre endroit en indiquant le chemin à l'impératif, cette fois. Ex. : « *Turn left, go straight on, go past the…, cross the river, turn right. It's here!* »
- Laisser la parole à des élèves volontaires.

À noter
- Rappel : cela nécessite de bien savoir s'orienter sur un plan en français.

4. LEARNING 15'

Activités à l'oral

▸ Jeu de classe : *Make your own town*

- On utilise la classe pour matérialiser la ville de Londres et on met une flashcard des monuments sur certaines tables. Le jeu se fait en classe entière : 2 élèves jouent le rôle des touristes qui veulent se rendre à un monument, 2 guides donnent les indications, les autres observent et interviennent pour aider puis passent à leur tour. Donner l'exemple la première fois puis laisser la parole aux élèves, en les aidant un peu au départ. Ex. : « *Go straight on, turn left, turn right, cross the river…* »

Compétences langagières
- Écouter et comprendre,
- Parler en continu

Variante Le jeu peut se faire dans la cour. L'enseignant indique des directions à l'impératif puis laisse la parole à d'autres meneurs de jeu volontaires. Les élèves se déplacent dans la cour en suivant les directions données. Des rivières sont matérialisées avec des tapis au sol ou des cordes.

- Distribuer un autre plan de Londres et une image du bus rouge ou du scooter, à plier en deux pour faire un pion à déplacer sur le jeu.
- Demander aux élèves de placer le pion sur un monument puis donner des instructions aux élèves pour en rejoindre un autre. Ils déplacent le pion sur les routes en suivant les indications de l'enseignant.

- Reprise du jeu d'orientation sur le plan en binômes. L'élève A donne des instructions à l'élève B qui déplace son pion sur le plan. Puis, on inverse les rôles.
- Passer dans les groupes pour aider, corriger, encourager.

5. READING, WRITING 5'

Compétences langagières
- Lire et comprendre
- Écrire

Vers l'écrit

▸ ***Label the pictures***

- Afficher au tableau les étiquettes-mots des directions et placer les flashcards collectives au tableau. Demander aux élèves de réfléchir pour associer les images aux mots écrits. Après un temps de réflexion, faire passer au tableau quelques élèves volontaires. Reprendre l'activité plusieurs fois. Lire et faire lire les mots écrits au tableau.
- Coller la leçon sur les directions et lire uniquement les directions.

Niveau + : compléter la leçon.

6. SUMMARY 1'

Synthèse
- Retour en français sur les acquis de la séance

Qu'avez-vous appris ?

« *What did you learn?* »
Le lexique des directions.

PROLONGEMENTS

- **En autonomie** : les élèves peuvent jouer à un jeu de Memory sur les directions avec les tablettes. Lien : http://learningapps.org/1270150

CROISEMENTS ENTRE ENSEIGNEMENTS

- **ENSEIGNEMENTS ARTISTIQUES/ARTS PLASTIQUES : mettre en œuvre un projet artistique**.

Les élèves peuvent créer à trois sur de très grandes feuilles cartonnées un plan de Londres pour en faire un plateau de jeu où ils auront tracé les routes en s'inspirant du plan de Londres.

Les monuments peuvent soit être collés à plat sur ce plan, soit être placés en relief sur le plan (voir étiquettes dans le DVD-Rom). Pour les faire tenir, il suffit d'insérer les étiquettes des monuments dans des bouchons de liège fendus ou de la pâte à modeler.

Ce plan fera aussi office de tapis de conte pour rejouer l'histoire du **Royal Baby's Big Red Bus.**

SÉANCE 6

WHAT'S THE WAY TO...? / PROJET DE JEU

Matériel

Lien de la chanson *The wheels on the bus*:
http://tinyurl.com/jn3tj5r

Dans le DVD-Rom

Pour les étapes 3 et 4

- Plateau et cartes pour le jeu *Lost in London*

- Flashcards collectives et individuelles des monuments de Londres

Pour l'étape 5

- Fiche mémo : *Directions*

1. WARMING UP 10'

Activités ritualisées

On peut introduire le signe « moins » dans les calculs. Exemple : « *56 days in school. Sixty minus four equals fifty-six.* »

Écriture autonome

Laisser les élèves écrire de petites phrases avec l'aide des modèles laissés au tableau.

Compétences langagières
- Réagir et dialoguer
- Écouter et comprendre
- Lire et comprendre
- Écrire

2. RECYCLING 10'

Les monuments de Londres

- Relire l'histoire de manière interactive avec les élèves. Leur laisser la parole pour nommer les monuments de Londres.
- Refaire chanter la chanson traditionnelle « *The wheels on the bus* » couplet par couplet. « *Let's sing the song!* » Les élèves peuvent continuer à cappella sur le même modèle avec tous les autres monuments vus, en s'appuyant sur les flashcards collectives. Ils apprennent les 3 couplets suivants (jusqu'à « *go, go, go!* »).
- Reprendre le jeu de production orale : *the Robot Game*.

Compétences langagières
- Écouter et comprendre
- Parler en continu

3. TEACHING 5'

Jeu : le plan de Londres

- Reprendre le plateau de jeu représentant le plan simplifié de Londres. Demander: « *What's the way to the London Eye? I turn left, I go straight on.* » Reprendre cette question plusieurs fois avec d'autres trajets simples.
- Après chaque nouveau déplacement, faire répéter la question « *What's the way to…?* » collectivement, en groupe ou individuellement.

Compétences langagières
- Écouter et comprendre

PHONOLOGIE :
Intonation descendante de la question ouverte « *What's the way to…?* »

4. LEARNING 10'

Activités de compréhension

▸ **Jeu d'interaction orale : *Meet someone***

Les élèves se croisent dans la classe et se demandent : « *What's the way to [+ nom d'un monument de Londres]?* » Ils répondent au hasard par une ou deux indications de direction en utilisant leurs mains pour associer le geste à la parole.

Compétences langagières
- Écouter et comprendre,
- Réagir et dialoguer
- Lire et comprendre

▸ **Jeu de plateau, « board game » : *Lost in London / Where is the dinosaur?***

Les élèves vont devoir partir rechercher la peluche de Baby George dans les différents monuments de Londres. Ils jouent par groupes de 3 ou 4 avec le jeu de plateau fabriqué en arts plastiques ou avec le plan de Londres imprimé au format poster (4 × A4).

- Chaque élève prend son pion et se place sur la case START.
- L'élève A tire une carte parmi ses flashcards individuelles. C'est là qu'il doit se rendre.
- Les autres élèves demandent en chœur : « *What's the way to…?* »
- L'élève A doit alors avancer son pion en décrivant son chemin : « *I turn left, I turn right, I go straight on…* » Lorsqu'il arrive à destination en ayant correctement décrit son chemin, il met sa carte de côté et il reprendra la partie depuis cet endroit.
- Le gagnant est celui qui a épuisé toutes ses flashcards en premier : c'est lui qui pourra prendre le dinosaure et le rendre à Baby George.
- On joue chacun son tour, même si la destination a été atteinte.
- Laisser les élèves tourner et se déplacer debout autour du plateau de jeu.

Variante Après plusieurs parties, on peut compliquer le jeu avec des feux tricolores, « *traffic lights* ». Les élèves ont pour mission de bloquer une (et une seule) route du joueur en plaçant en travers un feu rouge, à l'endroit de leur choix. L'élève A devra donc prendre un autre chemin et le décrire. S'il réussit, il met sa flashcard de côté. Il peut cependant débloquer le feu rouge en plaçant un jeton feu vert par-dessus, mais il ne dispose que de deux feux verts pour toute la partie.

5. READING, WRITING 10'

- Les élèves lisent la question sur la fiche mémo des directions.

Compétences langagières
- Lire et comprendre
- Écrire

Vers l'écrit
- Jeu de lecture avec le plan de Londres.
- Faire partir les élèves d'un même point sur leur plan puis écrire le parcours au tableau. Par exemple : « *Go straight on, turn left, turn right, etc.* » Les élèves suivent le parcours avec leur doigt (ou avec un pion conservé du jeu) et ils disent le nom du monument où ils sont arrivés.
- Reprendre le jeu avec des élèves volontaires.

Niveau + : sur l'ardoise, demander cette fois aux élèves d'écrire un parcours simple (2 ou 3 instructions) pour aller d'un endroit à un autre. Les élèves écrivent d'abord en binômes puis seuls. Les flashcards des directions sont laissées au tableau.

6. SUMMARY 1'

Qu'avez-vous appris ?
« *What did you learn?* »
La question *What's the way to…?* et un jeu de plateau.

Synthèse
- Retour en français sur les acquis de la séance

PROLONGEMENTS

- **En autonomie**, les élèves peuvent consulter le site du *London Zoo*, avec la plage des pingouins, « *The Penguin Beach* » : http://tinyurl.com/y75b5fpb

SÉANCE 7

WHERE IS THE DINOSAUR? / PRÉPOSITIONS DE LOCALISATION

Matériel

Flashcards des personnages à fabriquer à partir de l'album **The Royal Baby's Big Red Bus**

Lien de la chanson *The wheels on the bus*:
http://tinyurl.com/jn3tj5r

Dans le DVD-Rom

Pour les étapes 3 et 4

- Flashcards collectives et individuelles des prépositions

- Étiquettes-mots des prépositions

in front of
behind
next to
in | on
under
between

- Exercice sur le plan de Londres (2 niveaux)

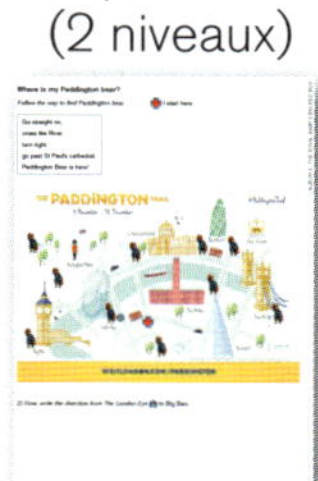

Pour l'étape 5

- Fiche mémo : *Location*

- Fleur lexicale

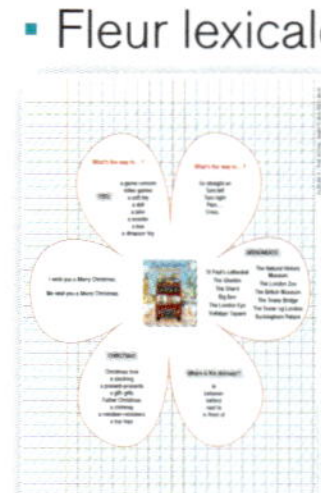

Certaines prépositions de lieu « *in, on, under* » ont été vues au cycle 2. Si ça n'est pas le cas, on peut scinder la séance en deux temps, pour l'apprentissage des prépositions.

1. WARMING UP 10'

Activités ritualisées
Revoir toutes les nouvelles questions des activités ritualisées à l'oral.

Lecture
Relire la leçon sur les directions.

Compétences langagières
- Réagir et dialoguer
- Écouter et comprendre
- Lire et comprendre

2. RECYCLING 10'

Les directions
- Refaire chanter la chanson traditionnelle « *The wheels on the bus* ».
- Jeu de compréhension orale : *the Robot Game.*
- Exercice (2 niveaux) où la peluche *Paddington Bear* a été perdue, comme dans la vidéo vue en séance 4. Il s'agit de suivre un chemin en le lisant.

Niveau + : les élèves décrivent en plus un chemin en rédigeant les instructions.
- Mise en commun.

Compétences langagières
- Parler en continu.
- Écouter et comprendre
- Lire et comprendre
- Écrire

3. TEACHING 10'

Lecture de l'album
- Relire l'histoire en entier. La mission est de suivre le dinosaure de Baby George, jusqu'à ce qu'il le perde. Nommer les endroits où se trouve le dinosaure dès la page de garde : « *The dinosaur is behind Baby George, in the pool, in the Museum, under the dinosaur skeleton, behind the scooter, in the bed. Baby George is between the dinosaur and a Teddy bear, the Teddy bear is on the bed.* » Montrer les flashcards des prépositions à chaque fois.

Compétences langagières
- Écouter et comprendre

Les prépositions de localisation
- Répéter les prépositions « *on, in, under, in front of, behind, between, next to* ». Jouer avec sa chaise : se placer devant, derrière, entre deux, à côté et répéter les mots à chaque fois. Demander aux élèves de se lever et de faire de même. À chaque action faite, faire répéter les mots collectivement, en groupes, individuellement, avant d'enchainer avec les autres actions.

PHONOLOGIE :
- Réalisation du [i:] long de *betw**ee**n*

L'enseignant complète la maison du son [i:].
- Réalisation du [h] de *be**h**ind* et de la diphtongue [ai] de *beh**i**nd*

Compléter la maison du son [h] et du son [ai].

- **Faire répéter le nom des prépositions comme une comptine à gestes, avec les mains.**

4. LEARNING 10'

Activités à l'oral

▸ **Jeu de compréhension orale : *Simon says***

Commencer à mener le jeu avec toute la classe, puis laisser la place à des élèves volontaires. « *Simon says… go behind the chair, go in front of the chair, go next to the chair, go between the chair and the desk.* » Entre les parties, faire répéter le nom des prépositions comme une comptine à gestes, avec les mains.

Compétences langagières
- Écouter et comprendre
- Parler en continu
- Réagir et dialoguer
- Lire et comprendre

▸ **Jeu de compréhension orale : *Place the pictures***
- Distribuer les images du dinosaure, du scooter, du bus, de Baby George et de Charlotte.
- Demander aux élèves de placer les personnages par rapport aux véhicules en suivant les instructions orales. Ex. : « *Baby George is on the bus, Charlotte is between the bus and the scooter.* »
- Demander aux élèves de refaire le même jeu en binômes. Les flashcards collectives sont placées au tableau pour aider. Passer dans les rangs, corriger, encourager, reprendre.

Variante Les élèves peuvent jouer uniquement avec une image de dinosaure à placer devant, derrière, près de, entre, dans (la trousse, la chaise, le sac, etc.), ce qui demandera moins de matériel.

Vers l'écrit

▸ Les prépositions

- Afficher les étiquettes-mots des prépositions : « *on, in, under, in front of, behind, between, next to* » et afficher les flashcards images collectives au tableau. Laisser un temps de lecture aux élèves pour prélever des indices puis demander à des volontaires de venir associer les mots aux images. Reprendre le jeu plusieurs fois. Lire à haute voix et faire lire les mots seuls.

▸ Jeu de lecture : *Place the pictures*

- Écrire une phrase au tableau ; les élèves doivent la lire puis placer le dinosaure où cela est demandé. Ex. : « *The dinosaur in on the bus.* »
- Reprendre le jeu plusieurs fois.

5. READING, WRITING 5'

Fiche mémo

- Les élèves lisent ou complètent la leçon sur les prépositions.
- Exercice à faire, sous la leçon.
- Les élèves peuvent coller la fleur lexicale récapitulative.

Compétences langagières
- Lire et comprendre
- Écrire

6. SUMMARY 1'

Qu'avez-vous appris ?

« *What did you learn?* » Les prépositions de lieu « *on, in, under, in front of, behind, between, next to* ».

Synthèse
- Retour en français sur les acquis de la séance

SÉANCE 8

ÉVALUATION / CIVILISATION : LE ROYAUME-UNI

Matériel

Vidéo sur Le Royaume-Uni
http://tinyurl.com/yaewvavf

Lien de la description exercice 1 de l'évaluation
http://tinyurl.com/y9jlvl46

Dans le DVD-Rom

Pour l'étape 1
- Question Box

Pour les étapes 2 et 3
- Fiche évaluation

- Fiche mémo de civilisation : *The United-Kingdom*

1. WARMING UP 10'

Activités ritualisées

- Répétition collective, en groupes et individuellement des nouvelles questions des activités ritualisées, avec les réponses.
- Lecture au tableau des nouvelles questions et réponses des activités ritualisées.

Compétences langagières
- Parler en continu
- Écouter et comprendre
- Lire, écrire

- On peut rajouter les nouvelles questions orales et écrites à la *Question Box* et faire un jeu collectif si nécessaire.

2. ÉVALUATION 20'

Parler en continu et Réagir et dialoguer

- Les élèves pratiquent leur évaluation de compréhension orale et écrite. Les compétences « **Parler en continu** » (chanson *The wheels on the bus*, lettre au Père Noël) et « **Réagir et dialoguer** » (activités ritualisées et jeux avec le plan de Londres) sont évaluées tout au long de la séquence, pendant les moments de jeux et de *Brain Breaks*.

Compétences langagières
- Écouter et comprendre
- Lire et comprendre
- Écrire

Écouter et comprendre

1. Raconter lentement une histoire de visite à Londres. Les élèves vont devoir numéroter les monuments dans l'ordre. « *1. First, I visit the Tower of London. 2. Look, it's the Tower Bridge! 3. Now, the bus goes to the Gherkin, a big building in London. 4. The next stop is Buckingham Palace. 5. Now, the bus goes to Big Ben.*

Niveau + : *6. I can see the lions in Trafalgar Square.* »

Répéter une deuxième fois.

2. Indiquer un chemin à partir de la croix rouge pour se rendre quelque part. Il faut trouver où. Veiller à ce que tout le monde ait eu le temps de se repérer sur le plan et d'identifier la croix du point de départ. Dire : « *Go straight on, cross the river and the Tower Bridge, turn left and go straight on. Stop! It's here!* »

Lire et comprendre

3. L'élève remet dans l'ordre la question.
4. L'élève dessine le dinosaure là où c'est demandé par écrit.
5. L'élève lit la lettre au Père Noël. Il répond aux questions en français. Accepter les réponses en anglais.

Écrire

6. L'élève doit écrire une lettre à l'aide du modèle et du réservoir de mots. Les mots à changer sont surlignés.
7. L'élève répond à la question sur son monument favori.
8. Lire les 3 ou 4 passages du livre dans le désordre et demander aux élèves de coller les images correspondantes au fur et à mesure de la lecture. Ils doivent ainsi relever des mots connus et faire le lien avec les images pour retrouver les pages correspondantes.

3. ÉLÉMENT CULTUREL / CIVILISATION 10'

London, capital city of the UK

- Les élèves regardent la vidéo en français. Ils ont pour mission de comprendre l'origine du drapeau et la différence entre l'Angleterre et le Royaume-Uni.
- Le chardon est le symbole de l'Écosse, le trèfle celui de l'Irlande du Nord, la rose celui de l'Angleterre et le poireau celui du pays de Galles (*Wales*). Le drapeau du pays de Galles représente un dragon.
- Les élèves font une synthèse orale de ce qui a été vu. Ils lisent la leçon et la collent dans le cahier d'anglais.

Compétences langagières
- Écouter et comprendre
- Exposition à un long flux langagier

4. SUMMARY 1'

Qu'avez-vous appris ?

« *What did you learn?* »
Les élèves récapitulent tout ce qu'ils ont retenu de la leçon de civilisation.

Synthèse
- Retour en français sur les acquis de la séance

PROLONGEMENTS

- **Dans les activités ritualisées** : les élèves pourront faire la météo des pays du Royaume-Uni, dorénavant.
- **Mise en réseau d'autres albums en lecture plaisir :**

– *Katie's London Christmas*, James Mayhew. Album reprenant le lexique de Noël et les monuments de Londres.
– *The Queen's hat*, Steve Antony. Album très court reprenant les monuments de Londres.
– *The Queen's handbag*, Steve Antony, pour visiter d'autres endroits du Royaume-Uni.

SÉANCE 9

HAVE AU PRÉSENT SIMPLE / RÉVISION DES ANIMAUX DE COMPAGNIE

Matériel

Dans le DVD-Rom

Pour les étapes 2 et 4

- Flashcards individuelles et collectives des animaux de compagnie

- Flashcards de la famille royale

Pour l'étape 4

- Exercices sur les animaux de compagnie

Pour l'étape 5

- Fiche mémo sur les animaux de compagnie

- L'enseignant aura demandé aux élèves, avant cette séance, d'apporter une photo ou un dessin de leurs animaux de compagnie.

1. WARMING UP 10'

Compétences langagières
- Réagir et dialoguer
- Écouter et comprendre
- Lire et comprendre
- Écrire

Activités ritualisées

Déroulement habituel.

Lecture

Relire une ancienne leçon dans le cahier d'anglais selon les besoins.

Écriture autonome

Laisser les élèves écrire de petites phrases avec l'aide des modèles laissés au tableau.

2. RECYCLING 10'

Compétences langagières
- Lire et comprendre
- Écrire
- Parler en continu

Les animaux de compagnie

- Montrer la page où toute la famille est dans la piscine. Montrer des photos de la famille royale trouvées sur le net et essayer de faire correspondre les personnages de Kate, William, Harry, George, Charlotte, Charles et Camilla. Il manque la reine, Elizabeth II.
- Demander si les élèves savent pourquoi il y a tous ces chiens présentés tout au long du livre. Il s'agit de la race de chiens préférée de la reine : les *welsh corgis*. Elle avait aussi des chevaux, un perroquet… Les animaux de compagnie s'appellent « *pets* » en anglais. Dans l'album, et notamment sur l'image de la piscine, on peut voir aussi « Lupo » le chien noir de Kate et William.
- Demander aux élèves s'ils se souviennent des noms des animaux de compagnie vus au cycle 2.
- Faire revoir le lexique des animaux de compagnie, à l'aide des flashcards. Faire répéter plusieurs fois le nom des animaux : « *a dog, a cat, a bird, a mouse, a rabbit, a guinea pig, a hamster, a tortoise, a mouse, a horse* ».

PHONOLOGIE :
- Réalisation du [h] de ***h**orse*
- Prononciation de *bird* : [bɜ:d], de *horse* : [hɔ:s], de *guinea pig* : [gɪni pɪg], de *mouse* : [maʊs]

- Préparer des colonnes au tableau avec, en tête, chaque flashcard des animaux de compagnie et demander aux élèves de venir placer les photos de leurs animaux dans la bonne colonne. Dire: « *Put your picture(s) in the right column.* »
- Comptabiliser. Demander par exemple : « *How many rabbits are there?* » Les élèves comptent puis écrivent sur leur ardoise. Ils rédigent une petite phrase pour chaque animal de compagnie de la classe, du type « *There is 1 rabbit / There are eleven cats* » et ainsi de suite pour les autres animaux. Des élèves volontaires lisent leurs phrases.

Variante

Si on veut faire réviser les animaux de compagnie sans les photos apportées par les élèves, on peut jouer sur tablette ou ordinateur à « *Identipets* », un jeu où il faut retrouver l'animal de compagnie perdu en fonction de sa description physique. Cela permet également de revoir le lexique du corps.
http://tinyurl.com/yd8lfew8

3. TEACHING 5'

Have

Compétences langagières
- Écouter et comprendre

- Réutiliser l'affichage du tableau avec les animaux de compagnie des élèves.
- Dire en se montrant : « *I have got a pet* » puis en montrant un élève « *You have got a pet* ». Montrer un garçon et dire : « *He has got a pet* » puis une fille : « *She has got a pet* ». Montrer les élèves et dire : « *You have got a pet* ». Se montrer avec les élèves en disant : « *We have got a pet* ». Confier à un élève en montrant les autres : « *They have got a pet* ».
- Répéter puis écrire les pronoms au fur et à mesure au tableau. Faire répéter les élèves.

À noter

« *got* » ne change pas le sens du verbe « *have* ». « *Have got* » est utilisé pour la possession ou la description de caractéristiques personnelles. Mais on peut utiliser simplement « *have* » pour la partie conjugaison.

GRAMMAIRE :
Demander aux élèves ce qu'ils ont compris : les pronoms sont dans le même ordre qu'en français, « *you* » est utilisé aussi bien pour dire « vous » que pour dire « tu ». HAVE se conjugue de la même façon au présent **sauf pour la 3e personne du singulier**. Pour « *He* » et « *She* », on dit « *She has* » et « *He has* », comme cela a été vu dans la séquence « *The Gruffalo* ». Préciser qu'il y a également le pronom « *It* » pour les objets ou les animaux. Enfin, le pronom « *I* » s'écrit toujours avec une majuscule, même au milieu d'une phrase.

PHONOLOGIE :
- Réalisation du [h] de ***H**e*, ***h**ave* et ***h**as*

- Faire répéter plusieurs fois les pronoms dans l'ordre et la conjugaison. Ajouter des phrases avec d'autres sujets que l'on fait répéter : « *The Queen has got corgis. Kate and William (they) have got a dog. Baby Charlotte has got a hamster.* »

4. LEARNING 10'

Activités à l'oral

Compétences langagières
- Parler en continu

▸ Jeu du disque rayé

Les élèves se mettent par groupes de trois. Ils ont un tas de flashcards individuelles des animaux de compagnie. Chacun à leur tour, ils tirent une carte et conjuguent « *Have* » avec les pronoms, dans l'ordre. Ils peuvent s'aider de la gestuelle pour les pronoms : « *I have got a dog, you have got a dog, he/she has got a dog, we have got a dog, they have got a dog.* »

▸ Jeu de relai : *the Ball Game*

Les élèves se passent le ballon. L'élève 1 dit « ***I** have got a cat* » et passe le ballon à l'élève 2. Celui-ci le présente et dit « *He has got a cat* ». Puis il parle de lui-même : « *I've got a dog* » et il passe le ballon à l'élève 3. Etc.

Vers l'écrit

▸ *Match the pictures with the cards*

Écrire le nom des animaux au tableau et laisser un temps de lecture silencieuse afin de prélever des indices. Puis, demander à des élèves volontaires de venir associer une flashcard au mot écrit. Lire et faire répéter collectivement les mots écrits.

▸ Exercice écrit

Les élèves lisent silencieusement la fiche d'exercices. Ils complètent les phrases. Puis, ils peuvent comparer avec un camarade. Enfin, quelques élèves volontaires lisent les phrases à haute voix.

5. READING, WRITING 5'

Fiche mémo et grammaire

- Les élèves collent la fiche mémo sur les animaux, qui reprend les animaux vus à la séquence « *The Gruffalo* », et ceux vus au cycle 2, sans oublier les « *pets* ». Des élèves volontaires lisent les noms des animaux.
- Les élèves copient la leçon de grammaire sur le cahier d'anglais. Ils collent l'exercice à côté de la leçon pour l'illustrer.

Compétences langagières
- Lire et comprendre
- Écrire

Je conjugue le verbe avoir au présent en anglais

HAVE

I have
You have
He / She / It has
(garcon) / (fille) / (objet)
We have
They have
Les anglais utilisent You pour vous et tu.
Le pronom I s'écrit toujours avec une majuscule.

6. SUMMARY 1'

Qu'avez-vous appris ?

« *What did you learn?* »
Les pronoms et la conjugaison de « *Have* ».

Synthèse
- Retour en français sur les acquis de la séance

PROLONGEMENTS

- **Dans les activités ritualisées :** les élèves vont pouvoir présenter un camarade. Lorsque l'un dira : « *I have got red hair and blue eyes* », un autre dira de lui : « *He/She has got red hair and blue eyes* ».
- **En autonomie** : les élèves peuvent jouer sur tablette ou ordinateur à « *Identipets* », un jeu où il faut retrouver l'animal de compagnie perdu en fonction de sa description physique, et revoir ainsi le lexique du corps.
- Ils peuvent aussi apprendre à dessiner un corgi : http://tinyurl.com/y9ngd3uh
- **Mise en réseau** : l'enseignant peut lire l'album *The Great Pet Sale* de Mick Inkpen.

Album 4

Mr Wolf's pancakes

Jan Fearnley

▸ *Food & Shopping, LIKE, HOW MUCH...?*

L'objectif final de cette séquence est de rendre les élèves capables d'exprimer leurs gouts, de demander un prix et de payer tout en utilisant la monnaie anglaise.

Il faudra penser à faire évoluer les activités ritualisées pendant le temps du *Warming up*, en suivant le tableau indicatif, selon les progrès des élèves.

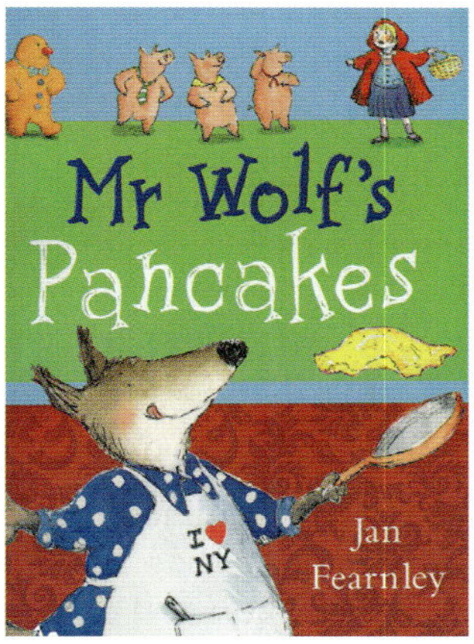

Mr Wolf's pancakes est un conte moral sur fond d'histoire de *pancakes*, idéal pour faire le lien avec la fête de *Pancake Day*. Mr Wolf rêve de faire des *pancakes* mais il ne sait pas comment s'y prendre. Il demande de l'aide à plusieurs de ses voisins qui le rudoient. Il doit donc se débrouiller seul.

L'intérêt de cet album repose sur :

- la convocation de nombreux personnages de contes traditionnels, ce qui permet de faire des liens avec la littérature française ;
- les références multiples aux comptines anglo-saxonnes, enrichissant ainsi les connaissances culturelles ;
- la structure répétitive débouchant sur une chute inattendue.

L'auteure, une ancienne enseignante, a souhaité suggérer de nombreuses activités où les élèves apprendraient à parler, à lire et à compter, en aidant Mr Wolf.

Ici, l'album n'est pas mis qu'au service de la langue, même s'il amène des éléments langagiers intéressants autour de l'histoire. Les élèves étudient aussi l'effet de la structure répétitive, les personnages, les obstacles rencontrés par le héros et la morale sous-entendue. Ces compétences sont travaillées en littérature française également.

Lien du texte lu à haute voix :
http://tinyurl.com/y92v8wja

Jan Fearnley est une auteure et illustratrice anglaise qui vit en France. Elle a été institutrice et a écrit de nombreux ouvrages de littérature de jeunesse, dont des contes détournés avec Mr Wolf comme héros. Elle a étudié les arts graphiques et a gagné de nombreuses récompenses dont le prix du livre pour enfant à Stockport, avec **Mr Wolf's pancakes**, et le prix de l'AOI (Association des illustrateurs) pour **Mr Wolf and the three bears**.

PROJET / TÂCHE FINALE

Aider Mr Wolf à relever les obstacles rencontrés en apprenant à compter la monnaie et en participant à ses courses, sans oublier la lecture de la recette des pancakes. Pour cela, les élèves seront amenés à préparer un grand jeu de marchande et à y jouer, en utilisant de la monnaie factice anglaise et en réinvestissant le lexique de la nourriture avec les structures étudiées au cours de la séquence.

AUTRES PROJETS POSSIBLES

La structure étant répétitive, on peut envisager également d'ajouter un épisode à l'histoire ou de la jouer sous forme de saynète très simple.

Le lexique des aliments a été choisi en fonction des mots des illustrations du livre et de l'évaluation de niveau A1.

En amont, il sera demandé aux élèves de la classe (voire de l'école) de récupérer, en vue d'un jeu de la marchande :

- des emballages de pizzas, de hamburgers, de gâteaux, de poissons panés où l'on aura ajouté la mention « *fish & chips* », de biscuits au chocolat ou cookies, de thé (de préférence « *English breakfast* »), de crèmes glacées, de jus d'orange, de préparation pour pancakes, de chips, d'œufs, de pâtes, de bouteilles de lait vides, bouteilles d'eau vides, paquets de céréales vides ;
- des aliments en plastique de jeux de marchande comme le poulet, le brocoli, les cupcakes, les glaces, les tartes, les sandwichs ;
- de véritables bonbons, sucettes.

Dessiner en plusieurs exemplaires ce qui manque.

Cela sera l'occasion de travailler ensuite sur le tri des emballages (EDD).

Si vous ne souhaitez pas faire cette collecte, vous pouvez plastifier en nombre les étiquettes des aliments en couleurs fournies dans le CD, afin de pouvoir quand même jouer à la marchande.

COMPÉTENCES TRAVAILLÉES AUTOUR DE CET ALBUM

Attendus de fin de cycle et connaissances/compétences travaillées dans le module Mr WOLF'S PANCAKES	Domaines du socle
Écouter et comprendre L'élève est capable de comprendre des mots familiers et des expressions très courantes sur lui-même, sa famille et son environnement immédiat. (nourriture, prix, expression des goûts).	1, 2
Lire et comprendre L'élève est capable de comprendre des mots familiers et des phrases très simples. ▪ Comprendre des mots familiers et des phrases très simples (menu), des textes courts et simples (dialogue, *shopping list*).	1, 2
Parler en continu : évalué avec la grille du maitre tout au long de la séquence ou lors des moments de *Brain breaks.* L'élève est capable d'utiliser des expressions et des phrases simples pour parler de lui et de son environnement immédiat. ▪ Reproduire un modèle oral, répéter : *chanson « Do you like broccoli? »* et dialogue pour le jeu de marchande.	1, 2, 3
Écrire L'élève est capable de copier un modèle écrit, d'écrire un court message et de renseigner un questionnaire simple. ▪ Copier des mots isolés et des textes courts (copie de la recette des pancakes dans le cahier). ▪ Produire de manière autonome quelques phrases sur soi-même, les autres, des personnages réels ou imaginaires (phrases). ▪ Renseigner un questionnaire (ses gouts).	1, 2, 3
Réagir et dialoguer : évalué avec la grille du maître tout au long de la séquence. L'élève est capable de communiquer de façon simple, à condition que l'interlocuteur soit disposé à répéter ou à reformuler ses phrases plus lentement et à l'aider à formuler ce qu'il essaie de dire. ▪ Établir un contact social (activités ritualisées, jeu de marchande). ▪ Demander à quelqu'un de ses nouvelles et réagir en utilisant des formules de politesse (activités ritualisées). ▪ Dialoguer sur des sujets familiers (activités ritualisées). ▪ Dialoguer pour échanger ou obtenir des renseignements (un prix, les gouts).	1, 2
Découvrir les aspects culturels d'une langue vivante étrangère et régionale Identifier quelques grands repères culturels de l'environnement quotidien des élèves du même âge dans les pays ou régions étudiés : *The English or the American breakfast,* monnaie anglaise, *Pancake day,* formules de politesse.	1, 2, 3, 5

QUELQUES PRÉCISIONS AVANT DE COMMENCER

- On peut envisager de travailler en amont en **mathématiques** avec la monnaie en euros, afin de permettre aux élèves d'être plus à l'aise ensuite avec la monnaie anglaise pour les échanges.
- L'enseignant a en permanence avec lui sa grille d'évaluation pour la compétence « **Réagir et dialoguer** », pour évaluer les élèves pendant les activités ritualisées. La compétence « **Parler en continu** » peut être évaluée pendant les séances avec les chansons, ou en classe, hors cours d'anglais, pendant les activités de *Brain Breaks* (voir grilles dans le DVD-Rom).
- Encore une fois, l'exploitation proposée est riche en activités que l'on peut moduler suivant les connaissances et les compétences de ses élèves.

SÉANCE 1

MR WOLF'S PANCAKES : LES PERSONNAGES

Éléments culturels

- En Angleterre, pour une boutique, on dit « shop », d'où le mot « shopping », et aux USA, on dit « store » (c'est ce qui est écrit sur l'illustration).

Matériel

Lien youtube de la lecture de l'album
http://tinyurl.com/y92v8wja

Album **Mr. Wolf Pancakes**

Dans le DVD-Rom

Pour l'étape 1

- Auto-évaluation

Pour l'étape 2

- Fiche mémo : Les consignes de classe (Album 2)

Pour les étapes 3, 4 et 5

- Flashcards collectives et individuelles des personnages de l'histoire

- Flashcards collectives des mots difficiles

- Affiche : *Who? Where? When?*

En amont, dans le cadre d'un travail sur les contes populaires, on aura travaillé l'écoute d'histoires dont les personnages sont présents dans l'album. C'est le cas de *Chicken Licken* et peut-être de *The Gingerbread Man*. Voici les liens de courtes vidéos accessibles aux élèves :

- ***Chicken Licken***, qui en propageant une fausse rumeur entraine tous ses amis vers une triste fin.
http://tinyurl.com/y8oevz6a
- ***The Gingerbread Man*** que personne ne peut attraper pour le manger, sauf le renard rusé.
http://tinyurl.com/zbbyov7

En français : http://tinyurl.com/y7vv6unf

Quant à ***Wee Willie Winkie***, c'est un personnage de comptine qui vérifie que tous les enfants sont au lit.
http://tinyurl.com/y9bcq3ms

1. WARMING UP 10'

Compétences langagières
- Réagir et dialoguer
- Écouter et comprendre
- Lire et comprendre
- Écrire

Activités ritualisées
- Même déroulement que pour l'album précédent.
- Penser à faire évoluer les activités, pas toutes en même temps.
- On pourra par exemple poser la question de la date de la veille : « *What was the date yesterday?* » et répondre : « *Yesterday, it was Sunday, January 7th* ».

Lecture / Écriture
Les élèves relisent ou complètent (pour le Niveau +) les premières fiches mémo du cahier d'anglais relatives aux activités ritualisées avec les questions vues avec l'album 3.

Autoévaluation
- Distribuer aux élèves le nouveau tableau d'autoévaluation pour l'album 4 concernant les activités ritualisées, pour la compétence « Réagir et dialoguer », afin que les élèves puissent se projeter sur les attendus de cette période.

2. RECYCLING 5'

Synthèse
- Retour en français sur les acquis de la séance

Les consignes de classe
▸ **Jeu *Simon Says***
- Les élèves révisent les consignes de classe vues avec l'album 2 avec un jeu de *Simon says*, notamment les mots « *read* », « *write* », « *count* », « *come in* » qui seront dans l'histoire. Les élèves doivent mimer les actions, uniquement si l'enseignant dit « *Simon says* ». Laisser la place de meneur de jeu aux élèves volontaires.

3. TEACHING 15'

Compétences langagières
- Écouter et comprendre
- Lire et comprendre

Les personnages de l'histoire
- Montrer les flashcards collectives des personnages et mots nouveaux essentiels à la compréhension de l'histoire.
- Nommer chaque flashcard et vérifier auprès des élèves la bonne compréhension.
- Présenter d'abord les personnages : « *Mr Wolf, Chicken Licken, Wee Willy Winky, The Gingerbread Man, Little Red Riding Hood, The three little pigs* ».
- Puis, présenter les mots difficiles mais essentiels : « *Help, wolf/wolves, neighbours, recipe book, basket, share, cook, give, all by himself* ». Les mots écrits sont une aide pour certains élèves.

PHONOLOGIE :
- Réalisation du i long [iː] de *W**ee***
- Réalisation du [tʃ] de ***ch**icken*
- Réalisation du [ɛ] de *Gingerbr**ea**d*
- Réalisation de la diphtongue [ai] de *R**i**ding* et compléter la maison du son [ai]
- Réalisation du [dʒ] de ***G**in**g**erbread*
- Non-réalisation du R de *Ginge**r**bread*
- Réalisation du son [z] de *pig**s**, wolve**s***
- Réalisation du [h] de ***h**ood, **h**imself*
- Prononciation de ***neighbours*** [neɪbəz] et de ***recipe*** [rɛsɪpi]

- Montrer la couverture du livre et lire le titre. Demander ce que les élèves comprennent et traduire : « Les crêpes **de** M. Loup ».

GRAMMAIRE :
- Faire remarquer que « **'s** » rattaché à un nom indique un lien d'appartenance. Ici les pancakes sont ceux de Mr Wolf. Cela s'appelle **le génitif**.
- C'est le cas aussi pour « *Mr Wolf**'s** house* », la maison de M. Loup (feuilleter rapidement l'album pour ne montrer que les scènes dans la maison du loup).
  Le génitif sera étudié dans un autre album.

- Répéter de nombreuses fois les mots nouveaux. Puis, faire répéter collectivement, en groupes, voire individuellement.
- Lire l'album **Mr Wolf's pancakes** en montrant les flashcards, les illustrations nécessaires à la compréhension, en marquant des pauses et en mimant.

À noter

- S'arrêter à la page où tous les personnages veulent entrer pour manger les pancakes : « *So, they knocked on Mr Wolf's door* », afin de maintenir le suspense de la chute.

Compréhension de l'histoire

▸ **1er temps**

- La 1re lecture consiste à comprendre l'histoire. Demander aux élèves ce qu'ils ont compris. La restitution se fait en français.
- Les élèves remarquent :
- la présence des personnages de contes traditionnels (les citer),
- la structure répétitive typique des contes de randonnée, qui laisse supposer une chute inattendue (faire le parallèle avec d'autres livres connus à structure répétitive) ; la répétition de « *Can you help me ...?* »
- un loup qui semble animé de bonnes intentions et sensible : il demande de l'aide, pleure quand on ne lui en donne pas : « *He's sad* ». Il est affamé, « *He is hungry* » mais préfère les *pancakes* aux personnages qu'il a dévorés dans les contes. Les autres personnages sont malpolis et peu sympathiques, contrairement aux contes populaires habituels : « *They are rude* ». Tout semble inversé dans cette histoire ! C'est un conte détourné.
- L'enseignant demande ensuite si les élèves ont repéré des mots connus : « *What words did you pick out?* ». Ils repèrent le mot « *hungry* », « *read* » , « *write* », « *help* », « *count* », « *money* »,« *shop / shopping* », « *clever* », « *délicious pancakes* » et le nom de certains aliments.

▸ **2e temps**

- L'enseignant demande quels sont les personnages : « *Who are the characters?* »
- Les élèves rappellent collectivement le nom des personnages et racontent quel est leur rôle dans cette histoire. La 2e écoute de l'histoire est active : elle consiste à remettre les personnages dans l'ordre d'apparition.
- Comme pour chaque album, l'enseignant fait le point sur les questions : WHO? puis WHERE? Dans les bois puis dans un magasin, « *in the woods and in a shop* »

À noter

« *woods* » a été vu avec l'album n° 2.

WHEN? Il n'y a pas d'indication de temps à ce stade de l'histoire, si ce n'est le début « *One day* ». Cette histoire semble intemporelle, tout comme les contes.

4. LEARNING 10'

Compétences langagières
- Écouter et comprendre
- Parler en continu
- Réagir et dialoguer

Let's chant

À noter

Un *chant* en anglais n'est pas une chanson mais une récitation rythmée.

- Faire apprendre un court passage du texte, qui pourra être repris dans le jeu de marchande. « *Can you help me count my money? No! So he did it all by himself.* » Dire chaque partie sur un rythme scandé de son choix et les élèves répètent. On peut ensuite faire réciter chaque partie en trois équipes, les unes après les autres, pour mémoriser ce court passage.

Niveau + : le texte est plus long. « *Can you help me read this? Can you help me count my money? No! But he did it all by himself.* »

Jeu *The Magic Eye*

- Faire répéter encore les mots nouveaux : l'enseignant affiche les flashcards dans un certain ordre. Tout le monde énonce les mots dans cet ordre.
- Enlever une carte et répéter ces mots, comme si la flashcard enlevée était encore présente. On enlève ensuite une 2e flashcard et on recommence, etc."

Jeu *Find your partners*

Scinder la classe en 2 ou 3 groupes suivant le nombre total : distribuer une miniflashcard des personnages à un groupe et les mêmes au 2e et au 3e groupe. Chacun devra retrouver le(s) partenaire(s) possédant la même carte en posant la question : « *Have you got* Little Red Riding Hood? »
L'élève rencontré répondra : « *Yes, I have / No, I haven't.* »

5. READING, WRITING 5'

Who? When? Where?

- Afficher les étiquettes ***WHO? WHEN? WHERE?*** au tableau. Il s'agit des mêmes compétences que celles travaillées en littérature en français.
- Dans le cahier d'anglais, les élèves collent l'image de la couverture de l'album puis celle de Mr Wolf. Ils écrivent « *He is hungry and sad* ». Ils font une flèche vers les autres personnages, collés dans l'ordre d'apparition. Ils écrivent *WHO?* dans la marge.

Niveau + : les élèves peuvent faire une bulle vers Mr Wolf et écrire « *Can you help me?* ».

WHERE? Ils dessinent un bois, un magasin et une maison. Ils écrivent : « *in the woods, in a shop, in Mr Wolf**'s** house* ».
WHEN? Les élèves écrivent « *One day* ».

Compétences langagières
- Lire et comprendre
- Écrire

6. SUMMARY 1'

Qu'avez-vous appris ?

« *What did you learn?* »
Les personnages de l'album, quelques mots nouveaux.

▸ Élément culturel

shop (UK), *store* (USA).

▸ Grammaire

La marque de l'appartenance : l'apostrophe + S accolé au nom **'s**.

Synthèse
- Retour en français sur les acquis de la séance

PROLONGEMENT

- **En autonomie** : le livre est truffé de références culturelles aux comptines traditionnelles anglaises, particulièrement la page « *Mr Wolf went to the shop* ». Les élèves peuvent aller visionner les courtes vidéos sous-titrées avec les tablettes ou les ordinateurs. On retrouve dans la page « *Mr Wolf went to the shop* » :

– la comptine « *Old Mother Hubbard* » : http://tinyurl.com/yc8oar3r
– la comptine « *Hickory Dickory dock* » : http://tinyurl.com/yaf4tzle
– la comptine « *Baa baa black ship* » : http://tinyurl.com/yaaseytj
– la comptine « *The cat and the fiddle* » : http://tinyurl.com/y7zbydr2
– la comptine « *Rub a dub dub* » : http://tinyurl.com/ya474so2

CROISEMENTS ENTRE ENSEIGNEMENTS

- **FRANÇAIS / LANGAGE ORAL / LECTURE** : on peut travailler sur les contes en littérature. Extrait des nouveaux programmes :

– Construction des caractéristiques et spécificités des genres littéraires (conte)

– Découvrir des œuvres mettant en scène des héros/héroïnes bien identifiés. Comprendre les qualités et valeurs qui caractérisent un héros/une héroïne.

– Comprendre un texte littéraire et l'interpréter

Mise en œuvre d'une démarche de compréhension à partir d'un texte entendu ou lu : identification et mémorisation des informations importantes, en particulier des personnages, de leurs actions et de leurs relations, mise en relation de ces informations, repérage et mise en relation des liens logiques et chronologiques, mise en relation du texte avec ses propres connaissances, interprétations à partir de la mise en relation d'indices, explicites ou implicites, internes au texte ou externes (inférences).

– Croisements entre enseignements, langue étrangère

Le travail sur une même thématique, un conte simple par exemple, dans la langue étrangère ou régionale, permet aux élèves de comprendre la structure du conte à travers la langue étudiée et, en retour, de mieux identifier le fonctionnement de la langue française.

SÉANCE 2

LA NOURRITURE ET LES BOISSONS

Éléments culturels

- « *French fries* » est le mot américain et « *chips* » est le mot anglais pour les frites. Le mot américain « *chips* » désigne des chips, il faut dire « *crisps* » en anglais.
- « *Sweet* » est le mot anglais et « *candy* » est le mot américain pour désigner un bonbon.

Matériel

Album **Mr. Wolf Pancakes**

Dans le DVD-Rom

Pour l'étape 2

- Flashcards collectives et individuelles des personnages de l'histoire

Pour les étapes 3, 4 et 5

- Flashcards collectives et individuelles des aliments

- Étiquettes-mots des aliments

fish and chips

cake | fruit

cheese

ice-creams

- Maison du son [tʃ]

- Maison du son [ʃ]

Pour l'étape 5

- Exercice *I like / I don't like*

Scinder cette séance en deux si les élèves ne connaissent pas les mots de la nourriture.

1. WARMING UP 10'

Activités ritualisées

- Déroulement habituel.
- On peut changer la question des couleurs. Un élève montre un objet ou un vêtement bien visible de loin et demande : « *Is it red? – Yes, it is. / No, it isn't.* », etc.

Compétences langagières
- Réagir et dialoguer
- Écouter et comprendre
- Lire et comprendre
- Écrire

Lecture

Lire les nouvelles questions au dos du tableau. Lecture par les élèves d'une ancienne fiche mémo dans le cahier d'anglais ou des maisons de sons.

Écriture autonome

Laisser les élèves écrire de petites phrases avec l'aide des modèles laissés au tableau : *It's a…, Give me…, I am… [feelings or age], There is…, There are…, I have got… / My monster has got [+ dessin].*
Dictées de phrases pour le Niveau +.

2. RECYCLING 10'

Les personnages

- Relire l'album **Mr Wolf's Pancakes** jusqu'à la page « *So, they knocked on Mr Wolf's door* ». On peut laisser la parole aux élèves pour prononcer le nom des personnages et « *all by himself* ».
- Laisser observer la maison du bonhomme pain d'épices, « *the Gingerbread man's house* ». C'est la maison de la sorcière d'Hansel et Gretel. Dans le supermarché, il y a les céréales de Boucle d'or, « *Goldilocks* » et les petits pois de la Princesse au petit pois, « *The Princess and the pea* ».

Compétences langagières
- Écouter et comprendre
- Parler en continu

▸ **Jeu de cour : *The race*...**

- Afficher les flashcards des personnages et des mots nouveaux à plusieurs endroits de la cour. Les élèves les repèrent et répètent les mots. L'enseignant dit « *Run to* [+ un des mots] » et tous les élèves courent vers la bonne flashcard. Le 1er qui la touche prend la place de l'enseignant et le jeu continue ainsi.

Variante On peut simplement faire revoir les flashcards des nouveaux mots de la séance précédente : afficher les flashcards collectives au tableau et les numéroter. Puis, énoncer les mots dans le désordre. Sur l'ardoise, les élèves notent le numéro des flashcards. Lors de la correction, les élèves répètent les mots collectivement.

- Reprise du ***chant*** **:** faire réciter un court passage du texte, qui pourra être repris dans le jeu de marchande. *« Can you help me count my money? No! So he did it all by himself. »*

3. TEACHING 10'

Compétences langagières
- Écouter et comprendre
- Lire et comprendre

Les aliments

- Montrer les aliments sur trois pages de l'album. Faire remarquer que ce loup aime la même chose que les humains. Les élèves reconnaissent quelques mots (comme « *ketchup, eggs, milk, oranges, chips, bananas, pancakes* »). Proposer d'apprendre quelques mots de l'album ainsi que d'autres, en fonction du niveau des élèves, qui serviront dans les jeux de marchande à venir : « *apples, fruit, chocolate biscuits / ice-creams, lollipops, sweets / pies, cake / cheese, chicken, fish & chips, hamburgers* »

Niveau + : on peut ajouter des mots du supermarché comme « *lemons, water, pasta, vegetables* ».

GRAMMAIRE :
On rappellera aux élèves l'absence d'article indéfini au pluriel en anglais (« *lollipop**s**, sweet**s**, chip**s**...* »). Cela a été vu dans la séquence précédente.
Remarque : « *fruit* » est généralement invariable.

PHONOLOGIE :
- Réalisation du i long [iː] de *ice-cr**ea**m, sw**ee**ts, ch**ee**se*
- Réalisation de la diphtongue [ai] de ***i**ce-creams, p**i**es* et compléter la maison du son [ai]
- Non-réalisation du U de *bisc**u**its*
- Prononciation de *choc**o**late* : [tʃɑklət]
- Réalisation du son [z] de *chee**s**e* et des pluriels *frie**s**, lemon**s**, apple**s**, pie**s**, banana**s**, vegetable**s**, hamburger**s**, ice-cream**s***
- Réalisation du pluriel en [s] : *pancake**s**, biscuit**s**, lollipop**s**, sweet**s**, chip**s***
- Réalisation de la diphtongue [eɪ] de *c**a**ke*
- Réalisation du [æ] de ***a**pple*
- Réalisation du son [tʃ] de ***ch**ocolate, **ch**eese, **ch**icken, **ch**ips*

- On peut compléter les maisons de sons déjà réalisées avec les albums précédents.

Maison du son

- Commencer une maison du son [tʃ] : ***ch**ocolate, **ch**eese, **ch**icken, **ch**imney, **ch**ips, Fren**ch**, Mar**ch**, tea**ch**er* par opposition au son [ʃ] de ***sh**op, fi**sh**, **sh**oulder, Engli**sh***.
- L'enseignant répète de nombreuses fois le nom des aliments. Puis, il fait répéter collectivement, en groupe, voire individuellement.

Jeu *The Magic Eye*

Pour rendre la répétition moins lassante, on peut jouer au **jeu de *Magic Eye*** avec les mots que les élèves ont le plus de mal à mémoriser.

4. LEARNING 15'

Compétences langagières
- Écouter et comprendre
- Parler en continu
- Lire et comprendre

Activités à l'oral

Distribuer aux élèves les mini flahscards des aliments.

▸ ***Listen and raise the card***

- Chaque enfant dispose d'un jeu de mini flashcards qu'il étale sur sa table devant lui. Lorsque l'enseignant prononce le nom des aliments, il faut lever la bonne carte.

- Dès que possible, laisser la place aux élèves volontaires pour mener le jeu.

▸ ***Pick a card and say the word***

- Jeu en binômes où il faut énoncer les aliments de la flashcard tirée.
- Les deux élèves mélangent leurs jeux de flashcards. Chacun à leur tour, ils tirent une carte et doivent prononcer correctement le mot. Si c'est juste, la carte est gardée. Le gagnant est celui qui a le plus de cartes.

▸ **Jeu de Memory**

Les élèves jouent en binômes. Ils mélangent leur tas de flashcards et les étalent face retournée. Il s'agit de reconstituer des paires. Les élèves retournent deux cartes chacun à leur tour et si elles sont identiques, ils les remportent. La seule contrainte est de prononcer correctement les mots.

Vers l'écrit

- Jeu d'association des mots et des images : ***Label the pictures***. Afficher les flashcards d'un côté du tableau puis les étiquettes-mots un peu plus loin. Demander aux élèves d'identifier les mots écrits et de dire sur quels indices ils s'appuient.
- Lire à haute voix les étiquettes-mots puis les faire relire plusieurs fois par les élèves. Demander ensuite à des volontaires de venir au tableau pour associer les mots aux images. Dire : « *Come to the board and label the pictures.* » et montrer un exemple si nécessaire.

Niveau + : les élèves ont plus de mots à identifier.

5. READING, WRITING 5'

Exercices

- Exercice écrit ***Match the words with the pictures*** (2 niveaux). Coller dans le cahier d'anglais.
- Coller les maisons de sons dans le cahier d'anglais. Faire prononcer collectivement puis en groupes le virelangue (*tongue twister*) du son [ʃ] :

She sells seashells on the sea shore. The shells she sells are seashells for sure.

Compétences langagières
- Lire et comprendre
- Écrire

6. SUMMARY 1'

Qu'avez-vous appris ?

« *What did you learn?* »

- Quelques noms d'aliments et révision d'autres aliments vus au cycle 2.
- Maisons du son [tʃ] et du son [ʃ].
- Élément culturel : *British English & American English* (*shop / store, sweet / candy*).

Synthèse
- Retour en français sur les acquis de la séance

PROLONGEMENTS

- **En autonomie** : jeu sur tablettes sur la nourriture sur le site ESL Games. Lien : http://tinyurl.com/lm3f4hx

  À la cantine, si vous croisez vos élèves, vous pouvez leur demander de nommer ce qu'ils mangent si cela a été appris.
- Laisser à la bibliothèque les livres de contes de *La Princesse au petit pois, Boucle d'or et les 3 ours, Le Petit Chaperon rouge, Le Petit Bonhomme Pain d'épices* et *Les 3 petits cochons.*

CROISEMENTS ENTRE ENSEIGNEMENTS

- **EPS** (ou lors d'un moment de *Brain Break*) : on peut refaire le jeu « *the race* » en échauffement pour revoir le lexique tout en courant.
- **ENSEIGNEMENTS ARTISTIQUES / ARTS VISUELS** : on peut étudier des artistes qui ont travaillé sur le thème de la nourriture, comme Daniel Spoerri avec son mouvement « *Eat Art* ». Carl Warner, lui, appartient au mouvement de « *Food Art* » qui consiste à sculpter la nourriture. C'est un photographe anglais qui crée des paysages avec des aliments puis il les photographie. Lien Youtube où on voit la ville de Londres recréée avec des aliments : http://tinyurl.com/y957e4bt

  On pourra réutiliser le lexique des aliments en anglais lors de cette séance d'arts où les élèves imaginent un paysage avec des aliments découpés dans les magazines, par exemple.

SÉANCE 3

DO YOU LIKE...? YES, I DO / NO, I DON'T

Matériel

Lien Youtube de la chanson *Do you like broccoli?*
http://tinyurl.com/qzfspmm

Dans le DVD-Rom

Pour l'étape 1

- Carte du Royaume-Uni agrandie en A3

Pour les étapes 2, 3, 4 et 5

- Flashcards individuelles et collectives des aliments

- Fiche mémo *Food*

- Fiche enquête

1. WARMING UP 10'

Activités ritualisées

- Déroulement habituel.
- On peut changer l'activité ritualisée de la météo en utilisant une carte du Royaume-Uni agrandie avec les principales capitales vues dans l'album précédent. « *What's the weather like in London? What's the weather like in Cardiff? What's the weather like in Edinburgh? What's the weather like in Belfast?* »
- En amont, on aura prévu avec ses élèves un point météo de ce jour-là au RU, sur Internet.

Compétences langagières
- Réagir et dialoguer
- Écouter et comprendre
- Lire et comprendre
- Écrire

Lecture

Procédure habituelle.

Écriture autonome

Procédure habituelle.
Dictées de phrases pour le Niveau +.

2. RECYCLING 10'

Food

- Faire relire les mots des maisons de sons de la séance précédente. Puis, faire répéter plusieurs fois le virelangue (*tongue twister*) sur le son [ʃ] :

She sells seashells on the sea shore. The shells she sells are seashells for sure.

Compétences langagières
- Écouter et comprendre
- Parler en continu
- Lire et comprendre
- Écrire

▸ **Jeu de Bingo**

- Avec les flashcards individuelles des aliments, chaque élève choisit 8 cartes de son jeu puis les étale, faces visibles devant lui. À chaque fois que le meneur de jeu énonce le nom d'un aliment, il faut retourner la carte si on la possède. Les gagnants sont ceux qui ont retourné toutes leurs cartes en premier. « *Let's play bingo. You turn your card over when you have the food item. The winner is the one who has turned over all his cards* ».

▸ **Fiche mémo**

- Lire à haute voix puis faire lire plusieurs fois la fiche mémo sur la nourriture, sauf la bulle. La coller dans le cahier d'anglais.

3. TEACHING 5'

Do you like…?

- Faire écouter la chanson « *Do you like broccoli?* » plusieurs fois. Demander aux élèves ce qu'ils ont compris : « *What words did you pick out?* » Certains mots ont été vus, d'autres sont des mots transparents.
- Entamer un dialogue avec des élèves volontaires. Montrer la flashcard des bananes et leur demander : « *Do you like banana**s**? – Yes.* » Reprendre : « *Yes, I do.* »
- Faire de même avec le fromage jusqu'à ce qu'un élève réponde « *No* » : « *Do you like cheese? – No.* » Reprendre: « *No, I don't.* »
- Recopier la question et la réponse au tableau, entourer le « *do* » pour montrer sa reprise dans la réponse.
- Recommencer avec d'autres aliments.

Compétences langagières
- Écouter et comprendre

PHONOLOGIE :
Intonation ascendante de la question fermée « *Do you like…?* »

GRAMMAIRE :
- Faire remarquer aux élèves que les aliments qui peuvent se dénombrer prennent le pluriel. C'est le cas des bananes mais pas du fromage. On dira « *Do you like banana**s**?* » mais « *Do you like cheese?* ».

4. LEARNING 10'

Jeu de compréhension

▸ ***Listen and raise***

Les élèves écrivent des deux côtés de leur ardoise « *Yes, I do.* » et de l'autre « *No, I don't.* » Demander « *Do you like [+ food]?* » et les élèves lèvent l'ardoise dans un premier temps. Dans un deuxième temps, ils parlent et répondent tout en levant l'ardoise pour associer l'écrit à la parole.

Niveau + : les élèves viennent mener le jeu et corrigent les éventuelles erreurs avec l'aide de l'enseignant.

Compétences langagières
- Écouter et comprendre
- Parler en continu
- Réagir et dialoguer
- Lire et comprendre
- Écrire

▸ **Chanson**
- Apprendre la chanson vue précédemment « *Do you like broccoli?* ». Chanter avec la vidéo pour s'imprégner de la structure langagière sans oublier les gestes (pouces en l'air, pouce en bas / ou hocher la tête et grimace de dégout quand on dit « *Yucky* »).

▸ **Jeu d'enquête : *Survey***
- Les élèves s'interrogent sur leurs gouts alimentaires.
- Ils vont se promener dans la classe et interroger quatre de leurs amis en demandant pour chaque aliment « *Do you like…?* » et les autres répondent « *Yes, I do. / No, I don't.* » Ils cochent la case dans le tableau.

Niveau + : les élèves ont une autre grille avec d'autres mots.

Dans les deux cas, il y a un S écrit en petit pour aider les élèves lorsqu'il faut mettre les mots au pluriel.
- Mise en commun : compter en anglais le nombre de voix pour chaque aliment. Poser la question aux élèves et comptabiliser : « *Put up your hand if you like…* »
- On pourra traduire les résultats dans un graphique de type histogramme lors d'une séance de mathématiques.

Exemple de graphique

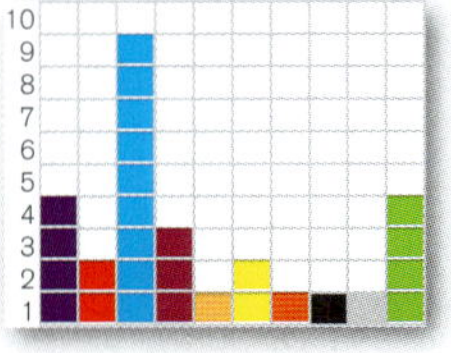

Vers l'écrit
- Les élèves remettent les mots dans l'ordre et recopient la question sur l'ardoise.

you	chocolate	Do	?	like

Niveau + : retrouver la question et la réponse.

you	chocolate?	Do	like	do	I	.	Yes,

5. READING, WRITING 10'

Food

- Les élèves lisent la bulle du haut de la fiche mémo sur les aliments. Ils s'entrainent à écrire sur l'ardoise des questions et des réponses affirm-atives et négatives.
- Passer dans les rangs, encourager et corriger.

Niveau + : les élèves complètent la bulle.

▸ **Relire l'album**

- Lecture interactive de l'album : relire l'album mais laisser la parole aux élèves pour le nom des personnages, la nourriture montrée sur les illustrations, les phrases répétitives « *Can you help me…?* » et « *all by himself* ».

Synthèse
- Retour en français sur les acquis de la séance

6. SUMMARY 1'

Qu'avez-vous appris ?

« *What did you learn?* »

- La question et la réponse « *Do you like…? Yes, I do / No, I don't* » et la chanson « *Do you like broccoli?* ».
- L'enseignant conserve les enquêtes des élèves pour la séance 5.

Synthèse
- Retour en français sur les acquis de la séance

PROLONGEMENTS

- **Dans les activités ritualisées** : la question et la réponse « *Do you like…? Yes, I do / No, I don't* » seront réutilisées (voir tableau des activités ritualisées).

SÉANCE 4

I LIKE / I DON'T LIKE / I PREFER…
CIVILISATION : *BRITISH OR AMERICAN BREAKFAST*

Matériel

Lien Youtube de l'album
Do you like ketchup on your cornflakes?
http://tinyurl.com/y7ojv3m5

TV en carton
et micro factice

Dans le DVD-Rom

Pour les étapes 2, 3 et 4

- Flashcards individuelles et collectives des aliments

- Fiche mémo de civilisation : *The English Breakfast/ The American breakfast*

Pour l'étape 5

- Parole de la chanson *Do you like broccoli?*

- Exercice sur les aliments

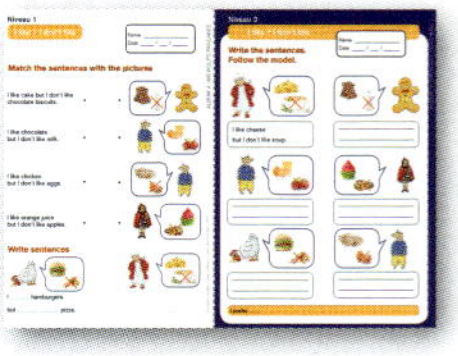

1. WARMING UP 5'

Activités ritualisées

- Déroulement habituel.
- On peut introduire la question de la température, si ce n'est pas encore fait : « *What's the temperature? Today, it's cool/warm/hot/cold.* »

Lecture

Procédure habituelle.

Compétences langagières
- Réagir et dialoguer
- Écouter et comprendre
- Lire et comprendre
- Écrire

2. RECYCLING 5'

Activités à l'oral

▸ **Jeu de relai avec un ballon : *The ball game***

Scinder la classe en deux groupes pour que l'activité ne soit pas trop longue et lassante. Les élèves se passent le ballon en se demandant « *Do you like…?* » et se répondent « *Yes, I do / No, I don't* ». Laisser les flashcards des aliments affichées comme aide-mémoire pour faire varier la question. Écouter, encourager, reprendre, faire répéter.

Compétences langagières
- Écouter et comprendre
- Parler en continu
- Réagir et dialoguer

▸ **Chanson**

Chanter « *Do you like broccoli?* » avec la vidéo et continuer à cappella avec d'autres aliments pour composer des plats improbables (ex. : « *Do you like fish? Yes, I do. Do you like lollipops? Yes, I do. Do you like fish lollipops? No, I don't. Yuck!* »).

Prolongement

Mise en réseau avec un autre album sur le même modèle que la chanson. Les élèves peuvent écouter la lecture de l'album de Nick Sharratt : *Do you like ketchup on your cornflakes?*, généralement étudié au cycle 2. Cet album permet de faire également des mélanges improbables.

3. TEACHING 15'

English and American Breakfast

- Montrer au vidéoprojecteur les images de la fiche mémo de civilisation sur les petits déjeuners traditionnels et typiques anglais et américains (si vous n'avez pas de vidéoprojecteur, vous pouvez donner la leçon idéalement en couleurs). Expliquer la différence entre le petit déjeuner traditionnel appris au cycle 2 et le petit déjeuner typique que mangent généralement les Anglais de nos jours.
- Lire et faire prononcer les mots anglais du petit déjeuner. Ils ne seront pas tous à mémoriser (seulement les mots en gras). Certains sont connus ou sont transparents : « *bacon, **eggs,** cereals, jam, **orange juice, milk,** pancakes, **toast**, yogurt, tea, coffee* ».

Compétences langagières
- Écouter et comprendre
- Parler en continu

À noter

« *toast* » est indénombrable (**du** pain grillé).

I like / I don't like

- Parler de ses propres gouts en disant : « *I like cereals but I don't like cake. I prefer fruit.* » Répéter plusieurs fois « ***I like… / I don't like…*** » en utilisant les mots appris depuis le début de cette séquence. Écrire ces amorces de phrases au tableau pour aider à la mémorisation.

Niveau + : l'enseignant ajoute « *I prefer…* ».

- Demander de répéter les phrases composées, collectivement, en groupes voire individuellement. Pour varier les répétitions, faire moduler la voix : « *speak up, whisper…* ».

4. LEARNING 10'

Jeu de compréhension

- Distribuer une grille des aliments vus la séance précédente, à mettre dans une pochette en plastique pour entourer, barrer au feutre d'ardoise puis effacer.

Compétences langagières
- Écouter et comprendre,
- Parler en continu
- Lire et comprendre
- Écrire

- Lorsque l'enseignant dit « *I like bananas, I don't like lollipops* », les élèves doivent entourer les bananes et barrer les sucettes. **Niveau +** : ajouter « *I prefer fruit* ». Dans ce cas, l'élève fait un cœur autour de l'aliment préféré.
- Reprendre l'activité avec des élèves volontaires.

Activités à l'oral

Reprise de ce jeu en binôme pour former des phrases à l'oral.

▸ **Jeu de présentation : *The TV show***

- Des élèves volontaires passent se présenter sous la forme : « *Hello, my name is… I am ten years old. I like… but I don't like… I prefer… Goodbye / See you on Tuesday!* »
- L'enseignant, qui interviewe, demande systématiquement aux élèves: « *What do you like to eat?* » avant chaque présentation. Il affiche la flashcard « *eat* » au tableau.

PHONOLOGIE :
- Réalisation du i long [i:] de ***eat***

Vers l'écrit

- Reprise du jeu de compréhension avec la grille d'aliments mais, cette fois, écrire des phrases au tableau. Les élèves doivent entourer et barrer les aliments en fonction de la phrase écrite.
- Pour la phrase « *I prefer…* », l'élève fait un cœur autour de l'aliment préféré.
- Sur l'ardoise, les élèves écrivent de petites phrases : *I like… I don't like… I prefer…* puis ils la lisent à la classe.

5. READING, WRITING 10'

Traces écrites

- Les élèves collent la fiche mémo de civilisation sur les petits déjeuners anglais et américain.
- Ils collent aussi les paroles de la chanson « *Do you like broccoli?* ».

Compétences langagières
- Lire et comprendre
- Écrire

▸ **Exercice sur les aliments**

- Les élèves lisent puis relient les phrases aux images. **Niveau +** : ils élaborent aussi des phrases dans leur tête puis les écrivent. Des élèves volontaires viennent enfin lire leurs phrases à haute voix.

6. SUMMARY 1'

Qu'avez-vous appris ?

« *What did you learn?* »
- Les structures « *I like, I don't like, I prefer* »
- Le petit déjeuner typique ou traditionnel anglais et américain.

Synthèse
- Retour en français sur les acquis de la séance

PROLONGEMENTS

- **En autonomie** : les élèves peuvent écouter en autonomie la lecture de l'album de Nick Sharratt : *Do you like ketchup on your cornflakes?*, généralement étudié au cycle 2.
  Lien Youtube : http://tinyurl.com/y7ojv3m5
- Les élèves peuvent compléter l'exercice à trous proposé par le site LearningApps avec la structure « *I like/ I don't like/Do you like…?* » : http://tinyurl.com/y74m3z5k

CROISEMENTS ENTRE ENSEIGNEMENTS

- **SCIENCES / LE VIVANT** / Éducation à la santé : expliquer les besoins variables en aliments de l'être humain ; les fonctions de nutrition (établir une relation entre l'activité, l'âge, les conditions de l'environnement et les besoins de l'organisme) ; les apports alimentaires (qualité et quantité) ; l'hygiène alimentaire.
- Ce sera l'occasion de réutiliser le lexique de la nourriture en anglais (pyramide alimentaire en anglais dans le DVD-Rom).

SÉANCE 5

HE / SHE LIKES / LIKE AU PRÉSENT SIMPLE

Matériel

Lien Youtube de l'album *Pete the cat*
http://tinyurl.com/y9tzecm7

Dans le DVD-Rom

Pour les étapes 2, 3 et 4

- Flashcards individuelles et collectives des aliments

- Fiche mémo *Food*

- Fiche enquête

Pour l'étape 6

- Flashcards individuelles et collectives des pièces et des billets

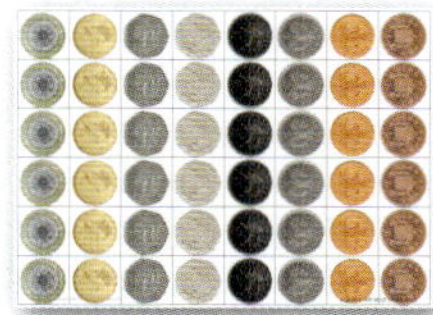

1. WARMING UP 10'

Activités ritualisées

- Déroulement habituel.
- On pourra, par exemple, poser la question de la date du lendemain : « *What <u>date</u> will it be tomorrow?* » et répondre : « *Tomorrow, it will be Sunday, January 7th* ». Dire : « *Sunday, January the seventh* ».

Lecture

Procédure habituelle.

Écriture autonome

Procédure habituelle.
Dictées de phrases pour le Niveau + : *I have got blond hair, brown eyes,* par exemple.

Compétences langagières
- Réagir et dialoguer
- Écouter et comprendre
- Lire et comprendre
- Écrire

2. RECYCLING 15'

I like / I don't like / I prefer

▶ **Rappel de la structure**

- Rappeller la structure « *I like… but I don't like… I prefer…* » sous forme de « *chant* », récitation rythmée, en réutilisant le lexique des aliments, surtout pour les mots que les élèves ont plus de mal à mémoriser.
- Les élèves lisent la dernière bulle de la fiche mémo sur les aliments. Les élèves du Niveau + la complètent.

Compétences langagières
- Écouter et comprendre
- Parler en continu

▶ **Mise en réseau**

- Lire l'album ***Pete the cat : Pete's big lunch***, de James Dean. Si on ne possède pas l'album, on peut faire visionner la vidéo de la lecture à haute voix.

GRAMMAIRE :
- On retrouve dans le titre la marque du **génitif** indiquant l'appartenance avec l'apostrophe + S accolé au nom : ***Pete's big lunch.***

▸ **Le sandwich idéal**

- Proposer aux élèves de dessiner leur sandwich idéal avec le lexique des aliments rencontrés depuis le début de la séquence. Les élèves affichent au tableau leur dessin avec leur prénom bien en vue.
- Quelques élèves volontaires viennent présenter leur dessin de sandwich à l'oral, même si le coloriage n'est pas terminé. On peut ainsi réutiliser la structure « *I like… I prefer…* ».

3. TEACHING 5'

Compétences langagières
- Écouter et comprendre
- Parler en continu

- Réutiliser les dessins du sandwich.

▸ **Conjugaison de *I like***

- Dire, en se montrant : « *I like apples.* » puis, en se servant des dessins, montrer les élèves qui aiment également les pommes et leur répéter à chacun : « *You like apples, too.* » Montrer un garçon et dire : « *He likes apples.* » en insistant bien sur le S, puis une fille : « *She likes apples.* » en insistant bien sur le S. Montrer les élèves et dire « *You like apples.* » Se montrer avec les élèves en disant : « *We like apples.* » Confier à un élève en montrant les autres : « *They like apples.* »
- Répéter puis écrire au fur et à mesure au tableau. Faire répéter les élèves plusieurs fois, collectivement, en groupe, voire individuellement. Pour rendre la répétition moins lassante, on peut moduler la voix : « *Speak up, whisper…* »

GRAMMAIRE :
- Demander aux élèves ce qu'ils ont compris : on retrouve les pronoms personnels vus avec l'album 3 avec la conjugaison de *HAVE : I, you, he/she, we, they.* On rappelle que « *you* » s'utilise pour « vous » et « tu ».
- Le verbe « *like* » se conjugue de la même façon au présent simple sauf pour la 3e personne du singulier « *He* » et « *She* » qui ont un S à la fin du verbe : on dit « *She likes* » et « *He likes* ». Le pronom « *I* » s'écrit toujours avec une majuscule, même au milieu d'une phrase.

PHONOLOGIE :
- Réalisation du [ks] de *likes*

- Faire répéter plusieurs fois les pronoms dans l'ordre et la conjugaison. Ajouter des phrases avec d'autres sujets et les faire répéter : « *Mr Wolf likes pancakes. He likes ketchup and bananas. The Gingerbread man likes sweets. He likes chocolate biscuits. The three little pigs like pancakes. They like pancakes.* »

4. LEARNING 10'

Compétences langagières
- Écouter et comprendre
- Parler en continu
- Lire et comprendre
- Écrire

Activités à l'oral

▸ **Jeu de relai**

- Les élèves se passent le ballon. L'élève 1 dit « ***I** like chocolate.* » L'élève 2 dit « ***You** like chocolate.* » puis il se tourne vers l'élève 3 et lui dit : « ***I** like lollipops.* », etc. Scinder la classe en deux groupes pour ne pas que le jeu s'éternise.
- Écouter les deux groupes, encourager, reprendre, faire répéter.

▸ **L'enquête sur les gouts**

- Reprendre les résultats des enquêtes faites en séance 3 sur les gouts. Demander : « *Who likes ice-creams?* » Les élèves concernés viennent au tableau. Ils disent chacun en se montrant avec leur groupe : « ***We** like chocolate.* »
- Afficher 4 flashcards espacées au tableau. Demander à quelques élèves de choisir un des 4 aliments et de se placer sous les flashcards. Puis, faire appel à des élèves volontaires pour venir présenter les groupes : « ***They** like apples. **They** like cheese…* ». Faire répéter plusieurs fois collectivement et en groupes.
- Les élèves se mettent par groupes de trois. Ils reprennent leur enquête et présentent un camarade : « *Emma likes apples.* » L'enseignant écrit la phrase au tableau avec le S en rouge en laissant une place vide pour les prénoms.

Au deuxième tour, la phrase peut s'enrichir : « *Emma likes apples, ice-creams and cheese.* »

Niveau + : les élèves peuvent d'abord parler d'eux-mêmes en réutilisant l'enquête puis présenter un camarade. Ex. : « *I like ice-creams. Tom likes ice-creams too* » ou « *Tom likes apples but I don't like apples* ».

Vers l'écrit

- Les élèves composent des phrases en lien avec l'histoire, au brouillon. Ils écrivent : « *He likes* » ou « *Mr Wolf likes...* » ou « *The Gingerbread man likes* » et aussi « *They like...* » ou « *The little pigs like...* ». Pour le nom des aliments, ils disposent du cahier d'anglais comme aide.
- Des élèves volontaires viennent ensuite lire leurs phrases à haute voix. Corriger les productions écrites avant qu'elles ne soient recopiées dans le cahier.

5. READING, WRITING 5'

Conjugaison de *like*

- Les élèves copient la leçon de Grammaire sur le cahier d'anglais. Ils recopient les phrases créées à côté de la leçon pour l'illustrer.

Compétences langagières
- Lire et comprendre
- Écrire

Je conjugue le verbe LIKE (aimer) au présent en anglais.
I like
You like
He / She / It likes
(garcon) / (fille) / (objet)
We like
They like
En anglais, les verbes au présent simple prennent un –S
à la 3e personne du singulier.

6. SUMMARY 1'

Qu'avez-vous appris ?

« *What did you learn?* »
- La conjugaison d'un verbe en anglais au présent : *Like* et la marque de la 3e personne du singulier : le S.
- Laisser un temps pour terminer le dessin du sandwich et le coloriage.
- Distribuer les planches de monnaie et de billets à chaque élève et demander de les découper pour la fois prochaine, et de les ranger dans une enveloppe ou dans une petite boite (type crème glacée). Les élèves observeront les pièces : *1 penny, 2 pence, 5 pence, 10 pence, 20 pence, 50 pence, 1 pound, 2 pounds* et les billets de 5, 10, 20, 50 pounds.

Synthèse
- Retour en français sur les acquis de la séance

PROLONGEMENTS

- **Mise en réseau avec un autre album en lecture plaisir :** *Red rockets and rainbow jelly,* de Nick Sharratt. Avec la structure répétitive « *Nick likes... Sue likes...* » pour réviser les couleurs et le –S à la 3e personne du singulier. On peut envisager un travail en arts visuels à partir de cet album pour présenter un camarade et ses gouts.
  Lien Youtube : http://tinyurl.com/yaqwsqxl

CROISEMENTS ENTRE ENSEIGNEMENTS

- **MATHÉMATIQUES / RÉSOLUTION DE PROBLÈMES / NOMBRES DÉCIMAUX** : après les séances de mathématiques en français faites sur la monnaie en euros (problèmes, centimes d'euros), les élèves peuvent travailler quelques minutes sur les planches de monnaie anglaise pour observer, s'exprimer sur le sujet, comparer avec les euros et opérer les conversions par manipulation, à l'image des centimes d'euros et des euros. Ex. : il faut *100 pence* pour faire *1 pound.*

À noter

« *pence* » est le pluriel de « *penny* ». Attention : en mai 2017, le billet de *5 pounds* change puis, peu à peu, tous les autres billets vont être réimprimés sur une nouvelle matière. Toutes les informations nécessaires figurent dans un article du site escapadesalondres.com
Lien de l'article : http://tinyurl.com/y9a2nzqn

- Concernant les nombres décimaux, **attention à la calculatrice lors de calculs de sommes : si le résultat affiché est 4,4 c'est en fait 4£40 pence** ! Il est nécessaire de travailler sur les nombres décimaux afin d'expliquer cela aux élèves en vue du jeu de la marchande.

SÉANCE 6

HOW MUCH IS IT? / CIVILISATION : LA MONNAIE ANGLAISE

Matériel

Album **Mr Wolf's Pancakes**

Lien youtube de la chanson
Count to 100 and let's get fit
http://tinyurl.com/prudlyk

Lien youtube du dialogue 1
http://tinyurl.com/ybwo6jv8

Dans le DVD-Rom

Pour les étapes 3 et 5

- Flashcards collectives et individuelles des personnages de l'histoire

- Flashcards individuelles et collectives des pièces et des billets

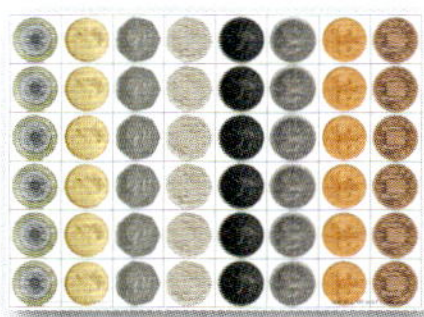

- Fiche mémo de civilisation : La monnaie anglaise

- Flashcards collectives des prix

Pour l'étape 4

- Fiche *How much is it?*

- Fiche des aliments

En amont, l'enseignant aura présenté la monnaie anglaise et les élèves auront découpé les pièces et billets de leurs planches. La monnaie de chacun sera rangée dans une boite de glace, un portemonnaie ou une enveloppe.

1. WARMING UP 10'

Activités ritualisées

- Déroulement habituel.
- Faire évoluer la question sur le prénom et l'épellation : « *What's your first name? What's your last name? My first/last name is… Can you spell your first/last name?* »

Lecture

Procédure habituelle.

Écriture autonome

Laisser les élèves écrire de petites phrases avec l'aide des modèles laissés au tableau : *I like… I don't like… He / She likes…*

Compétences langagières
- Réagir et dialoguer
- Écouter et comprendre
- Lire et comprendre
- Écrire

2. RECYCLING 10'

Numbers / like

Compétences langagières
- Écouter et comprendre
- Parler en continu

▸ **Jeu de cour : *Count to 100 and let's get fit***

Pour un rappel des nombres jusqu'à 100, les élèves écoutent la chanson avec des pauses entre chaque dizaine. Puis, ils font les activités physiques en comptant, pour se remettre en mémoire le nom des nombres. C'est une chanson à faire dans la cour pour avoir de l'espace.

▸ **Les nombres en chiffres**

Pour un retour au calme, en classe, écrire un nombre en chiffres au tableau et demander aux élèves de le lire dans leur tête. Ils doivent ensuite dire à leur voisin quel est ce nombre, puis on le lit collectivement. Reprendre plusieurs fois cette activité.

▸ **Jeu de relais**

Les élèves se passent le ballon. L'élève 1 dit : « ***I*** *like chocolate.* » L'élève 2 dit, pour présenter son camarade : « ***He/She*** *like**s** chocolate.* » puis il se tourne vers l'élève 3 et lui dit : « ***I*** *like lollipops.* » L'élève 3 dit pour présenter son camarade : « ***He/She*** *like**s** lollipops.* » puis il se tourne vers l'élève 4 et lui dit : « ***I*** *like chips.* », etc. Faire ce jeu collectivement pour favoriser la mémorisation par une écoute répétitive. Encourager, reprendre, faire répéter.

3. TEACHING 10'

Relecture de l'album

Compétences langagières
- Écouter et comprendre

- Relire l'album **Mr Wolf's Pancakes** sans les images, jusqu'à la page « *So, they knocked on Mr Wolf's door* ». L'écoute est active : les élèves doivent lever la bonne flashcard à chaque fois qu'ils entendent le nom d'un personnage.
- Faire parler les élèves sur l'attitude des personnages avec Mr Wolf : ils ne sont pas gentils, pas polis, pas serviables. Dire : « *They are not polite, they are not kind, they are bad and rude.* »

La monnaie anglaise

- Proposer alors aux élèves d'aider Mr Wolf à compter son argent pour aller faire ses courses : « *Help Mr Wolf to count his money.* »
- Demander aux élèves de rappeler de quoi se compose la monnaie anglaise. Demander de préparer quelques sommes sur la table pour rappel. Donner la fiche mémo sur la monnaie, à coller dans le cahier d'anglais. Les élèves ne lisent pas encore la bulle de la fin de la leçon.
- Faire répéter les mots des pièces et billets. Afficher les flashcards au tableau.

How much is it?

- Les élèves vont apprendre à demander : « Combien ça coute ? » Montrer des flashcards avec des prix et les faire défiler en disant à chaque fois : « *How much is it?* » sans attendre de réponse. Écrire la question au tableau. Faire répéter les élèves collectivement, en groupes, voire individuellement.
- Répéter ensuite la question pour chaque carte et attendre que les élèves répondent en donnant le prix, cette fois. Ex. : « *How much is it? – two pounds ninety-nine.* »
- Les élèves ont toujours pour aide la bande numérique en lettres en anglais affichée en classe.

PHONOLOGIE :
- Réalisation du [h] de ***h**ow*
- Réalisation du [tʃ] de *mu**ch***. On peut compléter la maison du son [tʃ]
- Réalisation de la diphtongue [aʊ] de *p**ou**nd(s)* et du [z] de *pound**s***
- Intonation descendante de la question ouverte « *How much is it?* ». ↷

GRAMMAIRE :
Les élèves sont étonnés de ne pas entendre « *How many …?* » (vu avec l'album n° 1) pour demander « combien ? ». En effet, il y a une différence :
– pour dénombrer des objets, on utilisera « *How many …?* »
– mais pour indiquer une quantité, on utilisera « *How much …?* »

À noter

La chanson « *How much / How many?* » explique bien cela.
http://tinyurl.com/ybmr8gj8

4. LEARNING 10'

Jeux de compréhension

Compétences langagières
- Écouter et comprendre
- Réagir et dialoguer
- Lire et comprendre

▸ **Le prix**

- Faire écouter morceau par morceau un dialogue. Les élèves doivent recopier le prix entendu sur leur ardoise. La mise en commun se fait immédiatement après, afin de repérer les erreurs. Les élèves doivent ensuite dire quels mots ils ont reconnus dans ce dialogue (« *apple pie, sausages* »).

▸ **Jeu des petits marchands : *the little shopkeepers***

- Les élèves travaillent en binômes. Ils disposent de deux fiches, l'une avec des images d'aliments, l'autre avec les noms écrits des aliments et les prix. L'élève 1 doit renseigner les prix sur la fiche « aliments » en les demandant à l'élève 2. Celui-ci doit lire les prix puis les énoncer à l'élève 1.

  Ex. : « *The cake : How much is it?* »
  – *2 pounds 35.*
  – *Thank you!* » (L'élève écrit le prix dicté.)
- Puis on inverse les rôles.

Les élèves ne travaillent pas sur la dernière ligne de la fiche « aliments » ni sur les lignes jaunes de la fiche « prix » réservées au **Niveau +**.

Niveau + : « *How much is the cake?*
– *2 pounds 35.*
– *Thank you !* »

À noter

*How much **are** the apple**s**?*

- Passer dans les rangs, encourager, aider, reprendre, faire répéter.
- Une mise en commun peut être nécessaire avec à nouveau une répétition de la question et la lecture de quelques prix.

5. READING, WRITING 5'

How much is it?

Compétences langagières
- Lire et comprendre
- Écrire

- Les élèves lisent la fin de la fiche mémo de civilisation avec la bulle « *How much is it?* », dans le cahier.
- Lire à haute voix puis faire lire des élèves volontaires.

Niveau + : les élèves recopient la question et la réponse en dessous de la bulle.
- Les élèves conservent les fiches « prix » et « aliments » dans le cahier d'anglais pour la séance prochaine.

6. SUMMARY 1'

Qu'avez-vous appris ?

Synthèse
- Retour en français sur les acquis de la séance

« *What did you learn?* »
- La question « *How much is it?* » et lire un prix en Livres Sterling.
- Pour la séance suivante, les élèves doivent avoir apporté tous les emballages nécessaires au jeu de la marchande et un panier ou un sac de courses.

PROLONGEMENTS

- **Dans les activités ritualisées** : lorsque les élèves arriveront au 100e jour d'école, on organisera une fête autour du nombre 100 en anglais. Après cela, on changera l'activité ritualisée habituelle « *Days in school* » pour reprendre le calcul des jours d'école avec une tirelire, afin de réutiliser la monnaie factice, à la manière des activités ritualisées de la tirelire du cycle 2 en euros. Les élèves ajouteront chaque jour *1 pound* dans la tirelire et ils feront des échanges chaque fois que l'opportunité se présentera (Ex. : 5 pièces de *1 pound* pour un billet de *5 pounds*, etc.). La question sera « *How much money in the piggy bank?* »
- **En autonomie** : les élèves pourront écouter la chanson pour différencier « *How much/How many?* ». Lien Youtube : http://tinyurl.com/ybmr8gj8

CROISEMENTS ENTRE ENSEIGNEMENTS

- **EPS** (ou lors d'un moment de *Brain Break*) : l'échauffement peut être mené à nouveau avec la même chanson *Count to 100 and let's get fit* où il faut compter jusqu'à 100.

SÉANCE 7

GRAND JEU DE MARCHANDE : *AT THE SUPERMARKET*

Éléments culturels

Les noms des supermarchés ont été choisis parmi de grandes enseignes du Royaume-Uni.

Matériel

Jeu de la marchande

Pour les vendeurs

- Étiquettes-prix : 1 jeu d'étiquettes par table-supermarché
- Calculatrice pour les vendeurs
- Liste des prix de la séance 7
- Emballages de pizzas, de hamburgers, de gâteaux, de poissons panés où on aura rajouté la mention « *fish & chips* », de biscuits au chocolat ou cookies, de thé (de préférence « *English breakfast* »), de crèmes glacées, de jus d'orange, de préparation pour pancakes, de chips, d'œufs, de pâtes, bouteilles de lait vides, bouteilles d'eau vides, paquets de céréales vides
- Aliments en plastique de jeux de marchande comme le poulet, le brocoli, les cupcakes, les glaces, les tartes, les sandwichs
- Véritables bonbons, sucettes
- Dessiner en plusieurs exemplaires ce qui manque
- 7 grands sacs pour ranger le contenu de chaque supermarché

Pour les acheteurs

- Sac ou panier
- Calculatrice
- Boite de monnaie anglaise

Dans le DVD-Rom

Pour l'étape 2

- Fiche *How much is it?*

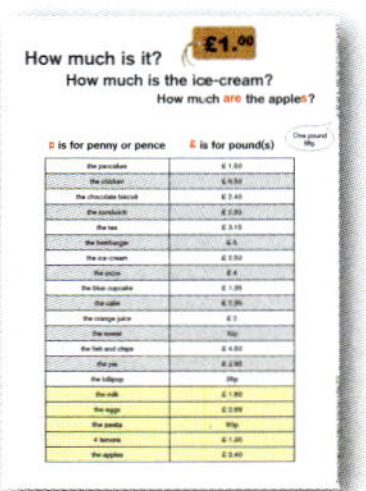

Pour l'étape 3

- Masque de Mr Wolf

Pour l'étape 4

- Étiquettes prix

- Fiche d'aide : Help (2 niveaux)

En amont, l'enseignant a vérifié qu'il a tous les emballages nécessaires pour installer le jeu avec les étiquettes-prix. Le cas échéant, on peut dessiner, imprimer ou fabriquer. Les élèves ont apporté leur panier ou leur sac, ils ont leur enveloppe contenant la monnaie et leur calculatrice.

1. WARMING UP 5'

Activités ritualisées
Déroulement habituel.

Lecture
Déroulement habituel.

Compétences langagières
- Réagir et dialoguer
- Écouter et comprendre
- Lire et comprendre

2. RECYCLING 10'

Activités à l'oral
- Chanter la chanson « *Do you like broccoli?* » et observer les élèves qui n'ont pas encore été évalués pour la compétence « Parler en continu ».

Compétences langagières
- Parler en continu
- Réagir et dialoguer
- Lire et comprendre

▸ ***The little shopkeepers***
- Reprendre le jeu des petits marchands.
- L'élève 1 dispose de la fiche « aliments » et l'élève 2 de la fiche « prix ». L'élève 1 demande à l'élève 2 :

« *I'd like the lollipop. How much is it?*
– *35 pence.* »
- L'élève 1 prépare alors la somme de 35 pence et la donne à l'élève 2 qui vérifie. Recommencer avec d'autres articles puis, inverser les rôles.
- Montrer un exemple avec un élève volontaire puis laisser les élèves jouer entre eux.

On doit préparer la somme exacte, on ne rend pas la monnaie.

À noter
La structure « *I'd like…* » a été vue avec l'album n° 3.

3. TEACHING 10'

Les courses de Mr Wolf
- Proposer d'aider Mr Wolf à aller faire ses courses dans un supermarché.

Compétences langagières
- Écouter et comprendre

À noter
Pour que les élèves utilisent « *a* », « *an* » et « *some* » avec des noms indénombrables de manière guidée, les étiquettes-prix ont été rédigées dans cet objectif. Ex. : « *I'd / I would like some milk.* »

- Montrer des étiquettes de prix avec le nom des aliments. Mimer une scène dans un supermarché avec un élève volontaire. Lui souffler les réponses au début. Il prend une étiquette et dit :

  « *Good morning/Good afternoon/*
  Hello. ***I'd like*** *(I would like) a hamburger.*
  – *Here you are.*
  – *How much is it?*
  – *It's 5 pounds, please.* [L'enseignant donne un billet de 5 pounds] *Thank you, goodbye!*
  – *Bye!* »
- Répéter plusieurs fois le dialogue avec d'autres aliments et d'autres élèves. Ensuite, ajouter plusieurs aliments puis calculer :

  « *Hello. I'd like a pizza, a pancake and a**n** ice-cream.*
  – *Here you are.*
  – *How much is it?*
  – *It's 8 pounds, please.* [le professeur paie] *Thank you, goodbye!* »

À noter
Attention à la calculatrice : si le résultat affiché est 4,4 c'est en fait 4£40 pence ! Il est nécessaire d'avoir travaillé parallèlement sur les nombres décimaux afin d'expliquer cela aux élèves.

- Faire répéter phrase par phrase collectivement.

Dialogue

- Puis, écrire ce dialogue au tableau en alternant les couleurs pour que marchands et acheteurs se repèrent :

  « *Good morning.*
  – *Good morning.*
  – *I'd like ......, ... and ....*
  – *Here you are.*
  – *How much is it?*
  – *... pounds, please. Thank you, goodbye!*
  – *Bye!* »
- Faire mémoriser le dialogue comme une poésie. Pour rendre la répétition moins lassante, on peut varier l'intensité et l'intonation de la voix.

4. LEARNING 10/15'

Compétences langagières
- Écouter et comprendre
- Réagir et dialoguer.
- Lire et comprendre

Jeu d'exploration libre : *At the supermarket*

- Installer 7 tables de jeux de marchande proposant des aliments à vendre. Les vendeurs sont en binôme et installent leur étalage avec le nom de leur supermarché et les étiquettes-prix. Ils ont une calculatrice. Tous les supermarchés ne proposent pas forcément tous les aliments de la liste.

À noter

Pour gagner du temps et ne pas perdre la dynamique de la séance, cette installation devra être faite en amont.

- Les acheteurs sont par deux. Ils préparent leur panier, leur calculatrice et leur boite de monnaie anglaise. Ils choisissent un supermarché et vont acheter ce qu'ils désirent.
- De leur côté, les vendeurs calculent les prix puis vérifient la somme d'argent donnée.
- La somme est restituée une fois le jeu terminé et les emballages sont rendus aux vendeurs.
- On peut réitérer ce jeu 2 ou 3 fois, en changeant les rôles, afin que les élèves se l'approprient, et que tout le monde puisse parler.
- Les élèves communiquent sur le modèle suivant :

  « *Good morning.*
  – *Good morning.*
  – *I'd like ......, ... and ....*
  – *Here you are.*
  – *How much is it?*
  – *... pounds, please. Thank you, goodbye!*
  – *Bye!* »
- Pour aider les élèves, en cas d'oubli, il y a toujours les affichettes « *Help 1* » laissées derrière les tables de jeux.
- Passer dans les groupes, encourager, répéter, faire répéter et corriger.
- Les élèves peuvent réutiliser le *chant* appris en séance 2 : « *Can you help me count my money?* »

Niveau + : avec les nombreuses écoutes de l'album, les élèves ont appris de manière implicite la structure « *Would you like...?* ». Les vendeurs peuvent utiliser cette question. Les réponses appropriées sont « *Yes, please.* » ou « *No, thank you.* »
Dans ce cas, les élèves disposent des affichettes « *Help 2* » laissées sur les tables de jeux et enrichies.

- Ensuite, échanger les rôles : des acheteurs deviennent des vendeurs et inversement.
- Ranger le contenu de chaque supermarché dans un grand sac pour la séance prochaine.

5. READING, WRITING 10'

Compétences langagières
- Exposition à un long flux langagier
- Écouter et comprendre
- Lire et comprendre
- Écrire

La fin de l'histoire

- Lire la fin de l'histoire de l'album **Mr Wolf's pancakes**. Il faut comprendre une information implicite : qu'est-il arrivé aux personnages ? On voit les dents du loup, il ne reste plus que les vêtements de ses voisins. Les élèves s'aperçoivent que le loup retrouve sa place de « *Big Bad Wolf* » en mangeant tous les personnages. Était-ce prévisible ? Comment l'auteur s'y est-il pris pour détourner notre attention ?

- Certains trouvent que les voisins ont un sort prévisible parce qu'ils ne sont ni gentils ni polis, ils sont méchants, grossiers /mal élevés : « *They are not kind, they are not polite, they are bad, they are rude.* »

PHONOLOGIE :
- Réalisation de la diphtongue [ai] de *polite, kind*

- Les élèves ajoutent dans le cahier des précisions sur tous les personnages : « *They are bad* », « *They are not kind, they are not polite* » et pour le **Niveau +** : « *They are rude* ».
- Les élèves recopient le dialogue dans le cahier d'anglais, avec deux couleurs.
  Il sera donné à apprendre par cœur.
  « *Hello. I'd like a pizza, a pancake and an ice-cream.*
  – *Here you are.*
  – *How much is it?*
  – *It's 8 pounds, please. Thank you, goodbye!*
  – *Bye!* »
- Pour les élèves dysorthographiques, on donnera directement le texte (fiche « *Help* »).
- On peut demander pour la séance prochaine de réfléchir à un petit dialogue similaire en changeant le nom des aliments et le prix.

6. SUMMARY 1'

Qu'avez-vous appris ?

« What did you learn? »

Être capable d'aller dans un magasin pour demander un aliment, demander le prix et payer.

Synthèse
- Retour en français sur les acquis de la séance

CROISEMENT ENTRE ENSEIGNEMENTS

- **FRANÇAIS / LITTÉRATURE** : on peut lier l'histoire de **Mr Wolf's Pancakes** au texte de Bernard Friot, « Les histoires se terminent toujours de la même façon », in *Histoires pressées*.

SÉANCE 8

CONSOLIDATION DU LEXIQUE DE LA NOURRITURE ET JEU : *THE MARKET RACE*

Matériel

Jeu de la marchande de la séance 7

Pour les vendeurs
- Même matériel que la séance précédente
- Affichettes d'aide « *Help* » affichées derrière chaque supermarché
- Liste de prix (de la séance 7) : une par binôme d'acheteurs ou de vendeurs

Pour les acheteurs
- Sac ou panier, calculatrice, boite de monnaie anglaise
- L'affiche *Shopping lists* : une liste par binôme

Dans le DVD-Rom

Pour l'étape 2
- Exercice *How much money in my Piggy Bank?*

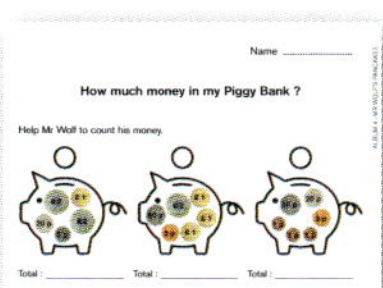

Pour les étapes 3 et 4
- *Shopping lists*

- Fleur lexicale

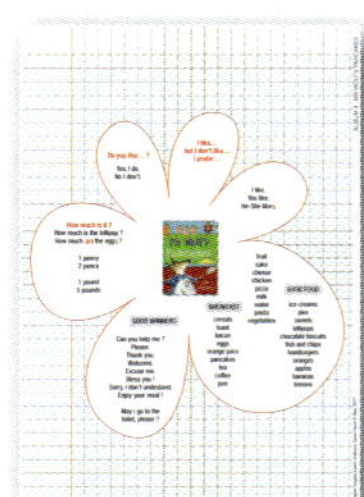

1. WARMING UP 10'

Compétences langagières
- Réagir et dialoguer
- Écouter et comprendre
- Lire et comprendre
- Écrire

Activités ritualisées

Revoir toutes les nouvelles questions et réponses des activités ritualisées à l'écrit.

Lecture

Procédure habituelle.

Écriture autonome

- Laisser les élèves écrire un court dialogue sur le modèle :

  « *Hello. I'd like a pizza, a pancake and an ice-cream.*
  – *Here you are.*
  – *How much is it?*
  – *It's 8 pounds, please. Thank you, goodbye!*
  – *Bye!* »
- Changer le nom des aliments et le prix.

2. RECYCLING 10'

Compétences langagières
- Parler en continu
- Lire et comprendre

How much is it?

▸ **Jeu de relai**

Les élèves se passent le ballon. L'élève 1 dit : « ***I*** *like chocolate.* » L'élève 2 dit pour présenter son camarade : « ***He/She*** *like**s** chocolate* » puis il se tourne vers l'élève 3 et lui dit : « ***I*** *like lollipops* », etc.

- Faire ce jeu collectivement pour favoriser la mémorisation par une écoute répétitive. Écouter, encourager, reprendre, faire répéter.
- Les élèves récitent par cœur, en groupes, le dialogue qui était à apprendre : un groupe fait le vendeur, l'autre l'acheteur, puis on échange.

  « *Hello. I'd like a pizza, a pancake and an ice-cream.*
  – *Here you are.*
  – *How much is it?*
  – *It's 8 pounds, please. Thank you, goodbye!*
  – *Bye!* »

Money

▸ **Exercice écrit : *How much money in my Piggy Bank?* (2 niveaux)**

Les élèves doivent aider Mr Wolf à compter son argent et calculer le montant de chaque tirelire, avec les pièces uniquement. « *Help Mr Wolf to count his money.* » Attention, il y a des pièces en « *pounds* » et des pièces en « *pence* » !

Variante À la place, on peut faire une dictée de prix. Énoncer un prix et les élèves écrivent en chiffres et/ou en lettres *pounds, pence* ou *penny.*

3. TEACHING 5'

Compétences langagières
- Écouter et comprendre
- Lire et comprendre

GRAMMAIRE :
Faire observer quelques étiquettes du jeu : « *a lollipop* », « *an ice-cream* », « *an apple* », « *a pancake* ». Attirer l'attention sur l'article « *a* » qui devient « *an* » devant une voyelle. Cela a été vu lors des séquences précédentes.

Shopping lists

- Proposer cette fois d'aider Mr Wolf à lire une *shopping list.*

▸ **Jeu : *The market race***

- Réutiliser le jeu de marchande de la séance précédente. Par contre, cette fois-ci, il s'agit d'aider Mr Wolf à lire sa liste de courses : « *Help Mr Wolf to read his shopping list.* » Le but du jeu sera de terminer ses courses en premier en ayant payé. « *You will work in pairs. You will have a shopping list to follow. The first group that finishes its shopping is the winner. Don't forget to pay!* »

- Les élèves se mettent en binômes. Distribuer une *shopping list* à chaque binôme « acheteur » et chacun essaie de lire en prélevant des indices. Encourager, aider, répéter, faire répéter. Les élèves « vendeurs » lisent ensuite ces mêmes *shopping lists* afin de vérifier que la compréhension est acquise, car les rôles seront échangés après la première partie.

Niveau + : ces élèves ont une *shopping list #2* avec le nom des aliments appris en plus et surtout ils ont plusieurs produits du même type à acheter, ce qui implique un calcul plus réfléchi au moment de payer.

4. LEARNING 10/15'

Compétences langagières
- Écouter et comprendre
- Réagir et dialoguer
- Lire et comprendre

The market race #1

- Installer **5 tables de jeux de marchande** proposant des aliments à vendre. Les vendeurs sont par deux et installent leur étalage avec le nom de leur supermarché et les étiquettes-prix en fonction de la liste de prix. Ils ont une calculatrice. Tous les supermarchés ne proposent pas forcément tous les aliments de la *shopping list*. Les acheteurs devront donc bien choisir leur supermarché ou compléter chez un autre.

À noter

Pour gagner du temps et ne pas perdre la dynamique de la séance, cette installation sera faite en amont.

- Les acheteurs sont en binômes : autant de binômes que de supermarchés. Les autres observent et attendent leur tour pour jouer. Ils reçoivent une ***shopping list***. Ils ont une liste des prix.
- Au signal, les acheteurs courent vers un des supermarchés et ils doivent demander : « *I'd like a..., ..., ..., and ... How much is it?* »
- Les vendeurs calculent, annoncent le prix : « *It's... pounds...* » et donnent les produits.
- Les acheteurs paient en donnant la somme exacte et repartent vers un autre supermarché, si nécessaire. La première équipe à avoir terminé a gagné.

Variante Les acheteurs peuvent calculer à l'avance la somme à donner, puisqu'ils ont aussi la liste des prix.

- Observer, encourager, aider, répéter et faire répéter.
- Puis, on inverse les rôles : les acheteurs deviennent des vendeurs et inversement.
- On peut recommencer d'autres parties, pour que tout le monde puisse parler et passer dans les différents rôles.
- L'enseignant a sa grille d'évaluation orale pour évaluer les élèves dans la compétence « Réagir et dialoguer ».

The market race #2

- Scinder la classe en deux groupes : le groupe 1 joue, le groupe 2 observe, puis on inverse.
- Cette fois-ci, chacun va devoir parler seul, sans un camarade pour l'aider. **Il n'y a que trois supermarchés tenus chacun par un binôme de vendeurs** (mais on peut placer un espion, « *a spy* », du groupe 2 pour vérifier que les règles sont respectées).
- Il y a ensuite 3 équipes de 4 élèves. Chaque équipe reçoit une ***shopping list*** avec 4 produits à acheter. **C'est une course de relai**. Chaque élève choisira un produit et devra courir vers le magasin de son choix pour **le demander, le payer avec la somme exacte et revenir en courant le plus vite possible**, afin que l'élève suivant puisse partir en courant à son tour. Il faut cependant poser toutes les questions et attendre les réponses :

  « *Hello. I'd like an ice-cream.*
  – *Here you are.*
  – *How much is it?*
  – *It's 2 pounds fifty, please. Thank you, goodbye!*
  – *Bye!* »

- L'équipe gagnante est celle qui termine en premier.

Ensuite, changer les rôles : le groupe 2 joue, le groupe 1 observe.

- L'enseignant a sa grille d'évaluation orale pour évaluer les élèves dans la compétence « Réagir et dialoguer ».

5. READING, WRITING 10'

Relecture de l'histoire

▸ ***Sequencing/Story map***

Relire toute l'histoire **Mr Wolf's Pancakes**, sans les images. Les élèves doivent dessiner rapidement « *a story map* » (un plan de l'histoire) pour en visualiser le déroulement rapidement.

Compétences langagières
- Écouter et comprendre
- Lire et comprendre
- Écrire

GRAMMAIRE :
Dans le cahier, les élèves complètent la leçon sur l'article indéfini :

L'article indéfini a

En anglais, il n'y a qu'un seul article indéfini : a.
Il est au singulier, il n'y a pas de pluriel. Il n'indique pas le genre.
Exemple :
singulier : a present
pluriel : present**s**.

Devant un nom commençant par une voyelle (sauf le y), « **a** » devient « **a**n » :
an apple
an orange
an orange pencil
an elephant
a yellow pencil

À noter

Le Y n'est pas considéré comme une voyelle en anglais en début de mot. En fin de mot, oui. Par exemple, on ne met pas « ***an*** » devant « *a yellow pencil* ».
On ne met pas non plus « ***an*** » **devant un U qui se prononce [ju]** car [j] est un son-consonne. Ex. : « *an umbrella* » [ʌm'brɛlɑ] mais « *a unicorn* » [ju:nɪkɔ:h].

6. SUMMARY 1'

Qu'avez-vous appris ?

« *What did you learn?* »
- Un autre jeu pour tester sa capacité à aller dans un magasin pour demander un aliment, demander le prix et payer.
- Les élèves pourront terminer plus tard de colorier leur « *Story map* ».

Elles seront affichées pour une mise en commun puis vérifiées et collées dans le cahier d'anglais.

Synthèse
- Retour en français sur les acquis de la séance

CROISEMENT ENTRE ENSEIGNEMENTS

- **SCIENCES** / Éducation au développement durable : adopter un comportement éthique et responsable, mettre en œuvre une action responsable et citoyenne, individuellement ou collectivement, en et hors milieu scolaire, et en témoigner. Vous pouvez choisir de conserver les emballages pour les autres années afin de rejouer à la marchande. Si vous préférez impliquer les élèves dans la construction de leur jeu et leur faire collecter chaque année le matériel, vous pouvez envisager de travailler sur le tri des emballages lorsque cette séquence sera terminée.
- Un document accessible aux élèves parle du recyclage en anglais.

SÉANCE 9

ÉVALUATION / CIVILISATION : *PANCAKE DAY AND THE PANCAKES RECIPE*

Éléments culturels

- Le signe # est le signe indiquant le « n° »
- Fête calendaire : *Pancake Day*

Matériel

Lien Youtube de la dictée d'aliments
http://tinyurl.com/ybky9w33

Lien Youtube de l'histoire
http://tinyurl.com/y92v8wja

Lien Youtube du dialogue
http://tinyurl.com/ycup9opz

Dans le DVD-Rom

Pour l'étape 1
- Question Box

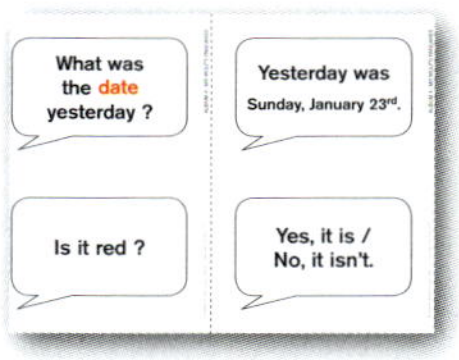

Pour l'étape 2
- Fiche évaluation

Pour l'étape 3
- Flashcards des ingrédients

- Fiche mémo de civilisation *Pancake Day*

1. WARMING UP 10'

Activités ritualisées

- On peut ajouter les nouvelles questions orales et écrites des activités ritualisées à la ***Question box*** et faire un jeu de *Question box* **à l'oral** pour la compétence « Réagir et dialoguer » (voir album n° 1 pour le déroulement de la *Question box*).

Compétences langagières
- Réagir et dialoguer
- Écouter et comprendre
- Parler en continu

Jeu de relai pour évaluer la compétence « Parler en continu »

- Les élèves se passent le ballon. L'élève 1 dit : « ***I*** *like chocolate.* » L'élève 2 dit pour présenter son camarade : « ***He/She*** *like****s*** *chocolate.* » puis il se tourne vers l'élève 3 et il dit : « ***I*** *like lollipops.* », etc. Faire ce jeu collectivement pour favoriser la mémorisation par une écoute répétitive. Écouter les deux groupes, encourager, reprendre, faire répéter.

2. ÉVALUATION 20'

Parler en continu et Réagir et dialoguer

- Les élèves pratiquent leur évaluation de compréhension orale et écrite. Les compétences « **Parler en continu** » (chanson *Do you like broccoli?*) et « **Réagir et dialoguer** » (activités ritualisées et jeux de marchande pour demander un aliment et son prix) sont évaluées tout au long de la séquence, pendant les moments de jeux ou de *Brain Break*.

Compétences langagières
- Écouter et comprendre
- Lire et comprendre
- Écrire

Écouter et comprendre

1. Énoncer lentement des noms d'aliments. Les élèves vont devoir les numéroter dans l'ordre. « 1 : *a chocolate biscuit* ; 2 : *an ice-cream* ; 3 : *cheese* ; 4 : *apples* ; 5 : *a pie* ; 6 : *a chicken* ; 7 : *fish and chips* ; 8 : *sweets* ; 9 : *a cake* ; 10 : *a hamburger* ; 11 : *soup.* »
Niveau + : 10 : *vegetables* / 11 : *water.*
Répéter une deuxième fois.
2. Faire écouter le dialogue entre un homme, Mike, et une femme, Emma. Les élèves doivent entourer les aliments que chaque personnage aime. Attention : bien écouter jusqu'à la fin car il y a encore des informations sur les gouts de chacun.

Texte du dialogue :
Mike : *For breakfast, I like to eat toast or pancakes and orange juice. Yummy! And you, what do you like to eat for breakfast?*
Emma : *For breakfast, I like to eat cereals and milk. I don't like toast and pancakes. Yuck! Sorry… Mike, do you like eggs for breakfast?*
Mike : *Yes, I do. But I prefer bacon and eggs.*
3. Faire une dictée de prix et les élèves doivent écrire en chiffres les prix entendus en *pence* et en *pounds*. L'enseignant dit :

– *pizza : four pounds*
– *tea : three pounds fifteen* ou *three pounds and fifteen pence*
– *lollipop : thirty-five pence*

Niveau + :

– *eggs : two pounds ninety-nine* ou *two pounds and ninety-nine pence*
– *yoghurt: one pound thirty* ou *one pound and thirty pence*

4. Le professeur lit 4 passages du livre dans le désordre : *1. Little Red Riding Hood / 2. The three Little Pigs / 3. The Gingerbread Man / 4. Chicken Licken pour le* Niveau +. Il demande aux élèves de coller les images correspondantes au fur et à mesure de sa lecture. Ils doivent ainsi relever des mots connus et faire le lien avec les images pour retrouver les pages correspondantes.

Lire et comprendre

5. L'élève remet dans l'ordre la question et la recopie correctement.
6. L'élève sépare les mots de la phrase et la recopie correctement.
7. L'élève lit le menu et relie les mots aux images.
Niveau + : l'élève lit le dialogue en imaginant que Wee Willy Winky aide Mr Wolf à créer « *a shopping list* ».

Écrire

8. L'élève doit créer des phrases à l'aide d'une banque de mots. Il doit utiliser un sujet différent à chaque fois.
9. L'élève répond à des questions sur ses gouts.
Les élèves qui ont terminé plus tôt peuvent réécouter l'histoire avec les casques MP3, si vous en avez.

3. ÉLÉMENT CULTUREL / CIVILISATION 10'

Pancake Day

- Demander aux élèves s'ils savent ce que sont les « pancakes » mentionnés à la fin du livre. Cela permet de voir ce que les élèves connaissent sur le sujet.
- Distribuer la leçon de civilisation sur *Pancake Day*. Les élèves prennent connaissance du texte en français. Ils reformulent ce qu'ils ont compris.

Compétences langagières
- Fête calendaire : *Pancake Day*
- Lire et comprendre
- Écrire

The pancakes recipe

- Confier aux élèves qu'on va leur donner la recette des pancakes de Mr Wolf. Les élèves vont devoir aider Mr Wolf à lire la recette.
- Présenter les flashcards des ingrédients pour réaliser les pancakes. Dire: « *You need flour, milk, water, eggs, sugar, butter and lemon juice.* »
- Faire répéter les nouveaux mots collectivement et en groupes.

PHONOLOGIE :
- Réalisation du [ʃ] de ***s**ugar* et compléter la maison du son [ʃ]
- Réalisation du [ʌ] de *b**u**tter*
- Réalisation du [dʒ] de ***j**uice*
- Réalisation du i court [i] de *recip**e***
- Prononciation de *flour* : [flaʊə]

- Lire la recette des pancakes et mimer les gestes. Les élèves reformulent ce qu'ils ont compris, dans l'ordre. Puis les élèves volontaires relisent la recette à haute voix. Enfin, ils la recopient dans l'ordre de la réalisation. Évaluer ainsi la capacité des élèves à recopier un court texte sans erreurs.
- Ils pourront réaliser la recette à la maison.

4. SUMMARY 1'

Qu'avez-vous appris ?

« What did you learn? »
Les élèves récapitulent tout ce qu'ils ont retenu de la leçon de civilisation.

Synthèse
- Retour en français sur les acquis de la séance

PROLONGEMENTS

- **Dans les activités ritualisées : lors de la fête du 100e jour d'école**, on pourra organiser « a *pancake race* » pendant 100 secondes en jeu de relai avec des poêles et de véritables crêpes. La moitié de la classe jouera en organisant des groupes de relai tandis que l'autre comptera jusqu'à 100 à voix haute. Puis, on inversera les rôles. On pourra terminer avec une dégustation de crêpes. D'autres idées d'activités pour le 100e jour d'école figurent sur mon blog : http://tinyurl.com/y9wk7mvm
- **Mise en réseau** : on peut lire l'album *The Great Pet Sale* de Mick Inkpen et rendre l'écoute active. À la 2e écoute, on peut lire le livre sans montrer les images et les élèves doivent écrire le prix de chaque animal dans l'ordre.

CROISEMENTS ENTRE ENSEIGNEMENTS

- **FRANÇAIS** / Lecture, production d'écrits : produire des écrits variés. On peut travailler sur la spécificité de la recette de cuisine.

SÉANCE 10

FORMULES DE POLITESSE : *GOOD MANNERS*

Éléments culturels

Les Anglais sont connus pour leurs bonnes manières (« *good manners* »).

Matériel

Dans le DVD-Rom

Pour l'étape 2
- Exercice *Likes and Dislikes*

Pour l'étape 3
- Flashcards sur les formules de politesse

Pour l'étape 4
- Jeu de plateau et cartes pions

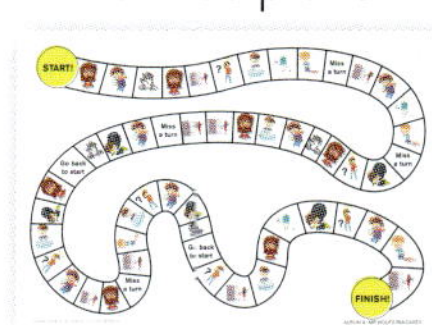

- Diplôme de politesse

Pour l'étape 5
- Fiche mémo *Good manners*

1. WARMING UP 5'

Activités ritualisées

▸ ***Question box* des activités ritualisées à l'écrit**
Voir album n° 1 pour le déroulement de la *Question box*.

Compétences langagières
- Lire et comprendre

2. RECYCLING 5'

Like

▸ **Exercice de décontextualisation**
- Construire des phrases à partir d'un tableau à double entrée (2 niveaux). N'écrire que ce que les personnages aiment, pas ce qu'ils n'aiment pas (la forme négative n'a pas été vue à la 3e personne du singulier).

Compétences langagières
- Lire et comprendre
- Écrire
- Parler en continu

- Attention à la 3e personne du singulier : « *He/She likes…* » et au S au pluriel de « *bananas, chocolate biscuits* » mais pas pour « *fish, cheese* ». On peut écrire les mots au tableau si nécessaire.

Good manners

- Demander aux élèves ce qui aurait pu se passer si les personnages avaient été gentils et polis. Leur demander quelles formules de politesse ils connaissent en anglais. Ils vont se souvenir de « *Hello, goodbye, please, thank you, May I go to the toilet?* » vus tout au long du début d'année, même hors classe d'anglais.

3. TEACHING 10'

Speak like Mr Wolf

- Proposer aux élèves d'apprendre à parler comme Mr Wolf, en utilisant des formules de politesse.
- Afficher au tableau des flashcards qui serviront d'appui pour apprendre de nouvelles formules. En fonction des connaissances des élèves, toutes les flashcards ne seront pas forcément conservées pour la mémorisation.
- Montrer les flashcards « *Sorry, I don't understand / please / thank you / excuse me / enjoy your meal / bless you / welcome / May I go to the toilet please? / Can you help me?* »
- Pour chaque flashcard, demander à quels moments on peut les utiliser dans la vie de la classe.

Synthèse

- Retour en français sur les acquis de la séance

Jeux de mémorisation

- Travailler uniquement sur les formulations que les élèves ne connaissent pas.

► ***Point to***

Afficher les flashcards à plusieurs endroits de la classe. Demander : « *Point to… Welcome* » et les élèves montrent du doigt la bonne flashcard.

► ***The magic Eye***

Afficher les flashcards dans un certain ordre au tableau. Tout le monde énonce les mots des formules de politesse dans cet ordre. L'enseignant enlève une carte et on répète ces mots, comme si la flashcard enlevée était encore présente. On enlève ensuite une 2e flashcard et on recommence, etc.

Vers l'écrit

- Écrire sur un côté du tableau les formules de politesse sous forme de liste. De l'autre côté, afficher les flashcards dans le désordre.
- Les élèves doivent lire et chercher des indices permettant de retrouver les formules écrites étudiées à l'oral. Demander de venir associer une carte à une image. Lire à haute voix la formule puis la faire répéter. Terminer avec une relecture de toutes les formules par des élèves volontaires.

4. LEARNING 15'

Good manners

► ***Sketchtime***

- Les élèves viennent mimer des situations. Les autres doivent dire quelle formule il faut utiliser. Ex. : un élève éternue, les autres doivent dire : « *Bless you!* » Un autre ramasse un stylo tombé par terre, ils doivent dire : « *Thank you* », etc.
- Les élèves disposent du tableau pour s'aider en cas d'oubli.

Compétences langagières

- Parler en continu
- Lire et comprendre

► ***Board game***

- Présenter un jeu de plateau tout simple pour jouer en binôme. Il s'agit de lancer le dé et d'avancer son pion et de terminer en premier. À chaque fois qu'un élève tombe sur une case, il doit donner la formule de politesse. S'il n'y parvient pas, il retourne à la case précédente. « *Throw the dice, move your pawn, look at the picture and say the right word or the right sentence.* » Attention aux cases « *Miss a turn* » (passe ton tour) et « *Go back to start* » (retourne au début).
- Les élèves reçoivent tous un diplôme de politesse à la fin du jeu où ils écrivent leur prénom.

5. READING, WRITING 10'

Fiche mémo

- Faire coller la fiche mémo des formules de politesse « *Good manners* ». La lire à haute voix puis la faire lire par plusieurs élèves volontaires.

▸ **Mise en réseau (facultative)**

- *The Elephant and the Bad Baby* de Elfrida Vipont and Raymond Briggs. C'est un conte moderne où il est question de *pancakes*, d'aliments, de *shopping* et de bon comportement.
- Demander aux élèves ce qu'ils ont compris, quels sont les personnages : « *Who are the characters?* »
- Proposer de trouver une morale à ce conte amusant.

Compétences langagières
- Exposition à un long flux langagier
- Écouter et comprendre
- Lire et comprendre
- Écrire

6. SUMMARY 1'

Qu'avez-vous appris ?

« *What did you learn?* »
Des formules de politesse.

Synthèse
- Retour en français sur les acquis de la séance

PROLONGEMENTS

- Poursuivre ou commencer **un affichage répertoriant les adjectifs relatifs au portrait moral des personnages rencontrés**. Écrire « *clever* » (pour la souris du *gruffalo*), « *silly* » pour le renard, la chouette et le serpent du *gruffalo*, « *bad* », « *rude* » pour les voisins du loup, « *kind, polite* », pour le loup.
- **Dans les activités ritualisées** : même hors classe d'anglais, on peut réutiliser ces formules de politesse. Les élèves prendront vite l'habitude d'en faire autant.

SÉANCE 11

CIVILISATION : *VALENTINE'S DAY*

Éléments culturels

- Fête calendaire
- Comptines et poèmes traditionnels anglo-saxons pour la Saint-Valentin

Consignes pour fabriquer la carte :
http://tinyurl.com/ya8mcun6

Matériel

Feuilles de papier aux couleur de la St Valentin

Dans le DVD-Rom

Pour l'étape 2
- Fiche mémo de civilisation *Valentine's Day*

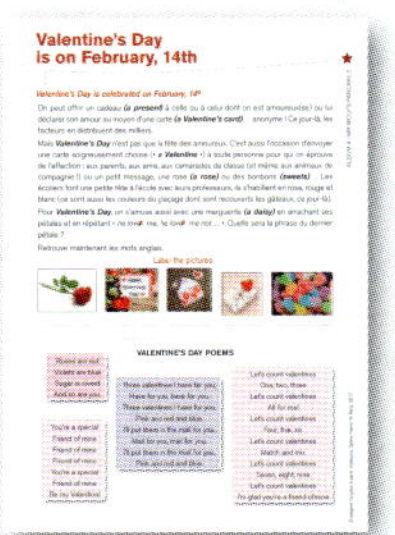

- Flashcards collectives des consignes de l'album 2

Pour l'étape 3
- Gabarit de la carte (*Valentine's Card*)

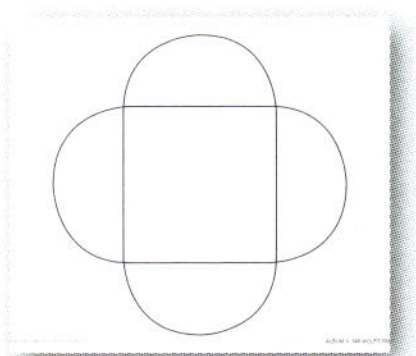

Pour l'étape 4
- Dé à construire

En amont, l'enseignant aura demandé de revoir la fiche mémo des consignes de classe : « *Classroom English* ».

1. WARMING UP 10'

Activités ritualisées

Procédure habituelle.

Compétences langagières
- Réagir et dialoguer
- Écouter et comprendre

2. RECYCLING 15'

Valentine's day

Compétences langagières
- Parler en continu
- Lire et comprendre
- Écrire

- Demander ce que les élèves savent de *Valentine's Day*. Distribuer ensuite la leçon de civilisation. Les élèves la lisent silencieusement. Demander s'ils ont appris quelque chose de nouveau ou, en fonction des connaissances de départ, demander de trouver une information qu'on aura ciblée.
- Lire ensuite à haute voix les mots anglais et les poèmes et les faire relire à des élèves volontaires.
- Les élèves complètent ensuite les images en recherchant les mots dans le texte.
- Le poème « *Roses are red* » sera donné à apprendre par cœur.
- Proposer d'écrire des lettres et des cartes pour la Saint-Valentin. Pour cela, il faut réviser le lexique des consignes en anglais.

▸ ***Simon says / Mime***
- Revoir le lexique des consignes, notamment celles qui vont servir à la réalisation de la carte : *write, draw, colour, cut, stick, fold, take your markers, take your scissors.* Les élèves doivent mimer les actions uniquement si le meneur de jeu dit « *Simon says* ».
- Laisser la place aux élèves pour mener le jeu, car les consignes ont été vues avec l'album n° 2.

3. TEACHING 10'

Fabrication de la carte

Compétences langagières
- Écouter et comprendre
- Parler en continu

- Laisser à disposition des gabarits sur feuilles de couleur que les élèves peuvent venir choisir.
- Montrer la vidéo de fabrication en anglais. Demander aux élèves ce qu'ils ont compris. La 2e écoute sert de vérification.
- Les élèves fabriquent et décorent leur carte avec les *markers* (voir exemple dans le DVD-Rom).
- Passer dans les rangs, encourager, conseiller, répéter et faire répéter.

4. LEARNING 10'

Valentine's day card

Compétences langagières
- Exposition à un long flux langagier
- Écouter et comprendre
- Écrire

- Il reste maintenant à glisser un message à l'intérieur de l'enveloppe-carte. Les élèves peuvent choisir un des poèmes de la fiche mémo de civilisation et le recopier.

▸ **Jeu pour *Valentine's Day***
- Les élèves vont construire un dé à l'aide d'un gabarit. Puis, ils vont le lancer et faire ce qui est demandé, pour un ami de la classe. Cela peut être : dessiner quelque chose sur le thème de la Saint-Valentin, écrire une lettre, faire une carte, chanter une chanson en anglais, lire / réciter un des poèmes en anglais ou faire un petit cadeau (qui sera au choix : un dessin, une carte, une lettre, une chanson).
- Dire : « *Throw the dice, and*
  - *draw something or*
  - *make a card or*
  - *write a letter or*
  - *sing a song or*
  - *read a poem or*
  - *give a present to your friend.* »
- Les élèves jouent avec le dé. Ils choisissent l'ami à qui ils veulent faire plaisir.

Variante Organiser un tirage au sort avec des petites étiquettes au nom des élèves de la classe pour être sûr que chacun reçoive quelque chose.

- Les élèves ont la semaine pour préparer leur petit présent de Saint-Valentin. Ils se l'offriront en fin de semaine.

5. READING, WRITING 5'

Valentine's day card

- Les élèves collent la carte fabriquée dans le cahier d'anglais pour mémoire.
- Le dé peut être réutilisé en mathématiques lors d'une séance sur les solides.

Synthèse
- Retour en français sur les acquis de la séance

6. SUMMARY 1'

Qu'avez-vous appris ?

« *What did you learn?* »
- La fête de *Valentine's Day* et une façon de faire une carte originale en suivant des consignes en anglais.
- Donner à apprendre le petit poème de la leçon « *Roses are red…* ».

Synthèse
- Retour en français sur les acquis de la séance

PROLONGEMENTS

- **En autonomie**, les élèves peuvent fabriquer d'autres cartes avec de petits messages ou utiliser la « *mail box* » de la classe à destination de l'enseignant.

CROISEMENTS ENTRE ENSEIGNEMENTS

- **ÉDUCATION MUSICALE** : les élèves peuvent chanter la chanson des **Beatles *« Love me do »***. Les paroles et le lien de la chanson sont disponibles sur mon blog : http://tinyurl.com/ycszq4l2
- **MATHÉMATIQUES / GÉOMÉTRIE** : solides. Éléments du programme : vocabulaire approprié pour nommer des solides (cube). Utiliser des représentations planes de solides (patrons). Le patron du dé pourra être réutilisé dans une séance sur les solides et le cube.

Album 5

My Brother

Anthony Browne

▸ *Clothes, sports, BE et PLAY au présent*

L'objectif final de cette séquence est de rendre les élèves capables de parler de leurs sports favoris et de décrire leur tenue ou celle des autres.

Il faudra penser à faire évoluer les activités ritualisées pendant le temps de *Warming up*, en suivant le tableau indicatif, selon les progrès des élèves.

MY BROTHER

Anthony Browne

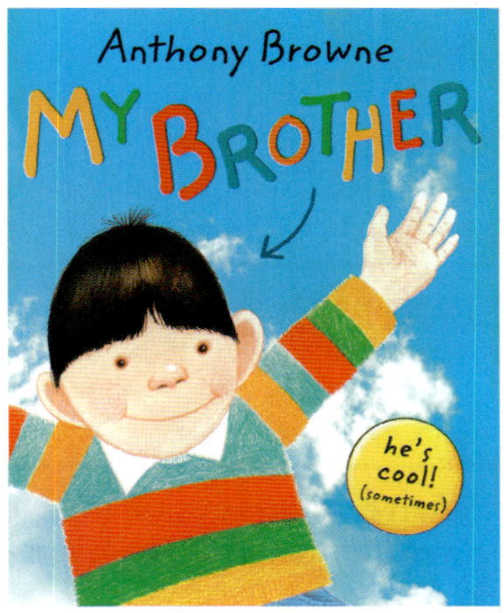

Anthony Browne est un écrivain et un dessinateur anglais. Il est l'auteur d'ouvrages incontournables de la littérature de jeunesse comme *Voices in the park* (« *Une histoire à quatre voix* »), *Silly Billy* (« *Billy se bile* ») ou la série des *Willy* (« *Marcel* », en français) avec de multiples références aux œuvres d'art. Anthony Browne a reçu de nombreuses récompenses pour ses livres ou ses illustrations, comme la médaille Kate Greenway, le prix Kurt Maschler, le *Waterstones Children's Laureate* et le célèbre prix Hans Christian Handerson, surnommé « le petit prix Nobel de littérature », pour l'ensemble de son œuvre en 2000.

L'album **My Brother** a été primé « *Best Children's Book of the Year* » en 2008. Il raconte l'histoire d'un jeune garçon qui idolâtre son frère, dépeint comme un héros dans toutes ses activités quotidiennes. L'affirmation de soi finale du jeune narrateur ne laissera pas les élèves insensibles. Cet album fait suite à *My Dad* et *My Mum*, présentant de manière humoristique la famille de l'auteur. Ici, il s'agit de son frère ainé, Michaël. On y retrouve l'univers d'Anthony Browne avec la présence du gorille King Kong, animal qui le fascine et lui rappelle son père, mais aussi des références aux illustrations qu'il a produites dans d'autres ouvrages comme le chat de l'album *The Daydreamer*.

Du point de vue de la langue, l'intérêt de l'album réside dans l'utilisation du présent du verbe être en anglais « *be* » et des champs lexicaux des vêtements et des sports. Le texte est court avec une phrase par page, ce qui permettra de nombreuses écoutes avec appropriation par les élèves du lexique et des tournures, de manière implicite.

Un travail en Français sur le grand texte et en Arts sur les illustrations pourra être mené en parallèle sur le livre *Une histoire à quatre voix*, sans oublier la mise en réseau avec d'autres albums de l'auteur.

Lien Youtube de la lecture à haute voix :
http://tinyurl.com/y8lxnudg

PROJET / TÂCHE FINALE

Réaliser une page pour se décrire et parler de ses gouts sur le même modèle que l'album **My Brother**, comme dans les magazines où l'on interviewe les stars : une photo légendée avec le nom des vêtements en anglais, les sports que l'on aime ou que l'on n'aime pas et, éventuellement, une photo du sportif préféré légendée. Cette page peut être réalisée au format papier ou au format numérique, photographiée et sonorisée avec Adobe Spark Video.

Il faudra prévoir de prendre les élèves en photo lors des défilés de mode de la séquence, pour le projet en séance 12.

La séquence commence par une leçon de civilisation sur *St. Patrick's Day*, fête célébrée en mars, avec une révision des vêtements et des prépositions de localisation.

QUELQUES PRÉCISIONS AVANT DE COMMENCER

- Il y a de nombreux jeux avec flashcards. **L'idéal est de les découper ou de les faire découper avant la séance pour ne pas perdre trop de temps.**
- L'enseignant a en permanence avec lui sa grille d'évaluation pour les compétences « **Réagir et dialoguer** » et « **Parler en continu** ». La compétence « Parler en continu » peut être évaluée pendant les séances avec la chanson « *The fashion show* », ou en classe, hors cours d'anglais, pendant les activités de *Brain Breaks* (voir grille dans le DVD-Rom).
- **Durant cette période, vous allez atteindre le 100e jour d'école**, que les élèves anglo-saxons fêtent traditionnellement. Des idées d'activités autour de cet évènement sont proposées sur mon blog : http://tinyurl.com/y9wk7mvm
- Encore une fois, l'exploitation proposée est riche en activités que l'on peut moduler suivant les connaissances et les compétences de ses élèves.

COMPÉTENCES TRAVAILLÉES AUTOUR DE CET ALBUM

Attendus de fin de cycle et compétences travaillées dans le module MY BROTHER	Domaines du socle
Écouter et comprendre L'élève est capable de comprendre des mots familiers et des expressions très courantes sur lui-même, sa famille et son environnement immédiat. ▪ Comprendre des mots familiers et des expressions courantes : les vêtements, les sports. ▪ Extraire l'information d'un message de courte durée. ▪ Suivre le fil d'une histoire.	**1, 2**
Lire et comprendre L'élève est capable de comprendre des mots familiers et des phrases très simples. ▪ Comprendre des mots familiers et des phrases très simples. ▪ Comprendre un texte court et simple en s'appuyant sur des éléments connus.	**1, 2**
Parler en continu : évalué avec la grille de l'enseignant tout au long de la séquence ou lors des moments de *Brain breaks* : chanson *The fashion show* L'élève est capable d'utiliser des expressions et des phrases simples pour parler de lui et de son environnement immédiat. ▪ Reproduire un modèle oral, répéter : **chanson *The fashion show*** ▪ Se présenter oralement et présenter les autres : ***Ball game* (séance 9)** ▪ Lire à haute voix un texte bref. **Lecture de sa production écrite (séance 12)**	**1, 2, 3**
Écrire L'élève est capable de copier un modèle écrit, d'écrire un court message et de renseigner un questionnaire simple. ▪ Copier des mots isolés et des textes courts. ▪ Produire de manière autonome quelques phrases sur soi-même, les autres, des personnages réels ou imaginaires. ▪ Renseigner un questionnaire.	**1, 2, 3**
Réagir et dialoguer : évalué avec la grille de l'enseignant tout au long de la séquence. L'élève est capable de communiquer de façon simple, à condition que l'interlocuteur soit disposé à répéter ou à reformuler ses phrases plus lentement et à l'aider à formuler ce qu'il essaie de dire. ▪ Établir un contact social **(activités ritualisées)**. ▪ Demander à quelqu'un de ses nouvelles et réagir en utilisant des formules de politesse **(activités ritualisées)**. ▪ Dialoguer sur des sujets familiers **(activités ritualisées)**. ▪ Dialoguer pour échanger ou obtenir des renseignements.	**1, 2**
Découvrir les aspects culturels d'une langue vivante étrangère et régionale Identifier quelques grands repères culturels de l'environnement quotidien des élèves du même âge dans les pays ou régions étudiés : ***St. Patrick's Day, British & American Sports, The Queen's birthday.***	

SÉANCE 1

CIVILISATION : *ST. PATRICK'S DAY*

Éléments culturels

- Fête calendaire : *St. Patrick's Day*, l'Irlande, le leprechaun
- *Tee-shirt* est le mot écrit anglais, *t-shirt* est le mot écrit américain.

Matériel

Dans le DVD-Rom

Pour l'étape 1

Auto-évaluation

Pour l'étape 2

- Flashcards des prépositions de localisation (album 3)
- Étiquettes-mots des prépositions de localisation (album 3)

Pour les étapes 3, 4 et 5

- Fiche mémo de civilisation *St. Patrick's Day*

- Flashcards collectives et individuelles des vêtements du leprechaun

- Affiche du leprechaun

- Étiquettes-mots des vêtements du leprechaun : collectives pour le tableau et individuelles pour le Memory

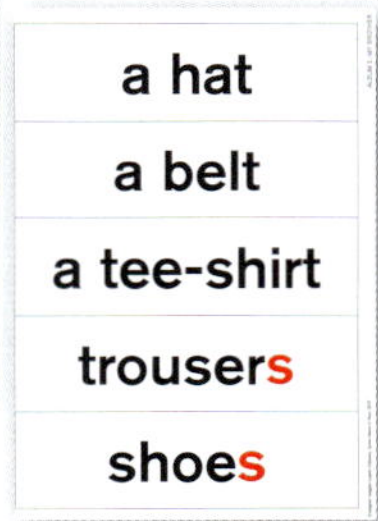

1. WARMING UP 10'

Compétences langagières
- Réagir et dialoguer
- Écouter et comprendre
- Lire et comprendre

Activités ritualisées

- Déroulement habituel.
- Bien insister sur le rituel de *Froggy : « What is Froggy wearing? Froggy is wearing a red hat, a yellow sweater, blue trousers and red shoes »* et faire répéter les élèves en groupes.

Lecture

Relire la fiche mémo sur les prépositions de localisation (album 3).

Écriture autonome

Laisser les élèves écrire de petites phrases avec l'aide des modèles laissés au tableau : *I like… / I don't like… / I prefer…*

Autoévaluation

Distribuer aux élèves le nouveau tableau d'autoévaluation pour l'album 5 concernant les activités ritualisées, pour la compétence « Réagir et dialoguer », afin que les élèves puissent se projeter sur les attendus de cette période.

2. RECYCLING **5'**

Révision des prépositions de localisation

- Les élèves révisent les prépositions de localisation vues dans l'album 3. Pour mémoire, l'enseignant affiche au tableau les flashcards des prépositions de localisation avec les étiquettes-mots : « *on, in, under, in front of, behind, between, next to* ».

Compétences langagières
- Écouter et comprendre
- Parler en continu

▸ **Jeu de *Simon says***

- Commencer à mener le jeu avec toute la classe, puis laisser la place à des élèves volontaires. « *Simon says… go behind the chair, go in front of the chair, go next to the chair, go between the chair et the desk.* » Entre les parties, faire répéter le nom des prépositions comme une comptine à gestes, avec les mains.

3. TEACHING **10'**

St. Patrick's Day

- Demander aux élèves ce qu'ils savent de *St. Patrick's Day*. Ils vont lire ensuite un texte sur cette fête et compléter leurs connaissances. La lecture est sélective. Demander de rechercher certaines informations en fonction des connaissances des élèves.

Compétences langagières
- Écouter et comprendre
- Lire et comprendre

PHONOLOGIE :
- Réalisation du [k] de *lepre**ch**aun*
- Réalisation du [ʃ] de ***sh**amrock*. On peut compléter la maison du son [ʃ].

- Les parties écrites en anglais sont d'abord lues silencieusement par les élèves, afin qu'ils prélèvent des indices, puis par l'enseignant à haute voix. Les élèves expliquent ce qu'ils ont compris et quels mots les ont aidés. Des élèves volontaires peuvent relire le texte.

Astuce

On peut s'appuyer sur une courte vidéo pour illustrer les parades de la Saint-Patrick, comme celle de Londres.

Lien Youtube de la vidéo :
http://tinyurl.com/y9xzha3m

- On s'intéresse plus particulièrement au personnage de la mythologie irlandaise : le leprechaun, qui est très rapide et se cache pour qu'on ne l'attrape pas.
- Afficher au tableau une grande photo du leprechaun et laisser les élèves décrire les habits avec les mots connus, grâce au rituel de *Froggy* : « *The leprechaun is wearing a green hat, a green tee-shirt, green trousers and green shoes.* » L'enseignant ajoute et montre : « *Everything is green, except the belt. The belt is black.* »
- Faire répéter la description physique du leprechaun, collectivement, en groupes, voire individuellement.
- Afficher les flashcards des vêtements au tableau : « *a hat, a tee-shirt, trousers, shoes, a belt* ».

À noter

« *trouser**s*** » est au pluriel (les Anglais disent des pantalons).

- Répétition collective, en variant l'intonation de la voix. Afin de mémoriser, les élèves associent le geste à la parole : ils touchent leurs vêtements ou miment le chapeau, en même temps qu'ils répètent les mots.

PHONOLOGIE :
- Réalisation du [h] de ***h**at* (compléter la maison du son)
- Réalisation du [ʃ] de ***sh**oes* (compléter la maison du son)
- Réalisation du [u:] de *sh**oe**s* et du [i:] long de ***tee**-shirt*
- Allongement de la voyelle dû à la présence d'un R graphique dans *sh**ir**t* : [ʃɜ:t]
- Prononciation de *trous**er**s* : [traʊzəz]

4. LEARNING 15'

Activités à l'oral

Distribuer les mini flashcards.

▸ Jeu de Memory : les vêtements

Les élèves travaillent en binômes. Ils mélangent leurs miniflashcards. Chacun doit former une paire pour remporter les cartes. Il faut impérativement dire les mots à chaque fois que l'on retourne une carte.

Compétences langagières
- Écouter et comprendre
- Parler en continu
- Réagir et dialoguer

Niveau + : les élèves peuvent jouer au jeu du Memory avec un jeu de flashcards-images et un jeu d'étiquettes-mots, s'ils sont déjà à l'aise avec l'écrit.

▸ *Let's chant*

Faire apprendre comme une récitation la phrase « *The leprechaun is wearing a green hat, a green tee-shirt, green trousers and green shoes.* »

▸ *Flash Cards*: les vêtements

- La classe est scindée en trois : chaque groupe tire une flashcard avec un vêtement et doit réciter la phrase parfaitement en remplaçant le mot par un claquement de mains.
- Reprendre plusieurs fois le jeu avec une flashcard différente pour chaque groupe.

▸ Jeu de localisation : *Where is the leprechaun?*

- Les élèves travaillent en binômes, « *pair work* ». L'élève 1 positionne le leprechaun par rapport aux flashcards des habits, sur sa table, et demande : « *Where is the leprechaun?* » L'élève 2 répond : « *It's **on** the belt / it's **under** the belt / **in front of** the belt / **behind** the belt / **between** the belt and the shoes.* »
- Puis, on inverse les rôles.
- On peut d'abord faire le jeu avec la classe entière avant de laisser les élèves seuls. Passer ensuite dans les rangs pour encourager, aider, faire répéter.

Niveau + : les élèves ajoutent la couleur : « *It's **on** the black belt / it's **under** the green hat / **in front of** the green tee-shirt / **behind** the green trousers / **between** the black belt and the green shoes.* »

5. READING, WRITING 5'

Vers l'écrit

▸ Jeu d'association des mots et des images : *Label the pictures*

- Afficher les flashcards d'un côté du tableau puis les étiquettes-mots un peu plus loin. Demander aux élèves d'identifier les mots écrits et de dire sur quels indices ils s'appuient.
- Lire les étiquettes-mots puis les faire relire plusieurs fois par les élèves.
- Demander ensuite à des volontaires de venir au tableau pour associer les mots aux images. Dire : « *Come to the board and label the pictures.* » et montrer un exemple si nécessaire.

Compétences langagières
- Lire et comprendre
- Écrire

▸ *The leprechaun*

- Les élèves collent une petite image du leprechaun dans le cahier d'anglais. Ils légendent ses vêtements : « *a green hat, a green tee-shirt, green trousers, green shoes* ».

▸ *St. Patrick's Day*

- Les élèves collent la leçon de *St. Patrick's Day* dans le cahier d'anglais.

6. SUMMARY 1'

Qu'avez-vous appris ?

« What did you learn? »

- Un élément culturel : la Saint-Patrick, fête d'origine irlandaise ; révision des prépositions de localisation et des vêtements.
- On pourra demander aux élèves de se vêtir de vert, s'ils le souhaitent, le jour de la Saint-Patrick.

Synthèse
- Retour en français sur les acquis de la séance

PROLONGEMENTS

En autonomie : les élèves peuvent visionner la courte vidéo sur la parade de *St. Patrick's Day*, à Londres. Lien Youtube : http://tinyurl.com/y9xzha3m

Ils peuvent également regarder un reportage d'une minute sur les sites incontournables de l'Irlande. Lien Youtube : http://tinyurl.com/yce33ksv

Pour les amateurs de danse, voici une courte vidéo de danses irlandaises, de la compagnie « Feet of Flames ». Lien Youtube : http://tinyurl.com/y7up88r6

SÉANCE 2

MY BROTHER / LES VÊTEMENTS

Éléments culturels

« *Pants* » est le mot américain pour pantalon, « *trousers* » est le mot anglais. Mais en anglais, « *pants* » désigne un vêtement proche du caleçon ou du short, sous-vêtement masculin. Cela se voit dans l'album **My Brother**.

Matériel

Album **My Brother**

Lien de la lecture à haute voix si nécessaire :
http://tinyurl.com/y8lxnudg

Dans le DVD-Rom

Pour l'étape 2

- Flashcards collectives et individuelles des vêtements du leprechaun
- Étiquettes-mots des vêtements du leprechaun

Pour les étapes 3 et 4

- Flashcards collectives des vêtements

- Flashcards individuelles des vêtements en noir et blanc

- Étiquettes-mots des vêtements

a hat
a belt
a tee-shirt
trousers
shoes

Pour l'étape 5

- Exercices (2 niveaux)

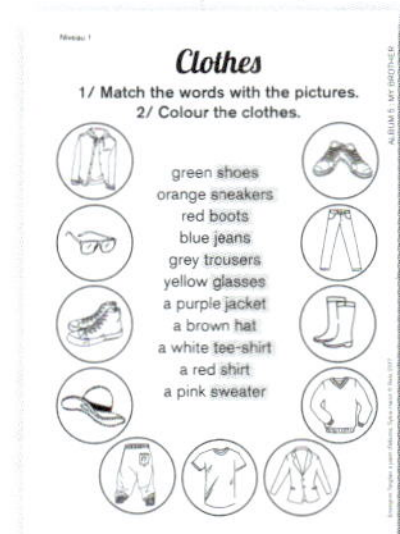

1. WARMING UP 10'

Activités ritualisées

- Déroulement habituel.
- Penser à faire évoluer les questions des rituels.
- On peut introduire la description physique d'un camarade : « *He/She has got red hair and green eyes.* »

Compétences langagières
- Réagir et dialoguer
- Écouter et comprendre
- Lire et comprendre
- Écrire

Lecture

Relire quelques maisons de sons du cahier d'anglais.

Écriture autonome

Procédure habituelle : *I like… / I don't like… / I prefer… / Do you like…?*

2. RECYCLING 5'

Les vêtements

Compétences langagières
- Parler en continu
- Lire et comprendre

▶ ***Let's chant***

- Reprise de la récitation de la séance précédente : avec la phrase « *The leprechaun is wearing a green hat, a green tee-shirt, green trousers and green shoes* ».
- La classe est scindée en trois. Chaque groupe tire une flashcard avec un vêtement et doit réciter la phrase parfaitement en remplaçant le mot par un claquement de mains.
- Reprendre plusieurs fois le jeu avec une flashcard différente pour chaque groupe.

▶ **Exercice : *Match the pictures with the words***

- Afficher les flashcards-images des vêtements sur un côté du tableau et en face, dans le désordre, les étiquettes-mots des habits vus en séance 1 : « *a tee-shirt, a hat, a belt, trousers, shoes* ». Laisser un temps de lecture puis demander aux élèves de relier les images avec les mots.
- Quelques élèves volontaires peuvent épeler les mots.

Niveau + : écrire les mots au tableau et enlever certaines lettres des mots écrits. Demander aux élèves volontaires de compléter. « *What letters are missing?* »

3. TEACHING 15'

> **Compétences langagières**
> - Écouter et comprendre

Lecture de l'album

- Lire l'album **My Brother** jusqu'à « *And guess what?* ». Demander ce que les élèves ont compris. La restitution se fait en français. Les élèves remarquent que le narrateur admire son frère car tout ce qu'il fait est « cool » et fantastique : quand il danse, quand il court, quand il fait du football, du skateboard ou quand il se déguise. L'album lui est entièrement consacré. La répétition de « cool » est presque lourde mais elle crée une sorte de musicalité. Demander aux élèves ce que « cool » signifie : cela veut dire en langage familier « bien, sympa » mais c'est aussi la traduction de « frais, froid ». On peut alors lire et faire interpréter la dédicace du début de l'album : « *To my brother Michaël who isn't cool. He is warm* » (travail sur le sens figuré du mot).
- On retrouve l'univers d'Anthony Browne avec de petits détails comme les dents de vampire sur les chaussures, le micro en forme de glace, les graphismes du caleçon, des références à des films comme le gorille King Kong ou la pose célèbre de John Travolta dans le film *Saturday Night Fever*, les *boots* en moins. Montrer les images du DVD-Rom si les élèves ne connaissent pas.
- Demander ensuite : « *Who is the character?* » et quels mots les élèves ont compris et retenus : « *What words did you pick out?* » Ils reconnaissent généralement des mots transparents : « *jeans, sandals, shirt, medallion, cape, King Kong, skateboard, bubbles* », les parties du corps : « *hair, ears, teeth* », les mots connus : « *goal, book, giant, wolf, monsters, cat* ».

Enrichissement du lexique

- Les élèves vont enrichir le lexique des vêtements avec des mots du livre. Présenter les flashcards des nouveaux mots : « *jean**s**, sneaker**s**, a sweater, a shirt, a suit, a jacket, glasse**s**, boot**s*** ».

Niveau + : ajouter « *a cape, sandals, pants* ».

À noter

Shirt désigne une chemise. Le mot « *jean**s*** » est au pluriel (les anglais disent des *jeans*).

PHONOLOGIE :
- Réalisation du i court [ɪ] de *glass**e**s*
- Réalisation du i long [iː] de *sn**ea**kers*
- Réalisation du [dʒ] de ***j**eans*
- Non-réalisation du R de *sweate**r***
- Réalisation du son [z] de *sandal**s**, sneaker**s**, jean**s**, glasse**s***
- Réalisation du son [s] de *boot**s**, pant**s***
- Prononciation de ***suit*** : [sjuːt]
- Réalisation de la diphtongue [eɪ] de *c**a**pe*

GRAMMAIRE :
L'enseignant rappelle l'absence de mot pour l'article indéfini au pluriel : « *jean**s**, sandal**s**, sneaker**s**, glasse**s*** ».
Pour faciliter l'utilisation, **on peut classer d'un côté du tableau les vêtements utilisés au singulier et, de l'autre, les vêtements au pluriel**.

- L'enseignant répète de nombreuses fois les mots nouveaux. Puis, il fait répéter collectivement, en groupes, voire individuellement.

▸ ***Flash Cards***
Pour rendre la répétition moins lassante, on peut faire un jeu de *Flash Cards :* on montre très vite la flashcard et les élèves doivent dire le mot, puis on vérifie.

4. LEARNING 10'

Jeux de compréhension : *Stand up*

- Distribuer les miniflashcards aux élèves.
- Les élèves se lèvent s'ils portent le vêtement énoncé par l'enseignant : « *Stand up if you are wearing glasses / a sweater / jeans / etc.* ». S'ils n'ont pas le vêtement en question, comme « *a suit* » par exemple, ils montrent la miniflashcard correspondante, sans se lever.

Compétences langagières
- Écouter et comprendre
- Parler en continu
- Réagir et dialoguer

Niveau + : on peut ajouter des couleurs : « *Stand up if you are wearing black sneakers, a grey shirt, etc.* ».

Jeu de production orale *Pick a card and say the word*

- Les élèves travaillent en binômes. Ils mélangent leurs flashcards et tirent une carte chacun à leur tour. Ils doivent prononcer le bon mot pour conserver la carte. Dans le cas contraire, la carte est remise dans le tas.
- Reprendre le jeu dans un 2e temps en utilisant la structure « *I have got… a suit, sneakers, etc.* » à chaque carte tirée.

Jeu d'interaction orale : *Meet someone*

- Les élèves se promènent avec leur flashcard et demandent à un camarade qu'ils croisent : « *Have you got sneakers?* ». Le camarade répond « *Yes, I have./No I haven't.* » et il pose à son tour une question.
- On peut mener le jeu en collectif avant de laisser les élèves seuls. Passer dans les rangs pour aider, encourager, faire répéter.

Vers l'écrit : *Label the pictures*

- Afficher les flashcards-images d'un côté du tableau puis les étiquettes-mots un peu plus loin. Demander aux élèves d'identifier les mots écrits et de dire sur quels indices ils s'appuient. Les mots ont été étudiés à l'oral, les élèves vont observer comment ils s'écrivent.
- Lire les étiquettes-mots puis les faire relire plusieurs fois par les élèves.
- Demander ensuite à des volontaires de venir au tableau pour associer les mots aux images. Dire : « *Come to the board and label the pictures* » et montrer un exemple si nécessaire.

5. READING, WRITING 5'

Exercice

- Les élèves font un exercice (2 niveaux) où il faut relier et colorier en suivant les consignes écrites. Ils le collent dans le cahier.

Compétences langagières
- Lire et comprendre

6. SUMMARY 1'

Qu'avez-vous appris ?

« *What did you learn?* » L'histoire de **My Brother** et le nom de nouveaux vêtements.

Synthèse
- Retour en français sur les acquis de la séance

Lancer le projet

Réaliser une page pour se décrire et parler de ses gouts sur le même modèle que l'album **My Brother**, comme dans les magazines où l'on interviewe les stars : une photo légendée avec le nom des vêtements en anglais, les sports que l'on aime ou que l'on n'aime pas et, éventuellement, une photo légendée du sportif préféré.

CROISEMENTS ENTRE ENSEIGNEMENTS

- **FRANÇAIS** / LEXIQUE : travail sur le sens propre et le sens figuré des mots.

SÉANCE 3

WHAT ARE YOU WEARING TODAY?

Matériel

Un appareil photo numérique

Dans le DVD-Rom

Pour les étapes 2, 3 et 4

- Flashcards collectives des vêtements
- Étiquettes-mots des vêtements
- Flashcards individuelles des vêtements en noir et blanc
- Fiche Enquête 1 : un tableau par élève

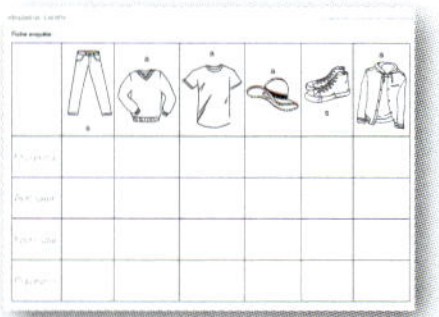

Pour l'étape 5

- Fiche mémo *Clothes* 1 et 2

- Exercice *Clothes*

1. WARMING UP 10'

Activités ritualisées

- Déroulement habituel.
- On pourra par exemple faire évoluer la question du nombre d'absents. On demandera cette fois le nombre de présents, pour réinvestir le lexique de nombres plus grands : « *How many children are there?* » – « *There are… children, today* ».

Compétences langagières
- Réagir et dialoguer
- Écouter et comprendre
- Lire et comprendre
- Écrire

Lecture

Relire quelques maisons de son du cahier d'anglais.

Écriture autonome

Procédure habituelle : *I have got a hat, I have got trousers, I have got black shoes.*

2. RECYCLING 10'

Consolidation du lexique

- Faire répéter le nom de tous les vêtements vus, surtout ceux que les élèves ont du mal à mémoriser.

Compétences langagières
- Écouter et comprendre
- Parler en continu

▸ ***The fashion show***

- Donner l'exemple et défiler devant les élèves à la manière d'un mannequin, en disant ce que l'on porte. Les élèves volontaires défilent à leur tour dans la classe et se présentent : « *I have got [+ couleurs et vêtements]* ». Ex. : « *I have got blue jeans, a black sweater, a white jacket and black shoes.* »
- Reprendre le jeu *The fashion show* et faire passer les élèves par deux : un élève présente l'autre en utilisant « *He / She has got…* ».
- Un responsable prend une photo de chaque élève qui défile et pose.
- L'enseignant fait relire le nom de tous les vêtements vus, surtout ceux que les élèves ont du mal à mémoriser.

3. TEACHING 5'

What are you wearing…?

- Expliquer que l'on va se montrer plus précis. Au lieu de dire ce que l'on a, on va dire ce que l'on porte : « *The question is : What **are** **<u>you</u>** wearing today? The answer is : **I** **<u>am</u>** wearing…* »

Compétences langagières
- Écouter et comprendre

- Répéter de nombreuses fois la question à plusieurs élèves et répondre à leur place en décrivant un ou deux vêtement(s). Montrer du doigt l'élève quand on dit « *you* » et se montrer lorsqu'on dit « *I* ».

PHONOLOGIE :
- Intonation descendante de la question ouverte. *What are you wearing?*

GRAMMAIRE :
Rappeler aux élèves que l'on dit « *Are you…?* » pour poser une question et « *I am…* » pour répondre. Cela a déjà été vu par manipulation guidée dans les activités ritualisées avec les *Feelings*: « ***Are you*** *sad? Yes,* ***I am.*** */ No, I am not.* » Le pronom « *you* » est utilisé pour dire « tu » et « *I* » pour « je », comme cela a été vu avec les albums 3 et 4.

- Recopier au tableau la question et la réponse. Faire répéter de nombreuses fois la question et la réponse, collectivement, en groupes, voire individuellement. Pour rendre la répétition moins lassante, on peut varier le timbre et l'intensité de la voix : « *Speak up, whisper, repeat like a princess, repeat like a monster, repeat like a robot…* ».

À noter

Le choix de la forme ***BE + ing*** pour la question « *What are you wearing?* » au lieu de « *What do you wear?* » est volontaire. En effet, le présent simple est utilisé pour indiquer une habitude, pour une vérité permanente et pour situer une action hors du temps. Or, les vêtements des élèves changent tous les jours. Le présent avec *BE + ing* est plus adapté car il s'emploie pour une action en cours : ils sont en train de porter tels vêtements, sur le moment. C'est pour cela qu'on a ajouté « *today* » à la question, pour que de manière implicite les élèves associent la forme *BE + ing* au moment présent.
La forme *BE + ing* sera utilisée par manipulation guidée, dans cette séquence.

4. LEARNING 10'

Compétences langagières
- Écouter et comprendre
- Parler en continu
- Réagir et dialoguer
- Lire et comprendre
- Écrire

Jeu de compréhension : *Colour the pictures*

- Les élèves reprennent leurs miniflashcards et demandent à l'enseignant : « *What are you wearing today?* » L'enseignant répond : « *I am wearing [+ couleurs et vêtements]* ». Ex. : « *I'm wearing a grey jacket.* » Les élèves colorient la flashcard concernée de la bonne couleur.

▸ ***The fashion show***

Reprendre le jeu avec la nouvelle structure.
- Donner l'exemple et défiler devant les élèves à la manière d'un mannequin. Les élèves demandent en chœur : « *What are you wearing today?* » Répondre : « *I am wearing [+ couleurs et vêtements]* ». Ex. : « *I am wearing blue jeans, a black sweater, a white jacket and black shoes.* »
- Des élèves volontaires défilent à leur tour dans la classe et se présentent : « *I am wearing [+ couleurs et vêtements].* »
- Un responsable prend une photo de chaque élève qui défile et pose.

▸ **Jeu d'enquête : *Survey***
- Les élèves s'interrogent sur leurs habits. Ils vont se promener dans la classe et interroger quatre de leurs amis en demandant : « *What are you wearing today?* » et les autres répondent : « *I am wearing…* ». Ils cochent la case dans le tableau.

Aide Il y a un « *s* » écrit en grisé pour aider les élèves lorsque les mots sont au pluriel et un « *a* » pour les habits employés au singulier.

- Mise en commun : compter en anglais le nombre de personnes qui portent tel ou tel vêtement. Poser la question aux élèves et comptabiliser. « *Put up your hand if you are wearing…* ».
- On peut s'apercevoir que le tableau est incomplet à ce stade de la séquence. Il faudra ajouter d'autres vêtements, notamment pour les filles (*jupes, robes…*).

Niveau + : on peut introduire la forme négative « *I am not wearing jeans* », par exemple.

Vers l'écrit
- Afficher au tableau la silhouette de « *My Brother* » et dessiner une bulle. Les élèves doivent dicter à l'adulte ce que Michaël dit sur les habits qu'il porte : « ***I am wearing*** *a sweater, a white shirt, blue jeans and brown sandals.* » Ajouter l'adjectif « *multicoloured* » pour « sweater ».
- Faire épeler le mot « *wearing* » à plusieurs élèves volontaires.
- Les élèves remettent les mots dans l'ordre et recopient la question sur l'ardoise.

you	wearing	What	?	are

Niveau + : retrouver la question et la réponse :

you	wearing?	What	are	jeans.	am	I	wearing	blue

5. READING, WRITING 10'

Lecture

- Lecture sélective des deux fiches mémo sur les vêtements (2 niveaux) : annoncer le nom des vêtements déjà vus. Les élèves cherchent et lisent uniquement ceux-ci puis les entourent. Rappel des mots étudiés : « *a hat, a tee-shirt, trousers, shoes, jean**s**, sneaker**s**, a sweater, a shirt, a suit, a jacket, glasse**s**, boot**s*** ». Les élèves collent la leçon dans le cahier d'anglais.

Niveau + : « *a cape, sandals, pants* ».

- Puis, les élèves lisent les bulles de la fiche mémo 1 et ils complètent la bulle de *My brother*.
- Lire le nom des habits à haute voix puis faire relire des élèves volontaires.
- Les élèves font l'exercice de lecture avec les tenues. Ils doivent relier le texte de la description à l'image.

Niveau + : les élèves doivent rédiger en plus une description de certaines tenues, en utilisant les modèles.

- Lecture interactive de l'album : relire l'album mais laisser la parole aux élèves pour le nom des vêtements. Ils lèvent la miniflashcard des vêtements au fur et à mesure de la lecture.

Compétences langagières

- Exposition à un long flux langagier

6. SUMMARY 1'

Qu'avez-vous appris ?

« *What did you learn?* »

On sait décrire les vêtements que l'on porte en parlant à la 1re personne : « *I am wearing…* » et poser la question à quelqu'un : « *What are you wearing today?* ».

Synthèse

- Retour en français sur les acquis de la séance

CROISEMENTS ENTRE ENSEIGNEMENTS

- **EMC** : le choix des habits est volontaire pour cette enquête. Le lexique a été étudié pour l'instant par rapport au héros du livre qui est un garçon, « *My brother* ». Dans l'enquête, il manque donc des habits, notamment certains que pourraient porter les filles, comme la robe ou la jupe. Cependant, les filles portent aussi des baskets, des tee-shirts, des vestes et des pantalons. Cela peut donner lieu à un débat autour de certains stéréotypes sexués, suite aux remarques des élèves.

  Extraits du BO : « **Respecter autrui et accepter les différences. Respecter tous les autres et notamment appliquer les principes de l'égalité des femmes et des hommes.** L'égalité entre les filles et les garçons. Analyse de certains stéréotypes sexués à travers des exemples pris dans des manuels ou des albums de littérature de jeunesse ou le cinéma. »

SÉANCE 4

ENRICHISSEMENT DU LEXIQUE DES VÊTEMENTS ET DÉFILÉ DE MODE

Matériel

Un appareil photo numérique

Dans le DVD-Rom

Pour les étapes 2, 3 et 4

- Flashcards collectives des vêtements (suite)
- Flashcards individuelles des vêtements en noir et blanc
- Fiche Enquête 2 : un tableau par élève

Pour l'étape 5

- Fiche *Clothes* 1 et 2 :

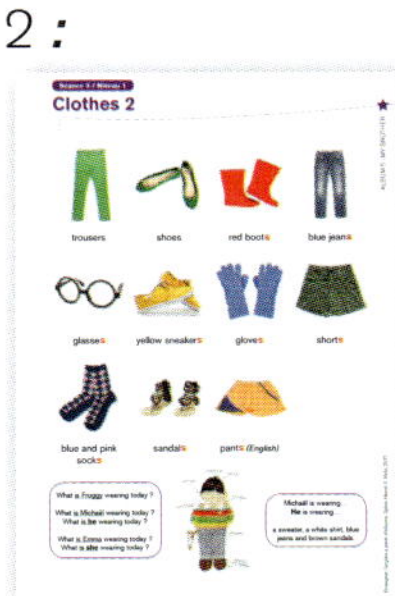

- Mots croisés :

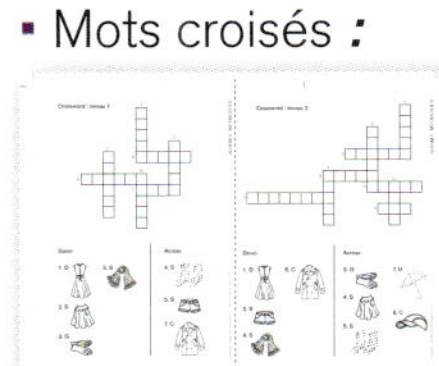

Astuce En amont, l'enseignant peut demander aux élèves de venir déguisés pour le défilé de mode.

1. WARMING UP 10'

Compétences langagières
- Réagir et dialoguer
- Écouter et comprendre
- Lire et comprendre
- Écrire

Activités ritualisées
- Déroulement habituel.
- On peut changer la question des couleurs. Un élève demande : « *Do you like blue?*
  – Yes, I do. / No, I don't. »

Lecture
Procédure habituelle

Écriture autonome
I am wearing... / I have got / He/She has got... [+ vêtements].

Niveau + : *I am wearing..., I am not wearing...*

2. RECYCLING 10'

Compétences langagières
- Écouter et comprendre
- Réagir et dialoguer

Les vêtements

▸ **Jeu de cour : *Please Mr Crocodile***
- Délimiter une bande de terrain, « *the river* » avec deux crocodiles qui doivent rester à l'intérieur. De chaque côté du terrain, répartir la classe en deux groupes. Chaque groupe va demander à traverser la rivière : « *Please, Mr Crocodile, can I cross the river?* » Les crocodiles acceptent uniquement pour ceux qui portent le vêtement tiré au sort : « *Yes, if you are wearing a sweater.* » Ces élèves-là peuvent traverser la rivière sans se faire toucher. Les autres le peuvent aussi, mais risquent de se faire toucher. Les deux premiers touchés prennent la place des crocodiles.
- Et ainsi de suite.

▸ **Jeu de Bingo**
- Avec les miniflashcards et des élèves meneurs de jeu, les élèves choisissent six cartes qu'ils étalent devant eux. Puis, ils demandent en chœur à chaque fois : « *What are you wearing today?* » Le meneur de jeu répond : « *I am wearing [+clothes]* » et les élèves retournent leur carte à l'annonce du vêtement. L'enseignant écrit la question et la réponse au tableau, pour mémoire. « *Let's play bingo. You turn your card over when you have the clothing item. The winner is the one who has turned over all his cards.* »
- Laisser les élèves volontaires mener le jeu.

3. TEACHING 5'

Compétences langagières
- Écouter et comprendre

Enrichissement du lexique
- Suite à l'enquête de la séance précédente, les élèves vont enrichir le lexique des vêtements en fonction de ce qu'ils ont l'habitude de porter, en vue d'une autre enquête et d'un nouveau défilé de mode.
- Présenter les flashcards des nouveaux mots : « *a coat, a scarf, a skirt, a dress, short**s**, socks, gloves* ».

Niveau + : ajouter « *a**n** umbrella, a cap* ».

GRAMMAIRE :
Faire rappeler que l'article « *a* »devient « *a**n*** » devant une voyelle pour « *a**n** umbrella* ».

PHONOLOGIE :
- Réalisation de la diphtongue [əʊ] de *c**oa**t*
- Allongement de la voyelle de *sc**ar**f, sk**ir**t* et *sh**or**ts* dû à la présence d'un R graphique : [skɑ:f], [skɜ:t] et [ʃɔ:ts]
- Réalisation du son [z] de *glove**s***
- Réalisation du [ʌ] de *gl**o**ves*
- Réalisation du [s] de *sock**s*** et *short**s***
- Réalisation du [dʒ] de ***j**acket*

- Répéter de nombreuses fois les mots nouveaux. Puis, faire répéter collectivement, en groupes, voire individuellement.

▸ **Jeu de *Guessing game***
« *What's missing?* » et entre les jeux, répéter collectivement, en variant l'intensité de la voix : « *Speak up, whisper* ».

4. LEARNING 15'

Activités à l'oral

> **Compétences langagières**
> - Écouter et comprendre
> - Parler en continu
> - Lire et comprendre

- Distribuer les miniflashcards aux élèves.

▸ **Jeu de compréhension** : ***Stand up***
- Les élèves se lèvent s'ils portent le vêtement énoncé par l'enseignant : « *Stand up if you are wearing a dress / a jacket / socks / etc.* » S'ils n'ont pas le vêtement en question, comme « *shorts* » par exemple, ils montrent la miniflashcard correspondante, sans se lever.

Niveau + : on peut ajouter des couleurs : « *Stand up if you are wearing black socks, a blue dress, etc.* »

▸ **Jeu de production orale : *Pick a card and say the word***
- Les élèves travaillent en binômes. Ils mélangent leurs flashcards et tirent une carte chacun à leur tour. Ils doivent prononcer le bon mot pour conserver la carte. Dans le cas contraire, la carte est remise dans le tas.
- Reprendre le jeu dans un 2e temps en utilisant la nouvelle structure « *I am wearing…* ».

▸ **Jeu d'enquête : *Survey* #2**
- Les élèves s'interrogent sur leurs habits. Ils vont se promener dans la classe et interroger quatre de leurs amis en demandant : « *What are you wearing today?* » et les autres répondent : « *I am wearing…, …and…* ». Ils cochent la case dans le tableau. L'enseignant peut donner un exemple : « *I am wearing trousers, a scarf and gloves.* »

Niveau + : le questionnaire contient un mot différent.
- Pour la mise en commun, on peut utiliser la forme négative : « *Emma is not wearing a dress.* »

▸ **Jeu de rôle : *The fashion show***
- Donner l'exemple et défiler devant les élèves à la manière d'un mannequin. On peut utiliser une malle de déguisements en cette période de carnaval pour avoir des écharpes de couleurs, des robes et des jupes.
- Les élèves volontaires défilent à leur tour dans la classe et se présentent : « *I have got [+ couleurs et vêtements]* », pour réviser cette structure langagière.

▸ ***The fashion show***
- Reprendre le jeu et faire passer les élèves par deux : un élève présente l'autre en utilisant « *He / She has got…* ».
- Un élève responsable prend en photo chaque élève qui pose.

Vers l'écrit : *Label the pictures*

L'enseignant affiche les flashcards-images d'un côté du tableau puis les étiquettes-mots un peu plus loin. Il demande aux élèves d'identifier les mots écrits et de dire sur quels indices ils s'appuient.
Lire les étiquettes-mots puis il les fait relire plusieurs fois par les élèves. Il demande ensuite à des volontaires de venir au tableau pour associer les mots aux images.
L'enseignant dit « *Come to the board and label the pictures.* » et il montre un exemple si nécessaire.

5. READING, WRITING 5'

Fiches mémo

> **Compétences langagières**
> - Lire et comprendre
> - Écrire

- Les élèves reprennent les fiches mémo sur les vêtements. La lecture est sélective : annoncer le nom des nouveaux vêtements vus ce jour. Les élèves cherchent et lisent uniquement ceux-ci. Ils peuvent les entourer, en suivant l'ordre de la lecture de l'enseignant : « *a coat, a scarf, a skirt, a dress, short**s**, socks, gloves* ».

Niveau + : « *an umbrella, a cape* ».
- Lire le nom des habits à haute voix puis faire lire des élèves volontaires.

Mots croisés

Les élèves font un exercice de mots croisés.

Niveau + : les élèves ont deux mots en plus.

6. SUMMARY 1'

Qu'avez-vous appris ?

« What did you learn? »
D'autres noms de vêtements.

Synthèse
- Retour en français sur les acquis de la séance

PROLONGEMENTS

- **En autonomie** : les élèves peuvent jouer sur tablette ou ordinateur aux jeux des vêtements sur ESL Games :

Crocodile board game: http://tinyurl.com/lvfy4ms
Word Search: http://tinyurl.com/o8ybbps
Un jeu pour habiller *Teddy Bear* en suivant un message écrit sur English for School : http://tinyurl.com/yahlvg5b

CROISEMENTS ENTRE ENSEIGNEMENTS

- **EPS** : l'enseignant peut réutiliser le jeu de ***Please Mr Crocodile*** lors d'autres séances d'échauffement.

SÉANCE 5

WHAT IS HE/SHE WEARING TODAY?

Éléments culturels

- les « *paper dolls* ».

Matériel

Un appareil photo numérique

Lien Youtube de la chanson de Steve Watts
The fashion show
http://tinyurl.com/ja3ttm3

Dans le DVD-Rom

Pour les étapes 2, 3 et 4
- Flashcards collectives des vêtements
- Flashcards individuelles des vêtements en noir et blanc déjà distribuées.
- Silhouette du personnage de l'album

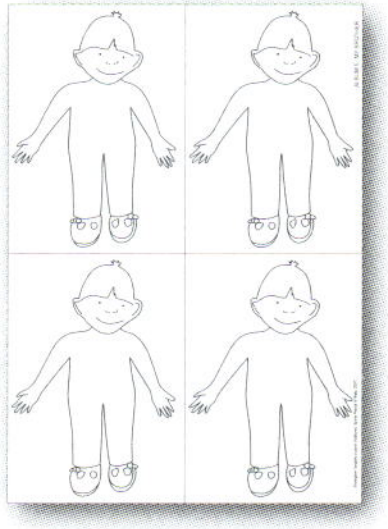

Pour l'étape 5
Fiche mémo *Clothes* 1 et 2

1. WARMING UP 10'

Activités ritualisées

- On pourra enrichir la question des saisons : « *What season is it? It's winter* ». Ajouter : « *Is it summer?* », « *Yes, it is. / No, it isn't.* »
- Penser à guetter le changement de saison « *spring* ».

Compétences langagières
- Réagir et dialoguer
- Écouter et comprendre
- Lire et comprendre
- Écrire

Lecture

Procédure habituelle.

Écriture autonome

Procédure habituelle.

2. RECYCLING 10'

Activités à l'oral

Compétences langagières
- Écouter et comprendre
- Réagir et dialoguer

▸ **Jeu de compréhension : *Colour the pictures***
- Les élèves reprennent les miniflashcards en noir et blanc de la séance précédente. Dire : « *I am wearing [+ couleurs et vêtements].* » Ex. : « *I'm wearing a red dress.* » Les élèves colorient la flashcard concernée ce la bonne couleur. Laisser la parole aux élèves pour mener le jeu dès que possible.

Variante Avant chaque coloriage, les élèves demandent en chœur au meneur : « *What are you wearing today?* »

▸ **Jeu de relai avec un ballon : *The ball game***

- Les élèves se passent le ballon en se demandant : « *What are you wearing today*? » et se répondent : « *I am wearing [+ clothes*]. »

Niveau + : les élèves font des phrases avec plusieurs vêtements et ajoutent les couleurs. Laisser les flash-cards affichées comme aide-mémoire pour faire varier la question. Écouter, encourager, reprendre, faire répéter.

3. TEACHING 5'

Compétences langagières
- Écouter et comprendre
- Parler en continu

L'habillement

▸ **Chanson**

- Faire écouter la chanson de Steve Watts : « ***The fashion show*** ». Très vite, les élèves se mettent à chanter car ils reconnaissent « *What are your wearing? I'm wearing…* ». Rappeler la contraction de « *I am* » en « *I'm* » à l'oral.
- Faire remarquer que lorsqu'on présente les mannequins, on utilise « *She is wearing* » ou « *He is wearing* ». Les élèves sont habitués à manipuler cette structure avec le rituel de *Froggy* : « *What is Froggy wearing? Froggy is wearing…* »

PHONOLOGIE :
- Intonation descendante de la question ouverte. ↷

GRAMMAIRE :
Rappeler les pronoms à la 3e personne du singulier : « *He* » pour « il » et « *She* » pour « elle ».

▸ **Jeu de rôle : *The fashion show***

- On peut utiliser une malle de déguisements en cette période de carnaval pour avoir des écharpes de couleur, des robes et des jupes.
- Des élèves volontaires défilent dans la classe et c'est l'enseignant qui les décrit, cette fois. Dire : « *What is he/she wearing today?* » ou « *What is Tom/Emma wearing today?* » et répondre : « *She/He is wearing [+ couleurs et vêtements]* » ou « *Tom / Emma is wearing [+ couleurs et vêtements].* »
- Recopier au tableau la question et la réponse. Faire répéter de nombreuses fois la question et la réponse, collectivement, en groupes, voire individuellement. Pour rendre la répétition moins lassante, on peut varier le timbre et l'intensité de la voix : « *Speak up, whisper, repeat like a princess, repeat like a monster, repeat like a robot…* »

4. LEARNING 15'

Compétences langagières
- Écouter et comprendre
- Réagir et dialoguer
- Parler en continu
- Lire et comprendre
- Écrire

Consolidation

▸ ***The fashion show***

Reprendre le jeu de rôle :
- Le groupe demande en chœur : « *What is he/she wearing today?* » ou « *What is Tom/Emma wearing?* ».
- Les élèves sont par deux et vont se présenter chacun à leur tour : « *She/He is wearing [+ couleurs et vêtements]* » ou « *Tom / Emma is wearing [+ couleurs et vêtements]* ».
- Un élève responsable prend en photo les élèves qui posent.
- Apprendre la chanson : « ***The fashion show*** ».

Vers l'écrit

Les élèves remettent les mots dans l'ordre et recopient la phrase sur l'ardoise.

black	wearing	She	shoes.	is

Niveau + : retrouver la question et la réponse :

she	wearing?	is	What	is	shoes.	She	wearing	red

Habiller le personnage de *My brother*

▸ **Jeu de *Paper dolls* avec la silhouette de *My brother***

- Les élèves reçoivent une silhouette sans habit du personnage de l'album. Ils vont devoir lui dessiner des vêtements et légender chacun d'eux, à la manière de la première page de l'histoire. Ils peuvent s'aider du cahier si nécessaire. On peut imaginer des tenues de mannequin ou de super héros ou des déguisements (penser toutefois qu'il faudra légender et donc connaitre les mots).
- Présentation des dessins : les élèves se réunissent par groupes de 3 ou 4 et présentent les vêtements de leur personnage en disant « *He is wearing…* » ou « *Michaël is wearing…* ».

5. READING, WRITING 5'

Fiches mémo

- Les élèves relisent les deux fiches mémo sur les vêtements, silencieusement puis à haute voix.
- Ils lisent et complètent les flèches de la fiche mémo 2.

Compétences langagières
- Lire et comprendre
- Écrire

6. SUMMARY 1'

Qu'avez-vous appris ?

« What did you learn? »

On sait décrire les vêtements de quelqu'un en parlant à la 3e personne, en utilisant « *He* » ou « *She* » et poser la question.

Synthèse
- Retour en français sur les acquis de la séance

PROLONGEMENTS

- **En autonomie** : les élèves peuvent jouer sur tablette ou ordinateur aux jeux des vêtements sur ESL Games :

Crocodile board game : http://tinyurl.com/lvfy4ms

Un jeu en anglais sur les vêtements avec une femme pompier, pour continuer le travail en EMC sur l'égalité filles-garçons. Lien du jeu : http://tinyurl.com/ybbpoqex

CROISEMENTS ENTRE ENSEIGNEMENTS

- **ARTS PLASTIQUES** : les élèves peuvent réaliser une exposition de leurs dessins de *paper dolls* dans le cadre d'un projet, soit sous forme d'affichage, soit sous forme numérique (avec Adobe Spark Video, utilisé avec l'album 2, par exemple).

  Extraits des programmes : « Mettre en œuvre un projet artistique, adapter son projet en fonction des contraintes de réalisation et de la prise en compte du spectateur / Expérimenter, produire, créer : Intégrer l'usage des outils informatiques de travail de l'image, au service de la pratique plastique. »

SÉANCE 6

BE AU PRÉSENT SIMPLE / ADJECTIFS

Matériel

Un appareil photo numérique

Lien Youtube de la chanson de Steve Watts
The fashion show
http://tinyurl.com/ja3ttm3

Dans le DVD-Rom

Pour l'étape 2

Exercice *My clothes*

1. WARMING UP 10'

Activités ritualisées

On pourra faire évoluer la question du temps : « *Is it windy in… ?* » « *Yes, it is/No, it isn't* » (toujours avec les villes du Royaume-Uni).

Lecture

Relie une ancienne fiche mémo dans le cahier d'anglais : les *Feelings*, qui vont servir lors de cette séance.

Écriture autonome

Procédure habituelle.

Compétences langagières
- Réagir et dialoguer
- Écouter et comprendre
- Lire et comprendre
- Écrire

2. RECYCLING 10'

Les vêtements

- Les élèves chantent à nouveau « *The fashion show* ».
- Exercice (2 niveaux) : il s'agit d'associer les descriptions aux personnages et d'écrire deux phrases en s'aidant des modèles.

Niveau + : les élèves lisent la 1re description puis rédigent des phrases en retrouvant le vêtement et le prénom de l'enfant.

Compétences langagières
- Lire et comprendre
- Écrire

3. TEACHING 10'

Les adjectifs

- Relire l'album **My Brother** depuis le début et jusqu'à la fin. Les élèves sont ravis de voir que le narrateur a de l'estime pour lui-même quand même, finalement, bien qu'il soit vêtu exactement comme son frère. Insister particulièrement sur les adjectifs des *pins* sur la page de garde : « *super, great, cool* », ainsi que sur les adjectifs utilisés dans l'histoire : « *fantastic, amazing, brilliant, dazzling* » qui sont des adjectifs laudatifs.
- Écrire ces adjectifs au tableau et les faire répéter plusieurs fois collectivement. On peut également compléter l'affiche des adjectifs débutée lors des séquences précédentes.

Compétences langagières
- Écouter et comprendre
- Parler en continu

PHONOLOGIE :
- Prononciation de *amazing* : [əmeɪzɪŋ], de *dazzling* : [dæzlɪŋ] et du mot *brilliant* : [brɪljənt]

GRAMMAIRE :
- Demander ensuite de comparer lorsque le narrateur parle : « *I am cool too* » et lorsqu'il parle de son frère : « *he is cool, my brother* ».
- Les élèves remarquent qu'il s'agit du verbe « être » en anglais et qu'il a changé de forme : on dit « *I am* » mais « *He is* ». Ils se souviennent des phrases étudiées par manipulation guidée « ***I am** wearing…* ; » et « ***He/She is** wearing…* ».

- Dire en se montrant : « *I am cool.* » Puis, montrer plusieurs élèves et dire à chacun : « *You are cool, too.* ». Montrer un garçon et dire : « *He is cool* », puis une fille : « *She is cool.* » Se montrer avec les élèves en disant : « *We are cool* » (et « *We are beautiful* » en référence avec une chanson connue). Confier à un élève en montrant les autres : « *They are cool.* »
- Répéter puis écrire au fur et à mesure au tableau. Faire répéter les élèves plusieurs fois, collectivement, en groupes, voire individuellement. Pour rendre la répétition moins lassante, on peut moduler la voix : « *Speak up, whisper…* ».
- Ajouter des phrases avec d'autres sujets et les faire répéter : « *I am fantastic, He is amazing, We are great, The fox is silly, the owl is silly, the snake is silly, the mouse is clever, the wolf is bad, it is cool, it's cool…* ».

4. LEARNING 10'

Activités à l'oral

▸ Jeu de relai

Les élèves se passent le ballon. L'élève 1 dit : « ***I** am cool.* » puis il se retourne vers son camarade et lui dit : « ***You** are cool.* » L'élève 2 reprend l'exercice et ainsi de suite.

Compétences langagières
- Écouter et comprendre,
- Parler en continu
- Lire et comprendre
- Écrire

- En collectif, quelques élèves présentent un camarade à l'oral : « *Elisa is fantastic, amazing, great, super, dazzling.* » Les élèves se mettent par groupes de six et reprennent l'exercice. Chacun va présenter un camarade : « *Emma is fantastic, amazing, great, super, dazzling.* » Écrire les phrases amorces au tableau avec les adjectifs en laissant une place vide pour les prénoms. Passer dans les groupes, aider, encourager, faire répéter.
- Au deuxième tour, la phrase peut s'enrichir d'adjectifs vus auparavant ou des *Feelings* : « *Tom is clever, Vincent is proud, Lola is surprised.* »

Niveau + : les élèves peuvent introduire une phrase négative. Ex. : « *Tom is not sad, he is not silly, he is not tired.* »

Vers l'écrit

- Les élèves composent des phrases en lien avec l'histoire, au brouillon. Ils écrivent « *He **is** cool* » ou « *My brother **is** cool…* », « *I am fantastic* », « *I am a star* », « *My brother is a vampire* », « *My brother is a star* », « *He is great* ». Laisser les adjectifs au tableau, comme aide.
- Des élèves volontaires viennent ensuite lire leurs phrases à haute voix. Corriger les productions écrites avant qu'elles ne soient recopiées dans le cahier.

5. READING, WRITING 5'

Be au présent simple

- Les élèves copient la leçon de **GRAMMAIRE-CONJUGAISON** sur le cahier d'anglais. Ils recopient les phrases créées à côté de la leçon pour l'illustrer.

Compétences langagières
- Lire et comprendre
- Écrire

Je conjugue au présent simple le verbe être en anglais : BE.
I am
You are
He / She / It is
(garçon) / (fille) / (objet)
We are
They are
I am proud.
You are not tired.
My brother is cool. He is cool.
We are tired.
They are happy.

6. SUMMARY 1'

Qu'avez-vous appris ?

« What did you learn? »

- La conjugaison d'un verbe en anglais au présent : *to BE* et sa conjugaison à la 1re personne du singulier : « *I am* », à la 3e personne du singulier : « *she/he/it is* » et aux autres personnes : « *are* ».
- Pour la prochaine séance, demander d'apprendre le nom des vêtements des fiches mémo 1 et 2.

Synthèse
- Retour en français sur les acquis de la séance

SÉANCE 7

HOBBIES

Matériel

Lien Youtube de la chanson de Steve Watts
The fashion show
http://tinyurl.com/ja3ttm3

Dans le DVD-Rom

Pour les étapes 2, 3, 4 et 5

- Flashcards individuelles des vêtements déjà distribuées
- Maison du son [dʒ]

- Flashcards individuelles et collectives des hobbies

- Étiquettes-mots des hobbies

1. WARMING UP 10'

Compétences langagières
- Réagir et dialoguer
- Écouter et comprendre
- Lire et comprendre
- Écrire

Activités ritualisées

Si depuis le début de l'année, on affiche l'emploi du temps de la journée avec les disciplines en anglais. On peut, par exemple, introduire la question de la matière préférée : « *What's your favourite school subject? — My favourite school subject is English.* »

Lecture

Lecture des différentes matières affichées au tableau.

Écriture guidée

Les élèves composent des phrases utilisant le verbe *BE* au présent. Ils écrivent « *He **is** cool* » ou « *My brother **is** cool…* », « *I am fantastic* ».

2. RECYCLING 10'

Compétences langagières
- Écouter et comprendre
- Parler en continu

Révision du lexique des vêtements

- Jeu de ***Bingo***.
- Chaque élève choisit 6 ou 7 miniflashcards des vêtements sur son bureau.
- Laisser les élèves volontaires mener le jeu. La classe demande à chaque fois : « *What are you wearing today?* » Le meneur de jeu répond : « *I am wearing…* » et les élèves retournent leur carte à l'annonce du vêtement jusqu'à les avoir toutes retournées.
- Écrire la question et la réponse au tableau, pour mémoire. « *Let's play bingo. You turn your card over when you have the clothing item. The winner is the one who has turned over all his cards.* »
- Chanter la chanson «*The fashion show*».

Le son [dʒ]

PHONOLOGIE :
la maison du son [dʒ]

Commencer une maison du son [dʒ] avec les mots des vêtements : « *jacket, jeans* ». Les élèves ajoutent d'autres mots comme « *orange, oranges, juice, January, June, July, jaw, giraffe* ». Ce son peut être produit par la lettre J ou G.

Faire prononcer un vielangue de plus en plus vite (*tongue twister*) : ***George enjoys the jungle gym with the giraffe in July***.

3. TEACHING 10'

Compétences langagières
- Écouter et comprendre

Les hobbies

- Relire l'album **My Brother**. L'écoute est active : les élèves ont pour mission de retrouver les *hobbies*, les loisirs de ce grand frère qui sait faire plein de choses. Les élèves retrouvent les mots-clés : « *climb, skateoard, run, read, write, sing, dance* ». Reformuler : « *He like**s** climbing, skateboarding, reading books, writing stories, singing, dancing.* »
- Ajouter que Michaël ne semble pas aimer les jeux vidéo ou dessiner : « *He doesn't like playing video games. He doesn't like drawing.* »
- Les élèves reconnaissent les mots « *read, write* » vus dans les consignes, « *sing* » vu à chaque fois que l'enseignant dit : « *let's sing!* » et le mot « *dance* » qui est transparent.

PHONOLOGIE :
- Réalisation de la diphtongue [ai] de *cl**i**mbing, wr**i**ting*
- Réalisation de la diphtongue [ei] de *sk**a**ting, g**a**mes*
- Réalisation du [ŋ] de *climbi**ng**, skateboardi**ng**, runni**ng**, readi**ng**, writi**ng**, singi**ng**, danci**ng**, playi**ng**, drawi**ng***

- Afficher les flashcards des *hobbies* au tableau : « *climbing, skateboarding, running, reading books, writing stories, singing, dancing, playing video games, drawing* ».

Niveau + : on peut ajouter « *listening to music, cooking* ».
- Répéter de nombreuses fois les mots. Puis, faire répéter collectivement, en groupes, voire individuellement chaque mot. On associe à chaque fois un geste à la parole en mimant chaque activité.
- Pour rendre la répétition moins lassante, on peut faire un jeu de ***Magic Eye*** ou de ***Flash Card***.

4. LEARNING 10'

Compétences langagières
- Écouter et comprendre
- Réagir et dialoguer
- Lire et comprendre

▸ **Jeux de compréhension : *Mime***
Dire le nom d'un *hobby* et les élèves doivent mimer une action, pour continuer à associer les gestes aux mots.

▸ ***Listen and order***
- Énoncer chaque *hobby* et les élèves doivent ordonner les cartes sur leur table.
- Faire répéter les mots encore une fois avant le jeu suivant.

▸ **Jeu de production orale : *Pick a card and say the word***
Les élèves sont en binômes. Ils mélangent leurs flashcards. Ils en tirent une chacun à leur tour et doivent prononcer le mot correctement pour remporter la carte.

▸ **Jeu d'interaction orale : *Meet someone***
- Les élèves reçoivent une miniflashcard différente. Ils se déplacent dans la classe. L'élève 1, qui a la carte « *dancing* », demande : « *Do you like dancing*? » et l'élève 2 répond : « *Yes, I do. / No, I don't.* » Puis, c'est au tour de l'élève 2 de poser la question. Ils échangent leurs flashcards pour varier le nom des *hobbies*.
- Dans un second temps, l'élève 2 répond : « *Yes, I like... [dancing] / No, I don't like... [dancing]* ».

Vers l'écrit : *Match the pictures with the words*
- Afficher les flashcards-images des *hobbies* sur un côté du tableau et, en face, dans le désordre, les étiquettes-mots. Laisser un temps de lecture silencieuse pour prélever des indices puis demander aux élèves de relier les images avec les mots.
- Quelques élèves volontaires peuvent épeler les mots. Lire à haute voix puis faire relire les mots dans l'ordre puis dans le désordre.

5. READING, WRITING 5'

Compétences langagières
- Lire et comprendre
- Écrire

Exercice
▸ ***Put the words in the right order***
Exercice à réaliser sur ardoise :

video	I	games.	playing	like

books	reading.	don't	I	like

- Les élèves peuvent également rédiger une phrase les concernant : « *I like... I don't like...* ».
- Les élèves collent la maison du son dans le cahier d'anglais. Ils récitent à nouveau le virelangue (*tongue twister*) pour clore la séance. On peut prévoir une *battle* entre équipe.

George enjoys the jungle gym with the giraffe in July

6. SUMMARY 1'

Synthèse
- Retour en français sur les acquis de la séance

Qu'avez-vous appris ?
« *What did you learn?* »
Le nom de quelques *hobbies*.

SÉANCE 8
CIVILISATION : *BRITISH AND AMERICAN SPORTS*

Éléments culturels
- Les sports typiques anglais et américains. « *Soccer* » *est le mot américain pour le football, pour le distinguer du football américain.*

Matériel

Lien Youtube d'un monologue parlant de hobbie
http://tinyurl.com/y8myamrl

Lien Youtube de la chanson de Steve Watts *The fashion show*
http://tinyurl.com/ja3ttm3

Dans le DVD-Rom

Pour l'étape 2

- Flashcards individuelles et collectives des hobbies
- Exercice *Expressing likes*

Pour l'étape 3

- Fiche mémo de civilisation *British and American sports*

Pour l'étape 5

- Fiche mémo *Hobbies*

1. WARMING UP 10'

Activités ritualisées

On peut reprendre le rituel « *How old are you?* » / « *I am ten (years old)* » mais l'enrichir en présentant à la classe, à voix haute, la personne qui vient de répondre à voix basse : « *She/He is ten (years old).* »
Cela permettra de réinvestir le travail de conjugaison de *BE*.

Compétences langagières
- Réagir et dialoguer
- Écouter et comprendre
- Lire et comprendre

Lecture

- Penser à changer l'ordre des phrases pour être réellement dans la lecture.
- Procédure habituelle.

Écriture guidée

Les élèves composent des phrases utilisant le verbe *BE* au présent. Ils écrivent : « *He* ***is*** *cool* » ou « *My brother* ***is*** *cool…* », « *I* ***am*** *fantastic* ».

2. RECYCLING 15'

Chanter la chanson *The fashion show.*

Compétences langagières
- Écouter et comprendre
- Parler en continu
- Lire et comprendre

Les hobbies

- Faire répéter le nom des *hobbies*

▸ **jeu de *Flash Card***

- Les cartes sont montrées très rapidement et il faut trouver le mot correspondant.
- Faire écouter un monologue parlant de *hobbies*. Il s'agit d'une fille, Lucy, qui présente ses cinq loisirs préférés.
- Les élèves préparent leurs flashcards individuelles. À la première écoute, ils essaient de comprendre le sens général et sélectionnent déjà quelques cartes. À la deuxième, ils commencent à classer les flashcards. À la troisième, ils vérifient ou modifient. La quatrième écoute sert de mise en commun.
- Les élèves peuvent commenter les informations supplémentaires sur Lucy comme la pratique des jeux vidéo les jours de pluie, la lecture d'histoires à son frère et son intérêt pour les super héros.

▸ **Jeu de mémoire : *Memorize like an elephant***

- Les élèves sont par groupes de quatre. Un élève est chargé de mémoriser ce que chacun aime. L'élève 1 dit « *I like dancing* », l'élève 2 dit « *I like drawing* » et l'élève 3 dit « *I like running* ». L'élève 4 doit parler de ses camarades et dire : « *He like**s** dancing, she like**s** drawing, she like**s** running* ». Puis on inverse les rôles.
- Faire en sorte que les élèves en difficulté passent en dernier, une fois qu'ils ont bien compris le jeu.

▸ **Exercice écrit « *Expressing likes* »**

Les élèves dessinent un visage pour chaque *hobby* qu'ils aiment ou non. Puis, ils répondent aux questions avec « *Yes, I do / No, I don't* ». Enfin, ils écrivent une phrase avec ce qu'ils aiment faire et ce qu'ils n'aiment pas faire comme *hobby*, en utilisant le modèle.

3. TEACHING 10'

British and American sports

Compétences langagières
- Lire et comprendre

- Demander en français aux élèves ce qu'ils connaissent des sports typiques anglais et américains : le nom, en quoi consiste le jeu, l'équipement, le nom de quelques joueurs ou d'équipes éventuellement.
- Distribuer la leçon de civilisation sur les sports anglais et américains. La liste n'est pas exhaustive.

- La lecture est active : les élèves doivent lire les courts textes en anglais et les relier aux images. Ils peuvent s'appuyer sur les mots reconnus, faire des connexions avec leurs connaissances, prélever des indices sur les images. Lors de la mise en commun, lire à haute voix et faire relire plusieurs fois par des élèves volontaires.

PHONOLOGIE :
Prononciation des sports : *cricket, polo, badminton, football, rugby, baseball, ice hockey, netball.*
[krɪkɪt, pəʊləʊ, bædmɪntən, fʊtbɔːl, rʌgbi, beɪsbɔːl, aɪs hɒki, nɛtbɔːl]

4. LEARNING 5'

Jeu d'interaction orale : *Meet someone*

- Les élèves se promènent dans la classe et se demandent :

« *What sports do you like?* » → « *I like [+ British or American sports]* » ou
« *Do you like [+ British or American sports]?* » → « *Yes, I do / No, I don't.* »

- Passer parmi les élèves, écouter, encourager, aider, faire répéter et se renseigner sur les gouts de ses élèves concernant ces sports.

Compétences langagières
- Écouter et comprendre
- Réagir et dialoguer

5. READING, WRITING 5'

Fiches mémo

- Les élèves collent la fiche mémo de civilisation et la fiche mémo sur les *hobbies*.
- La lire à haute voix puis des élèves volontaires la relisent.

Ils écrivent une phrase concernant leur loisir favori.

- Les élèves peuvent également rédiger quelques phrases les concernant : « *I like… I don't like…* » ou concernant Michaël : « *He likes…* »

Compétences langagières
- Lire et comprendre
- Écrire

6. SUMMARY 1'

Qu'avez-vous appris ?

« *What did you learn?* »
Quelques sports typiques anglais et américains.

Synthèse
- Retour en français sur les acquis de la séance

CROISEMENTS ENTRE ENSEIGNEMENTS

- **EPS** : on peut lancer un cycle de découverte des sports typiques anglais et américains. On trouvera quelques jeux de batte sur le site de l'académie de Clermont : http://tinyurl.com/y8qwxfn7

  Avec un peu de matériel, on pourra essayer notamment le *Baseball,* le *Netball*, le *Hockey*, le *Cricket*, le *Badminton,* le *Rugby* (balle ovale).

  Domaine d'activité : **conduire et maitriser un affrontement collectif ou interindividuel**. Exemples d'activités : Jeux traditionnels plus complexes (thèque, etc.), jeux collectifs avec ou sans ballon et jeux pré-sportifs collectifs (type handball, basket-ball, football, rugby, volley-ball…), jeux de raquettes (badminton, tennis).
- **LECTURE** : on peut travailler sur les règles de jeu de ces sports, en français.

SÉANCE 9

SPORTS / *PLAY* AU PRÉSENT SIMPLE

Matériel

Lien Youtube de la chanson de Steve Watts
The fashion show
http://tinyurl.com/ja3ttm3

Dans le DVD-Rom

Pour l'étape 2

- Parole de la chanson *The fashion show*

- Flashcards individuelles et collectives des Hobbies

Pour les étapes 3 et 4

Flashcards individuelles et collectives des sports

1. WARMING UP 10'

Activités ritualisées

On peut garder le rituel : « *Are you tired? Yes, I am / No, I am not* » mais l'enrichir en présentant à la classe, à voix haute, la personne qui vient de répondre à voix basse : « *She is tired / He is not tired.* »

Niveau + : « *Is she tired? Yes, she is. No, she isn't / No, she is not tired* » (parler de quelqu'un).
Cela permettra de réinvestir le travail de conjugaison de *BE.*

Compétences langagières
- Réagir et dialoguer
- Écouter et comprendre
- Lire et comprendre
- Écrire

Lecture

Procédure habituelle.

Écriture guidée

Les élèves composent des phrases utilisant le verbe *BE* au présent. Ils écrivent « *He* ***is*** *cool* » ou « *My brother* ***is*** *cool...* », « *I* ***am*** *fantastic* ».

2. RECYCLING 10'

Clothes

Compétences langagières
- Parler en continu
- Écouter et comprendre

► ***The fashion show***
- Les élèves chantent à nouveau la chanson. Continuer à cappella avec des élèves volontaires qui défilent pour se décrire et être décrits comme dans la chanson et en chantant.
- Les élèves collent les paroles dans le cahier. Laisser un temps de lecture silencieuse pour voir comment s'écrivent les mots connus à l'oral.

Hobbies / Like

- Faire répéter les mots des *hobbies* à l'aide des flashcards.

► **Jeu de relai *: the ball game***

L'élève 1 parle de lui et dit : « *I like climbing.* » L'élève 2 présente son camarade en recevant le ballon : « *He like**s** climbing.* » Puis c'est à son tour de se présenter et de passer le ballon à l'élève 3, etc.

Variante Scinder la classe en deux pour que tout le monde parle et s'écoute sans lassitude.

3. TEACHING 10'

Do you play?

Compétences langagières
- Écouter et comprendre

- Faire rappeler aux élèves quelques sports anglais et américains. Faire remarquer que « *rugby* , *basketball, baseball, badminton, hockey, football* » sont des mots transparents, c'est-à-dire qu'ils ressemblent au français mais ne se prononcent pas forcément de la même manière.
- Faire prononcer ces mots plusieurs fois, collectivement, en groupes, voire individuellement. Pour rendre la répétition moins lassante, on peut faire un jeu de ***Flash Card*** (retourner très rapidement la carte).
- Afficher de nouvelles flashcards de sports ayant des noms transparents : « *handball, tennis, table tennis, golf* ».

PHONOLOGIE :
Prononciation de ces mots transparents :
[hændbɔ:l, tɛnɪs, teɪbl tɛnɪs, gɒlf]

- Reprendre la répétition collective de ces mots avec le jeu de *Flash Card.*

Jeu de production orale : *Flash Card*

- Interroger ensuite quelques élèves : « *Do you play tennis?* » et ils répondent au départ : « *Yes / No.* » Reprendre et faire répéter : « *Yes I do / No I don't.* »
- Dans un deuxième temps, faire répondre : « *Yes, I play tennis / No, I don't play tennis.* » Faire répéter la question et les réponses plusieurs fois, collectivement, en groupes, voire individuellement.
- Écrire la question et la réponse au tableau pour mémoire. Laisser un temps de lecture, et faire répéter à nouveau.

Niveau + : si les élèves manipulent avec beaucoup de facilité « *Do you… ?* », on peut introduire la 3e personne :
« ***Does he play tennis?*** »
« *Yes, he **does** / No, he **doesn't**.* »

- Enfin, suivant les réponses précédentes des élèves, présenter quelques élèves. Dire : « *He/She plays football, baseball and tennis.* » Les élèves remarquent que c'est comme le verbe *LIKE* : il y a un **S** à la 3e personne du singulier. Écrire au tableau : « *I play, You play, He/She plays, We play, They play* ».

4. LEARNING 10'

Activités à l'oral

▸ **Jeu de compréhension : *Listen and number***
Énoncer le nom d'un sport et les élèves écrivent le numéro sur l'image de la grille.

Compétences langagières
- Écouter et comprendre,
- Réagir et dialoguer
- Parler en continu

▸ **Jeu de production orale : *Show me***
- Les élèves ont une grille avec les sports.
- L'élève 1 demande à l'élève 2 : « *Show me… baseball.* » L'élève 2 montre l'image du baseball. Puis, on échange les rôles.

▸ **Jeu d'interaction orale : *Interview***
- L'élève 1 interroge l'élève 2 sur ses gouts : « ***Do you play basketball?*** » et l'élève 2 répond : « ***Yes, I play basketball / No, I don't play basketball*** », etc.
- L'élève 1 consigne toutes les réponses sur sa grille : il entoure les sports pratiqués et barre les sports non pratiqués. Puis, on inverse les rôles.
- On peut montrer un exemple avec un élève volontaire.

Niveau + : si les élèves manipulent avec beaucoup de facilité « *Do you… ?* », on peut introduire la 3e personne :
« ***Does he play tennis?*** »
« *Yes, he **does** / No, he **doesn't**.* »

▸ **Jeu en binômes : *The TV show***
- Présenter d'abord quelques élèves en s'aidant de leur grille. Dire : « *He/She plays football, baseball and tennis.* »
- Puis, les élèves viennent présenter leur binôme en disant : « *He/She plays football, baseball and tennis.* »

5. READING, WRITING 5'

Le verbe *play*

- Les élèves copient la conjugaison du verbe *PLAY* au présent.

Compétences langagières
- Lire et comprendre

Je conjugue le verbe PLAY (jouer) au présent simple en anglais.
I play
You play
He / She / It plays tennis
(garçon) / (fille) / (objet)
We play
They play
En anglais, les verbes au présent simple prennent un S
à la 3e personne du singulier.

6. SUMMARY 1'

Qu'avez-vous appris ?

« *What did you learn?* »
La prononciation des sports dont les mots écrits ressemblent au français, la conjugaison du verbe *PLAY* au présent.

Synthèse
- Retour en français sur les acquis de la séance

SÉANCE 9 BIS

WHAT DOES HE PLAY? HE PLAYS… Niveau + UNIQUEMENT

Matériel

- Album **Clothesline clues to sports people play**

Dans le DVD-Rom

Pour les étapes 2 et 4

Flashcards individuelles et collectives des sports

Pour l'étape 3

Lien Youtube de la lecture à voix haute de l'album *Clothesline clues to sports people play*
http://tinyurl.com/y7gx2wk2

Si vous avez un double niveau, les autres élèves peuvent réviser des structures langagières passées et du lexique en utilisant les jeux de classe (*Snakes and Ladders*, *Who is Who*, *Lost in London*, etc.).

1. WARMING UP 10'

Compétences langagières
- Réagir et dialoguer
- Écouter et comprendre
- Lire et comprendre
- Écrire

Activités ritualisées

Procédure habituelle.

Lecture

Procédure habituelle.

Écriture guidée

Procédure habituelle.

2. RECYCLING 5'

Compétences langagières
- Parler en continu
- Écouter et comprendre
- Écrire

***Play* au présent**

▸ **Jeu de mémoire : *Memorize like an elephant***
- Les élèves sont par groupes de quatre. Un élève est chargé de mémoriser le sport auquel chacun joue.
- L'élève 1 dit : « *I play tennis.* », l'élève 2 dit : « *I play football.* » et l'élève 3 dit : « *I play basketball.* » L'élève 4 doit parler de ses camarades et dire : « *He play**s** tennis, she play**s** football, she play**s** basketball.* » Puis on inverse les rôles.
- Faire en sorte que les élèves en difficulté passent en dernier, une fois qu'ils ont bien compris le jeu et mémorisé la structure.

▸ **Conjugaison de *play***
- Les élèves conjuguent sur leur ardoise le verbe *PLAY* pour réviser les pronoms et rappeler le S final pour la 3e personne du singulier.

3. TEACHING 10'

Compétences langagières
- Écouter et comprendre
- Parler en continu

Other sports
- Lire l'album *Clothesline clues to sports people play*, de Kathryn Heling, avec la structure répétitive « *What **does** he play? He play**s**…* ». C'est un livre-jeu où il faut observer les vêtements et trouver le nom du sport pratiqué.
- Faire interagir les élèves après quelques pages en leur demandant de nommer les vêtements sur la corde à linge et de répondre aux questions. Donner l'amorce « *He play**s**…* ».

PHONOLOGIE :
- Prononciation de ***does*** : [dʌz]

GRAMMAIRE :
- Écrire au tableau la question et la réponse : « *What **does** he play? He play**s** baseball.* » Les élèves reconnaissent le –S à la 3ᵉ personne du pluriel dans la réponse, mais pas « *does* » dans la question. C'est l'auxiliaire « ***do*** » déjà vu dans « ***Do** you like…?* » qui devient « ***does*** » à la 3ᵉ personne du singulier. La base verbale « ***play*** » dans la question ne prend pas le S final. Le S final ne se retrouve que dans la réponse au présent.
- Les élèves vont apprendre à poser la question et à répondre par manipulation guidée. Faire répéter plusieurs fois la question et la réponse, à la manière d'un « *chant* » (récitation rythmée), collectivement, en groupes, voire individuellement. On peut reprendre les phrases du livre lu.

« *What **does** he play? He play**s**…* »
« *What **does** SHE play? SHE play**s**…* »
- Écrire ces questions et les réponses au tableau, comme aide.

4. LEARNING 15'

What does he/she play?

Compétences langagières
- Écouter et comprendre,
- Réagir et dialoguer
- Lire et comprendre

▸ Dessin
- Les élèves utilisent la première moitié de la feuille blanche. Ils dessinent à leur tour rapidement une corde à linge avec des vêtements et des accessoires, à la manière de l'album *Clothesline clues to sports people play*. Attention : uniquement concernant les sports déjà vus. Sur l'autre moitié de la feuille, ils écrivent la réponse : le nom du sport qu'ils ont choisi. Consigne : « *On one side, you draw a clothesline with clothes in relation to the sport you choose. On the other side, you write the answer* ».
- Récupérer quelques dessins et demander collectivement : « *What **does** he/she play?* » « *He/She play**s**…* ». Faire répéter à nouveau la question et la réponse.
- Les élèves se regroupent par 4 ou 5. Ils se montrent leurs dessins et se demandent : « *What **does** he/she play?* » « *He/She play**s**…* ».
- C'est le moment de modifier le dessin en fonction des remarques des autres élèves pour l'améliorer ou de se faire aider pour un dessin. Tout le monde doit passer devant les autres membres du groupe. Passer dans les groupes, encourager, féliciter, aider, corriger, faire répéter.

▸ Jeu d'interaction orale : *Meet someone*
- Les élèves vont devoir se débrouiller seuls devant le grand groupe. Ils se déplacent dans la classe à la rencontre des camarades et demandent : « *What **does** he/she play?* » « *He/She play**s**…* ».
- Passer dans les groupes, écouter, encourager, féliciter, aider, corriger, faire répéter.
- Regrouper à nouveau les élèves. Ajouter :

« ***Does** he play baseball? Yes, he **does** / No, he **doesn't**.* »
« ***Does** she play baseball? Yes, she **does** / No, she **doesn't**.* » Rappeler que « *doesn't* » est la contraction de « *does not* ».
- Écrire ces questions et les réponses au tableau, comme aide.

▸ Jeu d'interaction orale : *Meet someone #2*
- Les élèves se rencontrent et se présentent leurs dessins en posant la question : « ***Does** he/she play baseball?* » « *Yes, he/she **does** / No, he/she **doesn't*** »
- On peut montrer quelques exemples collectivement d'abord.

5. READING, WRITING 5'

Question/Réponse

Compétences langagières
- Lire et comprendre
- Écrire

- Les élèves collent leur dessin dans le cahier d'anglais. Ils recopient la question et la réponse correspondant à leur dessin.

What does he/she play?
He/She plays football.

6. SUMMARY 1'

Qu'avez-vous appris ?

Synthèse
- Retour en français sur les acquis de la séance

« *What did you learn?* »
L'auxiliaire « *do* » devient « *does* » à la 3ᵉ personne du singulier, dans une question, ou dans les réponses « *Yes, he does / No, he doesn't.* »

SÉANCE 10

ENRICHISSEMENT DU LEXIQUE DES SPORTS ET ENQUÊTE

Matériel

Dans le DVD-Rom

Pour les étapes 3 et 4

- Flashcards collectives des nouveaux sports

- Maison du son [ŋ]

- Fiche enquête finale

Pour l'étape 5

- Fiche mémo *Sports*

- Mini flashcards des hobbies de la séance 7

1. WARMING UP 10'

Activités ritualisées

Lecture

Procédure habituelle.

Écriture guidée

Procédure habituelle.

Compétences langagières
- Réagir et dialoguer
- Écouter et comprendre
- Lire et comprendre
- Écrire

2. RECYCLING 10'

Play au présent

▸ **Jeu de mémoire : *Memorize like an elephant***

- Les élèves sont par groupes de quatre. Un élève est chargé de mémoriser le sport auquel chacun joue. L'élève 1 dit : « *I play tennis.* », l'élève 2 dit : « *I play football.* » et l'élève 3 dit : « *I play basketball.* » L'élève 4 doit parler de ses camarades et dire : « *He play**s** tennis, she play**s** football, she play**s** basketball* ». Puis on inverse les rôles.
- Faire en sorte que les élèves en difficulté passent en dernier, une fois qu'ils ont bien compris le jeu et mémorisé la structure.

▸ **Jeu d'interaction orale : *Meet someone***

- Les élèves se déplacent dans la classe et se demandent : « *What's your favourite food? season? number? colour?* » et répondent : « *My favourite food/season/number/colour is…* ». Passer dans les groupes, encourager, aider, corriger, faire répéter.

Compétences langagières
- Parler en continu
- Réagir et dialoguer
- Écouter et comprendre

3. TEACHING 5'

- Afficher les flashcards d'autres sports : *cycling, horse riding, swimming, skating, skiing, judo, gymnastics.*
- Faire répéter ces mots plusieurs fois, collectivement, en groupes, voire individuellement. Pour rendre la répétition moins lassante, on peut faire un jeu de ***Flash Card*** (retourner très rapidement la carte) ou de ***Magic Eye***.

Compétences langagières
- Écouter et comprendre

PHONOLOGIE :
- Réalisation du [aɪ] de *c**y**cling, r**i**ding* (et compléter la maison du son)
- Réalisation du son [ŋ] de *cycl**ing**, rid**ing**, swimm**ing**, ski**ing**, skat**ing**…*
- Réalisation du son [eɪ] de *sk**a**ting*
- Prononciation des mots transparents *judo* et *gymnastics* : [dʒu:dəʊ] et [dʒɪmnæstɪk] et compléter la maison du son [dʒ]
- On peut commencer une maison du son [ŋ] pour les mots en –ing rencontrés dans cette séquence. Les élèves trouvent d'autres mots avec le son [ŋ].

- Faire répéter de plus en plus vite le virelangue *(tongue twister)* :

The king is bringing something pink to drink.

4. LEARNING 15'

Activités à l'oral

Compétences langagières
- Écouter et comprendre
- Réagir et dialoguer
- Lire et comprendre

▸ **Jeu de compréhension orale : *Point to***
- Afficher les flashcards à plusieurs endroits de la classe en nommant chacune d'elles.
- Puis, énoncer le nom d'un sport et les élèves montrent du doigt la flashcard correspondante.

▸ **Jeu de production orale : *Mime***

Les élèves se mettent par groupes de 5 ou 6. Chacun mime un sport et les autres doivent deviner.

▸ **Jeu d'interaction orale : *Meet someone***

Les élèves se déplacent dans la classe et se demandent : « *Do you like skiing?* », « *Yes, I do / No, I don't.* »
Contrainte : n'utiliser que les noms des nouveaux sports.

▸ **Jeu d'interaction orale : *Final Survey #3***
- Les élèves s'interrogent sur leurs sports préférés. Ils vont se promener dans la classe et interroger huit de leurs amis en demandant : « *What's your favourite sport?* » et les autres répondent : « *My favourite sport is…* ». Ils écrivent le nom du camarade en face du sport, dans le tableau.
- Mise en commun : compter en anglais le nombre de personnes qui portent tel ou tel vêtement. Poser la question aux élèves et comptabiliser : « *Put up your hand if your favourite sport is…* ».
- On pourra traduire les résultats dans un graphique de type histogramme lors d'une séance de mathématiques.

Vers l'écrit : *Match the pictures with the words*
- Afficher les flashcards-images dans un coin du tableau et écrire les noms.
- Laisser un temps de lecture silencieuse pour prélever des indices. Les élèves doivent relier les mots et les images. Faire l'activité plusieurs fois.
- Puis, lire à haute voix et faire relire les mots aux élèves volontaires.

5. READING, WRITING 5'

Fiche mémo

Compétences langagières
- Lire et comprendre
- Écrire

- Coller la fiche mémo sur les sports.
- Laisser un temps de lecture silencieuse. Lire plusieurs fois et faire lire les élèves volontaires. Compléter les bulles.

Relecture de l'album
- Relire l'album **My Brother** sans les images. Les élèves doivent lever les flashcards lorsqu'ils entendent les hobbies de Michaël. On peut faire de brèves pauses dans la lecture pour laisser le temps aux élèves de trouver la bonne carte.

6. SUMMARY 1'

Qu'avez-vous appris ?

Synthèse
- Retour en français sur les acquis de la séance

« What did you learn? »
- Le nom de nouveaux sports en anglais.
- Faire répéter à nouveau le virelangue (*tongue twister*) du son [ŋ] : On peut prévoir une *battle* entre équipes.

The king is bringing something pink to drink.
- Les élèves collent la maison du son dans le cahier d'anglais.

PROLONGEMENT

- **En autonomie** : les élèves peuvent faire un jeu de mots croisés sur les sports, sur tablette ou ordinateur. Lien : http://tinyurl.com/ydaoxmrf

CROISEMENTS ENTRE ENSEIGNEMENTS

- **MATHÉMATIQUES** : organisation et gestion de données. On peut faire construire un graphique aux élèves pour reporter les résultats de l'enquête sur les sports favoris de la classe.

SÉANCE 11

L'ADJECTIF POSSESSIF : *HER / HIS FAVOURITE SPORT IS...*

Matériel

Lien Youtube de la chanson de Steve Watts
The fashion show
http://tinyurl.com/ja3ttm3

Dans le DVD-Rom

Pour l'étape 2
Exercice *Sports*

Pour les étapes 3 et 4
Enquête *Sports* de la séance 10

1. WARMING UP 10'

Activités ritualisées
Pour ***Days in school,*** faire calculer avec des multiplications. 9 x 8 = 72 « *nine times eight equals seventy-two* ».

Lecture
Procédure habituelle.

Écriture guidée
Procédure habituelle.

Compétences langagières
- Réagir et dialoguer
- Écouter et comprendre
- Lire et comprendre
- Écrire

2. RECYCLING 10'

Le son [ŋ]
- Coller la leçon sur le son [ŋ] dans le cahier d'anglais. Faire répéter le virelangue (*tongue twister*) : ***The king is bringing something pink to drink***.
- Exercice écrit, 2 niveaux. Les élèves lisent les courts textes et les relient aux images. Ils écrivent une phrase sur leur sport favori.

Niveau + : les élèves complètent les textes en se servant des modèles déjà écrits et les relient aux images. Ils écrivent une phrase sur leur sport favori.

- Chanter à nouveau la chanson « *The fashion show* ».

Compétences langagières
- Parler en continu
- Lire et comprendre
- Écrire

3. TEACHING 5'

His / her favourite sport
- Utiliser les enquêtes faites en séance 10. Parler de soi puis des sports préférés des élèves. Dire : « *My favourite sport is...* » puis montrer un garçon et dire : « *His favourite sport is...* ». Procéder ainsi avec plusieurs autres garçons. Puis, montrer une fille et dire : « *Her favourite sport is...* » et procéder ainsi avec d'autres filles.
- Écrire deux phrases au tableau, l'une avec « *his* », l'autre avec « *her* » et demander aux élèves ce qu'ils remarquent.

Compétences langagières
- Écouter et comprendre

GRAMMAIRE :

L'adjectif possessif.

Pour soi-même, c'est « *my* ».

Si le possesseur est masculin, c'est « *his* ».

Si le possesseur est féminin, c'est « *her* ».

Contrairement au français, qui accordera le possessif de la troisième personne du singulier avec ce qui est possédé (son chapeau, sa chemise),

l'anglais accorde l'adjectif possessif en genre avec le possesseur.

His hat. ←	**His** shirt. ←
Her hat. ←	**Her** shirt. ←

4. LEARNING 15'

Activités à l'oral

Compétences langagières
- Écouter et comprendre
- Parler en continu
- Lire et comprendre

► ***Find the right word***

- Montrer un élève garçon et donner le nom d'un sport : « *football* ». Demander aux élèves si l'on doit dire « *his or her favourite sport is football* ». Reprendre plusieurs fois l'activité en alternant filles et garçons.
- Les élèves se mettent par groupes de six. Ils reprennent leur enquête et présentent cinq camarades à tour de rôle : « *Tom. His favourite sport is…* » ou « *Emma. Her favourite sport is…* ».

Vers l'écrit

- Les élèves composent deux phrases sur leur ardoise sur le modèle « *Tom. His favourite sport is…* » ou « *Emma. Her favourite sport is…* ».
- Des élèves volontaires viennent ensuite lire leurs phrases à haute voix. Corriger les productions écrites avant qu'elles ne soient recopiées dans le cahier.

Décontextualisation

► ***Find the right word***

- Reprendre le jeu en montrant des élèves de la classe, mais avec des vêtements : « *His tee-shirt is green or Her tee-shirt is green?* », « *His dress is blue or Her dress is blue?* », etc.
- Attention aux noms de vêtements au pluriel : « *Her shoes are red or His shoes are red?* »

5. READING, WRITING 5'

Grammaire

Compétences langagières
- Lire et comprendre
- Écrire

- Les élèves copient la leçon de **GRAMMAIRE** dans le cahier d'anglais : ils pourront recopier les phrases produites sur l'ardoise à la suite de la leçon de grammaire.

L'adjectif possessif

Pour soi-même, c'est my.

Si le possesseur est masculin, c'est his

Si le possesseur est féminin, c'est her

L'anglais accorde l'adjectif possessif en genre avec le possesseur.

His hat. ←	**His** trousers. ←
Her hat. ←	**Her** trousers. ←

His favourite sport is climbing.

6. SUMMARY 1'

Qu'avez-vous appris ?

« *What did you learn?* » La manière de dire l'adjectif possessif pour la 1re et les 3e personnes du singulier + l'accord de l'adjectif possessif avec le possesseur.

- On peut proposer une lecture plaisir de **My Brother** pour clore la séquence.

> **Synthèse**
> - Retour en français sur les acquis de la séance

PROLONGEMENT

- **Dans les activités ritualisées** : l'adjectif possessif « *her / his* » sera réinvesti pour « *Her/his name is…* » et « *Her/his birthday is in…* ».

SÉANCE 12

LE PROJET : UNE INTERVIEW COMME UNE PAGE DE MAGAZINE

Matériel

Dans le DVD-Rom

Pour l'étape 1
Question Box

Pour l'étape 2
Exercice *Sports*

Pour les étapes 3 et 4

- Enquête *Sports* de la séance 10

- Exemple d'affiche à réaliser par les élèves

En amont, l'enseignant aura imprimé les photos prises des élèves lors des défilés de mode.

1. WARMING UP 10'

Activités ritualisées

On peut faire évoluer un autre rituel : Avec la question « *What's your (English) name? My (English) name is…* ». Le responsable présente ensuite sa ou son camarade qui vient de répondre. Il dit « *His (English) name is…* » ou « *Her (English) name is…* » pour réinvestir le travail de la séance précédente.

- On peut essayer de faire une activité de *Question Box à l'oral* pour voir comment les élèves se débrouillent.

> **Compétences langagières**
> - Réagir et dialoguer
> - Écouter et comprendre

2. RECYCLING 10'

His / her

▸ **L'activité orale collective : *Find the right word***

- Montrer un élève garçon et donner le nom d'un sport : « *handball* ». Demander aux élèves si l'on doit dire : « *His or her favourite sport is handball* ». Reprendre plusieurs fois l'activité en alternant filles et garçons.
- Faire rappeler la leçon de grammaire de la séance précédente sur l'adjectif possessif en anglais.

▸ **Jeu de relai : *Ball game***

- Les élèves se passent le ballon. L'élève 1 dit : « *My favourite sport is swimming.* » L'élève 2 présente son camarade et dit : « *His/her favourite sport is swimming.* » Puis, à son tour il parle de lui-même : « *My favourite sport is basketball.* » et passe le ballon à l'élève 3, etc.

> **Compétences langagières**
> - Parler en continu
> - Lire et comprendre
> - Écrire

Variante Scinder la classe en deux pour éviter la lassitude.

▸ **Exercice écrit « *Answer* »**
Les élèves doivent répondre à la question des sports préférés avec "*his*" ou "*her*".

Niveau + : « *Answer and fill in the blanks* ». Les élèves doivent répondre et compléter les questions avec « *his* » ou « *her* ».

3. TEACHING 25'

Compétences langagières
- Écouter et comprendre

A magazine article

- Les élèves vont réaliser une page pour se présenter sur le même modèle que l'album **My Brother**, comme dans les magazines où l'on interviewe les stars : une photo légendée avec le nom des vêtements en anglais, les sports que l'on aime ou que l'on n'aime pas et, éventuellement, une photo du sportif préféré légendée.

Niveau + : présenter un camarade sur le même modèle que l'album **My Brother** en utilisant « *he/she* » et « *his/her* ».

- Distribuer les photos imprimées des élèves prises pendant le *fashion show*, format A5, et des feuilles de couleur.
- Les élèves travaillent individuellement mais peuvent s'aider entre eux.
- Passer parmi eux, encourager, aider, corriger.
- Ils s'entrainent ensuite à lire à haute voix leur travail écrit. Ils peuvent prendre en photo leur travail et s'enregistrer au fur et à mesure sur la tablette avec Adobe Spark Vidéo.
- L'enseignant a sa grille d'évaluation pour la compétence « Parler en continu : lire à haute voix »

À noter

Si l'on envisage ce projet avec tablette, prévoir de prendre les feuilles en format paysage, au départ.

4. SUMMARY 1'

Synthèse
- Retour en français sur les acquis de la séance

- Les élèves continuent à travailler pour s'enregistrer avec la tablette.
- On peut organiser des petits groupes de langage pour travailler l'expression orale si nécessaire.
- Enfin, les élèves peuvent organiser une exposition de leur travail ou relier les fiches à la manière d'un magazine ou encore diffuser les enregistrements sous forme de montage vidéo avec Adobe Spark Video auprès d'autres classes.
- Demander de réviser le nom des vêtements à l'écrit, pour l'évaluation.

CROISEMENTS ENTRE ENSEIGNEMENTS

SCIENCES / TUIC : repérer et comprendre la communication, gestion de l'information. Les élèves maitrisent le fonctionnement de logiciels usuels et s'approprient leur fonctionnement, ici : Adobe Spark Video.

SÉANCE 13

L'EMPLOI DU TEMPS DES SPORTS ET JEU DE RÉVISION

Matériel

Dans le DVD-Rom

Pour l'étape 2

- Board game

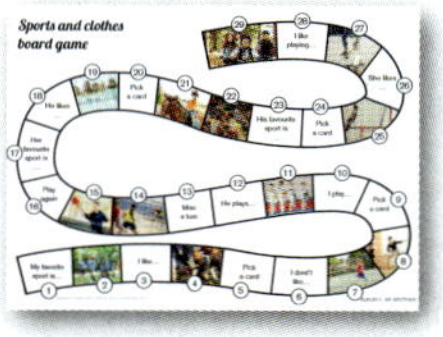

- Emploi du temps des sports

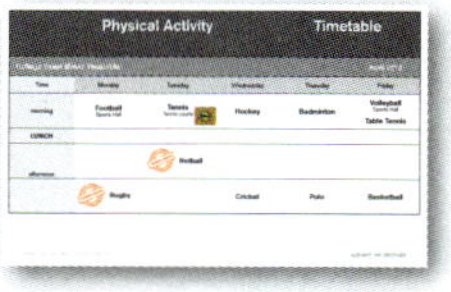

- Flashcards individuelles des vêtements en noir et blanc des séances précédentes

Pour l'étape 5

Fleur lexicale

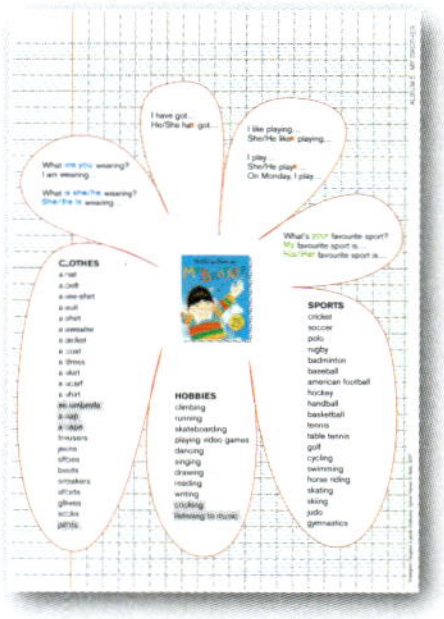

1. WARMING UP 10'

Activités ritualisées

Compétences langagières
- Réagir et dialoguer
- Écouter et comprendre
- Lire et comprendre
- Écrire

▸ **Jeu de *Question Box* à l'oral**

Procédure habituelle.

Écriture guidée

Procédure habituelle.

2. RECYCLING 15'

Révision : les sports et les vêtements

Compétences langagières
- Parler en continu
- Lire et comprendre
- Écrire

▸ ***Board game***

- Les élèves font le jeu de révision sur les sports et les vêtements. Ils jouent en binômes avec un pion chacun et un dé. Ce sera l'occasion de réviser les différentes structures langagières et d'éviter les erreurs (penser à « *He plays / I play / I like playing* [+ sport de balle ou de ballon uniquement] »).
- Les élèves partent devant la case 1 et arrivent sur la case 29. Ils doivent nommer le sport de la case où ils arrivent ou faire une phrase correcte avec les amorces. S'ils tombent sur une carte « *pick a card* », ils doivent piocher une carte et nommer le vêtement. Il y a quelques instructions de jeu, du type « *miss a turn* » (passe ton tour) ou « *play gain* » (rejoue).

Variante Une fois les élèves à l'aise avec le jeu, ils doivent nommer le vêtement et ajouter « *He/She is wearing / I am wearing …* » lorsqu'ils piochent une carte.

- Reprendre le jeu plusieurs fois avec un partenaire différent ou non.
- Passer dans les rangs, aider, corriger, faire répéter, encourager.
- On peut faire répéter collectivement une structure langagière, si nécessaire, à la fin du jeu.

3. TEACHING 5'

L'emploi du temps

Compétences langagières
- Écouter et comprendre
- Parler en continu

- Distribuer l'emploi du temps des cours de sport d'une école anglaise. Laisser un temps de lecture silencieuse et demander aux élèves de quel type d'écrit il s'agit et ce qu'ils ont retiré comme informations. La restitution se fait en français.

▸ **Utilisation de *on***

- Les élèves doivent se mettre dans la peau des étudiants anglais de ce « *College* ». Donner l'exemple et dire, en insistant bien sur le « *On* » : « ***On*** *Monday, I play football and rugby.* ***On*** *Tuesday, I play tennis and netball.* ***On*** *Wednesday, I play Hockey and Cricket.* ***On*** *Thursday, I play Badmington and Polo.* ***On*** *Friday, I play volleyball, tennis table and basketball.* »
- Les élèves remarquent que l'enseignant énonce les jours de la semaine avec « *on* » devant.

GRAMMAIRE :
- Devant un jour précis, on utilise « *on* » : « *I play tennis on Monday. On Monday, I play tennis. On Monday, he play**s** tennis.* »

- Faire répéter phrase par phrase collectivement puis en groupes.
- Reprendre le discours en montrant des élèves filles ou garçons de la classe : « ***On*** *Monday, he plays football and rugby.* ***On*** *Tuesday, she plays tennis and netball.* ***On*** *Wednesday, she plays Hockey and Cricket.* ***On*** *Thursday, he plays Badmington and Polo.* ***On*** *Friday, she plays volleyball, tennis table and basketball.* »
- Rappeler ainsi le –S à la 3e personne du singulier.
- Faire répéter phrase par phrase, avec un seul sport à la fois, collectivement puis en groupes.

4. LEARNING 10'

Activités à l'oral

- Reprendre le jeu avec « *I* » en binômes. Les élèves font chacun à leur tour une phrase en choisissant un jour de la semaine, jusqu'à ce qu'ils aient dit tous les jours. Ex. : « *On Monday, I play football.* »

▸ **Jeu de relai : *Ball game***

- Reprendre le jeu avec « *he* » ou « *she* » en scindant la classe en deux groupes : l'élève 1 dit, en choisissant un jour de son choix : « *On Monday I play football.* » et l'élève 2 présente son camarde et dit : « *On Monday, he/she plays football.* » Ne dire qu'un seul sport à la fois au début.
- On peut prévoir un 2e tour avec plusieurs sports dans la même phrase.

Compétences langagières
- Écouter et comprendre
- Parler en continu
- Lire et comprendre

Vers l'écrit

- Les élèves créent quelques phrases en autonomie qu'ils viennent de dire. Ils peuvent s'aider des affichages pour écrire les jours, du cahier d'anglais pour la conjugaison de *PLAY* et de l'emploi du temps pour les jours et le nom des sports.
- C'est l'occasion de rappeler que les jours de la semaine prennent toujours une majuscule en anglais.

5. READING, WRITING 5'

- Les élèves peuvent recopier quelques phrases avec « *On [+ Day of the week]* » à la page où le verbe *PLAY* a été copié et conjugué au présent.
- Ils collent la fleur lexicale, mémoire de la séquence. Certains élèves peuvent écrire une partie ou la totalité sur le cahier d'anglais.

Compétences langagières
- Lire et comprendre
- Écrire

6. SUMMARY 1'

Qu'avez-vous appris ?

« *What did you learn?* » Parler d'un jour précis avec « *on* » avant de dire le jour de la semaine.
- Demander de réviser le nom des vêtements à l'écrit, pour l'évaluation car il y aura une dictée.

Synthèse
- Retour en français sur les acquis de la séance

PROLONGEMENTS

- **Dans les activités ritualisées :** on réutilisera « *On + day* » dans les activités ritualisées avec les disciplines. Ex. : « *On Tuesday, we have Math and Reading Activity.* »

SÉANCE 14

ÉVALUATION / MISE EN RÉSEAU

Matériel

Lien Youtube de l'histoire *Froggy gets dressed* de Jonathan London
http://tinyurl.com/yall4qef

Lien Youtube de la description (Évaluation)
https://tinyurl.com/y9xsqdot

- Album *Froggy gets dressed* de Jonathan London

Dans le DVD-Rom

Pour l'étape 1
Question Box

Pour l'étape 2
Fiche d'évaluation

1. WARMING UP 5/10'

Activités ritualisées

- Reprendre un jeu de *Question Box* à l'oral pour la compétence « Réagir et dialoguer », pour les élèves qui auraient eu besoin de travailler encore cette compétence (voir l'album n° 1 pour le déroulement de la *Question Box*).

Compétences langagières
- Réagir et dialoguer
- Écouter et comprendre
- Parler en continu

Variante Si les élèves sont prêts à l'oral, faire un jeu de ***Question Box* à l'écrit** pour travailler la compétence « Lire ».

Astuce Jeu de relai pour évaluer la compétence « Parler en continu » sur une structure langagière, si elle n'a pu être évaluée tout au long de la séquence (du type « *I am wearing + clothes* » ou « *I like playing…* » ou « *I play… / He/She plays…* »).

2. ÉVALUATION 25'

Parler en continu et réagir et dialoguer

Les élèves pratiquent leur évaluation de compréhension orale et écrite. Les compétences « **Parler en continu** » (chanson *The fashion show*, présentation d'un camarade lors des défilés de mode) et « **Réagir et dialoguer** » (activités ritualisées et jeux de *Ball game*) sont évaluées tout le long, pendant les moments de jeu ou de *Brain Break*.

Compétences langagières
- Écouter et comprendre
- Lire et comprendre
- Écrire

Écouter et comprendre

1. Donner des consignes de coloriage des vêtements, dans le désordre. Les élèves doivent colorier en retrouvant les bons vêtements. Dire : « *The dress is purple, the trousers are black, the coat is brown, the shorts are red, the sweater is orange, the tee-shirt is green, the scarf is blue, the skirt is pink, the shoes are grey.* »

Niveau + : remplacer « *shoes* » et « *tee-shirt* » par « *cap* » et « *gloves* ». Dire : « *the gloves are yellow, the cap is green.* »

Répéter une deuxième fois.

2. Faire écouter trois fois un monologue d'une description : une fois pour comprendre le sens et prélever quelques informations, une fois pour réaliser la consigne, une fois pour vérifier les réponses. Les élèves doivent numéroter les personnages en suivant chaque description.

Texte du monologue :

« *Number 1 is wearing a dress, socks and shoes.*
Number 2 is wearing a sweater, trousers and shoes.
Number 3 has got a hat, a coat, trousers and boots.
Number 4 says : I am wearing a tee-shirt, shorts and sneakers.
Number 5 has got a jacket and a skirt.

Niveau + : *Number 6 is wearing a woolly hat, a jacket, a shirt, jeans and shoes.* »

8. Lire 3 ou 4 passages du livre dans le désordre : 1. la page *skateboarder + description* / 2. la page *singer & disco dancer + description* / 3. La page *My brother is cool + description* / 4. **Niveau +** : la page *books & brilliant stories + description.*

Les élèves doivent coller les images correspondantes au fur et à mesure de l'écoute de la lecture. Ils doivent ainsi relever des mots connus et faire le lien avec les images pour retrouver les pages correspondantes.

Niveau + : les élèves numérotent les images de 1 à 4, par contre.

Lire et comprendre

3. L'élève remet dans l'ordre la phrase et la recopie correctement.
4. L'élève sépare les mots de la phrase et la recopie correctement.
5. L'élève lit les phrases au présent et les relie aux images.

Niveau + : les élèves ont un sport supplémentaire et une attention particulière pour ne pas confondre polo et équitation « *horse riding* ».

Écrire

6. L'élève doit créer des phrases sur le personnage de **My Brother** à l'aide d'une banque de mots. Attention, il y a un piège : « *her* », ici, ne sera pas utilisé car il ne faut décrire que soi-même (my) ou Michaël (his).

Niveau + : laisser moins de mots dans la banque pour obliger à chercher dans le reste de l'évaluation, si nécessaire.

7. L'élève répond à des questions sur ses sports et hobbies favoris.

Niveau + : les élèves ont une question sur une image de fille (*her*)

9. Les élèves écrivent les mots des vêtements sous la dictée de l'enseignant, au dos de la feuille : *trousers, shoes, shorts, a tee-shirt, a scarf, a skirt, a dress, a coat, a jacket.*

Les élèves qui ont terminé plus tôt peuvent réécouter l'histoire au casque MP3, si vous en avez.

3. EXPOSITION À UN LONG FLUX LANGAGIER 10'

- Lecture plaisir de l'album : *Froggy gets dressed*, de Jonathan London. Les élèves vont reconnaitre le lexique des vêtements dans cette histoire à structure répétitive.
- Les élèves peuvent dessiner, s'ils le souhaitent, le personnage de Froggy avec tous ses vêtements. Une autre écoute permettra de vérifier.

Compétences langagières
- Écouter et comprendre

PROLONGEMENTS

- **Changer l'activité ritualisée des nombres** pour celle de la tirelire. Chaque jour d'école, un élève dépose une pièce de 1 pound dans le gobelet de droite et chaque jour, le responsable procède à des échanges si nécessaire.

  Si l'on ne souhaite pas mettre en place le rituel de la tirelire, on peut reprendre le rituel *Days in School* mais compter en marche arrière, cette fois, jusqu'aux grandes vacances. Compter le nombre de jours d'école qu'il reste et partir de ce nombre-là en marche arrière.

SÉANCE 15

CIVILISATION : *THE QUEEN'S BIRTHDAY*

Matériel

- Album *Willy the champ* d'Anthony Brown

Lien Youtube de l'histoire racontée
http://tinyurl.com/y8xka35y

Dans le DVD-Rom

Pour les étapes 3 et 5

- Fiche mémo de civilisation *Queen Elizabeth*

- Masque de la reine

1. WARMING UP 5/10'

Activités ritualisées

- Reprendre un jeu de ***Question Box* à l'oral** pour la compétence « Réagir et dialoguer ». Procédure habituelle.

Variante Si les élèves sont prêts à l'oral, faire un jeu de ***Question Box* à l'écrit** pour travailler la compétence « Lire ».

Compétences langagières
- Réagir et dialoguer
- Écouter et comprendre
- Lire et comprendre
- Écrire

2. RECYCLING 10'

Révision : *sports and months*

Compétences langagières
- Écouter et comprendre

- Mise en réseau : lecture plaisir de l'album *Willy the champ*, d'Anthony Browne. Les élèves vont reconnaitre le lexique des *hobbies* et des sports et l'univers d'Anthony Browne, avec les gorilles, les bananes et les illustrations surréalistes.
- Afficher les flashcards des mois de l'année. Les élèves sont habitués à écouter-dire-écrire la date en anglais, ils connaissent déjà le nom de quelques mois depuis le cycle 2. Faire répéter plusieurs fois les mois de l'année dans l'ordre. Pour rendre la répétition moins lassante, on peut faire un jeu de *Magic Eye*.

3. TEACHING 10'

The Queen

Compétences langagières
- Écouter et comprendre

- Demander aux élèves ce qu'ils savent de la reine Elizabeth (dire *Elizabeth the second*). En fonction de leurs connaissances, demander de lire silencieusement la fiche mémo de civilisation avec un objectif précis. Ils s'expriment librement sur ce qu'ils ont retenu. Les élèves se rendent compte que l'anniversaire de la reine est bientôt : « *Her birthday is in April!* » C'est l'occasion de rappeler que les mois prennent toujours une majuscule en anglais.
- Répéter plusieurs fois avec le masque de la reine :
  « *My birthday is **in** April. When is your birthday?* »

PHONOLOGIE :
Intonation descendante de la question ouverte. ↷ When is your birthday ?

GRAMMAIRE :
Lorsque la réponse est suivie du mois uniquement, on dit « ***in** April* ».

- Faire répéter de nombreuses fois la question et la réponse, collectivement puis en groupe.
- Puis, interroger quelques élèves. Ils répondent souvent seulement le nom du mois. Reprendre en disant : « *My birthday is **in**… [+ month].* »
- Écrire au tableau la question et la réponse.
- Recommencer cette fois avec la date complète. Dire : « *My birthday is **on** April 21st. When is your birthday?* »

GRAMMAIRE :
Lorsque la réponse est suivie de la date, on dit « ***on** April 21st* » (dire *the twenty first*).
En séance 13, les élèves ont déjà vu « *on* + jour de la semaine ».
C'est la même chose pour une date.

- Faire répéter de nombreuses fois la question et la réponse, collectivement puis en groupes.
- Puis, interroger quelques élèves. Ils répondent avec la date complète, cette fois.
- Reprendre en disant : « *My birthday is **on** … [+ date]* ».
- Écrire au tableau la réponse n° 2. Rappel pour les ordinaux : 1st (*first*), 2nd (*second*), 3rd (*third*), 4th (*fourth*), 5th (*fifth*)…

4. LEARNING 15'

The ball game

Jeu d'interaction orale avec uniquement le mois de l'année.

- Les élèves se passent le ballon et se demandent « *When is your birthday?* ».
- Ils répondent : « *My birthday is **in**… [+ month]* ».

Compétences langagières
- Écouter et comprendre
- Réagir et dialoguer
- Lire et comprendre

Meet someone

Jeu d'interaction orale avec la date complète d'anniversaire. Les élèves se déplacent dans la classe et se demandent « *When is your birthday?* ». Ils répondent « *My birthday is **on** … [+ date]* ».

5. READING, WRITING 5'

Les élèves collent la fiche mémo de civilisation sur la reine dans le cahier d'anglais et répondent à la question sur la fiche.

Compétences langagières
- Lire et comprendre
- Écrire

6. SUMMARY 1'

Qu'avez-vous appris ?

« *What did you learn?* »

- La question « *When is your birthday?* » et les réponses « *My birthday is **in** [+ month]* » ou « *My birthday is **on** [+date]* ».
- Laisser à disposition dans le coin anglais le masque de la reine pour des jeux en autonomie.

Synthèse
- Retour en français sur les acquis de la séance

PROLONGEMENTS

- **Dans les activités ritualisées :** la question « *When is your birthday?* » et la réponse « *My birthday is **on**…* » seront repris dans les activités ritualisées de l'album 6. Les élèves pourront choisir leur réponse « *My birthday is **in** [+ month]* » ou « *My birthday is **on** [+date]* ».

CROISEMENTS ENTRE ENSEIGNEMENTS

- **ÉDUCATION ARTISTIQUE / ARTS PLASTIQUES** : on peut prévoir un travail en arts plastiques à partir du livre *The Birthday Crown* de Davide Cali, concernant la couronne d'anniversaire de la reine Elizabeth II.

  Des exemples d'activités et de productions autour de l'album *The Birthday Crown* sont proposés sur mon blog : http://tinyurl.com/y6vpsfhl
- **ÉDUCATION ARTISTIQUE / MUSIQUE** : les élèves peuvent écouter la chanson « Amélie les Crayons » avec un montage fait sur les tenues d'Elizabeth II. Lien Youtube : http://tinyurl.com/yarhlww4

Album 6

My Mum

Anthony Browne

▸ *CAN, action verbs, family*

L'objectif final de cette séquence est de rendre les élèves capables de parler de leurs capacités ou de celles de quelqu'un d'autre, de décrire des personnages et de définir les membres de la famille.

Il faudra penser à faire évoluer les activités ritualisées pendant le temps de *Warming up*, en suivant le tableau indicatif, selon les progrès des élèves.

MY MUM,
Anthony Browne

Anthony Browne est le même auteur que l'album précédent, **My Brother**. Il a reçu de nombreuses récompenses pour ses livres ou ses illustrations, comme la médaille Kate Greenway, le prix Kurt Maschler, le *Waterstones Children's Laureate* et le célèbre prix Hans Christian Andersen, surnommé « le petit prix Nobel de littérature », pour l'ensemble de son œuvre en 2000.

My Mum a été écrit avant **My Brother** et fait l'éloge de la mère de l'auteur. Anthony Browne a brusquement perdu son père à l'âge de 17 ans et sa « *Supermum* », comme il la surnomme dans l'album, a tout pris en charge de manière héroïque.

Du point de vue de la langue, l'intérêt de l'album réside dans l'utilisation du modal *CAN* pour la capacité physique ou intellectuelle, le comparatif *AS... AS*, la présence du génitif et les champs lexicaux des métiers, des animaux, et des verbes d'action. Le texte est court avec une phrase par page, ce qui permettra de travailler plus spécifiquement les compétences « Parler en continu » et « Lire : raconter une histoire courte à l'aide de supports visuels ».

Bien entendu, un travail en arts est à mener parallèlement avec les élèves pour les nombreuses références artistiques et cinématographiques dans les illustrations de **My Mum**.

Lien Youtube de la lecture à haute voix :
http://tinyurl.com/y6to2yor

PROJET / TÂCHE FINALE

Réaliser une carte de fête des mères (et de fête des pères) avec un petit texte sur le même modèle que **My Mum**. Cette carte peut être réalisée au format papier mais un montage des productions de la classe au format numérique est à envisager, avec les cartes photographiées et sonorisées par une lecture à haute voix avec Adobe Spark Video. Les élèves vont aussi s'entraîner à lire à haute voix un passage de l'album.

QUELQUES PRÉCISIONS AVANT DE COMMENCER

- L'exploitation proposée est riche en activités que l'on peut moduler suivant les connaissances et les compétences de ses élèves.

COMPÉTENCES TRAVAILLÉES AUTOUR DE CET ALBUM

Attendus de fin de cycle et compétences travaillées dans le module MY MUM	Domaines du socle
Écouter et comprendre L'élève est capable de comprendre des mots familiers et des expressions très courantes sur lui-même, sa famille et son environnement immédiat. ▪ Comprendre des mots familiers et des expressions courantes. ▪ Extraire l'information d'un message de courte durée. ▪ Suivre le fil d'une histoire simple : **My Mum.**	1, 2
Lire et comprendre L'élève est capable de comprendre des mots familiers et des phrases très simples. ▪ Comprendre des mots familiers et des phrases très simples.	1, 2
Parler en continu : évalué avec la grille de l'enseignant tout au long de la séquence ou lors des moments de *Brain breaks* : chanson « *How about you? What can you do?* » L'élève est capable d'utiliser des expressions et des phrases simples pour parler de lui et de son environnement immédiat. ▪ Reproduire un modèle oral, répéter : **Chanson « *How about you? What can you do?* »** ▪ Se présenter oralement et présenter les autres : **présentation de son arbre généalogique (fin de séance 13)**. ▪ Lire à haute voix un texte bref. **Lecture des productions de phrases sur My Mum avec *CAN* et *AS... AS* (séances 4 et 7)**. ▪ Raconter une histoire courte à l'aide de supports visuels. **Lecture d'un passage de My Mum (préparé en séance 12)**.	1, 2, 3
Écrire L'élève est capable de copier un modèle écrit, d'écrire un court message et de renseigner un questionnaire simple. ▪ Copier des mots isolés et des textes courts. ▪ Produire de manière autonome quelques phrases sur soi-même ou les autres. ▪ Renseigner un questionnaire.	1, 2, 3
Réagir et dialoguer : évalué avec la grille de l'enseignant tout au long de la séquence. L'élève est capable de communiquer de façon simple, à condition que l'interlocuteur soit disposé à répéter ou à reformuler ses phrases plus lentement et à l'aider à formuler ce qu'il essaie de dire. ▪ Établir un contact social **(activités ritualisées).** ▪ Demander à quelqu'un de ses nouvelles et réagir en utilisant des formules de politesse **(activités ritualisées)**. ▪ Dialoguer sur des sujets familiers **(activités ritualisées)**. ▪ Dialoguer pour échanger ou obtenir des renseignements. ***Ball Game : Can you...?***	1, 2
Découvrir les aspects culturels d'une langue vivante étrangère et régionale Identifier quelques grands repères culturels de l'environnement quotidien des élèves du même âge dans les pays étudiés : ***The Royal Family, Australia, Happy family*** (jeu traditionnel anglais).	1, 2, 3, 5

SÉANCE 1

MY MUM / LES ANIMAUX

Éléments culturels

- Différence entre l'anglais et l'américain : la version américaine de l'album s'appelle « *My Mom* »
- Le koala, le kangourou et l'opossum sont des animaux que l'on trouve en Australie, pays de langue anglaise faisant partie du Commonwealth.

Matériel

- Album **My Mum**

Lien de lecture à voix haute de l'album :
http://tinyurl.com/y6to2yor

Dans le DVD-Rom

Pour l'étape 1

- Auto-évaluation

- Grille d'évaluation pour l'enseignant

Pour l'étape 2

Fiche mémo sur les animaux de la séance 9 de l'album 3

Pour les étapes 3, 4 et 5

- Affiches des références cinématographiques

- Flashcards collectives et individuelles des animaux

- Mémory

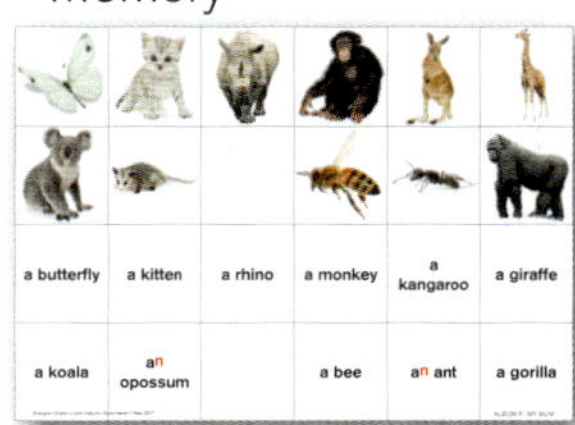

1. WARMING UP 10'

Activités ritualisées

Introduire l'activité ritualisée « *When is your birthday?* ». Réponse : « *My birthday is in [+ month]* », dans un premier temps.

Écriture autonome

- Laisser les élèves écrire de petites phrases avec l'aide des modèles laissés au tableau : *I like… / I don't like… / He/She likes… / He/She has got… / My favourite sport is… / Her/His favourite sport is…*
- Distribuer aux élèves le nouveau tableau d'autoévaluation pour l'album 6 concernant les activités ritualisées, pour la compétence « Réagir et dialoguer », afin que les élèves puissent se projeter sur les attendus de cette période.

Compétences langagières
- Réagir et dialoguer
- Écouter et comprendre
- Lire et comprendre

2. RECYCLING 5'

My favourite animal

- Lecture d'une ancienne leçon : celle sur les animaux.

▸ **Jeu d'interaction orale : *Meet someone***

- Les élèves se déplacent dans la classe et se demandent : « *What's your favourite animal? My favourite animal is…* »

Compétences langagières
- Réagir et dialoguer
- Lire et comprendre

Niveau + : une fois le jeu terminé, les élèves devront se présenter en binômes et dire « *Her/His favourite animal is…* ».

3. TEACHING 10'

Lecture de l'album

- Lire l'album **My Mum** de manière expressive. Mimer et montrer les images pour faciliter la compréhension du message général.
- Les élèves expriment ce qu'ils ont compris et retrouvent les mêmes idées que pour **My Brother** mais avec des comparaisons différentes : le narrateur admire sa mère, il parle d'elle comme d'une héroïne.
- Expliquer que l'auteur a perdu son père à l'âge de 17 ans et que sa mère les a élevés lui et son frère. Il y a de nombreux implicites dans le livre : lorsque le narrateur dit « *She is a brilliant juggler* », les illustrations montrent qu'elle jongle avec le ménage, les courses, la cuisine, le rangement, les trajets, les factures.
- Inviter les élèves à trouver ce que symbolise chaque objet avec lequel elle jongle. Il y a des éléments récurrents dans les illustrations comme les cœurs et le tissu du vêtement de la maman. On retrouve un dessin de gorille, cher à Anthony Browne, sur les gâteaux cuisinés. Les élèves reconnaitront sans doute les références à Marilyn Monroe (dans le film 7 *ans de réflexion*) et à Superman.
- Demander ensuite si les élèves ont reconnu des mots en anglais : « *What words did you pick out?* » Les élèves reconnaissent le nom des animaux et des adjectifs vus dans l'album **My Brother** : « *fantastic, brilliant, great* ». Il y a un nouvel adjectif qui se répète souvent et qui est plus adapté à une mère qu'à un frère : « *nice* ». L'ajouter à la liste d'adjectifs.

Compétences langagières
- Écouter et comprendre
- Lire et comprendre

Les animaux

- Afficher les flashcards d'animaux dont on parle dans l'album et d'autres qui pourront servir à l'élaboration de phrases personnelles dans les séances suivantes : « *butterfly, rhino, kitten* » ; « *monkey, kangaroo, opossum, koala, giraffe* ».

Niveau + : ajouter « *bee, ant, gorilla* ».

PHONOLOGIE :
Attention, il y a beaucoup de mots transparents qui ne se prononcent pas comme en français.
- Réalisation de la diphtongue [aɪ] de *butterf**ly*** et *rh**i**no* (et compléter la maison du son [aɪ])
- Réalisation du son [ʌ] de ***b*u**tterfly* et *m**o**nkey*
- Réalisation du i court [i] de *monk**ey*** (et compléter la maison du son [i])
- Réalisation du i long [i:] de *b**ee*** (et compléter la maison du son [i:])
- Réalisation du son [dʒ] de *giraffe* (et compléter la maison du son [dʒ])
- Réalisation du a long [ɑ:] de *gir**a**ffe*
- Non-réalisation du R : *butt**er**fly* [bʌtəflaɪ]
- Prononciation de *opossum*, *kangaroo* et de *koala* : [əpɒsəm / kæŋgəru: / kəʊɑ:lə]

- L'enseignant fait répéter de nombreuses fois collectivement, en groupes, individuellement. Insister sur l'accentuation des mots. Pour rendre la répétition moins lassante, on peut faire un jeu de ***Magic Eye*** ou de ***What's missing?***

4. LEARNING 15'

Activités à l'oral

▸ Jeu de compréhension : ***Mime an animal***

Chuchoter dans l'oreille d'un élève le nom d'un animal : il faudra le mimer et les autres élèves doivent le deviner. « *A kangaroo? Is it a kangaroo?* », « *Yes / No* » ou « *Yes, it is / No, it isn't* ».

Compétences langagières
- Écouter et comprendre
- Réagir et dialoguer
- Lire et comprendre

Variante Pour faire participer plus de monde, on peut scinder la classe en quatre groupes et murmurer à l'oreille d'un élève par groupe un animal à mimer. Penser à changer les rôles à chaque fois.

▸ Jeu d'interaction orale : ***Find your partner***

Distribuer les mini flashcards. Il faut retrouver son partenaire ayant la même carte. Les élèves se demandent « *Have you got a butterfly?* » et ils se répondent « *Yes, I have / No, I haven't* ».

Vers l'écrit

▸ Jeu d'association des mots et des images : *Label the pictures*

- Afficher les flashcards en ligne au tableau et écrire les mots un peu plus loin : « *butterfly, rhino, kitten , monkey, kangaroo, opossum, koala, giraffe, bee, ant, gorilla* ».
- Pendant ce temps, les élèves prélèvent des indices pour identifier les mots.
- Lire les mots à haute voix puis les faire relire plusieurs fois par les élèves.
- Demander ensuite à des volontaires de venir au tableau pour associer les mots aux images en les légendant. Dire: « *Come to the board and label the pictures.* » Montrer un exemple si nécessaire.

▸ Jeu de Memory

Les élèves travaillent en binômes. Ils mélangent les miniflashcards et les étiquettes-mots. Chacun doit former une paire pour remporter les cartes. Il faut impérativement dire les mots à chaque fois que l'on retourne une carte.

5. READING, WRITING 5'

Les animaux

Les élèves collent dans le cahier les images associées aux mots du jeu de Memory.

Niveau + : les élèves écrivent les mots à côté des images en s'aidant des étiquettes-mots, mais ils ne les collent pas.

Compétences langagières
- Lire et comprendre
- Écrire

6. SUMMARY 1'

Qu'avez-vous appris ?

« *What did you learn?* »

Le nom d'autres animaux, dont des animaux d'Australie comme le kangourou, le koala et l'opossum.

Synthèse
- Retour en français sur les acquis de la séance

PROLONGEMENT

- **En autonomie** : les élèves peuvent regarder sur tablette une courte vidéo sur les animaux d'Australie.
  Lien Youtube en anglais : http://tinyurl.com/ybtpud6d
  En français : http://tinyurl.com/y784t7wo

SÉANCE 2

VERBES D'ACTION

Matériel

Dans le DVD-Rom

Pour les étapes 3 et 4
- Flashcards collectives et individuelles des verbes d'action
- Flashcards individuelles des animaux de la séance 1

Pour l'étape 5

Exercices

1. WARMING UP 10'

Activités ritualisées

Procédure habituelle.

Lecture

Relire des maisons de sons du cahier d'anglais.

Compétences langagières
- Réagir et dialoguer
- Écouter et comprendre
- Lire et comprendre
- Écrire

Écriture autonome

Procédure habituelle.

2. RECYCLING 5'

Jeu de compréhension et de production orale

Compétences langagières
- Écouter et comprendre

▸ ***Bingo game***

- Reprendre les mini flashcards des animaux de la séance 1.
- Choisir 6 animaux parmi ceux vus en séance 1, poser les 6 flashcards choisies sur la table. Les retourner à chaque fois. Le premier qui a tout retourné a gagné.
- Laisser mener le jeu par des élèves volontaires dès que possible.
- Consigne en anglais : « *Let's play bingo. You turn your card over when you have the animal item. The winner is the one who has turned over all his cards.* »

3. TEACHING 10'

Les verbes d'action

Compétences langagières
- Écouter et comprendre

- Relire l'album **My Mum**. Rester plus longtemps sur les pages « *fantastic cook, painter, sing like an angel, roar like a lion, Supermum, dance, the boss, laugh* » et demander aux élèves de trouver les verbes d'action associés, en anglais ou en français, à défaut.
- Afficher les flashcards de quelques verbes d'action et d'autres verbes qui vont servir à la rédaction de phrases dans les séances suivantes : « *cook, eat, paint, sing, swim, fly, dance, jump, run* ».

Niveau + : ajouter « *roar, laugh, work* ».

Certains mots ont été vus dans l'album *My Brother*. Rappeler qu'il y a aussi le verbe « *play* » + sports de ballon ou de balle pour les verbes d'action.

PHONOLOGIE :
Attention à la prononciation de *cook* : [kʊk] et de *laugh* : [lɑ:f].
- Réalisation du i long [i:] de ***eat***
- Réalisation de la diphtongue [aɪ] de *f**ly*** et compléter la maison du son [aɪ]
- Réalisation du son [dʒ] de *jump* et compléter la maison du son [dʒ]
- Réalisation du [ʌ] de *jump* et *run*
- Allongement de la voyelle dû à la proximité d'un R graphique pour ***roar*** et *wo**r**k* : [rɔ:] et [wɜ:k]

- Faire répéter de nombreuses fois collectivement, en groupes, individuellement, puis en mimant les actions, pour associer le geste à la parole.
- Pour rendre la répétition moins lassante, on peut faire un jeu de ***Magic Eye***, ou de ***What's missing?*** ou de ***Point to***.

4. LEARNING 15'

Activités à l'oral

Compétences langagières
- Écouter et comprendre
- Parler en continu
- Réagir et dialoguer

▸ **Jeu de compréhension orale : *Mime***

Donner des ordres à l'impératif et les élèves doivent mimer l'action. Laisser les élèves mener le jeu dès que possible.

Variante On peut faire un jeu de ***Simon says***.

▸ **Jeu de production orale : *Pick a card and say the word***

En binômes, les élèves vont mélanger leur tas de miniflashcards. Ils tirent une carte et ne peuvent la remporter que s'ils prononcent correctement le bon mot du verbe d'action.

▸ **Jeu de production orale : *Memorize like an elephant***

- Travail par groupes de 6 : en rond. Activité théâtrale de mime et de mémorisation où chacun associe un geste à un verbe d'action.
- Le 1er dit « *swim!* », le 2e « *swim, jump!* », le 3e « *swim, jump, dance!* » *etc.*
- Ne pas placer en fin de course un élève qui a des difficultés, pour ne pas le mettre en échec. Varier les rôles.

Vers l'écrit

▸ ***Match the pictures with the words***

- Afficher les flashcards d'un côté du tableau et écrire les mots un peu plus loin « *cook, eat, paint, sing, swim, fly, dance, jump, run* ».

Niveau + : ajouter « *roar, laugh, work* ».

- Pendant ce temps, les élèves prélèvent des indices pour identifier les mots.
- Lire à haute voix les étiquettes-mots puis les faire relire plusieurs fois par les élèves.
- Demander ensuite à des volontaires de venir au tableau pour associer les mots aux images. Dire : « *Come to the board and match the pictures with the words.* » Montrer un exemple si nécessaire.

5. READING, WRITING 5'

Les élèves font un exercice de lecture et doivent associer les mots écrits aux images en les reliant d'abord. Ils les recopieront à la séance suivante.

Niveau + : les élèves ont leurs mots en plus.

Compétences langagières
- Lire et comprendre

6. SUMMARY 1'

Qu'avez-vous appris

« *What did you learn?* »

Des verbes d'action.

Synthèse
- Retour en français sur les acquis de la séance

Lancer les projets

- Réaliser une carte de fête des mères en écrivant un petit texte sur ce que fait sa maman, et en la comparant avec des animaux, à la manière de **My Mum**.
- Comme le texte de l'album est court, les élèves travailleront leur lecture à haute voix après de nombreuses écoutes, afin de pouvoir lire l'histoire à une autre classe.

PROLONGEMENT

- **En autonomie** : on peut faire un Memory en ligne sur les verbes d'action. Lien : http://tinyurl.com/m6k9vyj

CROISEMENTS ENTRE ENSEIGNEMENTS

- **EPS** : on peut mimer les verbes d'action lors d'un échauffement EPS pour consolider le lexique.

SÉANCE 3

CAN

Matériel

Lien Youtube de la chanson *How about you? What can you do?*
http://tinyurl.com/zgz6g89

Dans le DVD-Rom

Pour l'étape 2

- Fiche mémo *Action Verbs*

- Exercices

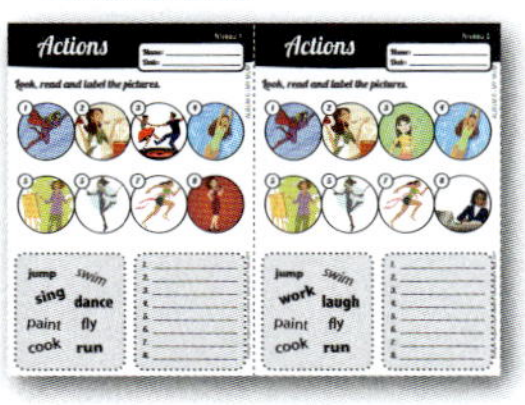

Pour les étapes 3 et 4

- Flashcards collectives et individuelles des verbes d'action de la séance 2
- Affiche Masque *My Mum*

Pour l'étape 5

Exercices

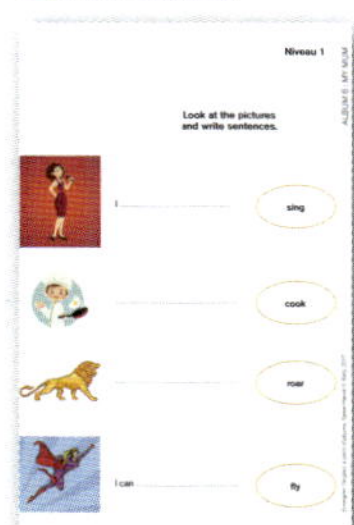

1. WARMING UP 10'

Compétences langagières
- Réagir et dialoguer
- Écouter et comprendre
- Lire et comprendre
- Écrire

Activités ritualisées

On pourra faire évoluer la question du prénom. Le responsable demandera le prénom de quelqu'un de la classe : « *What's her/his name? Her/ His name is...* »

Lecture

Procédure habituelle.

Écriture autonome

Laisser les élèves écrire de petites phrases *I like... / I don't like... / Do you like...? / I have got a hat, I have got trousers, I have got black shoes.*

2. RECYCLING 10'

Compétences langagières
- Écouter et comprendre
- Parler en continu
- Lire et comprendre
- Écrire

Les verbes d'action

▸ **Jeu de compréhension orale : *Mime***

- Donner des ordres à l'impératif et les élèves doivent mimer l'action. Laisser les élèves mener le jeu dès que possible.

Variante On peut faire un jeu de *Simon says.*

- Donner la fiche mémo sur les verbes d'action, uniquement les images, pas les bulles. La lire à haute voix puis faire relire les élèves volontaires.
- Les élèves continuent l'exercice donné en séance 2 où il fallait relier les verbes aux images. Cette fois, ils écrivent les verbes d'action au bon endroit.

3. TEACHING 5'

Compétences langagières
- Écouter et comprendre
- Parler en continu

I can, She can...

- Relire l'album **My Mum**. Rester plus longtemps sur les pages « *She can sing like an angel. She can roar like a lion.* » Faire prononcer la phrase plusieurs fois collectivement, en groupes, voire individuellement. Les élèves remarquent que, comme leur propre maman, elle a parfois deux visages.
- Montrer l'exemple en utilisant le masque de *My Mum* :

« ***I can** sing, **I can** dance, **I can** jump, **I can** fly, **I can** paint, **I can** cook* ». Hocher la tête pour montrer que c'est une phrase affirmative et mimer les actions en même temps.

> **GRAMMAIRE** :
> Écrire les phrases « ***I can** sing, **I can** dance* » au tableau puis expliquer :
> ***I CAN dance*** = je peux danser = je sais danser.
> Les élèves connaissent aussi *CAN* pour demander la permission, dans les activités ritualisées.

- Faire répéter plusieurs fois les phrases « *I can sing, I can dance, I can jump, I can fly, I can paint, I can cook* » collectivement, en groupes, voire individuellement.
- Puis enlever le masque de *My Mum* et l'afficher au tableau. Montrer *My Mum* et dire : « *She can sing, She can dance, She can jump, She can fly, She can paint, She can cook* ».

> **GRAMMAIRE (suite)** :
> Les élèves remarquent qu'après *CAN,* on trouve la base verbale, c'est-à-dire le verbe à l'infinitif sans *TO.*
> - Écrire au tableau *CAN* + base verbale.
>
> *CAN* est un **auxiliaire** modal, il n'y a pas d'accord même à la 3e personne du singulier, là où les élèves étaient habitués à trouver un **–S**.
> À toutes les personnes, on a :
> I/you/he/she/it/we/you/they can dance

- Écrire la conjugaison de *CAN* au tableau.

4. LEARNING 10'

Activités à l'oral

- Écoute de la chanson : *Funny action verbs*, « *How about you? What can you do?* ».
- Les élèves reconnaissent « *I CAN [+ action verbs]* ».
- À la 2e écoute, ils miment les actions comme dans la vidéo et répètent les phrases.
- À la 3e écoute, faire une pause entre chaque phrase et les élèves doivent la répéter pour la mémoriser en vue de chanter la chanson, tout en mimant les actions, pour associer le geste à la parole.

Compétences langagières
- Écouter et comprendre
- Parler en continu
- Lire et comprendre

▸ Jeu de production orale : *Memorize like an elephant*

- Reprendre les miniflashcards des verbes d'action.

Les élèves sont en groupes de quatre. Chaque élève tire une carte de verbe d'action. Le 1er dit « *I can swim* », le 2e « *I can jump* », etc. L'élève qui mène le jeu doit mémoriser ce qu'a dit chacun de ses camarades et répéter dans l'ordre : « *I can swim, I can jump…* »

- Bien faire attention de ne pas laisser un élève en difficulté passer en dernier car il faut mémoriser les 4 verbes d'action. Changer le rôle de meneur à chaque partie.
- Après plusieurs répétitions, le jeu change. L'élève qui mène le jeu doit mémoriser ce qu'a dit chacun de ses camarades et le présenter. Il dit : « *She/He can swim, She/He can jump…* »

Niveau + : faire des groupes de 5 à 7 joueurs, il y aura plus à mémoriser, ce qui augmente le challenge.

Vers l'écrit

- Écrire au tableau quelques phrases : « *I can dance, I can sing, I can swim, I can jump, I can cook, I can fly* ». Laisser un temps de lecture silencieuse puis lire les phrases à haute voix.
- Interroger des élèves qui lisent les phrases montrées, pas forcément dans l'ordre.

5. READING, WRITING 10'

Le verbe *Can*

- Les élèves commencent à copier la leçon sur *CAN* dans le cahier d'anglais :

> *CAN*
>
> *CAN* indique qu'on est capable de faire quelque chose, qu'on sait faire quelque chose :
>
> *I can dance.*
>
> *CAN* est un auxiliaire modal, il n'y a pas d'accord même à la 3e personne du singulier.
>
> À toutes les personnes, on a :
>
> *I*
you
he/she/it
we *can* dance.
you
they
>
> *Can* indique aussi ce qu'on peut faire, ce qui est permis :
>
> *Can I go to the toilet, please?*

- Les élèves font un exercice écrit afin de produire des phrases avec *CAN*.

Niveau + : les élèves peuvent écrire quelques phrases en autonomie sur l'ardoise avec le modèle de l'exercice et l'aide affichée au tableau : *CAN + verb*. Après vérification par l'enseignant, ils peuvent les recopier dans le cahier, à la suite de la leçon.

6. SUMMARY 1'

Qu'avez-vous appris ?

« *What did you learn?* »

Le modal ***CAN* + verbe** pour exprimer la capacité (ou la permission), qui ne change pas au présent quel que soit le sujet.

Synthèse
- Retour en français sur les acquis de la séance

SÉANCE 4

SHE CAN... LIKE A... / PRODUCTION D'ÉCRITS

Matériel

Lien Youtube de l'histoire racontée *My Dad* d'Anthony Browne
http://tinyurl.com/y989yw3h

Lien Youtube de la chanson *How about you – What can you do?*
http://tinyurl.com/zgz6g89

Dans le DVD-Rom

Pour l'étape 2
Fiche mémo
Action Verbs

Pour les étapes 3 et 4
- Flashcards collectives et individuelles des verbes d'action

- Flashcards des animaux

- Flashcards collectives des Hobbies (Album 5)

Pour l'étape 5
- Exercices

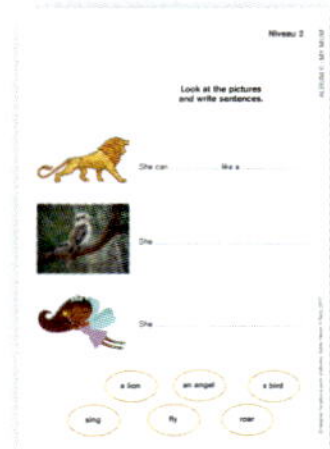

- Affiche

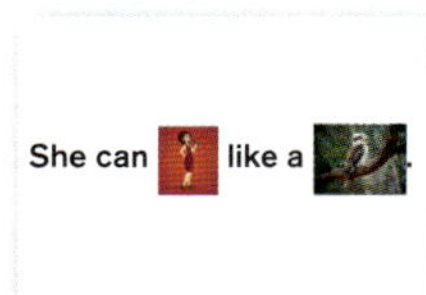

1. WARMING UP 10'

Activités ritualisées
Procédure habituelle.

Lecture
Procédure habituelle.

Écriture guidée
I am wearing... / I have got / He/She has got... [+ vêtements].

Compétences langagières
- Réagir et dialoguer
- Écouter et comprendre
- Lire et comprendre
- Écrire

2. RECYCLING 5'

Révision de *Can*

▸ **Jeu de relais : *Ball Game***
- Demander : « *What can you do?* » Un élève répond : « *I can swim. And you?* » et il désigne un autre camarade.

Niveau + : les élèves peuvent faire une phrase plus longue.
« *Hello my name is... I'm... years old, I can swim. And you?* »
- Les élèves produisent des phrases à l'oral pour parler de **My Mum**, dont la photo est placée au tableau : « *She can...* ».
- Les élèves chantent en suivant la chanson à gestes : *Funny action verbs*, « *How about you? What can you do?* »

Compétences langagières
- Écouter et comprendre
- Parler en continu
- Réagir et dilaoguer

3. TEACHING 10'

Like a ...
- Reprendre les phrases produites sur **My Mum**. Faire des comparaisons, comme dans le livre : « *She can sing **like an** angel. She can roar **like a** lion.* »
- Écrire les phrases au tableau. Les élèves remarquent qu'on utilise

***like* + *a-an* + (noun)**

pour faire une comparaison équivalente. Écrire cette structure au tableau.

Compétences langagières
- Écouter et comprendre

Mise en réseau

- Présenter un autre album du même auteur : *My Dad*. Les élèves ont des attentes de lecture : ils pensent que le narrateur va décrire son père avec admiration, comme il l'a fait pour **My Mum** et **My Brother**.
- Donner toutefois un objectif d'écoute : il faut trouver d'autres comparaisons avec « *like a…* ».
- Les élèves relèvent « *My dad can eat like a horse, he can swim like a fish* » et des phrases avec *CAN* sans comparaison : « *He can jump over the moon ; My dad can wrestle with giants* ».

4. LEARNING 10'

Activités à l'oral

- Les élèves travaillent en binômes. Ils choisissent quatre cartes de verbes d'action et doivent produire des phrases à l'oral sur le modèle « ***She can*** + action verb + ***like a*** + noun ». Pour cela, ils peuvent s'aider du cahier d'anglais pour les noms d'animaux et des flashcards laissées au tableau.
  Ex. : « *She can run like a lion, She can swim like a fish, She can jump like a kangaroo, She can run like a horse, She can fly like Superman, She can sing like a bird, She can laugh like a monkey, She can work like a bee* ».
- Mise en commun : les binômes viennent lire leurs phrases. Encourager, complimenter, corriger, répéter, faire répéter.
- Reprise de l'activité et décontextualisation : soit avec le verbe *PLAY* + sports de balle ou de ballon et le nom de sportifs connus. « ***I /She can play*** + sport + ***like a*** + noun » ; soit avec les verbes des *hobbies* + nom propre.
  Ex. : « *I can play tennis like Rafael Nadal, She can play football like Ronaldo, I can write stories like Roald Dahl, She can paint like Picasso…* »

Compétences langagières
- Écouter et comprendre
- Parler en continu

5. READING, WRITING 10'

Exercice

- Exercice écrit rapide pour reconstituer les phrases de *My Mum*.

Production d'écrits

- Les élèves rédigent au brouillon en autonomie les phrases créées à l'oral. Après correction par l'enseignant, elles seront recopiées dans le cahier d'anglais.

Compétences langagières
- Lire et comprendre
- Écrire

6. SUMMARY 1'

Qu'avez-vous appris ?

« *What did you learn?* »
La construction *She can + action verb + like a* + noun.

Synthèse
- Retour en français sur les acquis de la séance

SÉANCE 5

CAN YOU…? YES, I CAN / NO, I CAN'T

Éléments culturels

- Prononciation différente entre l'anglais et l'américain : ***can't*** [kænt] (États-Unis), [kɑːnt] (Royaume-Uni)

Matériel

Lien Youtube de la chanson
http://tinyurl.com/zgz6g89

Dans le DVD-Rom

Pour l'étape 3
Flashcards collectives et individuelles des verbes d'action

Pour l'étape 4
Enquête *Survey*

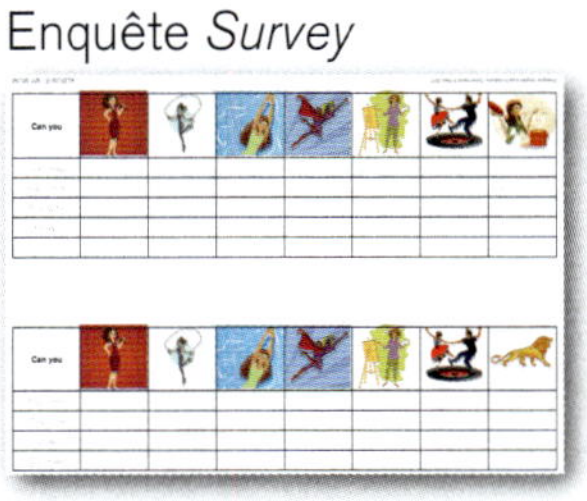

Pour l'étape 5
Exercices

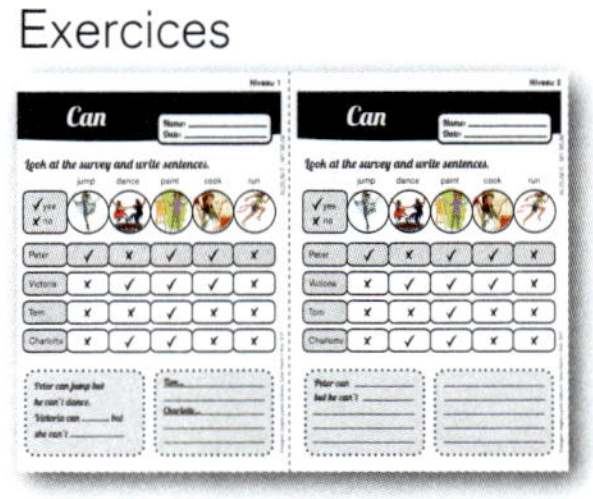

1. WARMING UP 10'

Compétences langagières
- Réagir et dialoguer
- Écouter et comprendre
- Lire et comprendre
- Écrire

Activités ritualisées
- Déroulement habituel.
- On peut changer le rituel de *Froggy*. Un élève demande à un autre qui défile : « *What are you wearing?*
  – *I am wearing…* »

Lecture
Procédure habituelle.

Écriture guidée
I can, She can + action verbs.

2. RECYCLING 10'

Compétences langagières
- Écouter et comprendre
- Réagir et dialoguer

I can… like a
► **Jeu de relais : *Ball Game***
- Demander : « *What can you do?* » Un élève répond : « *I can swim like a fish. And you?* » et il désigne un autre camarade.

Niveau + : les élèves peuvent faire une phrase plus longue. « *Hello my name is… I'm… years old, I can swim like a fish. And you?* »
- Les élèves chantent en suivant la chanson à gestes : *Funny action verbs*, « *How about you? What can you do?* »
- Les élèves peuvent revenir sur leurs productions d'écrits si nécessaire.

3. TEACHING 10'

Compétences langagières
- Écouter et comprendre
- Réagir et dialoguer

Can you…?
- Poser des questions aux élèves en montrant bien que l'on s'adresse à « tu » : « ***Can YOU dance?*** »
- Les élèves répondent « *Yes* ». Reprendre : « ***Yes, I can*** » et ajouter en montrant l'élève : « ***Yes, He/She can*** ». Refaire plusieurs fois la même chose avec d'autres élèves et d'autres verbes d'action. Ex. : « *Can you jump?* » « *Yes, I can* » → « *Yes, He/She can* »…

PHONOLOGIE :
Intonation ascendante de la question fermée (*yes/no question*).

GRAMMAIRE :
À la forme interrogative, on fait une inversion, c'est-à-dire qu'on place le modal en tête de phrase : « *CAN you sing?* »

- Interroger plusieurs élèves avec *CAN* (en étant sûr qu'ils sachent faire l'action). Encourager, corriger, répéter, faire répéter.
- Puis, poser la question qui induit la réponse négative : « *Can you fly?* »
  Les élèves répondent : « *No* ». Reprendre : « *No, I can't* » et ajouter en montrant l'élève : « *No, He/She can't* », « *He/She can't fly* ».
- Faire répéter plusieurs fois « *Can you…? Yes, I can / No, I can't* » collectivement, en groupes, voire individuellement.
- Même chose avec « *I can't fly, I can't dance…* ».

4. LEARNING 10'

Compétences langagières
- Écouter et comprendre
- Réagir et dialoguer
- Lire et comprendre

Activités à l'oral
► **Jeu d'enquête : *Survey***
- Les élèves s'interrogent sur leurs capacités. Ils vont se promener dans la classe et interroger quatre de leurs amis en demandant « *Can you sing?* » et les autres répondent « *Yes, I can / No I can't* ». Ils cochent la case dans le tableau.

Niveau + : le questionnaire contient des mots différents.

- Pour la mise en commun, les élèves viennent présenter un de leurs camarades grâce au tableau (on pourra présenter plusieurs fois le même camarade, si nécessaire). On peut utiliser la forme négative : « *Emma can dance but she can't fly.* »

Vers l'écrit

- Écrire au tableau la question et la réponse. Les élèves doivent remettre dans l'ordre les mots de la question et de la réponse.

dance?	Yes,	Can	can.	I	you

No,	you	I	basketball?	Can	can't.	play

5. READING, WRITING 5'

Action verbs

- Les élèves complètent les bulles de la leçon « *Action verbs* ».
- Ils font un exercice écrit : rédiger des phrases comme le modèle en s'aidant de l'enquête.

Niveau + : il y a moins d'amorces pour rédiger les phrases.

Compétences langagières
- Lire et comprendre
- Écrire

6. SUMMARY 1'

Qu'avez-vous appris ?

« What did you learn? »

L'utilisation de *CAN*, la question « *Can you…?* » et les réponses « *Yes, I can / No, I can't* ».

Synthèse
- Retour en français sur les acquis de la séance

SÉANCE 6
ADJECTIFS

Matériel

Lien Youtube de la chanson *How about you – What can you do?*
http://tinyurl.com/zgz6g89

Dans le DVD-Rom

Pour l'étape 1
Fiche mémo *Adjectives 1* (*cf.* Album 5 *My Brother)*

Pour l'étape 2
Exercices

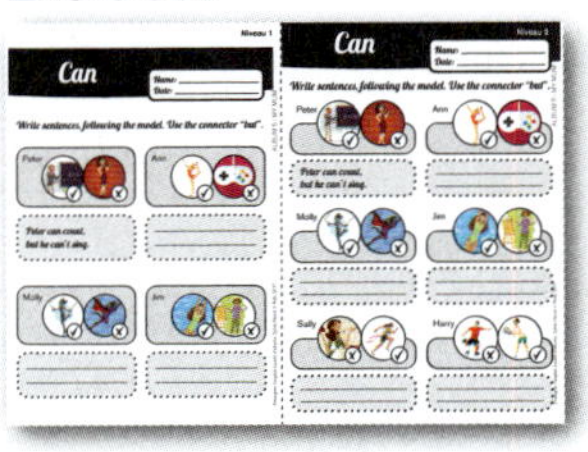

Pour les étapes 3 et 4
- Flashcards collectives et individuelles des adjectifs

- Mémory

Pour l'étape 5
Fiche mémo *Adjectives 2*

1. WARMING UP 10'

Activités ritualisées
Procédure habituelle.

Lecture
Relire les adjectifs de l'album 5.

Écriture guidée
I can/ I can't [+ action verbs].

Compétences langagières
- Réagir et dialoguer
- Écouter et comprendre
- Lire et comprendre
- Écrire

2. RECYCLING 10'

Révision de *can*

- Les élèves chantent en suivant la chanson à gestes : *Funny action verbs*, « *How about you? What can you do?* »
- Puis ils font un exercice de rédaction de phrases avec *CAN / CAN'T*.

Compétences langagières
- Parler en continu
- Lire et comprendre
- Écrire

3. TEACHING 5'

Les adjectifs

- Faire rappeler les adjectifs vus lors des séquences précédentes (voir cahier d'anglais) : « *big, small, happy, sad, hungry, angry, clever, rude, polite* ».
- Relire l'album **My Mum** (en insistant sur les adjectifs) avec pour les élèves un objectif d'écoute : ils vont devoir retrouver les adjectifs.

  Les adjectifs du livre : « ***nice***, *soft, tough, comfy, beautiful, strong* ».
- Ajouter des adjectifs qui vont permettre de produire des phrases : « *lazy, magic, dangerous, fast, brave, sporty* ».
- Faire répéter les mots « *soft, tough, beautiful, strong, lazy, magic, dangerous, fast, brave, nice, sporty* » collectivement, en groupes, voire individuellement.
- Pour rendre la répétition moins lassante, on peut l'entrecouper d'un jeu de ***What's missing?***
- Faire mimer chaque adjectif aux élèves afin de trouver un code de gestuelle commun.

Compétences langagières
- Écouter et comprendre
- Parler en continu

PHONOLOGIE :
Prononciation de *tough* : [tʌf], *beautiful* : [bju:təfʊl], *lazy* : [leizi], *fast* : [fɑ:st], *brave* : [breɪv]

4. LEARNING 15'

Activités à l'oral

▸ Jeu de compréhension : *Mime*
- Des élèves volontaires viennent mimer un adjectif et les autres doivent retrouver lequel.
- Distribuer les miniflashcards.

Compétences langagières
- Écouter et comprendre
- Réagir et dialoguer
- Lire et comprendre

▸ Jeu de production orale : *Pick a card and say the word*
- Les élèves jouent en binômes et mélangent leurs flashcards. Chacun en tire une et énonce l'adjectif correctement pour pouvoir remporter la carte.
- Passer dans les groupes pour encourager, aider, faire répéter, corriger.

▸ Jeu d'interaction orale : *Meet someone*

Les élèves se déplacent dans la classe et se demandent en mimant les adjectifs : « *Are you strong?* » et se répondent : « *Yes, I am / No, I am not* ».

Vers l'écrit

- Écrire les mots au tableau en colonnes et placer les flashcards images de l'autre côté du tableau.
- Laisser les élèves prélever des indices puis demander de placer les flashcards en face des mots écrits.

5. READING, WRITING 5'

Les adjectifs

▸ Memory
- Mélanger les flashcards-images avec les mots écrits et jouer au Memory. Pour remporter une paire de cartes, il faut prononcer les adjectifs.

Compétences langagières
- Lire et comprendre

▸ Fiche mémo : Adjectives 2
- Les élèves collent la fiche *Adjectives* 2 dans le cahier d'anglais. Ils lisent silencieusement.
- Puis lire à haute voix et faire relire des élèves volontaires.

6. SUMMARY 1'

Qu'avez-vous appris ?
« What did you learn? »
De nouveaux adjectifs pour parler d'un personnage réel ou imaginaire.

Synthèse
- Retour en français sur les acquis de la séance

CROISEMENTS ENTRE ENSEIGNEMENTS

- **FRANÇAIS / ÉTUDE DE LA LANGUE** : on pourra comparer l'adjectif attribut invariable en anglais dans les structures *« She is… » et « She is as [+ adj] as a… »* avec l'adjectif attribut en français qui s'accorde avec le nom en genre et en nombre.

SÉANCE 7

LA COMPARAISON : *AS… AS…*

Matériel

Dans le DVD-Rom

Pour les étapes 2, 3 et 4
- Flashcards collectives et individuelles des adjectifs
- Flashcards collectives et individuelles des animaux de la séance 1

1. WARMING UP 10'

Activités ritualisées
- Déroulement habituel.
- Changer l'activité ritualisée *« When is your birthday? »*. Réponse : *« My birthday is on [+ date]. »*

Lecture
Faire relire par plusieurs élèves une ancienne leçon dans le cahier d'anglais : les *Feelings*, qui vont servir lors de cette séance.

Écriture guidée
I can… / She/He can… like a…

Compétences langagières
- Réagir et dialoguer
- Écouter et comprendre
- Lire et comprendre
- Écrire

2. RECYCLING 10'

Révision des adjectifs

▸ **Jeu de *Bingo***
- Les élèves choisissent six cartes parmi leurs flashcards et les étalent devant eux. Ils retournent leur carte si le meneur annonce l'adjectif.
- Faire mener le jeu par des élèves volontaires.

▸ **Jeu d'interaction orale : *Meet someone***
Les élèves se déplacent dans la classe et se demandent en mimant les adjectifs : *« Are you strong? »* et se répondent *« Yes, I am / No, I am not »*.

Compétences langagières
- Écouter et comprendre
- Réagir et dialoguer

3. TEACHING 5'

Comparaison : *as… as…*
- Relire l'album **My Mum** et mimer les phrases contenant « … ***as***… ***as***… » et les faire répéter : *« She is as beautiful as a butterfly, She is as comfy as an armchair, She is as soft as a kitten, She is as tough as a rhino »*.
- Expliquer que c'est un comparatif pour exprimer l'égalité. Isoler la structure au tableau : « ***She is as*** + adj + ***as a*** + animal ».
- Les élèves s'entrainent à répéter les phrases du livre collectivement, en groupes, individuellement.
- Créer d'autres phrases en associant les animaux et les adjectifs vus précédemment. Utiliser les flashcards.
- Les élèves s'entrainent à répéter les phrases créées collectivement, en groupes, individuellement.
  Ex. : *« She is as fast as a lion, She is as lazy as a koala… »*

Compétences langagières
- Écouter et comprendre
- Parler en continu

GRAMMAIRE :
L'adjectif est utilisé ici comme un attribut (rattaché au sujet par le verbe être).

4. LEARNING 10'

Activité de production orale

- Les élèves travaillent en binômes. Ils choisissent 4 miniflashcards d'adjectifs et doivent produire des phrases à l'oral sur le modèle « ***She is as*** + adj + **as a** + animal ». Pour cela, ils peuvent s'aider du cahier d'anglais et des flashcards laissées au tableau.
  Ex. : « *She is as magic as a unicorn, My mum is as strong as a gorilla, She is as fast as a horse, She is as clever as an owl…* »
- Mise en commun : les binômes viennent dire leurs phrases. Encourager, complimenter, corriger, répéter, faire répéter.
- En production individuelle, cette fois, ils choisissent six adjectifs pour leur mère en vue de la carte de fête des mères.

Compétences langagières
- Écouter et comprendre
- Parler en continu

5. READING, WRITING 10'

Production d'écrits

Les élèves rédigent au brouillon les phrases créées à l'oral. Après correction par l'enseignant, elles seront recopiées dans le cahier d'anglais.

Compétences langagières
- Lire et comprendre
- Écrire

6. SUMMARY 1'

Qu'avez-vous appris ?

« *What did you learn?* »
- Le comparatif *as… as + a + noun.*
- Demander aux élèves de revoir le lexique des consignes de classe, « *classroom English* », pour la séance prochaine.

Synthèse
- Retour en français sur les acquis de la séance

CROISEMENTS ENTRE ENSEIGNEMENTS

FRANÇAIS / LEXIQUE : les élèves peuvent travailler sur les expressions utilisant les animaux, au sens figuré. Ex. : « muet comme une carpe, bavard comme une pie, etc. ».

SÉANCE 8

LE PROJET : DES CARTES DE FÊTE DES MÈRES ET DE FÊTE DES PÈRES / CIVILISATION : *AUSTRALIA*

Éléments culturels

- Quelques animaux et paysages

Matériel

- Productions d'écrits des élèves de la séance précédente.
- Feuilles de couleur et feuilles cartonnées

Lien Youtube d'une vidéo sur l'Australie
http://tinyurl.com/mtrrmv6

Lien des instructions pour la carte en anglais
http://tinyurl.com/yccmuvu6

Dans le DVD-Rom

Pour les étapes 3 et 4

- Patron de la fleur

- Exemple de réalisation

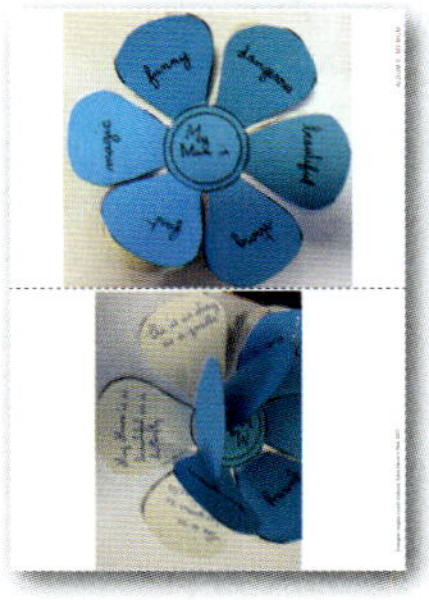

Pour l'étape 5

Fiche mémo de civilisation *Australia*

1. WARMING UP 10'

Activités ritualisées

On peut changer la question des couleurs. Un élève demande :
« *Have you got a blue pencil?*
– *Yes, I have / No, I haven't* »

Lecture

Procédure habituelle.

Compétences langagières
- Réagir et dialoguer
- Écouter et comprendre
- Lire et comprendre

2. RECYCLING 5'

Classroom English

▸ **Jeu de *Simon says***
- Jeu pour réviser le lexique des consignes de classe, spécialement celles qui vont servir pour les arts : « *draw, cut, fold, write, colour, stick* ».
- Les élèves peuvent revenir sur leur production écrite si nécessaire ou la lire s'ils ont terminé.

Compétences langagières
- Écouter et comprendre
- Lire et comprendre
- Écrire

3. TEACHING 5'

Arts and crafts

- Parler de la fête des mères et des pères. La date varie suivant les années. Dire : « *This year, Mother's day is on [+ date]* » et « *This year, Father's day is on [+ date]* ».
- Donner les consignes de réalisation de la carte en anglais :

« *Let's make a flip the flap flower card.*
– *You need a coloured paper, a hardback paper, a glue stick, scissors, a pen or a marker.*
– *Cut out the 2 flowers, around the petals.*
– *Take the coloured flower. Stick the flower center only on the flower center of the hardback paper.*
– *On the center of the coloured flower, write :* My mum is…
– *On the petals of the coloured flower, write the adjectives, one adjective per petal.*
– *On the petals of the hardback paper, write the sentences using the right adjective.* »

Compétences langagières
- Écouter et comprendre

4. LEARNING 10'

- Les élèves recopient les phrases créées lors de la séance précédente pour leur maman.

À noter

Vérifier que les phrases contenant l'adjectif sont en rapport avec le pétale coloré de l'adjectif en question.

- Vérifier, corriger, aider, encourager, féliciter.

Compétences langagières
- Écrire
- Lire et comprendre

5. READING, WRITING 15'

Australia

- Demander aux élèves ce qu'ils connaissent de l'Australie : où elle se situe, quelle est la langue officielle, la capitale, le nom de quelques villes ou monuments, le nom d'animaux (évoqués en séance 1).
- La fiche de civilisation sur l'Australie est distribuée. En fonction des connaissances, donner un objectif de lecture. Les élèves lisent d'abord silencieusement pour prélever des indices. La mise en commun se fait en français.
- Lire à haute voix les parties en anglais. Des élèves volontaires lisent à leur tour. Corriger, encourager, féliciter. On peut apporter quelques précisions sur le surf, sport très pratiqué en Australie : on ne peut pas pratiquer dans le nord de l'ile car il y a la grande barrière de corail, *The Great Barrier Reef.* Avant de devenir un sport, le boomerang était un outil de chasse utilisé par les Aborigènes australiens. Mais le sport préféré des Australiens reste le rugby.
- Une courte vidéo sur l'Australie peut être montrée aux élèves.

Compétences langagières
- Lire et comprendre
- Écrire

6. SUMMARY 1'

Qu'avez-vous appris ?

« What did you learn? »

- Réaliser une carte originale avec des consignes en anglais.
- Découverte d'un pays : l'Australie.

Synthèse
- Retour en français sur les acquis de la séance

CROISEMENTS ENTRE ENSEIGNEMENTS

- **FRANÇAIS / LECTURE / PRODUCTION D'ÉCRITS** : les élèves peuvent travailler sur la lecture et la rédaction de fiches documentaires sur les animaux d'Australie, généralement peu connus (carte d'identité, habitat, mode de vie, alimentation, reproduction).

  Extraits des programmes : « **LECTURE. Contrôler sa compréhension et adopter un comportement de lecteur autonome.** Maintien d'une attitude active et réflexive : vigilance relative à l'objectif (buts de la lecture). Recours spontané à la lecture pour les besoins de l'apprentissage ou les besoins personnels. **Comprendre des textes, des documents et des images et les interpréter.** Identification, construction de caractéristiques et de spécificités de formes d'expression et de représentation. **ÉCRIRE. Produire des écrits variés en s'appropriant les différentes dimensions de l'activité d'écriture.** »

- **ARTS VISUELS / ANGLAIS** : les élèves dessinent et décorent leur carte de fête des mères. Ils en font une également pour la fête des pères ou pour un autre membre de leur famille. On peut par exemple utiliser *CAN* pour les papas, et *AS… AS* pour les mamans.

  Extraits du programme : « **Mettre en œuvre un projet artistique.** Identifier les principaux outils et compétences nécessaires à la réalisation d'un projet artistique. Se repérer dans les étapes de la réalisation d'une production plastique individuelle ou collective, anticiper les difficultés éventuelles. Identifier et assumer sa part de responsabilité dans un processus coopératif de création. Adapter son projet en fonction des contraintes de réalisation et de la prise en compte du spectateur. »

SÉANCE 9

LA FAMILLE

Éléments culturels

- La famille royale
- Jeu traditionnel *Happy Family*

Matériel

- Albums **My Mum, My Brother, My Dad**

Dans le DVD-Rom

Pour les étapes 3, 4 et 5

- Flashcards individuelles et collectives de la famille royale

- Arbre généalogique de la famille royale

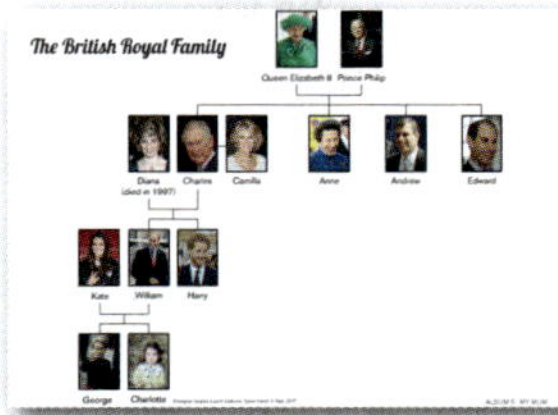

- Maison du son [ð]

- Jeux *Happy Family*

1. WARMING UP 10’

Activités ritualisées

Procédure habituelle.

Lecture

Lecture de la fiche mémo du cahier : « *Adjectives* 2 » (qui serviront lors de cette séance).

Écriture guidée

- Questions avec *CAN [+ action verbs].*
- Compléter la dernière bulle dans la leçon des couleurs du cahier d'anglais :

« *Have you got a blue pencil?*
– Yes, I have / No, I haven't. »

Compétences langagières
- Réagir et dialoguer
- Écouter et comprendre
- Lire et comprendre

2. RECYCLING 10’

Relire l'album

- Relire l'album sans les images afin que les élèves se fassent « le film » dans leur tête. Faire répéter collectivement certains passages du livre, en vue d'une lecture à haute voix.
- Quelques élèves viennent présenter et lire les phrases de leur carte de fête des mères.

Compétences langagières
- Lire et comprendre

3. TEACHING 15’

La famille

- Montrer les images de **My Mum**, **My Dad**, **My brother** (album précédent) et de l'auteur, Anthony Browne.
- Dire : « *This is a family. This is Anthony Browne***'s** *family. His mother is here, his father is here, his brother is here.* »
- Faire répéter collectivement et en groupes : « *Mother, sister, brother* ».

Compétences langagières
- Écouter et comprendre

À noter

« *Mum & Dad* », « *Mummy & Daddy* » sont des expressions familières pour désigner ses parents comme « maman » et « papa ».

- Montrer l'image de la famille de **The Royal Baby's Big Red bus** (album 3) et l'arbre généalogique de la famille royale.
- Vérifier en français que les élèves sont au point avec le lexique de la famille : oncle, tante, grand-mère, fils, fille, belle-mère, beau-père.
- Établir des liens de parenté entre les membres de la famille royale en utilisant les prénoms.
  Ex. 1 : « *Baby George has got a mother : Kate. He has got a father : William. He has got a sister : Charlotte. He has got a grandfather : Charles.* »
  Ex. 2 : « *William has got a brother : Harry. He has got a father : Charles. He has got a grandmother : Elizabeth II. He has got a son : George. He has got a daughter : Charlotte.* »
- Reprendre le même exercice avec Harry, Charles et Charlotte.

- Reprendre en anglais, avec les flashcards placées au tableau sous forme d'arbre généalogique : « *mother, father, brother, sister, aunt, uncle, grandmother, grandfather, son, daughter* ».

Niveau + : on peut ajouter belle-mère, beau-père, cousins : « *stepmother, stepfather, cousin(s)* ».

- Faire répéter de nombreuses fois collectivement, en groupes, voire individuellement. Pour rendre la répétition moins lassante, on peut faire un jeu de *Magic Eye*.

PHONOLOGIE :
Prononciation des mots « *mother, father, brother, sister, aunt, uncle, grandmother, grandfather, son, daughter* »
[mʌðə, fɑ:ðə, brʌðə, sɪstə, ɑ:nt, ʌŋkl, græn͵mʌðə, grænd͵fɑ:ðə, sʌn, dɔ:tə]

Commencer une maison du son [ð] : *the, this, father, mother, brother.*

4. LEARNING 10'

Compétences langagières
- Écouter et comprendre
- Réagir et dialoguer

Activités à l'oral

► **Jeu de compréhension : *Listen and raise the card***

Dire : « *Charlotte has got a mother. Who is it?* » et les élèves doivent lever la flashcard de Kate.

► **Jeu d'interaction orale : *Happy Family***

- Distribuer un jeu de 7 familles réutilisant les adjectifs vus lors des séances précédentes.
- Les élèves jouent par groupes de quatre avec une pioche. Ils reçoivent cinq cartes chacun.
- Ils doivent demander une carte pour compléter leur famille, chacun à leur tour en s'adressant à un élève précis. Si cet élève donne la carte, on peut rejouer. Sinon, on pioche une carte et c'est au tour du joueur suivant.

Variante On peut jouer en utilisant les couleurs, les numéros ou en utilisant les adjectifs vus lors des séances précédentes.

- Pour réinvestir la structure *CAN*, les élèves se demandent : « ***Can I have the brave mother? Here you are / Pick a card.*** »
Ici, *CAN* exprime la possibilité.

5. READING, WRITING 1'

Compétences langagières
- Lire et comprendre
- Écrire

- Les élèves collent l'arbre généalogique de la famille royale dans le cahier d'anglais.
- Ils ajoutent à la leçon de grammaire sur *CAN* :

Can indique aussi la possibilité : *Can I have … ?*

6. SYNTHÈSE 1'

Synthèse
- Retour en français sur les acquis de la séance

Qu'avez-vous appris ?

« *What did you learn?* »
Le nom des membres de la famille en anglais.

SÉANCE 10

CONSOLIDATION DU LEXIQUE DE LA FAMILLE

Matériel

Dans le DVD-Rom

Pour les étapes 2, 3 et 4

- Flashcards individuelles et collectives de la famille royale
- Jeux *Happy family*
- Cartes des fêtes des mères et des pères
- Étiquettes-mots des membres de la famille

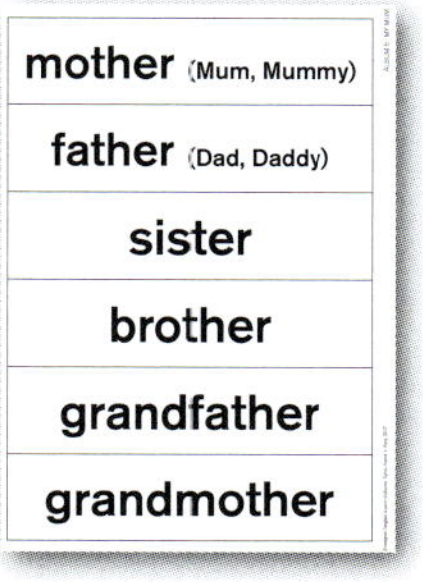

Pour l'étape 5

- Exercice sur la famille

Pour l'étape 6

Jeu Arbre généalogique

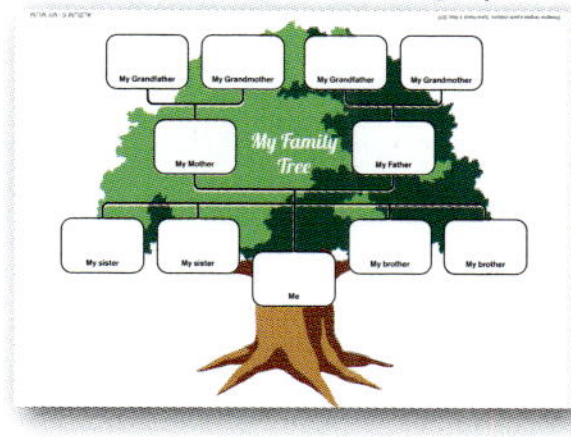

1. WARMING UP 10'

Activités ritualisées

Si vous avez atteint le 100e jour d'école, faire évoluer l'activité ritualisée des jours d'école : changer pour la monnaie anglaise et la tirelire. Cette fois, on compte les jours jusqu'aux vacances. Ajouter chaque jour 1 pound et faire les échanges chaque fois que cela est nécessaire : « *How much money is in my piggy bank?* » *[+ money].*

Compétences langagières
- Réagir et dialoguer
- Écouter et comprendre
- Lire et comprendre
- Écrire

Lecture

Procédure habituelle.

2. RECYCLING 10'

Happy Family

- Quelques élèves viennent présenter et lire les phrases de leur carte de fête des mères.
- Reprise du jeu de 7 familles : ***Happy Family***. Pour réinvestir la structure *CAN*, les élèves se demandent : « *Can I have the brave uncle? Here you are / Pick a card.* »
- Ou, pour réviser *HAVE* : « *Have you got the lazy son? Yes, I have / No, I haven't.* »
- Ou pour réviser « *I would like…* » : « *I would like the sad grandmother, please. Here you are / Pick a card.* »

Compétences langagières
- Réagir et dialoguer
- Écouter et comprendre

3. TEACHING 5'

Her / his

- Montrer les flashcards des membres de la famille royale un par un et dire pour chacun : « *What's her/his name? Her/His name is…* ».
- Organiser ensuite un *Quizz* et interroger les élèves volontaires.
- Reprendre les cartes de la famille royale et présenter les membres d'une autre manière : « *William has got a brother.* ***His*** *name is Harry. Kate has got a son,* ***his*** *name is George. Kate has got a daughter,* ***her*** *name is Charlotte.* »
- Les élèves rappellent la manière d'employer *his* et *her* (album 5).
  Si le possesseur est masculin, c'est *his.*
  Si le possesseur est féminin, c'est *her.*
- Faire répéter plusieurs fois les phrases aux élèves, les écrire au tableau pour mémoire.

Compétences langagières
- Écouter et comprendre

4. LEARNING 10'

Activités à l'oral

▸ Le jeu de *Quizz*

- En binômes, avec les miniflashcards : « *What's her/his name? Her/His name is…* ».

▸ Jeu d'interaction orale : *Meet someone*

- Les élèves se déplacent et se demandent « *Have you got a sister? Yes, I have / No I haven't* ». Puis, ils demandent le prénom :

– « *What's **her** name?*
– ***Her** name is…* »
« *Have you got a brother?*
– *Yes, I have.*
– *What's **his** name?*
– ***His** name is…* »

- Montrer d'abord un exemple et écrire les phrases au tableau, pour mémoire.

Vers l'écrit : les membres de la famille

- Afficher les flashcards-images dans un coin du tableau et les étiquettes-mots de l'autre côté.
- Les élèves ont un temps de lecture silencieuse pour prélever des indices. Puis, demander à des élèves volontaires d'associer mots et images : « *Match the pictures with the words* ».
- Reprendre l'activité plusieurs fois.

Compétences langagières
- Écouter et comprendre
- Réagir et dialoguer
- Lire et comprendre

5. READING, WRITING 10'

Have you got…?

- Les élèves répondent à un questionnaire sur l'ardoise. Écrire au tableau les questions :

– *Have you got a sister? What's her name?*
– *Have you got a brother? What's his name?*

- Mise en commun des stratégies pour répondre : il faut lire et comprendre, répondre dans sa tête et prélever les indices de mots dans les questions.
- Les élèves font un exercice de lecture sur la famille et répondent au questionnaire seulement s'ils sont prêts (sinon, cela sera reporté à la séance prochaine).

Compétences langagières
- Lire et comprendre
- Écrire

6. SYNTHÈSE 1'

Qu'avez-vous appris ?

« *What did you learn?* »
His/Her associés aux mots de la famille.

Synthèse
- Retour en français sur les acquis de la séance

À noter

Pour la séance prochaine, demander aux élèves de se renseigner auprès de leur famille pour compléter l'arbre généalogique, « *The Family Tree* », avec les prénoms et, si possible, un petit dessin de visage.

SÉANCE 11

LE GÉNITIF

Matériel

Dans le DVD-Rom

Pour les étapes 2, 3 et 5

- Fiche mémo de civilisation : La famille royale

The Royal family

My mother is Kate.

My father is William.

My brother is George.

Charlotte is my sister.

My uncle is Andrew.

My aunt is Anne.

My great grandfather.

My great grandmother is Queen Elizabeth II.

His mother is Kate.
George is Kate's son.

Her father is William.
Charlotte is William's daughter.

Le génitif s'utilise pour indiquer la possession si le possesseur est un être vivant.
C'est le possesseur qui prend 'S.

- Jeu *Happy family*
- Jeu de l'arbre généalogique
- Arbre généalogique de la famille royale

Pour l'étape 4

- Étiquettes-mots de la famille

mother (Mum, Mummy)
father (Dad, Daddy)
sister
brother
grandfather
grandmother

- Exercice sur la famille

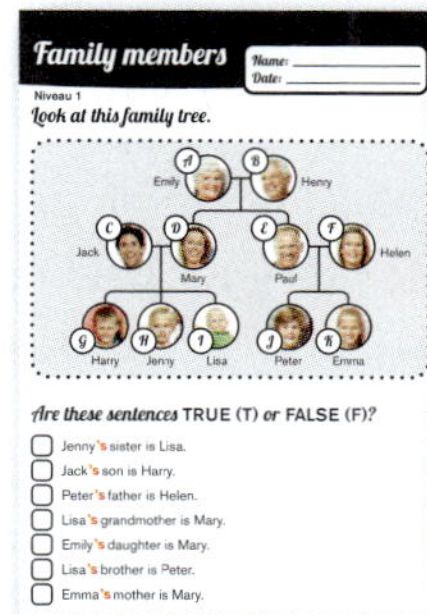

Family members

Name:
Date:

Niveau 1

Look at this family tree.

Are these sentences TRUE (T) *or* FALSE (F)?

- ☐ Jenny's sister is Lisa.
- ☐ Jack's son is Harry.
- ☐ Peter's father is Helen.
- ☐ Lisa's grandmother is Mary.
- ☐ Emily's daughter is Mary.
- ☐ Lisa's brother is Peter.
- ☐ Emma's mother is Mary.

1. WARMING UP 10'

Activités ritualisées

Procédure habituelle.

Lecture

Relecture de la fiche mémo sur les vêtements.

Écriture guidée

Procédure habituelle.

> **Compétences langagières**
> - Réagir et dialoguer
> - Écouter et comprendre
> - Lire et comprendre
> - Écrire

2. RECYCLING 10'

La famille

- Les élèves peuvent reprendre l'exercice de la séance précédente et compléter le questionnaire.
- Lecture silencieuse de la fiche mémo sur la famille royale. Puis, lire à haute voix et faire relire plusieurs élèves volontaires. Les élèves du Niveau + complètent les bulles de la leçon.
- Les élèves ont un temps pour finir de dessiner leur arbre généalogique.
- Les autres peuvent refaire un jeu de *Happy Family.*

> **Compétences langagières**
> - Lire et comprendre
> - Réagir et dialoguer
> - Écouter et comprendre

3. TEACHING 5'

Le génétif

- Se servir de l'arbre généalogique de la famille royale et présenter les membres de la famille avec le génitif.
- Dire par exemple : « *Harry**'s** brother is William. William**'s** son is George. William**'s** daughter is Charlotte. Harry**'s** father is Charles. Harry**'s** grandmother is Queen Elizabeth II* » (dire « *Queen Elizabeth the second* »).
- Écrire quelques phrases au tableau qui serviront d'aide.

> **Compétences langagières**
> - Écouter et comprendre

> **GRAMMAIRE :**
> Le génitif s'utilise pour indiquer la possession si le possesseur est un être vivant. On dira « *Harry's leg* » mais « *The leg of the table* ».
> C'est le possesseur qui prend **'S**.

À noter

Lorsque le possesseur est au pluriel avec un –S, on ne met pas le « **s** » mais juste l'apostrophe. Ex : *The 3 little pigs'house.*

4. LEARNING 10'

La famille

- Avec l'aide des arbres généalogiques complétés, les élèves se mettent en binômes ou par groupes de trois et s'entrainent à présenter la famille d'un de leurs camarades. Ex : « *Emma's brother is Tom. Emma's mother is Sophie.* »
- Passer dans les groupes, aider, corriger, encourager, féliciter, répéter, faire répéter. Certains élèves souhaitent écrire les phrases sur leur ardoise pour mémoire. Il faudra les aiguiller vers les phrases du tableau pour qu'ils soient autonomes.
- S'il y a plusieurs frères et sœurs, les présenter un par un : « *Elisa's brother is Marc. Elisa's sister is Nina.* »

Niveau + : s'il y a plusieurs frères et sœurs, dire : « *Elisa's brothers are…* »

- Devant la classe, les élèves passent présenter quelques membres de la famille de leur camarade avec les phrases créées à l'oral.

Compétences langagières
- Écouter et comprendre
- Parler en continu
- Lire et comprendre

Vers l'écrit

Sur leur ardoise, les élèves complètent des phrases à trous écrites au tableau, du type : « *............'s father is Charles. Charlotte's brother is ....*
.... mother is Queen Elizabeth II. » (Il y a plusieurs réponses possibles.)

5. READING, WRITING 10'

La famille royale

- Les élèves lisent silencieusement la fiche sur la famille royale afin de prélever des indices.
- Lire à haute voix puis faire lire quelques élèves volontaires. Les élèves du Niveau + complètent les bulles et les images.
- Coller la fiche dans le cahier d'anglais.
- Les élèves font un exercice de lecture sur le génitif et le lexique de la famille.

Niveau + : les élèves complètent des phrases utilisant le génitif et le lexique de la famille, mais avec un modèle.

Compétences langagières
- Lire et comprendre
- Écrire

À noter

Pour certaines phrases, il y a plusieurs réponses possibles.

6. SYNTHÈSE 1'

Qu'avez-vous appris ?

« *What did you learn?* »
Le génitif.

Synthèse
- Retour en français sur les acquis de la séance

À noter

Demander aux élèves de revoir la leçon de civilisation sur l'Australie pour la séance prochaine.

CROISEMENTS ENTRE ENSEIGNEMENTS

- **ÉDUCATION ARTISTIQUE / ARTS PLASTIQUES** : les élèves peuvent créer des arbres généalogiques, en collage ou en les dessinant, concernant les lectures du moment en français ou en référence à des personnages et héros connus (voir des exemples dans le DVD-Rom). Quelques idées sont proposées sur mon blog : http://tinyurl.com/y8ddgm7x

SÉANCE 12

RACONTER UNE HISTOIRE / *HOW MANY… CAN YOU SEE?*

Matériel

- Album **My Mum**

Lien Youtube de la lecture à voix haute de l'album
http://tinyurl.com/y6to2yor

Dans le DVD-Rom

Pour les étapes 3 et 4

- Jeu *I spy*

- Flashcard collective *See*

- Fleur lexicale

1. WARMING UP 5'

Activités ritualisées

***Question Box* à l'oral** pour réviser les nouvelles questions des activités ritualisées.

Compétences langagières
- Réagir et dialoguer

2. RECYCLING 5'

Lecture de l'album

- Lire de manière expressive l'album *My Mum*. Faire répéter certains passages aux élèves collectivement, en vue de l'atelier « Raconter une histoire courte ».

Projet : aller raconter, en groupes quelques passages de l'album, pour donner envie aux élèves d'une autre classe.

Compétences langagières
- Parler en continu
- Écouter et comprendre

3. TEACHING 5'

Hom many… can you see?

- Montrer divers objets de la classe et demander : « *How many… can you see?* » Les élèves répondent seulement par un nombre dans un premier temps.
- Reprendre en disant : « *I can see…* ». Ex. : « *How many pencils can you see? I can see three pencils* », « *How many rulers can you see? I can see two rulers* ».

Compétences langagières
- Écouter et comprendre

À noter

Cette structure langagière a déjà été entendue lors de l'étude de l'album n° 1.

PHONOLOGIE :
Intonation descendante de la question ouverte.

- Écrire la question et la réponse au tableau. Les faire répéter plusieurs fois collectivement, en groupes et individuellement, si nécessaire.
- Montrer le jeu de *I spy*. Poser la question sur quelques animaux à des élèves volontaires : « *How many Tasmanian devils can you see? I can see two Tasmanian devils* ». Faire répéter encore une fois collectivement la question et la réponse.

4. LEARNING 30'

Workshop

▸ 1re moitié de la classe avec le jeu *I spy* :

- Les élèves travaillent en binômes. Ils se posent la question « *How many… can you see?* », ils cherchent sur la fiche et se répondent « *I can see…* ».
- Les élèves collent le jeu de *I spy* dans le cahier d'anglais.

Compétences langagières
- Écouter et comprendre
- Réagir et dialoguer
- Lire et comprendre
- Parler en continu

▸ 2e moitié de la classe, avec l'enseignant

- Les élèves se mettent par 3 (ou par 4, suivant leurs possibilités) pour essayer de lire à haute voix quelques pages de **My Mum**. L'idéal est d'avoir cinq albums. Dans le cas contraire, prévoir de photographier les pages de l'album avec la tablette, pour une durée limitée.
- Les élèves connaissent maintenant une grande partie du texte à l'oral, les images sont des supports permettant de réactiver les connaissances, mais certains vont vouloir s'aider du texte écrit. Attention alors de bien prononcer les mots, l'objectif étant de ne raconter que quelques passages choisis de l'histoire, en fonction de ses capacités à les restituer.
- Chacun s'entraine à lire à haute voix devant les camarades.
- Passer dans les groupes, écouter, conseiller, corriger, répéter, faire répéter, encourager et féliciter.
- Les élèves peuvent s'aider de l'enregistrement vidéo ou audio.
- Au bout de 15 min, échanger les ateliers.
- Prévoir quelques minutes pour la mise en commun collective de l'activité « *I Spy* ».

5. SUMMARY 1'

Qu'avez-vous appris ?

« *What did you learn?* »

La question et la réponse « *How many… can you see? I can see…* », et lire/raconter une partie d'une histoire à haute voix.

Synthèse
- Retour en français sur les acquis de la séance

PROLONGEMENTS

- Une séance d'entrainement supplémentaire peut être prévue. Les élèves peuvent s'enregistrer avec les tablettes.
- Les élèves iront ensuite par groupes lire l'album aux élèves d'une autre classe. L'enseignant aura avec lui **sa grille d'évaluation pour la compétence « Parler en continu / raconter une histoire courte à l'aide de supports visuels »**.

SÉANCE 13

ÉVALUATION

Matériel

- Album **My Mum**

Lien Youtube de la lecture à voix haute de l'album
http://tinyurl.com/y8lxnudg

Lien Youtube de la description
http://tinyurl.com/ybmlkg7e

Dans le DVD-Rom

Pour les étapes 1 et 3

- Grille d'évaluation pour évaluer les compétences Réagir et dialoguer et *Parler en continu*
- Question Box

Pour l'étape 2

Évaluation

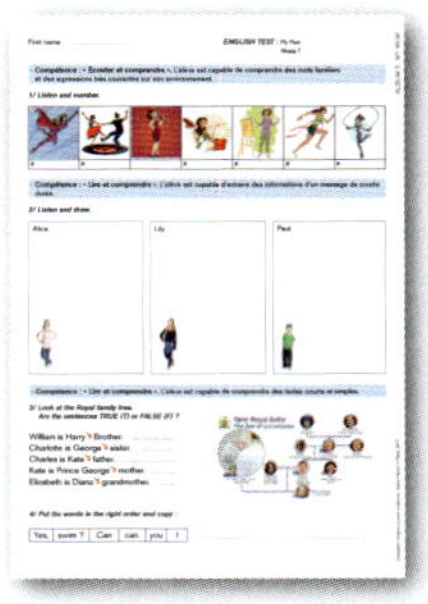

1. WARMING UP 5/10'

Activités ritualisées

- Reprendre un jeu de *Question Box* à l'oral ou à l'écrit.
- Pour évaluer la compétence « Réagir et dialoguer », initier un jeu de *Ball Game* avec la question « *Can you [+ action verb]? Yes, I can / No, I can't* ».

Compétences langagières

- Réagir et dialoguer
- Écouter et comprendre
- Parler en continu

2. ÉVALUATION 25'

Parler en continu et Réagir et dialoguer

- Les élèves pratiquent leur évaluation de compréhension orale et écrite. Les compétences « **Parler en continu** » (chanson « *How about you? What can you do?* », présentation d'un camarade lors des défilés de mode) et « **Réagir et dialoguer** » (activités ritualisées et jeux de *Ball Game*) sont évaluées tout au long, pendant les moments de jeux ou de *Brain Break.*

Compétences langagières

- Écouter et comprendre
- Lire et comprendre
- Écrire

Écouter et comprendre

1. Énoncer des verbes d'action. Les élèves doivent les numéroter dans l'ordre. Dire : « *1 : I can dance ; 2 : I can't fly ; 3 : I can't sing ; 4 : I can paint ; 5 : I can cook ; 6 : I can't jump ; 7 : I can run* ».

Niveau + : ajouter « *8 : I can swim ; 9 : I can work* ».

2. Faire écouter 3 fois un monologue concernant les frères et les sœurs, mais il y a d'autres informations inutiles. La première écoute permet de comprendre le sens, la 2e sert à prélever les informations et la 3e permet de vérifier ses réponses. Les élèves doivent dessiner très rapidement les frères et sœurs (mais on doit bien distinguer filles et garçons).

Texte du monologue :

« *Hello! My name is Alice, I am ten years old. I've got a baby sister and an older brother.*
Hello! My name is Lily, I am eight years old. I've got a 2 sisters but no brother.
Let's talk about Paul. He is 6 years old. He has got 3 brothers and a sister. »

Niveau + : ajouter « *John is 7 years old. He has got an older brother and no sister.* »

7. Lire 3 ou 4 passages du livre dans le désordre : 1. la page *kitten & rhino* / 2. la page *cook & juggler* / 3. la page *sing & roar* /

Niveau + : ajouter la page *great painter & strongest.*
Les élèves doivent coller les images correspondantes au fur et à mesure de l'écoute de la lecture. Ils doivent ainsi relever des mots connus et faire le lien avec les images pour retrouver les pages correspondantes.

Lire et comprendre

3. Les élèves observent l'arbre généalogique de la famille royale et répondent par vrai ou faux : T = true, F = false.

Niveau + : a des phrases en plus.
4. L'élève remet les mots de la phrase dans l'ordre (*Can you swim? Yes, I can.*).

Niveau + : a une question plus longue (*Can you swim like a fish? Yes, I can.*).

Écrire

5. L'élève doit créer des phrases sur sa famille, avec des adjectifs, à l'aide d'une banque de mots.

Niveau + : a moins de mots pour s'aider.
6. L'élève répond à des questions sur ses frères et sœurs. Il peut répondre en utilisant les mots de la question. Pour la question de l'âge, on accepte comme réponse « *He/She is ten* ».

Niveau + : ces élèves ont une question supplémentaire.

3. LEARNING 10'

- Pour terminer la séance, les élèves présentent leur arbre généalog que.
- Donner un exemple et écrire les phrases au tableau : « *This is my family. My mother is…, my father is…, my sister is… His/Her name is…* ».

Niveau + : « *She/He is… years old.* »

Compétences langagières
- Parler en continu
- Écouter et comprendre

PROLONGEMENT

Les élèves peuvent travailler sur les capacités des super-héros, en anglais : « *Superman can fly like a bird, Quicksilver is as fast as a jaguar…* ».

À noter

Une séance 14 facultative *I can play the + musical instrument* est proposée dans le DVD-Rom.

Album 7

Madlenka

Peter Sis

- *Where are you from?*
- *Countries and Nationalities*
- *What time is it?*

L'objectif final de cette séquence est de rendre les élèves capables de répondre à des questions sur leur nationalité et leur pays ou de parler des origines d'autres personnages. Pour cela, ils vont inventer un épisode supplémentaire de Madlenka, en utilisant les structures langagières et le lexique étudiés.

Il faudra penser à faire évoluer les activités ritualisées pendant le temps de *Warming up*, en suivant le tableau indicatif, selon les progrès des élèves.

MADLENKA,

Peter Sis

Peter Sis est un auteur-illustrateur né en Tchécoslovaquie. Il a fait des études d'arts appliqués à Prague et à Londres et il a obtenu l'asile politique aux USA. Il vit maintenant à New York avec sa femme et ses enfants. Il a gagné sept fois le prix du meilleur illustrateur du *New York Times Book Review*, deux fois le prix du *Boston Globe-Horn Book*, trois fois l'*Honor Books* de la médaille *Caldecott* (la récompense la plus prestigieuse du livre pour enfants) et, en 2012, il est le lauréat du prestigieux prix Hans Christian Andersen pour ses illustrations.

C'est pour sa fille que Peter Sis a écrit la série des **Madlenka**. Cette héroïne vit dans la mégalopole cosmopolite de New York où les quartiers forment des sortes de petits villages. *Madlenka* part à la rencontre des habitants de son quartier aux origines culturelles variées.

Bien entendu, un travail en arts est à mener sur les illustrations originales de Peter Sis. Les planches se présentent avec *Madlenka* au centre du quartier et, tout autour, une bordure formée de texte et de dessins illustre les éléments typiques du pays d'origine des habitants. Des fenêtres découpées permettent de pénétrer dans leur univers culturel.

Lien du texte lu à haute voix :
http://tinyurl.com/yc25tx3s

PROJET / TÂCHE FINALE

Écrire un nouvel épisode de *Madlenka* en évoquant le pays, la nationalité et les origines d'un nouveau personnage. Répondre à un questionnaire pour se présenter.

COMPÉTENCES TRAVAILLÉES AUTOUR DE CET ALBUM

Attendus de fin de cycle et compétences travaillées dans le module MADLENKA	Domaines du socle
Écouter et comprendre L'élève est capable de comprendre des mots familiers et des expressions très courantes sur lui-même, sa famille et son environnement immédiat. ▪ Comprendre des mots familiers et des expressions courantes. ▪ Extraire l'information d'un message de courte durée. ▪ Suivre le fil d'une histoire simple : Madlenka.	1, 2
Lire et comprendre L'élève est capable de comprendre des mots familiers et des phrases très simples. ▪ Comprendre des mots familiers et des phrases très simples. ▪ Comprendre des textes courts avec l'aide de supports visuels.	1, 2
Parler en continu : évalué avec la grille de l'enseignant tout au long de la séquence L'élève est capable d'utiliser des expressions et des phrases simples pour parler de lui et de son environnement immédiat. ▪ Reproduire un modèle oral, répéter : **Chanson *Where are you from?*** ▪ Se présenter oralement: ***Where are you from? I am from … I am + nationality* évalué avec la grille de l'enseignant en séances 6 et 7 (TV show).** ▪ Lire à haute voix un texte bref. **Lecture des productions de phrases sur *Madlenka* (séance 8) évalué avec la grille de l'enseignant**	1, 2, 3
Écrire L'élève est capable de copier un modèle écrit, d'écrire un court message et de renseigner un questionnaire simple. ▪ Copier des mots isolés et des textes courts. **Copie au propre du texte créé pour *Madlenka* (séance 8) évaluée avec la grille de l'enseignant** ▪ Rédiger un courrier simple en référence à un modèle. ▪ Renseigner un questionnaire. ▪ Décrire des lieux.	1, 2, 3
Réagir et dialoguer : évalué avec la grille de l'enseignant tout au long de la séquence L'élève est capable de communiquer de façon simple, à condition que l'interlocuteur soit disposé à répéter ou à reformuler ses phrases plus lentement et à l'aider à formuler ce qu'il essaie de dire. ▪ Établir un contact social **(activités ritualisées)** ▪ Demander à quelqu'un de ses nouvelles et réagir en utilisant des formules de politesse **(activités ritualisées)** ▪ Dialoguer sur des sujets familiers **(activités ritualisées)** ▪ Dialoguer pour échanger ou obtenir des renseignements. **Évaluation (*Ball game*) : *What time is it?***	1, 2
Découvrir les aspects culturels d'une langue vivante étrangère et régionale Identifier quelques grands repères culturels de l'environnement quotidien des élèves du même âge dans les pays ou régions étudiés : ***New York, The USA.***	1, 2, 3, 5

SÉANCE 1

MADLENKA À NEW YORK CITY

Éléments culturels

- Quelques sites touristiques de New York cités dans le document d'accompagnement sur les déclinaisons culturelles.

Matériel

- Album **Madlenka**

Lien de la video de New York :
http://tinyurl.com/ktss8wt

Dans le DVD-Rom

Pour l'étape 1

- Auto-évaluation

- Grille d'évaluation pour l'enseignant

Pour l'étape 2

Fiche mémo sur les directions (voir Album 3)

Pour les étapes 3, 4 et 5

- Fiche mémo de civilisation *Welcome to New York*

- Flashcards collectives et individuelles des sites de New York

- Maison du son [ei]

1. WARMING UP 10'

Activités ritualisées

- Déroulement habituel.
- Faire un defilé de mode à la place du rituel "*Froggy*". Un élève défile et le responsable demande aux autres : « *What is he/she wearing* », « *He/She is wearing …* »

Compétences langagières
- Réagir et dialoguer
- Écouter et comprendre
- Lire et comprendre

Écriture autonome

- Laisser les élèves écrire une petite phrase avec l'aide de modèles laissés au tableau : *I can / I can't + action verb …*
- L'enseignant distribue aux élèves le nouveau tableau d'autoévaluation pour l'album 7 concernant les activités ritualisées, pour la compétence « réagir et dialoguer », afin que les élèves puissent se projeter sur les attendus de cette période.

2. RECYCLING 5'

Directions

- Lecture d'une ancienne fiche mémo : *directions.*

▸ **Jeu de production orale : *The Robot Game***

Compétences langagières
- Parler en continu
- Lire et comprendre

- Un élève meneur de jeu dirige la classe et chacun mime les actions. Il dit « *Go straight on, turn left, turn right, cross the river* ».

Variante On peut faire un jeu de cour en binômes, avec un élève qui guide son camarade aux yeux bandés dans un parcours.

3. TEACHING 15'

Compétences langagières
- Écouter et comprendre
- Lire et comprendre

New York

L'album

- L'enseignant présente l'album **Madlenka**. Il montre la première de couverture et feuillète jusqu'à la page de garde. Les élèves remarquent un effet de zoom : quelle est cette ville ?
- Lire la quatrième de couverture : il s'agit de New York. Observer de plus près le dessin de la vue aérienne de New York, la disposition des rues, les iles, les ponts, les blocs qui forment une sorte de petit village et *Madlenka*.
- Demander aux élèves ce qu'ils connaissent sur New York : la ville, l'Etat, le pays, le continent, la monnaie, les curiosités…
- **Distribuer la fiche mémo de civilisation.** En fonction des connaissances des élèves, leur donner un objectif de lecture. Puis, ils s'expriment sur ce qu'ils ont compris. Il y a une question sur l'heure dans cette leçon. Observer si les élèves la reconnaissent.

▸ **Les principaux sites new-yorkais**

- L'enseignant répète plusieurs fois à la suite le nom des sites new-yorkais à mémoriser : *The statue of Liberty, Ellis Island, The Empire State Building, The Grand Central Station, Broadway, Central Park, Ground Zero + skyscrapers.*

PHONOLOGIE : (compléter les maisons de sons déjà commencées)
- Réalisation de la diphtongue [aɪ] de *is**land** et *empi**re*
- Réalisation de la diphtongue [eɪ] de *st**a**te*, de *st**a**tion* et de *broadw**ay***
- Réalisation du son [ju] de *stat**ue***
- Réalisation du son [ə] de *centr**al***
- Réalisation du son [ʃ] de *sta**t**ion*
- Allongement du son [ɑ:] dû à la proximité d'un R graphique dans *park* : [pɑ:k]
- Non-réalisation du R : *libe**r**ty* [lɪbəti] et de *empi**r**e* : [ɛmpaɪə]
- Non-réalisation du S de *i**s**land* : [aɪlənd]
- Prononciation de ***building*** : [bɪldɪŋ] et de ***ground zero*** : [graʊnd 'zɪərəʊ]

- L'enseignant fait répéter de nombreuses fois les mots collectivement, en groupes, individuellement. Insister sur l'accent tonique (taper dans les mains).
  Pour rendre la répétition moins lassante, on peut faire un jeu de ***What's missing?***

▸ **Activité collective de compréhension : *Come to the board***

- L'enseignant fait un descriptif rapide en français d'un site et un élève doit venir le montrer. L'enseignant fait répéter son nom collectivement.

4. LEARNING 10'

Compétences langagières
- Écouter et comprendre
- Parler en continu
- Lire et comprendre

Activités à l'oral

Distribuer les mini flashcards aux élèves.

▸ **Jeu de compréhension: *Listen and show me***

- L'enseignant énonce les monuments, les élèves doivent lever la bonne carte. Des élèves volontaires peuvent mener le jeu au bout d'un moment.

▸ **Jeu de production orale : *Pick a card and say the word***

- Les élèves mélangent leurs tas de flashcards et tirent chacun leur tour une carte. Ils doivent donner le nom des monuments.

Niveau + : utiliser la formulation « *This is Broadway* » ou « *I can see Broadway* ».

▸ **Jeu de production orale : *The Robot Game***

- L'enseignant fixe au mur 6 flashcards des monuments de New York, à des endroits différents de la classe : *The statue of Liberty, Ellis Island, The Empire State Building, The Grand Central Station, Broadway, Central*

Park. Il fait des groupes d'élèves disposés aux 4 coins de la classe. Un élève de chaque groupe devra guider parmi les tables ses camarades pour rejoindre un des sites : « *Go to the Statue of Liberty. Go straight on, turn left, turn right, cross the river …* » Changer les rôles et refaire ce jeu plusieurs fois.
- L'enseignant peut donner un exemple avec quelques élèves. Tout le monde doit passer en compréhension orale (des élèves peuvent passer plusieurs fois en production orale).

Niveau + : on peut ajouter « *Cross the Hudson River* », qui est le nom du principal fleuve passant par New York. Les élèves miment soit la navigation sur un bateau, soit la conduite d'une voiture sur un pont.

Vers l'écrit

▸ **Jeu d'association des mots et des images : *Label the pictures***
- Afficher les flashcards sur un côté du tableau et les étiquettes-mots un peu plus loin. Les élèves prélèvent des indices pour identifier les mots.
- L'enseignant lit les étiquettes-mots puis il les fait relire plusieurs fois par les élèves. Il demande ensuite à des volontaires de venir au tableau pour associer les mots aux images. L'enseignant dit : « *Come to the board and label the pictures* ».

▸ **Facultatif**
- Sur tablette, laisser les élèves utiliser *Google Earth* pour zoomer sur New York et essayer de retrouver le quartier de Madlenka, d'après l'illustration de Peter Sis. Les élèves peuvent ensuite chercher sur Google Earth les différents sites de la leçon de civilisation sur New York City.

5. READING, WRITING 5'

Fiche mémo de civilisation
- L'enseignant lit les passages en anglais de la fiche mémo de civilisation. Des élèves volontaires relisent.
- Les élèves collent la leçon dans le cahier.

Compétences langagières
- Lire et comprendre
- Écrire

Maison du son [eɪ]
- L'enseignant commence une maison de son de la diphtongue [eɪ] : *st**a**te, broadw**ay**, st**a**tion + gr**ey**, d**ay**, Mond**ay**, Tuesd**ay**, Wednesd**ay**, Thursd**ay**, Frid**ay**, Saturd**ay**, Sund**ay**, birthd**ay** …*

6. SUMMARY 1'

Qu'avez-vous appris ?
« *What did you learn?* »
Le nom de quelques curiosités de New York.

Synthèse
- Retour en français sur les acquis de la séance

PROLONGEMENTS

- **En autonomie**, les élèves peuvent jouer sur tablette à un jeu de Memory sur New York. Lien du jeu sur LearningApps : http://tinyurl.com/y8tbuwna

CROISEMENTS ENTRE ENSEIGNEMENTS

- **ENSEIGNEMENT ARTISTIQUES** : on peut montrer une courte vidéo du Top 10 des comédies musicales à Broadway, voire travailler sur un extrait plus long en particulier, suivant les projets de la classe. Lien : http://tinyurl.com/y84gdlb6
- **GÉOGRAPHIE** : si cela n'a pu être fait en anglais, il serait intéressant d'utiliser *Google Earth,* sur tablette ou ordinateur, pour zoomer sur New York et essayer de retrouver le quartier de *Madlenka* d'après l'illustration de Peter Sis. Les élèves peuvent ensuite chercher sur *Google Earth* les différents sites de la leçon de civilisation.

Extraits des programmes cycle 3. **Pratiquer différents langages en histoire et en géographie**. **S'informer dans le monde du numérique**.

- **HISTOIRE : le temps des Rois (CM1)**. On peut relier ce thème avec celui de la colonisation de l'Amérique et l'immigration (Ellis Island). En effet, lors des grandes explorations du Nouveau Monde, la région de New York a été découverte par un Italien au service du roi François Ier, en 1524. Plus tard, c'est le britannique Henry Hudson (d'où le nom du fleuve), au service de la compagnie néerlandaise des Indes Orientales, qui découvrit la baie de New York. Elle fut colonisée par les Néerlandais (New York fut nommée la Nouvelle Amsterdam). Il y eut plusieurs affrontements entre les tribus amérindiennes autochtones et les colons néerlandais et anglais qui massacrèrent les indiens *Delawares* …

Extraits des programmes, CM1 : le temps des Rois. On inscrit dans le déroulé de ce thème une présentation de la formation du premier empire colonial français, porté par le pouvoir royal, et dont le peuplement repose notamment sur le déplacement d'Africains réduits en esclavage.

- **MATHÉMATIQUES, nombres décimaux** : comparaison de nombres décimaux avec la hauteur des gratte-ciels, « skyscrapers ».

SÉANCE 2

UNE CARTE POSTALE / PRODUCTION D'ÉCRIT

Matériel

Dans le DVD-Rom

Pour l'étape 1

- Horloge (à construire avec les aiguilles)

Pour l'étape 2

- Flashcards collectives des sites de New York
- Flashcards individuelles des sites de New York

Pour les étapes 3 et 4

- Cartes postales recto et verso

- Cartes postales à compléter par les élèves

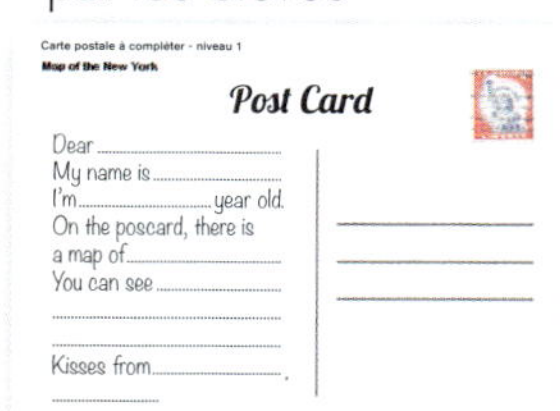

- Exemple de carte postale

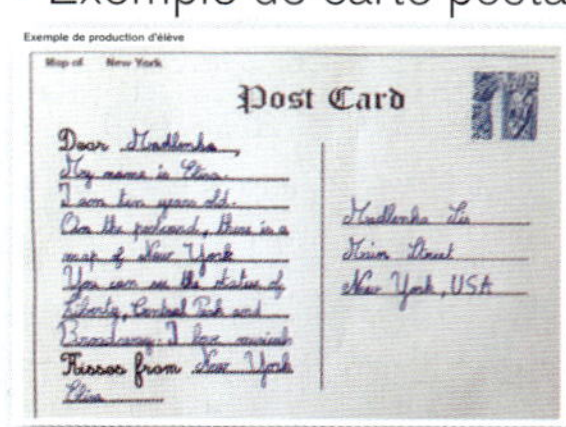

1. WARMING UP 10'

Activités ritualisées

- Déroulement habituel.
- Introduire le rituel « *What time is it?* », « *It's 9 o'clock* », avec l'heure pile, à partir de l'horloge de « *The Grand Central Station* » vue lors de la séance précédente. On utilisera l'horloge plastifiée pour dessiner les aiguilles et toute la journée, aux heures pile, on peut demander l'heure aux élèves et faire répéter, pour imprégnation.

Compétences langagières
- Réagir et dialoguer
- Écouter et comprendre

2. RECYCLING 5'

New York

L'enseignant fait rappeler aux élèves le nom des sites de New York et fait répéter à nouveau collectivement, si nécessaire.

Compétences langagières
- Écouter et comprendre
- Réagir et dialoguer

▸ **Jeu d'interaction orale : *Meet someone***

- Distribuer les mini flashcards.
- Chacun choisit une seule carte. Puis, les élèves se déplacent dans la classe et se demandent « *What can you see?* » et ils répondent « *I can see … the Empire State Building.* », par exemple.

> **Variante** Ils peuvent également réviser d'autres structures comme « *What have you got?* », « *I've got the Empire State Building.* » ou « *What do you like in New York?* », « *I like The Empire State Building* ».

- L'enseignant feuillète à nouveau le livre de **Madlenka** jusqu'à la page présentant Madlenka et sa dent qui tombe.

3. TEACHING 10'

A postcard

- L'enseignant montre au vidéoprojecteur une carte postale écrite par Madlenka. L'image est une carte des USA avec des emblèmes et des monuments célèbres, mais on retrouve des *buildings* et la statue de la Liberté. L'enseignant laisse un temps de lecture silencieuse afin que les élèves prélèvent des indices. Puis, ils expliquent ce qu'ils ont compris et posent des questions.
- L'enseignant lit ensuite la carte à haute voix et il fait relire quelques élèves volontaires afin que la classe s'imprègne du contenu de la carte postale.
- Expliquer aux élèves qu'ils vont écrire eux aussi une carte postale de New York, soit pour répondre à Madlenka, soit à quelqu'un d'autre, en prenant exemple sur le modèle.

Les élèves ont déjà fait ce type d'exercice dans la séquence 2.

- Distribuer le texte de la carte aux élèves. Leur demander de le relire et de chercher comment faire pour rédiger une carte avec ce modèle. Les élèves verbalisent leurs stratégies : repérer les mots à changer, en trouver d'autres pour se présenter, utiliser la leçon de civilisation en cas d'oubli, recopier sans erreur en regardant mots à mot ou lettre à lettre.
- Puis les élèves entourent les mots qui devront être changés dans leur carte.

Compétences langagières
- Écouter et comprendre
- Lire et comprendre

4. LEARNING 15'

Production d'écrit

- Présenter l'image de la carte postale que les élèves vont écrire. Ils reconnaissent un plan dessiné de New York avec les monuments vus lors de la séance précédente.
- Les élèves s'entrainent d'abord à compléter la carte à l'oral. Faire passer plusieurs élèves volontaires, surtout ceux qui pourraient être en difficulté.
- Les élèves vont devoir ensuite rédiger leur propre carte au brouillon. Corriger les productions écrites avant que les élèves ne les recopient au propre.

Compétences langagières
- Parler en continu
- Lire et comprendre
- Écrire
- Réagir et dialoguer

> **Variante** Pour les élèves en difficulté, on peut prévoir directement une carte avec un texte à trous, dans un premier temps.

L'enseignant passe dans les rangs, encourage, aide, corrige.

5. READING, WRITING 5'

Lecture de la carte

Les élèves volontaires lisent leur carte postale devant la classe. Ils la collent dans le cahier d'anglais, pour mémoire.

Compétences langagières
- Lire et comprendre

6. SUMMARY 1'

Qu'avez-vous appris ?

« *What did you learn?* »
Écrire une carte postale.

Synthèse
- Retour en français sur les acquis de la séance

PROLONGEMENT

- **En autonomie**, les élèves peuvent écrire d'autres cartes postales en utilisant les leçons de civilisation sur les autres pays anglophones.
- Travail avec l'application *Stop Movie Studio* sur tablette Ipad. Les élèves peuvent se photographier sur fond vert et opérer des montages avec des images de sites touristiques new-yorkais. Un exemple sur mon blog : http://tinyurl.com/ybahe2pw

CROISEMENTS ENTRE ENSEIGNEMENTS

- **FRANÇAIS / PRODUCTION D'ÉCRITS** : écrire des cartes postales en français provenant des différents pays étudiés en mettant en valeur un ou des site(s) touristique(s). Ex. : le Taj Mahal en Inde, la muraille de Chine, les pyramides mayas au Mexique, etc. et lien avec l'**HISTOIRE DES ARTS**.
  Extrait des programmes : **produire des écrits variés** en s'appropriant les différentes dimensions de l'activité d'écriture.
- **ÉDUCATION MUSICALE** : on pourra travailler sur le Jazz, **Harlem** (quartier de Manhattan) étant très vite devenue la capitale du Jazz. Lien sur le blog de Delfynus : http://tinyurl.com/y6v5e2un

SÉANCE 3

LES PAYS

Matériel

- Album **Madlenka**
- Mappemonde préparée avec les drapeaux des pays d'origine
- Flashcards des personnages de l'album à construire

Dans le DVD-Rom

Pour l'étape 2
- Fiche mémo Le Royaume-Uni (voir Album 3)
- La carte postale écrite lors de la séance 2

Pour les étapes 3, 4 et 5
- Flashcards collectives des drapeaux

- Flashcards individuelles des drapeaux

En amont, l'enseignant aura préparé une mappemonde avec les drapeaux des pays dont sont originaires les personnages. On peut s'aider de la mappemonde à la fin de l'album de *Madlenka*.

1. WARMING UP 10'

Activités ritualisées

Procédure habituelle.

Écriture autonome

Procédure habituelle.

Compétences langagières
- Réagir et dialoguer
- Écouter et comprendre
- Écrire

2. RECYCLING 5'

Le Royaume-Uni

- Les élèves relisent la fiche mémo sur le Royaume-Uni, « *the United Kingdom* ». Ils répètent le nom des pays : « *Great Britain, Scotland, Ireland, Wales* ». Rappeler que les drapeaux d'Irlande du Nord et du Sud sont différents. Demander également de répéter le nom « *Australia* ».
- De nouveaux élèves viennent lire leur carte postale rédigée lors de la séance précédente.

Compétences langagières
- Lire et comprendre
- Parler en continu

3. TEACHING 15'

Compétences langagières
- Écouter et comprendre
- Parler en continu

Lecture de l'album en entier

- L'enseignant lit l'album de **Madlenka** en entier, cette fois, de manière expressive, aidé des flashcards des personnages agrandis. Il montre sur la mappemonde les pays dont sont originaires les personnages.
- Les élèves expliquent ce qu'ils ont compris : Madlenka est une petite fille qui va annoncer aux gens de son quartier qu'elle a perdu une dent. Mais tous ces gens sont originaires de pays différents et parlent à Madlenka des spécialités, des monuments et des légendes de leur pays, si bien que Madlenka a l'impression de voyager à travers le monde lorsqu'elle fait le tour de son quartier. Les noms des personnages ont été choisis en fonction de leur pays d'origine.

Who? Where? When?

- Les élèves répondent aux 3 questions :
  WHO? *Madlenka, M. Gaston, M. Singh, M. Ciao, M. Eduardo, Mrs Grimm, Mrs Kham.*
  WHERE? *In New York City.*
  WHEN? Pas de précision de temps mais on peut supposer avant le repas, car, à la fin, les parents s'inquiètent de savoir où est leur fille et on voit une table.
- Les élèves restituent les mots anglais qu'ils ont reconnus : « *What words did you pick out?* » On retrouvera le lexique de la nourriture, les animaux, les couleurs et les noms de pays, mots transparents.
- Lors de la restitution, ne pas trop s'attarder sur les métiers (qui seront vus en séance 7) et sur les grandes illustrations qui seront étudiées en arts.

Les drapeaux des pays

- L'enseignant présente les flashcards-drapeaux des différents pays. Il dit « *M. Gaston's country is France, M. Singh's country is India, M. Ciao's country is Italy, M. Eduardo's country is Mexico, Mrs Grimm's country is Germany, Mrs Kham's country is China* ».
- La silhouette du pays et son nom accompagnent chaque flashcard, ce qui permettra aux élèves d'identifier plus facilement le pays.
- L'enseignant répète plusieurs fois à la suite le nom des pays à mémoriser : *France, Germany, Italy, India, Egypt, Mexico, China + the USA, England, Scotland, Ireland, Australia* (déjà rencontrés dans les séquences précédentes)

PHONOLOGIE :
Prononciation des noms de pays : ['frɑ:ns, 'dʒ3:məni, 'ɪtəli, 'ɪndɪə, 'i:dʒɪpt, 'mɛksɪkəʊ, 'tʃaɪnə, ju:-ɛs-eɪ, 'ɪŋglənd, 'skɒtlənd, 'aɪələnd, ɒ'streɪli:ə]

- L'enseignant fait répéter de nombreuses fois collectivement, en groupes et individuellement. Insister sur l'accent tonique (taper dans les mains).
- Pour rendre la répétition moins lassante, on peut faire un jeu de *What's missing?*

4. LEARNING 10'

Compétences langagières
- Écouter et comprendre
- Parler en continu
- Réagir et dialoguer

Activités à l'oral

Distribuer les flashcards individuelles des pays.

▸ **Jeu de compréhension : *Listen and order***

- L'enseignant énonce le nom des pays dans un certain ordre. Les élèves doivent ordonner leurs cartes sur la table. Un élève responsable peut mener le jeu au dos du tableau avec les flashcards collectives. Laisser ensuite des élèves volontaires mener le jeu.

▸ **Jeu de production orale : *Pick a card and say the word***

- Les élèves mélangent leurs tas de flashcards et tirent une carte chacun à leur tour. Ils doivent donner le nom des pays.

Niveau + : utiliser la formulation « *This is … Italy* »

▸ **Jeu d'interaction orale : *Meet someone***

- Chacun choisit une seule carte de pays. Puis, les élèves se déplacent dans la classe et se demandent « *What have you got?* » et ils répondent « *I've got [+ country]* ».
- Les élèves échangent leur carte à chaque fois, afin de ne pas répéter sans cesse le même nom de pays.

5. READING, WRITING 5'

Les personnages de l'album

- L'enseignant relit les pages avec les personnages. Il ne fait qu'une lecture partielle : « *Hello M. Gaston. My tooth is loose. M. Gaston is from France / Hello M. Singh, my tooth is loose. M. Singh is from India ...* »
- Les élèves écrivent le titre de l'album dans le cahier. Ils ordonnent les images des personnages dans l'ordre d'apparition, en suivant la lecture de l'enseignant. La correction se fait avec les illustrations de l'album.
- Puis, les élèves collent les images des personnages sur la mappemonde de Madlenka, à l'endroit de leur pays d'origine. Ils écrivent WHO? dans la marge.

Compétences langagières
- Lire et comprendre
- Écrire

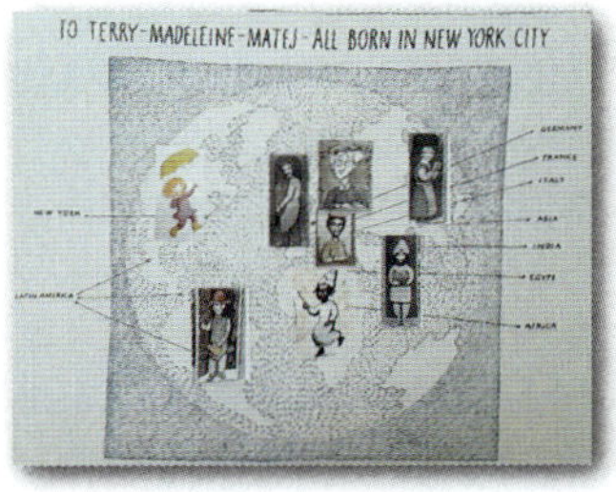

6. SUMMARY 1'

Qu'avez-vous appris ?

« *What did you learn?* »
Le nom de quelques pays en anglais.

Synthèse
- Retour en français sur les acquis de la séance

Lancer le projet

- Réaliser une page illustrée à la manière de Madlenka, avec le nom d'un commerçant, son origine, quelques éléments culturels sous forme de croquis. Pour cela, il faut apprendre le nom de quelques pays, le nom des nationalités et la structure « *Where are you from? I am from France / He-She is from France* » ...
- En géographie, les élèves pourront d'abord se renseigner sur le pays ou la capitale choisis, en faisant un court exposé en français.

CROISEMENTS ENTRE ENSEIGNEMENTS

- **GÉOGRAPHIE** : en vue du projet en anglais (production écrite et illustration), les élèves préparent de petits exposés sur le pays d'Europe dont ils sont originaires, qu'ils affectionnent ou qu'ils connaissent, sur une grande capitale européenne ou sur un autre pays du monde (monuments, spécialités, langue, monnaie...). De nombreux livres et imagiers en français existent sur le sujet, servant d'outils aux élèves. En anglais, on peut utiliser « *The travel book* » de Lonely Planet.

  Extrait des nouveaux programmes : **Thème 1, Découvrir le(s) lieu(x) où j'habite.** Le(s) lieu(x) de vie de l'élève est (sont) inséré(s) dans des territoires plus vastes, région, France, Europe, monde, qu'on doit savoir reconnaitre et nommer. Des études approfondies de certains lieux permettent aux élèves d'observer des réalités géographiques concrètes et de s'exercer au raisonnement géographique. La contextualisation, mettant en relation le lieu étudié avec d'autres lieux et avec le monde, donne la possibilité de continuer le travail sur les grands repères géographiques.
- **LITTÉRATURE** : on pourra créer un carnet de voyage sur les pays « visités » par Madlenka. L'album existe en français. On pourra aussi étudier un roman en littérature traitant du thème du voyage. Des listes de romans sur ce thème existent sur internet.
- **EMC** : découvrir d'autres cultures. Extraits des programmes : **La sensibilité : soi et les autres. Respecter autrui et accepter les différences.** Respect des autres dans leur diversité : les atteintes à la personne d'autrui (racisme), respect des différences, tolérance, respect de la diversité des croyances et des convictions.

SÉANCE 4

WHERE ARE YOU FROM? I AM FROM…

Matériel

- Lien youtube de la vidéo *Real English*

Lien de la vidéo Real English, jusqu'à 2'18 :
http://tinyurl.com/gpv2kqr

Dans le DVD-Rom

Pour les étapes 2, 3 et 4

- Flashcards collectives des drapeaux
- Flashcards individuelles des drapeaux

Pour l'étape 5

- Étiquettes mots de la question et de la réponse

Where	France	
are	you	
from	?	.
I	am	from

- Fiche mémo *Countries*

1. WARMING UP 10'

Activités ritualisées

Procédure habituelle.

Écriture guidée

Procédure habituelle.

Compétences langagières

- Réagir et dialoguer
- Écouter et comprendre
- Écrire

2. RECYCLING 10'

Révision des pays et de *be*

- Les élèves relisent la conjugaison du verbe *BE* sur le cahier.
- L'enseignant relit L'album **Madlenka** sans montrer les images. L'écoute est active : les élèves doivent numéroter les personnages dans l'ordre sur la mappemonde du cahier. La vérification se fait avec les illustrations. Les élèves écrivent le nom des personnages sous les images.

- Énoncer le nom des pays vus lors de la séance précédente et les faire répéter collectivement et en groupes.

▸ **Jeu de production orale : *Pick a card and say the word***

- Les élèves mélangent leurs tas de flashcards et tirent une carte chacun à leur tour. Ils doivent donner le nom des pays en anglais.

Niveau + : utiliser la formulation « *This is … Italy* »

Compétences langagières

- Écouter et comprendre
- Parler en continu
- Lire et comprendre

3. TEACHING 10'

Where are you from?

- Présenter la vidéo des dialogues de *Real English*, jusqu'à 2 mn 18 , où le présentateur interviewe des touristes.
- L'enseignant répète plusieurs fois la question « *Where are you from?* » en s'adressant aux personnages de *Madlenka*. Puis, il les fait répondre : « *I am from France* » (M. Gaston), « *I am from New York / USA* » (Madlenka), etc.

Compétences langagières

- Écouter et comprendre

PHONOLOGIE :
- Intonation descendante de la question ouverte « *Where are you from?* »
- Insister sur l'accent tonique (taper dans les mains).

- Faire répéter de nombreuses fois la question et la réponse collectivement, en groupes et individuellement.
- L'enseignant écrit la question et la réponse au tableau. Puis, il interroge des élèves volontaires qui répondent en utilisant leurs miniflashcards de pays.
- Au bout d'un moment, présenter les élèves interrogés : « *He/She is from France* ». Rappeler que pour parler de soi avec le verbe être en anglais *BE*, on dit « *I am* » ; pour *tu* on dit « *You are* » et pour présenter quelqu'un, on dira « *He is* » si c'est un garçon ou « *She is* » si c'est une fille.

4. LEARNING 10'

Activités à l'oral

Compétences langagières
- Écouter et comprendre,
- Parler en continu
- Réagir et dialoguer

▸ Jeu de compréhension orale : *Show me*
- Les élèves demandent en chœur : « *Where are you from?* » et l'enseignant répond avec le nom d'un pays vu en séance 3. Ex. : « *I am from Mexico.* » Les élèves lèvent alors la bonne flashcard. Laisser ensuite les élèves volontaires mener le jeu.

▸ Jeu d'interaction orale : *Find your partners*
- Chacun choisit une miniflashcard de pays. Les élèves se déplacent dans la classe et demandent : « *Where are you from?* ». Ils répondent : « *I am from …* ». Les élèves ayant la même carte doivent ensuite se regrouper.
- L'enseignant présente alors les groupes : « *They are from Australia. They are from France* », etc. Il fait répéter les élèves.
- Puis, les groupes parlent d'eux-mêmes. L'enseignant leur fait répéter plusieurs fois : « *We are from France. We are from England* », etc.

▸ Jeu de production orale : *Ball game*
- L'élève 1 dit : « *I am from Australia* » et passe le ballon à l'élève 2 qui le présente : « *He/She is from Australia* ». L'élève 2 dit à son tour « *I am from Germany* » et passe le ballon à l'élève 3. Etc.

5. READING, WRITING 5'

Vers l'écrit

Compétences langagières
- Lire et comprendre
- Écrire

- Si les élèves sont prêts à l'oral, l'enseignant peut demander de reconstituer la question avec les étiquettes-mots. Il fait passer plusieurs fois des élèves volontaires :

you	from	Where	are	?

Faire de même avec la réponse :

from	I	France.	am

Fiche mémo *countries*
- La fiche mémo sur les pays est distribuée aux élèves. Ils la lisent silencieusement. Lire la leçon à haute voix puis faire lire quelques élèves volontaires. Les élèves complètent la leçon puis ils la collent dans le cahier.

6. SUMMARY 1'

Qu'avez-vous appris ?

Synthèse
- Retour en français sur les acquis de la séance

« *What did you learn?* »
La question "*Where are you from?*" et la réponse "*I am from …*" pour parler de soi ou "*He/She is from …*" pour parler de quelqu'un d'autre.

PROLONGEMENTS

En autonomie : les élèves peuvent s'amuser avec les tablettes à faire des interviews entre eux ou dans la cour à la manière de *Real English*.

SÉANCE 5

NATIONALITÉS

Élément culturel

Toujours une majuscule à l'adjectif de nationalité en anglais.

Matériel

Lien youtube de la chanson « Where are you from? »
http://tinyurl.com/yco34onl

Flashcards collectives des personnages à fabriquer

Dans le DVD-Rom

Pour les étapes 2, 3 et 4

- Flashcards collectives des nationalités
- Flashcards individuelles des drapeaux

Pour l'étape 5

Exercice « *Where are you from?* »

1. WARMING UP 10'

Compétences langagières
- Réagir et dialoguer
- Écouter et comprendre
- Écrire

Activités ritualisées

- Déroulement habituel.
- On peut enrichir le rituel de l'anniversaire. Un élève demande à un autre « *When is your birthday?,* » « *My birthday is on [+ date] ...* ». Le responsable présente alors le camarade interrogé : « *His/Her birthday is on [+ date]* ». Il fait répéter cette phrase à d'autres élèves.

Écriture guidée

I am from + country.

2. RECYCLING 10'

Compétences langagières
- Écouter et comprendre
- Parler en continu

I am from...

▸ **Jeu d'interaction orale : *Find your partners***

- Chacun choisit une miniflashcard de pays. Les élèves se déplacent dans la classe et demandent : « *Where are you from?* ». Ils répondent : « *I am from ...* ». Les élèves ayant la même carte doivent ensuite se regrouper. Chacun doit garder sa carte pour la partie « *Teaching* ».
- Demander aux élèves de reconstituer la question et la réponse sur l'ardoise.
  L'enseignant écrit au tableau :

you	from	Where	are	?

from	am	New York	I	.

Niveau + : la question et la réponse sont mélangées.

you	from?	are	Where	am	from	the	I	USA.

3. TEACHING 10'

Compétences langagières
- Écouter et comprendre

Nationalités

▸ ***Find your partners***

- Les élèves ont gardé la carte choisie qui est posée sur le bureau.
  L'enseignant passe dans les rangs et dit à quelques élèves « *He is from Ireland. He is from Australia. She is from Egypt. She is from Italy* » etc. Faire répéter les phrases.

- Puis, parcourir les rangs à nouveau et préciser : « *He is Irish. He is Australian. He is Egyptian. She is Italian. He/She is English. He/She is Scottish. He/She is American. He/She is Indian. He/She is French. He/She is German. He/She is Mexican. He/She is Chinese* »
- L'enseignant fait parler les personnages de **Madlenka** sur le modèle « *I am French, I am Indian, I am Italian…* ».

PHONOLOGIE :
Prononciation des nationalités : Irish/ Australian/ Egyptian/ Italian/ English/ Scottish/ American/ Indian/ French/ Italian/ German/ Mexican/ Chinese.
['aɪərɪʃ. ɒ'streɪlɪən. ɪ'dʒɪpʃən. ɪ'tæljən. 'ɪŋglɪʃ. 'skɒtɪʃ. ə'mɛrɪkən. 'ɪndjən. frɛntʃ. ɪ'tæljən. 'dʒɜːmən. 'mɛksɪkən. tʃaɪ'niːz.]

L'enseignant fait répéter de nombreuses fois les nationalités, collectivement, en groupes et individuellement si nécessaire.

4. LEARNING 10'

Compétences langagières
- Écouter et comprendre,
- Parler en continu
- Lire et comprendre

Activités à l'oral

▸ Chanson
- Les élèves écoutent la chanson « *Where are you from? + nationality* » sur l'air de Frère Jacques.
- Sur le même modèle, ils chantent avec les flashcards collectives des nationalités.

▸ Jeu de compréhension et de production orale : *Snap*
- Les élèves jouent par groupes de 3 ou 4 avec un tas de flashcards-drapeaux individuelles étalées sur la table, faces visibles. Chacun à leur tour, les élèves vont dire une nationalité : « *I am French* » et le premier qui tape sur le drapeau français a gagné.

▸ Jeu de production orale : *All together*
- Les élèves se mettent par groupes de 4 ou 5. Ils ont un tas de flashcards-drapeaux individuelles. Ils en choisissent une et se mettent d'accord sur la réponse. L'enseignant interroge le groupe : « *Where are you from?* » et ensemble, les élèves répondent : « *I am from America.* » L'enseignant ajoute « *What's your nationality?* » Le groupe répond à l'unisson « *I am American.* »
- Reprendre le jeu avec un autre groupe. Pendant ce temps-là, le groupe qui est passé prépare une autre carte et donc une autre réponse.

Vers l'écrit

▸ *Match the pictures with the words*
Écrire les nationalités au tableau. Demander aux élèves de relier les flashcards des nationalités aux mots écrits au tableau. Reprendre plusieurs fois cette activité avec plusieurs élèves volontaires.

À noter

Information pour l'enseignant : les nationalités s'écrivent avec une majuscule en anglais.

5. READING, WRITING 5'

Compétences langagières
- Lire et comprendre
- Écrire

Exercice

- Les élèves font un petit exercice écrit : répondre à des questions comme le modèle en s'aidant de la banque e mots.

Niveau + : même exercice mais avec la 3e personne du singulier « *He is …* ».

6. SUMMARY 1'

Synthèse
- Retour en français sur les acquis de la séance

Qu'avez-vous appris ?

« *What did you learn?* »
Les nationalités en anglais.
On termine la séance par une relecture de l'album de **Madlenka**, pour le plaisir.

SÉANCE 6

JEU DE SOCIÉTÉ : *RISK AMBASSADOR*

Matériel

Prévoir plusieurs jetons de couleurs différentes.

Dans le DVD-Rom

Pour l'étape 2

Flashcards individuelles des drapeaux

Pour l'étape 3

Jeu *Risk Ambassador* :

- Un dé à fabriquer

- Un plateau de jeu

- Des cartes

- Carte Joker Madlenka

- Flashcards collectives des pays

Pour l'étape 5

Fiche mémo *Nationalities*

En amont, prévoir quelques dés déjà construits pour commencer une partie de jeu avec un groupe.

1. WARMING UP 5'

Activités ritualisées

À l'oral uniquement. Procédure habituelle.

Compétences langagières
- Réagir et dialoguer
- Écouter et comprendre

2. RECYCLING 10'

I am from…

Compétences langagières
- Réagir et dialoguer
- Écouter et comprendre
- Parler en continu

▸ **Jeu d'interaction orale : *Ball Game***

- Les élèves se présentent en se passant le ballon. Ils se demandent : « *Where are you from?* » ils répondent : « *I am from France, I am French.* »

▸ **Jeu de production orale : *The TV show***

- Les élèves se présentent avec un faux micro. Ils disent « *Hello, My name is … I am 10. I am from France. I am French* ». Comme ils sont évalués, ils peuvent s'entrainer un peu auparavant. Laisser passer les élèves en difficulté en dernier, pour leur laisser le temps d'écouter. Faire passer la 1re moitié de la classe.

3. TEACHING 10'

Risk ambassador

Compétences langagières
- Écouter et comprendre
- Parler en continu

- L'enseignant explique aux élèves que pour réviser le lexique des pays et des nationalités et les structures langagières, ils vont jouer à un jeu de société qui ressemble au « *Risk* ». Dans le jeu original, il faut conquérir des pays. Dans ce jeu, les joueurs sont ambassadeurs et ils doivent aller visiter plusieurs pays pour établir de saines relations entre eux. Le gagnant est le premier qui parvient à visiter tous les pays étudiés.

▸ **Règle du jeu**

- Le jeu se joue à 2 ou à 3. Chaque joueur possède plusieurs jetons de la même couleur à déposer sur les pays visités et un jeu de cartes à piocher permettant de poser son pion sur un pays.
- Il y a un dé : 1,0,2, ✧. Le 1 représente 1 carte à piocher et donc un pays à visiter, le 2 c'est 2 cartes et donc 2 pays, le 0 signifie qu'on passe son tour et l'étoile permet de prendre le pays d'un autre joueur, au choix.

- Mais il y a un mot de passe à respecter pour pouvoir déposer son pion sur un pays (même si on tombe sur l'étoile). Il s'agit de la structure langagière « *I am from [+country]. I am [+ nationality]* ». L'amorce du mot de passe est donnée sur la carte piochée. La carte Madlenka représente un joker si on s'est trompé dans un mot de passe.
- L'enseignant peut faire une partie avec plusieurs élèves juste avant pour montrer comment jouer.

4. LEARNING 15'

Jeu en autonomie

- Les élèves jouent en autonomie, par groupes de 2 ou 3.

L'enseignant passe dans les rangs, vérifie qu'on parle anglais, encourage, félicite, aide, répète et fait répéter.

- On peut prévoir plusieurs parties avec le même camarade ou non.

Compétences langagières
- Écouter et comprendre,
- Parler en continu
- Lire et comprendre

5. READING, WRITING 5'

Fiche mémo Nationality

- Les élèves collent la fiche mémo sur les nationalités dans le cahier d'anglais. Ils la lisent silencieusement. Puis, l'enseignant lit à haute voix et fait relire à des élèves volontaires.
- Les adjectifs de nationalité ont été regroupés par suffixe : « *-an* », « *-ish* » et les autres.

Compétences langagières
- Lire et comprendre

6. SUMMARY 1'

Qu'avez-vous appris ?

« *What did you learn?* »

Révision des pays et des nationalités dans un jeu de société type « *Risk* ».

On termine la séance par une relecture de l'album de **Madlenka**, sans les images. L'écoute est active : les élèves doivent lever la flashcard du personnage rencontré.

Synthèse
- Retour en français sur les acquis de la séance

PROLONGEMENT

En autonomie : les élèves pourront faire évoluer le jeu de Risk et attribuer des points à chaque pays, ce qui rendra le jeu plus intéressant lorsqu'il s'agira de prendre la place d'un pion adverse su un pays au choix (on choisira celui qui représente le plus de points).

CROISEMENTS ENTRE ENSEIGNEMENTS

FRANÇAIS : Travail sur les suffixes. Extraits des programmes : En CM1-CM2, on étudie de manière systématique un certain nombre de préfixes et de suffixes fréquents à partir de corpus de mots. Au fur et à mesure de leur découverte et de leur étude, les préfixes et les suffixes font l'objet d'un classement sémantique qui s'enrichit au cours du cycle.

SÉANCE 7

LES COMMERÇANTS

Matériel

Dans le DVD-Rom

Pour l'étape 2

Exercice sur les nationalités

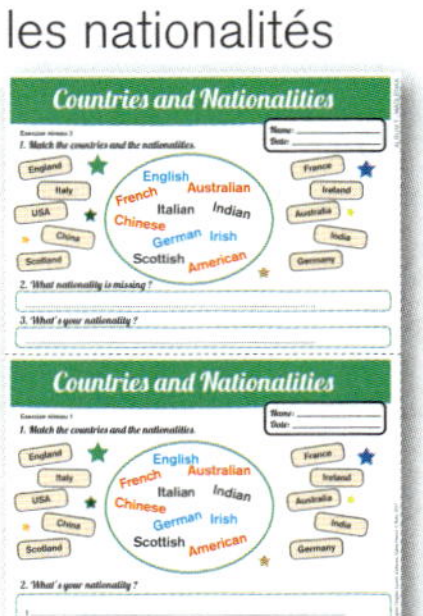

Pour les étapes 3 et 4

- Flashcards individuelles des pays
- Flashcards collectives des commerçants

- Étiquettes-mots

the baker
the news vendor
the greengrocer
the ice-cream man
the shopkeeper
the sweet shop lady
the snack bar man

Pour l'étape 5

- Fiche mémo sur les commerçants

1. WARMING UP 10'

Activités ritualisées

- Déroulement habituel.
- On peut enrichir la question sur les frères et sœurs. Un élève demande à un autre : « *Have you got a sister? A brother?* », « *I've got a brother* ». Le responsable présente le camarade interrogé : « *He has got a brother.* »

Il fait répéter cette phrase à d'autres élèves.

Écriture guidée

I am from [+ country], I am [+ nationality].

Compétences langagières
- Réagir et dialoguer
- Écouter et comprendre
- Écrire

2. RECYCLING 10'

Countries and Nationalities

- Jeu de production orale : ***The TV show***. Les élèves se présentent avec un faux micro. Ils disent : « *Hello, My name is ... I am 10. I am from France. I am French.* » Comme ils sont évalués, ils peuvent s'entrainer un peu auparavant. Laisser passer les élèves en difficulté en dernier, pour leur laisser le temps d'écouter. Faire passer la 2e moitié de la classe.
- Les élèves font un petit exercice écrit sur les nationalités. Il faut relier la nationalité avec le pays et répondre à une question sur sa nationalité.

Niveau + : même exercice mais il faut trouver la nationalité manquante (Réponse : *Indian*).

Compétences langagières
- Parler en continu
- Lire et comprendre
- Écrire

3. TEACHING 10'

Lexique : les commerçants

- L'enseignant relit l'album de Madlenka en entier. L'écoute est active : les élèves lèvent la flashcard du pays au fil des pages.
- Afficher les flashcards collectives des commerçants. Nommer chaque flashcard et vérifier auprès des élèves la bonne compréhension : « *the baker, the news vendor, the ice-cream man, the greengrocer, the shopkeeper* ».
- Les élèves peuvent s'appuyer sur des indices connus comme « *ice-cream* », « *news* » et « *shop* ».
- L'enseignant ajoute d'autres commerçants en vue du projet : « *The sweet shop lady, The snack-bar man* ».

L'enseignant peut écrire les mots au tableau. Ils sont une aide pour certains élèves.

Compétences langagières
- Écouter et comprendre
- Parler en continu

PHONOLOGIE :
- Réalisation du i long [iː] de *ice-cr**ea**m, shopk**ee**per, gr**ee**ngrocer, sw**ee**t*
- Réalisation du [ai] de ***i**ce-cream*
- Non réalisation du R final de *bake**r**, greengroce**r***
- Réalisation du [eɪ] de *b**a**ker, l**a**dy*
- Réalisation du [ð] de ***th**e* (attention, prononcé [ði] devant « *ice-cream* » à cause de la proximité de la voyelle i)

- On peut compléter les maisons de sons déjà réalisées avec les albums précédents.
- Répéter de nombreuses fois le nom des commerces. Puis, faire répéter collectivement, en groupes, voire individuellement.

4. LEARNING 10'

Activités à l'oral

▸ **Jeu de compréhension : *Point to***

- L'enseignant affiche les flashcards collectives à différents endroits de la classe. Lorsqu'il nomme les commerçants, les élèves doivent montrer la bonne flashcard. Laisser la place de meneur de jeu à des élèves volontaires au bout d'un moment.

Niveau + : les élèves disent, après avoir pointé du doigt : « *This is the ice-cream man* ».

Compétences langagières
- Écouter et comprendre
- Réagir et dialoguer
- Lire et comprendre

▸ **Jeu de production orale : *Who is missing?***

- Aligner les flashcards collectives des commerçants au tableau. Demander aux élèves de fermer les yeux « *Close your eyes* ». L'enseignant en enlève une et demande : « *Who is missing?* ». les élèves répondent : « *The baker is missing.* »

- Faire répéter encore une fois le nom des commerçants. Demander : « *Is it the news vendor?* ». Les élèves répondent « *Yes, it is* » ou « *No, it isn't* ». Répéter cette action avec les autres métiers plusieurs fois jusqu'à ce que les élèves aient bien compris.

▸ **Jeu de production orale : *Mime***

- Les élèves se mettent par groupes de 5. Un élève mime un métier et les autres doivent trouver. Ils demandent : « *Is it the news vendor?* ». L'élève qui mime répond « *Yes, it is* » ou « *No, it isn't* ». Veiller à changer les rôles.

Vers l'écrit

▸ ***Match the pictures with the words***

Demander de relier les flashcards des commerçants aux mots écrits au tableau. Reprendre plusieurs fois cette activité avec plusieurs élèves volontaires.

5. READING, WRITING 5'

Fiche mémo : les commerçants

- Coller la fiche mémo sur les commerçants et laisser un temps de lecture silencieuse. L'enseignant la lit à haute voix et demande à des élèves volontaires de la relire.

Niveau + : compléter la fiche mémo.

Compétences langagières
- Lire et comprendre
- Écrire

6. SUMMARY 1'

Qu'avez-vous appris ?

« *What did you learn?* »
- Les noms de quelques commerçants en anglais.
- Les élèves doivent choisir pour la séance prochaine sur quel pays ils vont travailler (pays, nationalité, commerçant) pour créer un nouvel épisode de *Madlenka*.
- Ils doivent revoir les fiches mémo sur les animaux, sur les pays anglo-saxons étudiés et sur la nourriture pour la séance prochaine.

Synthèse
- Retour en français sur les acquis de la séance

PROLONGEMENTS

CROISEMENTS ENTRE ENSEIGNEMENTS

ARTS VISUELS / ANGLAIS : l'enseignant fera travailler les élèves sur la richesse des illustrations de Peter Sis, les légendes des pays évoqués et sur une production plastique pour intégrer un nouvel épisode au livre. Les élèves pourront travailler seuls ou en binômes. Ils choisiront un pays et réfléchiront aux croquis à dessiner pour représenter ce pays (nourriture, monuments, animaux…). Ils listeront les contraintes à respecter pour rester dans l'esprit des illustrations du livre. Ils réaliseront ensuite leurs propres illustrations en fonction de cette liste.

Extraits du programme : **Mettre en œuvre un projet artistique.**

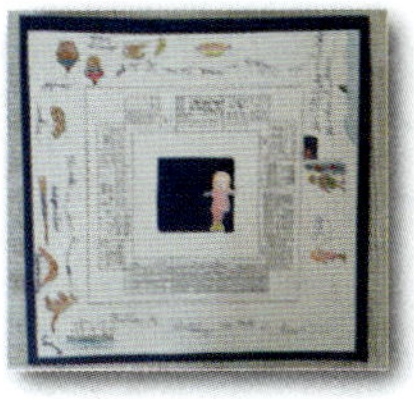

SÉANCE 8

LE PROJET : ÉCRIRE ET ILLUSTRER UN NOUVEL ÉPISODE DE *MADLENKA*

Matériel

Lien youtube de la chanson « Where are you from? »
http://tinyurl.com/yco34onl

Dans le DVD-Rom

Pour l'étape 2
- Flashcards collectives des commerçants
- Flashcards collectives des nationalités
- Flashcards individuelles des pays

En amont, l'enseignant aura travaillé sur la richesse des illustrations de Peter Sis, les légendes des pays évoqués et sur une production plastique pour intégrer un nouvel épisode au livre. Cette séance pourra se scinder en plusieurs parties si nécessaire (Anglais et Arts).

1. WARMING UP 5'

Activités ritualisées

À l'oral uniquement. Procédure habituelle.

Compétences langagières
- Réagir et dialoguer
- Écouter et comprendre

2. RECYCLING 10'

Activités à l'oral

▸ Jeu de production orale : *Mime*
- Les élèves se mettent par groupes de 5. Un élève mime un métier et les autres doivent trouver. Ils demandent : « *Is it the news vendor?* ». L'élève qui mime répond « *Yes, it is* » ou « *No, it isn't* ». Veiller à changer les rôles.

Compétences langagières
- Parler en continu
- Réagir et dialoguer
- Lire et comprendre

▸ Chanson
- Les élèves écoutent à nouveau la chanson « *Where are you from?* ». Puis, ils la chantent à cappella, avec quelques pays et nationalités étudiés.

Relecture de fichier mémo
- Des élèves volontaires relisent les fiches mémo sur la nourriture « *Food* » et les animaux « *Animals* ».

3. TEACHING 10'

Production d'écrit
- L'enseignant travaille sur le texte d'un passage de *Madlenka*. On choisit les amorces de phrases avec les élèves afin de rédiger un texte sur le même modèle (différenciation suivant le niveau des élèves).

Compétences langagières
- Écouter et comprendre
- Écrire
- Lire et comprendre

« *Hello M. … My tooth is loose.*
M. … is [job]
He is from [country].
He is [nationality].
He sells [food].
He has [food].
He tells me about [monuments, food, animals].
In [country], there is …/there are …[monuments, food, animals]. »

- Recopier ces phrases au tableau qui serviront de modèles.

Niveau + : les élèves rédigeront un texte plus long avec les parties écrites en gris.

GRAMMAIRE :
Les élèves remarquent le **–S** à la 3e personne du singulier pour les verbes *SELL* et *TELL*.

- Concernant la légende des croquis, certains mots seront peut-être à traduire mais les élèves devront également écouter la prononciation pour pouvoir lire leur texte plus tard.

4. LEARNING 20'
- Les élèves rédigent leur texte et terminent leurs croquis. L'enseignant passe dans les rangs, aide, encourage, suggère, répète, fait répéter.
- Lorsque les élèves ont terminé, ils s'entrainent à lire et à dire leur texte à haute voix. Ils peuvent s'enregistrer et s'écouter avec les tablettes.

Compétences langagières
- Écrire
- Lire et comprendre
- Parler en continu

5. SUMMARY 1'

Qu'avez-vous appris ?

« *What did you learn?* »
Création d'une nouvelle page du livre de Madlenka.

Synthèse
- Retour en français sur les acquis de la séance

PROLONGEMENTS

Groupes de langage et lecture à la classe. Les élèves prépareront leur lecture en groupes de langage durant les jours à venir et présenteront leur travail à la classe dès qu'ils seront prêts. Les productions pourront être exposées. L'enseignant assemblera les productions pour les conserver sous forme de livre en bibliothèque.

L'enseignant utilisera une **grille pour évaluer la copie au propre (Écrire : copier un texte court) et la lecture à haute voix (Parler en continu : lire à haute voix un texte bref).**

SÉANCE 9

WHAT TIME IS IT? IT'S … O'CLOCK

Élément culturel

La manière de donner l'heure en anglais.

Matériel

Lien youtube du chant :
http://tinyurl.com/ybr2s6en

Lien youtube de la chanson à geste sur l'heure :
http://tinyurl.com/ycwxsg3k

Lien youtube de la vidéo *Meg's Christmas* :
http://tinyurl.com/y7w259wo

Des horloges

Dans le DVD-Rom

Pour les étapes 2 et 3

Horloges pour les élèves et pour l'enseignant

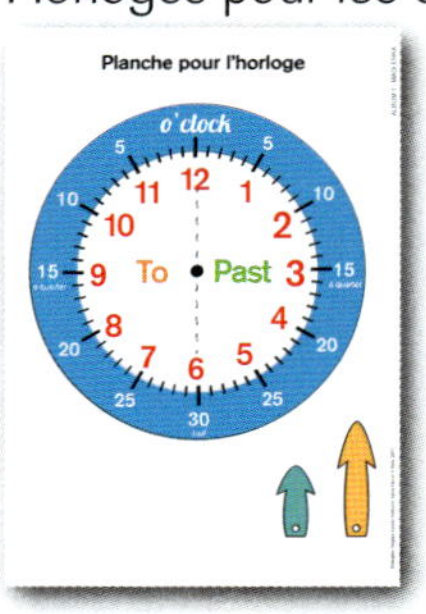

En amont, l'enseignant a vérifié que l'heure pile / et demie est bien connue des élèves en français.

1. WARMING UP 5'

Compétences langagières
- Réagir et dialoguer
- Écouter et comprendre

Activités ritualisées

À l'oral uniquement. Procédure habituelle.

2. RECYCLING 10'

Compétences langagières
- Réagir et dialoguer
- Écouter et comprendre

Activités à l'oral

▸ **Jeu d'interaction orale : *Find your partners***

- Chacun choisit une miniflashcard de pays. Les élèves se déplacent dans la classe et demandent : « *Are you from Scotland?* ». Ils répondent : « *Yes, I am / No, I am not* ».

▸ **Chant**

- L'enseignant fait écouter un « *chant* » (monologue rythmé). Il demande aux élèves ce qu'ils ont compris. Les élèves pratiquent le rituel de l'heure depuis la séance 2.

- Activité de compréhension : à la 2e écoute, les élèves suivent le « *chant* » en indiquant l'heure sur leurs horloges.
- Activité de production : à la 3e écoute, les élèves répondent ensuite aux questions posées sur l'heure dans la vidéo.

3. TEACHING 15'

Compétences langagières
- Écouter et comprendre

The time

- L'enseignant montre une courte vidéo du dessin animé *Madlenka* diffusé sur Sesame Street : *Madlenka goes to school.* Il donne un objectif d'écoute : à quel moment de la journée se passe cet épisode. Les élèves s'expriment rapidement sur ce qu'ils ont compris. Le réveil sonne au début de l'épisode : quelle heure est-il ? « *What time is it?* »
- Les élèves pratiquent le rituel de l'heure exacte depuis la séance 2.

À noter

Vérifier que tous les élèves ont bien compris l'heure pile.

Les élèves demandent en chœur : « *What time is it?* » et l'enseignant répond « *It's ten o'clock* ». Les élèves doivent indiquer l'heure sur leur horloge et la lever pour une vérification rapide. Reprendre plusieurs fois cette activité.

PHONOLOGIE :
Intonation descendante de la question ouverte.
Insister sur l'accent tonique (taper dans les mains).

GRAMMAIRE :
insister sur **la forme contractée**. Ici, « *It's* » est la forme contractée de « *It is* ».

Expliquer qu'en anglais, l'heure ne va que jusqu'à 12 « *twelve* » (pas 24, comme nous) : 12 h pour le matin, 12 h pour l'après-midi et le soir. Les Anglais disent donc 10 h du matin ou 10 h du soir.
Pour l'heure du matin, on dit « *in the morning* » ou « AM » (pour *ante meridiem*, mot latin qui signifie avant midi) et pour l'heure de l'après-midi ou du soir, on dit « PM » *(pour post meridiem*, mot latin qui signifie après-midi).

À noter

On peut trouver un moyen mnémotechnique pour retenir :
AM = **A**vant midi, **PM** = a**P**rès-midi.

Pour minuit, on dit « ***midnight*** » et pour midi, on dit « ***midday*** » (qui vient de mid-day, la moitié du jour).

4. LEARNING 10'

Compétences langagières
- Parler en continu
- Écouter et comprendre
- Réagir et dialoguer

Activités à l'oral

▸ Chanson à geste
- L'enseignant fait écouter la chanson à gestes sur l'heure. Ensuite, les élèves chantent en mimant les aiguilles avec leurs bras.

▸ Jeu de compréhension AM/PM
- L'enseignant sépare sa classe en 2 groupes. Le groupe 1 **AM** pour le matin, le groupe 2 **PM** pour l'après-midi. Il vérifie que chaque membre du groupe a bien compris où il se trouve.
- L'enseignant énonce des heures en anglais en précisant « *AM* »/ « *in the morning* » ou « *PM* ». Ex. : « *It's ten AM* ». Seuls les élèves du groupe 1 doivent mettre l'heure juste sur leurs horloges et les lever. Si c'est un élève de l'autre groupe qui lève l'horloge, le groupe perd un point.
- S'entrainer pendant quelques parties sans compter les points, pour vérifier la bonne compréhension du jeu.

▸ Activité de production orale : *Meet someone*
- Les élèves préparent leur horloge avec une heure pile. Ils se croisent en se montrant leur horloge et se demandent : « *What time is it?* » et ils se répondent : « *It's … o'clock* ».

5. READING, WRITING 5'

Grammaire : la forme contractée

- Les élèves copient la leçon de Grammaire à enrichir en fonction des remarques des élèves.

> La forme contractée
> En anglais courant, certaines combinaisons de mots s'écrivent (et se prononcent) sous une forme contractée.
> It's est la forme contractée de It is
> I'd like est la forme contractée de I would like
> I've got est la forme contractée de I have got
> isn't est la forme contractée de is not
> What's est la forme contractée de What is
> I'm est la forme contractée de I am
> …

Compétences langagières
- Écrire

6. SUMMARY 1'

Qu'avez-vous appris ?

« What did you learn? »

- L'heure et demie, l'heure en anglais pour le matin et l'après-midi, la forme contractée en anglais.
- Pour le plaisir, l'enseignant peut repasser l'extrait de ***Meg's Christmas***, vu dans l'album 3, où la sorcière donne l'heure du matin (+ forme contractée « *I'd like* »).

Synthèse
- Retour en français sur les acquis de la séance

PROLONGEMENTS

- **Dans les activités ritualisées** : les élèves donneront l'heure en précisant **AM** ou **PM**.
- **En autonomie** : les élèves peuvent visionner d'autres épisodes de *Madlenka* sur Youtube. Lien de la playlist : http://tinyurl.com/ydajrf4n

CROISEMENTS ENTRE ENSEIGNEMENTS

- **MATHÉMATIQUES** : **mesure de durées**. L'enseignant peut mener parallèlement une leçon sur les mesures de durées faisant intervenir l'heure et les horaires.

SÉANCE 10

WHAT TIME IS IT? IT'S HALF PAST…

Élément culturel

D'autres manières de dire l'heure en anglais.

Matériel

Des horloges

> **Lien youtube de la vidéo *Meg's Christmas* :**
> http://tinyurl.com/y7w259wo

Dans le DVD-Rom

Pour les étapes 2 et 3

Horloges pour les élèves et pour l'enseignant

Pour l'étape 5

- Fiche mémo *The time*

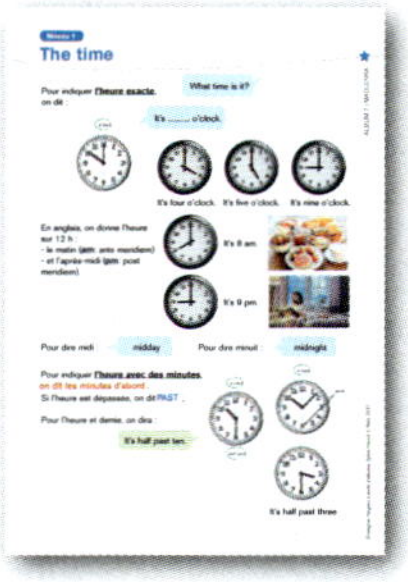

- Exercice avec les horloges

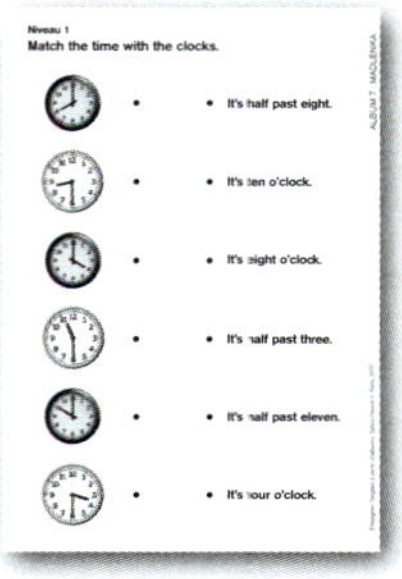

- Fleur lexicale

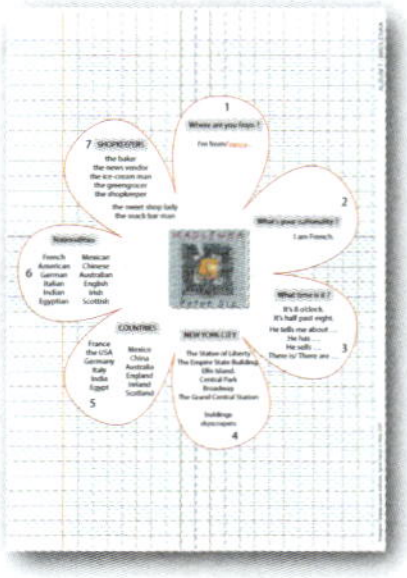

1. WARMING UP 10'

Compétences langagières
- Réagir et dialoguer
- Écouter et comprendre
- Lire et comprendre

Activités ritualisées
Procédure habituelle.

Lecture
Procédure habituelle.

Écriture guidée
Where are you from? I am from ….

2. RECYCLING 5'

Compétences langagières
- Parler en continu
- Réagir et dialoguer

Activités à l'oral
Les élèves chantent la chanson à gestes sur l'heure.

▸ ***Sketchtime***
Les élèves peuvent rejouer le passage de *Meg's Christmas* sur l'heure, entre le chat Mog et la sorcière Meg.

▸ **Activité d'interaction orale**
Des élèves volontaires préparent une heure pile sur leur horloge. Puis, ils interrogent leurs camarades : « *What time is it?* ». Ils répondent : « *It's ten o'clock* ».

▸ **Jeu de cour : « *What time is it, M. Wolf?* »**
5 élèves sont les loups et restent dans un espace en ligne du terrain. Les autres élèves sont les moutons, « *the sheep* », et restent dans un camp au bout du terrain. Ils demandent en chœur « *What time is it, M. Wolf?* ». Les loups se mettent d'accord et répondent : « *It's 5 o'clock* ». Les moutons avancent d'autant de pas que l'heure donnée, en direction des loups. Quand les moutons sont suffisamment près, les loups peuvent répondre « *Time for dinner!* » et ils poursuivent les moutons qui repartent en courant vers leur camp.

3. TEACHING 10'

Compétences langagières
- Écouter et comprendre
- Parler en continu

The time

▸ **L'horloge**
L'enseignant affiche sur son horloge 1 heure et demie. Jusqu'à présent, les élèves ne donnaient que l'heure exacte.

À noter
Les anglais disent les minutes en premier.

Lorsque l'heure est dépassée d'une demi-heure, on dit « *past* ».
« *Half past one* », « *It's half past one* ».

Niveau + : on peut introduire « *a quarter past …* »

PHONOLOGIE :
- Réalisation du [h]de ***half***

- L'enseignant fait répéter plusieurs heures et demie en bougeant les aiguilles sur son horloge « *half past two, half past 3 …* » jusqu'à 12.

À noter
Il est à noter qu'avec les montres digitales, les anglais peuvent lire l'heure littéralement. 10 h 30 pourra se dire « *ten thirty* ». 10 h **0**5 pourra se dire « ten **O** five ». Voilà pourquoi la question de l'heure peut être délicate à aborder à l'école primaire.

▸ **Activité de compréhension collective**
- L'enseignant énonce des heures <u>et demie</u>. Les élèves doivent bouger les aiguilles pour afficher cette heure sur leur horloge.
- Laisser la place aux élèves volontaires dès que possible.

▸ **Activité de production orale collective**
- L'enseignant prépare son horloge avec des heures et demie et demande aux élèves : « *What time is it?* » et les élèves interrogés répondent : « *It's half past …* »
- Faire répéter la classe collectivement à chaque fois.
- Interroger les élèves plus en difficulté en dernier, afin qu'ils écoutent et s'imprègnent d'abord.

4. LEARNING 10'

Activités à l'oral

Compétences langagières
- Écouter et comprendre
- Réagir et dialoguer.
- Lire et comprendre
- Écrire

▸ **Activité de compréhension avec les horloges**
- L'élève 1 énonce les heures et demie. Son camarade doit bouger les aiguilles pour afficher cette heure sur son horloge. Inverser les rôles.

Niveau + : on peut introduire « *a quarter past* … »

▸ **Activité de production orale : *Meet someone***
- Les élèves préparent leur horloge avec une heure et demie. Ils se croisent en se montrant leur horloge et se demandent : « *What time is it?* » et ils se répondent : « *It's half past* … »
- Reprendre ce jeu avec des horloges à heure pile et des horloges à heure et demie.

Niveau + : on peut introduire « *a quarter past* … »

Vers l'écrit
- Les élèves doivent remettre dans l'ordre la question et la réponse :

is	it	What	time	?

eight	is	o'clock	It	.

Niveau + :

time	it?	o'clock.	What	is	eight	It's

5. READING, WRITING 10'

Fiche mémo : l'heure

Compétences langagières
- Lire et comprendre
- Écrire

- Les élèves collent la fiche mémo sur l'heure. Ils la lisent silencieusement. Puis, l'enseignant la lit à haute voix et il fait relire plusieurs élèves volontaires.
- Les élèves complètent les bulles.

Exercice
Les élèves font un petit exercice où ils doivent relier les horloges dans avec la bonne heure. L'enseignant lit les heures à haute voix à chaque fois.

Niveau + : il y a une heure « et quart » et « midi » en plus.

6. SUMMARY 1'

Qu'avez-vous appris ?

Synthèse
- Retour en français sur les acquis de la séance

« *What did you learn?* »
- L'heure et demie.
- Pour terminer la séance, l'enseignant peut diffuser à nouveau l'épisode court de *Madlenka*. Il y a une sonnerie à la fin de l'épisode : quelle heure peut-il être ? (15 h 30, « *half past three* » car c'est la fin de l'école)

PROLONGEMENTS

- **Dans les activités ritualisées** : les élèves s'entrainent à donner l'heure pile ou et demie. À force d'écoutes et de productions orales, cela deviendra plus aisé pour eux de donner l'heure.
- **Dans l'évaluation** : seule la compétence « *Réagir et dialoguer* » sera évaluée concernant l'heure, **conformément au document d'accompagnement linguistique pour l'anglais au cycle 3**, compte tenu de la complexité de la question de l'heure. C'est aussi le choix de la plupart des académies dans leur évaluation de niveau A1. Toutefois, l'enseignant peut choisir d'aller plus loin, l'horloge fournie dans le DVD-Rom est prévue pour cela.

CROISEMENTS ENTRE ENSEIGNEMENTS

- **EPS**. L'enseignant peut mener le jeu « *What time is it, M. Wolf?* » pour une séance d'échauffement. On peut rajouter la demi-heure et faire ½ pas en plus des pas entiers.

SÉANCE 11

ÉVALUATION / MISE EN RÉSEAU

Matériel

Des horloges

Lien youtube de la description de New York :
http://tinyurl.com/ybmykn2x

Lien youtube des descriptions des pays d'origine :
http://tinyurl.com/y9z5mxpw

Lien youtube de l'histoire lue par un natif :
http://tinyurl.com/yc25tx3s

Lien youtube des vidéos de *Madlenka* :
http://tinyurl.com/ydajrf4n

Lien youtube de l'album *Madlenka's dog* :
http://tinyurl.com/y9ucs8uq

Dans le DVD-Rom

Pour l'étape 1

- Question box

- Grille d'évaluation

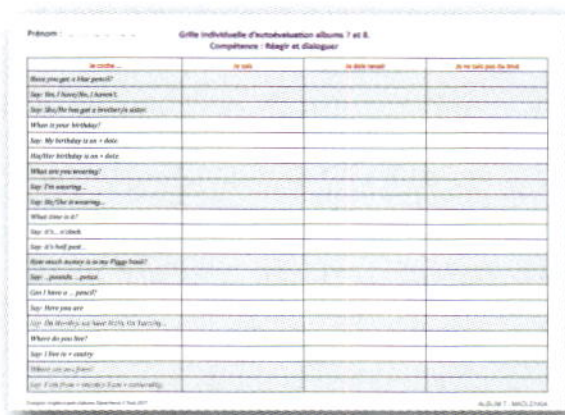

Pour l'étape 2

- Évaluation pour les élèves

1. WARMING UP 10/15'

Activités ritualisées

- Faire un jeu de Question Box à l'oral.
- Pour évaluer la compétence « Réagir et dialoguer/dialoguer pour obtenir des informations : l'heure », l'enseignant met en place un jeu de *Ball Game* avec la question « *What time is it? It's ...o'clock* ».

Niveau + : même jeu avec l'heure et demie. « *What time is it? It's half past...* ».

Compétences langagières
- Réagir et dialoguer
- Écouter et comprendre
- Parler en continu

2. ÉVALUATION 25'

Parler en continu et Réagir et dialoguer

Les élèves pratiquent leur évaluation de compréhension orale et écrite. Les compétences **Parler en continu** (chanson *Where are you from?*) et **Réagir et dialoguer** (activités ritualisées et jeux de *Ball game*) sont évaluées tout au long, pendant les moments de jeux ou de *Brain Break*.

Compétences langagières
- Écouter et comprendre
- Lire et comprendre
- Écrire

Écouter et comprendre

1. L'enseignant énonce des sites touristiques de New York. Les élèves doivent les numéroter dans l'ordre. L'enseignant dit : « *Now hop on the bus and make a tour of New York. You can see* ***1*** *: The Statue of Liberty,* ***2*** *: Ellis Island, where emigrants arrived,* ***3*** *: skyscrapers like The Empire State Building,* ***4*** *: Central Park, and* ***5*** *: Broadway and all the musical theaters.* »

Niveau + : l'enseignant ajoute « ***6*** *: Look at the famous Grand Central Terminal Clock!*»

2. L'enseignant fait écouter 3 fois un enregistrement avec des enfants qui se présentent. La première écoute permet de comprendre le sens, la 2e sert à prélever les informations et la 3e permet de vérifier ses réponses.

Les élèves doivent écrire les prénoms des enfants au bon endroit. Écrire les prénoms dans le désordre au tableau.
Texte du monologue :

- *"Hello! My name is* ***Madlenka****, I am seven years old. I am from New York in the USA. I am American.*
- *Hello, my name is* ***Nina****, I am nine years old. I am from Paris in France. I am a French baker.*
- *Hello, I am* ***Peter*** *from Australia. I am Australian.*
- *Hello! My name is* ***Alex****, I am ten and I am from London in England. I am English."*

Niveau + : ajouter "*Hello! My name is* ***Tom****, I am ten years old. I am from Ireland. I am Irish like the Leprechaun!*"

9. L'enseignant lit 3 ou 4 passages du livre dans le désordre : 1. la page *Eduardo* / 2. la page *M. Gaston* / 3. la page *Cleopatra* / 4. Niveau + : la page « *In the universe, on a planet, on a continent…* ».
Les élèves doivent numéroter les pages dans l'ordre entendu de 1 à 3 pour le niveau simple.

Niveau + : les élèves numérotent les images de 1 à 4, par contre.

Lire et comprendre

3. L'élève lit la carte postale et coche les sites mentionnés dans le texte.
4. L'élève répond aux questions en français.

Niveau + : a une phrase en plus sur les sentiments.
5. L'élève doit remettre la question dans l'ordre : *Where are you from?*
et la recopier.

Niveau + : la question et la réponse. *Where are you from? I am from France.*

Écrire

6. L'élève doit rédiger une carte postale, à l'aide du modèle et d'une banque de mots.

Niveau + : a une phrase supplémentaire sur les sentiments et moins de guidage avec le texte à trous.
7. L'élève répond à une question sur son pays d'origine.

Niveau + : l'élève répond sur sa nationalité.
8. L'élève décrit New York City, en s'aidant des mots de l'évaluation.
Les élèves qui ont terminé plus tôt peuvent réécouter l'histoire au casque MP3 ou visionner les vidéos de Madlenka.

3. EXPOSITION À UN LONG FLUX LANGAGIER 10'

Madlenka's dog

- Pour terminer la séance, l'enseignant lit ou fait écouter la lecture d'un autre album avec Madlenka : *Madlenka's dog*. On retrouve tous les autres personnages.
- Si nécessaire, faire repasser les élèves en difficulté sur les compétences « Réagir et dialoguer » et « Parler en continu ».

Compétences langagières
- Réagir et dialoguer
- Parler en continu
- Écouter et comprendre

Activités à l'oral

▸ **Jeu d'interaction orale : *Ball Game***
Les élèves se présentent en se passant le ballon. Ils se demandent : « *Where are you from?* ». Ils répondent : « *I am from France, I am French.* »

▸ **Jeu de production orale : *The TV show***
Les élèves se présentent avec un faux micro. Ils disent « *Hello, My name is … I am 10. I am from France. I am French.* »

PROLONGEMENTS

CROISEMENTS ENTRE ENSEIGNEMENTS

- **FRANÇAIS / CULTURE LITTÉRAIRE : mise en réseau.** En amont, l'enseignant peut présenter d'autres livres de Peter Sis en français. (Il y a des bandes annonces sur Youtube.) Dans son livre « *The Wall* » (le mur), Peter Sis montre l'intérieur de sa maison lorsqu'il était enfant, à l'époque du rideau de fer. Il a fui son pays pour cette raison. Extraits des programmes : **Se découvrir, s'affirmer dans le rapport aux autres.** Découvrir des récits d'apprentissage mettant en scène l'enfant dans la vie familiale, les relations entre enfants, l'école ou d'autres groupes sociaux.
- **ARTS PLASTIQUES** : dessiner l'intérieur d'une maison. Jamais on ne voit la maison de Madlenka, même dans les dessins animés. Elle est toujours à l'extérieur, pour découvrir le monde. Demander aux élèves d'imaginer l'intérieur de sa maison new-yorkaise…

Album 8

How to make an apple pie and see the world

Marjorie Priceman

- *Where do you live?*
- *English speaking countries.*

L'objectif de cette séquence est de rendre les élèves capables :

– de se présenter oralement en indiquant, entre autres, leur lieu de vie ;

– de répondre à un questionnaire écrit (pour compléter un passeport), en utilisant les structures langagières et le lexique étudiés.

Ce dernier album permet également de revenir sur du lexique et des structures déjà abordés dans l'année.

Marjorie Priceman est une illustratrice américaine qui a reçu de nombreux prix dont la prestigieuse médaille Caldecott. **How to make an apple pie and see the world** lui a valu également deux autres prix littéraires.

C'est l'histoire d'une jeune femme qui souhaite préparer une tarte aux pommes. Mais comme le supermarché est fermé, elle va partir autour du monde chercher les meilleurs ingrédients, en utilisant divers moyens de transport.

L'intérêt de cet album réside dans les illustrations hautes en couleur et dans le périple haletant à la recherche des ingrédients. La chute permet d'imaginer une suite, et la mappemonde à l'intérieur de l'album permet au lecteur de suivre les aventures de cette boulangère dynamique. L'histoire s'achève par la recette de la tarte aux pommes. Du point de vue des champs lexicaux, l'album permet de revoir les pays et de faire découvrir différents lieux de vie et quelques bâtiments d'une ville. On y aborde aussi les moyens de transport.

Lien du texte lu à haute voix :
http://tinyurl.com/manbobt

PROJET / TÂCHE FINALE

Se présenter oralement aux habitants de la plantation et se présenter par écrit en répondant au questionnaire du passeport.

AUTRE PROJET POSSIBLE

Dessiner des portraits d'enfants d'origines culturelles variées, en décorant les bordures de monuments, d'animaux et de plats typiques du pays (en lien avec l'EMC : l'Unicef). Ces oeuvres seront présentées à haute voix, à partir du dessin ou à partir d'un powerpoint reprenant les images choisies (projet mené par Aline Miltenberger, CM2, Villeneuve-Loubet)

COMPÉTENCES TRAVAILLÉES AUTOUR DE CET ALBUM

Attendus de fin de cycle et compétences travaillées dans le module *How to make an apple pie …*	Domaines du socle
Écouter et comprendre L'élève est capable de comprendre des mots familiers et des expressions très courantes sur lui-même, sa famille et son environnement immédiat. ▪ Comprendre des mots familiers et des expressions courantes. ▪ Comprendre des textes courts en s'appuyant sur des éléments connus. ▪ Suivre le fil d'une histoire simple : **How to make an apple pie and see the world**.	1, 2
Lire et comprendre L'élève est capable de comprendre des mots familiers et des phrases très simples. ▪ Comprendre des mots familiers et des phrases très simples. ▪ Comprendre des textes courts.	1, 2
Parler en continu : évalué avec la grille de l'enseignant tout au long de la séquence L'élève est capable d'utiliser des expressions et des phrases simples pour parler de lui et de son environnement immédiat. ▪ Se présenter oralement : ***« Introduce yourself »* (séance 5) évalué avec la grille de l'enseignant.** ▪ Lire à haute voix un texte bref. **Lecture du passeport (après la séance 7) évalué avec la grille de l'enseignant.**	1, 2, 3
Écrire L'élève est capable de copier un modèle écrit, d'écrire un court message et de renseigner un questionnaire simple. ▪ Copier des mots isolés et des textes courts. ▪ Renseigner un questionnaire. ***Passport* (séance 7) évalué pendant la séance.**	1, 2, 3
Réagir et dialoguer : évalué avec la grille de l'enseignant tout au long de la séquence L'élève est capable de communiquer de façon simple, à condition que l'interlocuteur soit disposé à répéter ou à reformuler ses phrases plus lentement et à l'aider à formuler ce qu'il essaie de dire. ▪ Établir un contact social **: *Ball game: Where do you live?*** ▪ Demander à quelqu'un de ses nouvelles et réagir en utilisant des formules de politesse **(activités ritualisées).** ▪ Dialoguer sur des sujets familiers : ***I go to school by …* (séance 6).**	1,2
Découvrir les aspects culturels d'une langue vivante étrangère et régionale Identifier quelques grands repères culturels de l'environnement quotidien des élèves du même âge dans les pays ou régions étudiés : ***les pays de langue anglaise* et fiche *All about me.***	1, 2, 3, 5

DÉCOUVERTE DE L'ALBUM

Matériel

- Album **How to make an apple pie and see the world**
- Mappemondes
- Facultatif (pour la mise en scène de l'album) : des sacs en papier kraft (1 par élève) et les ingrédients en petits sachets : des bâtons de cannelle, 1 paquet de sucre en poudre, 1 paquet de farine, des pommes, du sel, 1 plaquette de beurre, des œufs.

Dans le DVD-Rom

Pour l'étape 1

- Auto-évaluation
- Grille d'évaluation pour l'enseignant

Pour l'étape 2

Fiche mémo sur les pays (voir Album 7)

Pour les étapes 3, 4 et 5

- Flashcards collectives des ingrédients

- Flashcards individuelles des ingrédients

- Flashcards collectives des pays (voir Album 7) et des pays de l'album
- Affiche WHO? WHERE? WHEN?
- Mappemonde

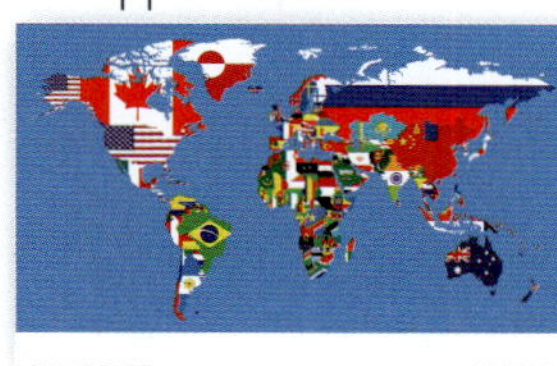

En amont, l'enseignant aura pris soin de préparer le matériel de cette séance (découpage des miniflashcards et des ingrédients).

1. WARMING UP 10'

Activités ritualisées à l'oral

- Procédure habituelle.
- Faire évoluer les activités ritualisées : l'emploi du temps. Depuis le début de l'année, les disciplines sont affichées au tableau suivant la journée. Le responsable énonce une discipline caractérisant chaque jour de la semaine. Il dit « *On Monday, we have Math, on Tuesday, we have Music, on Wednesday we have Arts …* »
- Rappeler aux élèves que le tableau d'autoévaluation pour l'album 7 concernant les activités ritualisées, est valable également pour cette séquence.

Compétences langagières

- Réagir et dialoguer
- Écouter et comprendre
- Lire et comprendre

2. RECYCLING 5'

Countries

▸ **Fiche mémo**

- Lecture d'une ancienne fiche mémo : *Countries (cf. Album 7).*

▸ **Jeu de production orale : *Ball game***

- L'élève 1 dit : « *I am from Australia* » et passe le ballon à l'élève 2 qui le présente : « *He/She is from Australia.* »
- L'élève 2 dit à son tour : « *I am from Germany* » et passe le ballon à l'élève 3. Etc.

Compétences langagières

- Parler en continu
- Lire et comprendre

3. TEACHING 15'

Mise en scène de l'album

- Si possible, mettre en scène l'album.
- Comme il s'agit de repartir en voyage à travers le monde, distribuer des sacs en papier kraft en guise de valise aux élèves. « *This is your suitcase to travel the world.* »

Compétences langagières
- Écouter et comprendre
- Lire et comprendre

Présentation de l'album

- L'enseignant présente l'album **How to make an apple pie and see the world**. Il montre la première de couverture et présente l'héroïne : « *She is a baker and she wants to make an apple pie. She has got a shopping list : apples, flour, sugar, cinnamon, salt, butter, egg.* »

Lexique des ingrédients et des pays

- Les ingrédients sont connus depuis la recette des « *pancakes* » dans l'album 4, sauf la cannelle « *the cinnamon* ».
- Si possible, se procurer des bâtons de cannelle pour faire sentir aux élèves.

GRAMMAIRE :
Rappel du changement de l'article « *a* » devant une voyelle qui devient « *an apple* ».

- Lire le texte de la première page et de la page suivante. Demander aux élèves ce que la boulangère va pouvoir faire puisque le supermarché est fermé : elle va partir en voyage autour du monde pour faire ses courses.
- Montrer la mappemonde à l'intérieur du livre et repérer les pays traversés : ***Italy, France, England, Sri Lanka, Jamaica, the USA***.
- Les élèves connaissent le nom des pays sauf « *Sri Lanka, Jamaica, Vermont-USA* ».
- Présenter les flashcards des pays et les situer sur la mappemonde.

PHONOLOGIE (compléter les maisons de sons déjà commencées) :
- Prononciation de **flour, sugar, cinnamon, salt, butter** : [flaʊə, 'ʃʊgə, 'sɪnəmən, sɔ:lt, 'bʌtə] et de **Sri Lanka, Jamaica, Vermont**: [sri 'lɑ:ŋkə, 'dʒɑ:maïca, və'mɒnt]
- Souligner la non-réalisation du R final de butte**r** et suga**r**

Lecture complète de l'album

- Lire l'histoire en entier et de manière expressive, en s'appuyant sur les illustrations, en utilisant les flashcards, en opérant des pauses pour montrer les illustrations.
- Demander aux élèves ce qu'ils ont compris.
- Puis quels mots sont reconnus « *What words did you pick out*? » Les élèves reconnaissent généralement les noms des pays, des ingrédients et de quelques animaux.
- Les élèves répondent aux questions WHO? WHEN? WHERE?
- Ils s'aperçoivent qu'il n'y a aucune indication de temps à part l'horloge de la gare et que ces voyages seraient impossibles dans la même journée. En profiter pour montrer l'horloge de la gare et demander aux élèves « *What time is it?* », « *It's 4 o'clock.* »
- L'enseignant revient sur les mots de l'album (ingrédients et pays). Il les répète de nombreuses fois puis les fait répéter collectivement, en groupes voire individuellement.

4. LEARNING 10'

Activités à l'oral

Compétences langagières
- Écouter et comprendre
- Lire et comprendre
- Parler en continu

► **Jeu de compréhension : *Point to***
- Les élèves travaillent en binômes avec la mappemonde du livre ou, à défaut, celle fournie dans le DVD-Rom : l'un des deux observe et valide. Puis, on échange les rôles.
- L'enseignant énonce les pays dans l'ordre de l'histoire et les élèves doivent repérer les pays sur la mappemonde et tracer le chemin avec leur doigt. « *Italy, France, Sri Lanka, England, Jamaica, Vermont-USA.* »
- Reprendre plusieurs fois cette activité si nécessaire pour bien repérer le trajet.

► **Jeu de compréhension en relais : *Pack your suitcase***
- Faire vivre le voyage et la collecte des ingrédients. Préparer des tables avec les noms des pays *(Italy, France, Sri Lanka, England, Jamaica, Vermont-USA).*

- Poser les tas de miniflashcards identiques des ingrédients sur chaque table représentant un pays. Mettre au même endroit les flashcards « *butter* » & « *milk* » qui correspondent à l'Angleterre.
- Faire des groupes de 7 élèves : 2 groupes passent, les autres écoutent, puis on inverse les rôles.
- Pendant la lecture partielle de l'album par l'enseignant, le groupe 1 travaillera au tableau et devra associer flashcards collectives des pays et flashcards collectives des ingrédients. Le groupe 2 devra remplir sa valise avec les miniflashcards des ingrédients sur les tables.
- Faire passer tous les groupes dans les 2 rôles.
- L'enseignant fait une lecture lente et partielle de l'histoire pendant que les groupes travaillent : « *Go to Italy to get some flour. Go to France to get an egg (and a chicken). Go to Sri Lanka to get some cinnamon. Go to England to get some milk and butter (and a cow). Go to Jamaica to get some salt and sugar. Go to the USA to get some apples.* »
- Les élèves conservent ensuite dans leur sac en papier leur tas de miniflashcards des ingrédients.

► **Jeu de production orale : *Memorize like an elephant***

- Laisser au tableau les flashcards des ingrédients alignées avec les pays de l'album. Les élèves travaillent en binômes. Chacun doit réciter dans l'ordre l'origine des ingrédients : « *The flour is from Italy, the egg is from France, the cinnamon is from Sri Lanka, the milk is from England, the sugar is from Jamaica, the apple is from the USA.* »
- Répéter d'abord plusieurs fois collectivement puis en groupe la récitation.

5. READING, WRITING 5'

Le texte de l'histoire

- L'enseignant écrit au tableau le texte qui reprend l'histoire et les élèves découpent et collent les ingrédients sur le pays correspondant de la mappemonde.
  The flour is from Italy, the egg is from France, the cinnamon is from Sri Lanka, the milk is from England, the sugar is from Jamaica, the apple is from the USA.
- Niveau + : les élèves peuvent s'entrainer à écrire les phrases de manière guidée, avec le réservoir de mots au tableau (ingrédients et pays regroupés en colonnes) et l'amorce : « *... is from ...* ».

Compétences langagières
- Lire et comprendre

6. SUMMARY 1'

Qu'avez-vous appris ?

« What did you learn? »
- Le nom des ingrédients de la tarte aux pommes, de nouveaux noms de pays et une nouvelle histoire.
- Les élèves conservent leur mappemonde et leur sac en kraft pour les séances suivantes. On peut laisser un bâton de cannelle pour parfumer le sac.

Synthèse
- Retour en français sur les acquis de la séance

SÉANCE 2

CIVILISATION : LES PAYS DE LANGUE ANGLAISE / LES USA

Éléments culturels

Les pays de langue anglaise. Fête calendaire : bientôt le 4 juillet, fête de l'indépendance des USA.

Matériel

- Album **How to make an apple pie and see the world**
- Mappemondes

Lien de la vidéo English Speaking Countries :
http://tinyurl.com/yat6b96k

Dans le DVD-Rom

Pour l'étape 1

- Questionnaire des rituels de l'année (niveaux 1 et 2)

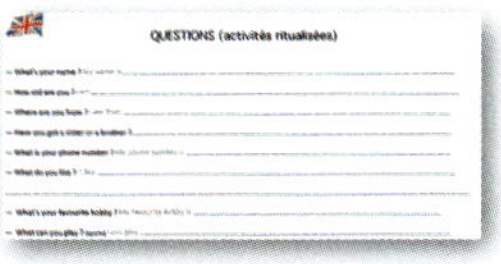

Pour les étapes 2, 3 et 4

- Flashcards collectives des ingrédients et des pays de langues anglaises (voir Album 7) et nouvelles
- Fiche mémo de civilisation *English Speaking countries*

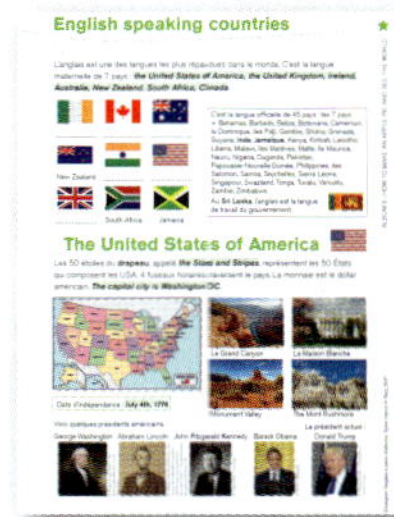

- Flashcards individuelles des pays de langues anglaises (voir Album 7) et nouvelles

1. WARMING UP 10'

Activités ritualisées

Compétences langagières
- Réagir et dialoguer
- Lire et comprendre
- Écrire

- Continuer à s'entrainer à énoncer les disciplines travaillées : *On Monday, we have Math. On Tuesday, we have Music…*
- Les élèves s'entrainent à lire les questions vues pendant l'année et essaient de répondre sur l'ardoise, avec aide du cahier et des affichages dans un premier temps. Ils peuvent utiliser leur feutre d'ardoise et la fiche d'entrainement, à glisser dans une pochette plastique. L'enseignant passe dans les rangs, encourage, aide, corrige.

– *What's your name? My name is …*
– *How old are you? I am ten.*
– *Where are you from? I am from France.*
– *Have you got a brother or a sister? Yes, I have a brother.*
– *What do you like? I like oranges and hamburgers.*
– *What's your favourite sport/hobby? My favourite hobby is reading.*
– *What can you play? I can play basketball.*

2. RECYCLING 10'

L'histoire de l'album

Compétences langagières
- Écouter et comprendre
- Parler en continu

▸ **Reprise du jeu de production orale : *Memorize like an elephant***

- Laisser au tableau les flashcards des ingrédients alignées avec les pays. Les élèves travaillent en binômes.
- Chacun doit réciter dans l'ordre l'origine des ingrédients : « *The flour is from Italy, the egg is from France, the cinnamon is from Sri Lanka, the milk is from England, the sugar is from Jamaica, the apple is from the USA.* »

Niveau + : les élèves reprennent la mappemonde avec les ingrédients collés. Ils doivent écrire les phrases de manière guidée, avec le réservoir de mots au tableau (ingrédients et pays regroupés en colonnes) et l'amorce : « *… is from …* »

3. TEACHING 15'

Les pays de langue anglaise

Compétences langagières
- Écouter et comprendre
- Lire et comprendre

- L'enseignant passe une courte vidéo sur les pays de langue anglaise. Il demande aux élèves s'ils ont reconnu certains pays, certains acteurs ou musiciens et de quelle origine ils sont. « *Where is he/she from? Where are they from?* ». Les élèves peuvent répondre par des phrases du type : « *Justin Bieber is from Canada* » …
- Une 2e écoute peut être nécessaire pour vérifier ; on peut faire des arrêts sur image.
- À l'écoute suivante, les élèves doivent noter sur l'ardoise les pays de langue anglaise. Leur demander pourquoi on revoit la reine d'Angleterre dans le passage consacré à l'Australie ? (revoir la fiche mémo de civilisation où on parle du Commonwealth).

▸ **Fiche mémo de civilisation**

- Distribuer la fiche aux élèves. Ils ont un objectif de lecture pour la première partie : ils doivent trouver les pays manquants dans la vidéo. Ils constatent le grand nombre de pays parlant anglais : rappeler l'origine coloniale de cette situation.

- Les élèves doivent retrouver le nom des pays correspondant aux drapeaux. Ils ont été vus avec l'album 7. Ils peuvent vérifier avec le cahier, si nécessaire. Les nouveaux drapeaux sont déjà légendés.

« *Label the flags with the name of the countries.* »

À noter

Le Sri Lanka et la Jamaïque ont été mis en gras puisque cités dans l'album étudié.

- L'enseignant fait répéter les mots « *South Africa* » et « *New Zealand* » collectivement et en groupes.

PHONOLOGIE (et compléter les maisons de sons déjà vues) :
- Prononciation de *South Africa* : [saʊθ 'æfrɪkə]
- Prononciation de *New Zealand* : [nju: 'zi:lənd]
- Considérer l'accent tonique et frapper dans les mains.

- Les élèves doivent ensuite retrouver les pays de langue anglaise sur le planisphère vierge de la fiche mémo de civilisation. Ils peuvent s'aider de leur atlas, de leur cahier d'anglais, du planisphère de la classe. Faire remarquer aux élèves qu'il y a au moins un pays de langue anglaise par continent.
- Un passage de la fiche mémo est dédié aux USA. Évoquer la déclaration d'indépendance du 4 juillet 1776, face aux Anglais qui avaient colonisé une bonne partie du pays.
- Les élèves situent le Vermont.
- L'enseignant évoque le *Grand Canyon* et *Monument Valley*, le *Mont Rushmore* avec les présidents qui ont marqué l'Histoire, et la maison blanche : « *The White House* ».

4. LEARNING 10'

Activités à l'oral

- Distribuer les miniflashcards des pays de langue anglaise aux élèves.

▸ **Jeu de compréhension : *Listen and raise the card***

- L'enseignant énonce le nom des pays et les élèves doivent lever la bonne flashcard.

Compétences langagières
- Écouter et comprendre
- Parler en continu
- Réagir et dialoguer

▸ **Jeu de production orale : *Snap***

- Les élèves jouent par groupes de 3 ou 4 avec 1 tas de flashcards individuelles étalées sur la table.
- Chacun à leur tour, les élèves vont énoncer le nom d'un pays : « *New Zealand* » et le premier qui tape sur la carte avec le drapeau a gagné.

Niveau + : les élèves peuvent employer le mot dans une phrase « *The country is New Zealand* ».

- Jeu d'interaction orale : ***Meet someone***. Chaque élève choisit une seule carte. Puis, les élèves se déplacent dans la classe et se demandent « *Is it … South Africa?* » et les autres répondent « *Yes, it is / No it isn't* ». Les élèves peuvent échanger leur miniflashcard à chaque rencontre pour ne pas poser toujours la même question.

5. SUMMARY 1'

Qu'avez-vous appris ?

« *What did you learn?* »

Les pays de langue anglaise.

Les élèves collent la fiche mémo dans le cahier.

Synthèse
- Retour en français sur les acquis de la séance

Pour terminer la séance, l'enseignant peut relire l'album **How to make an apple pie and see the world** ou passer la vidéo de la lecture en langue anglaise.

PROLONGEMENTS

- **En autonomie** : les élèves peuvent visionner une vidéo sur les sites remarquables aux USA. Lien de la vidéo : http://tinyurl.com/or725rl

CROISEMENTS ENTRE ENSEIGNEMENTS

- **GÉOGRAPHIE** : les élèves peuvent visionner sur Google Earth les sites touristiques américains, ceux du Canada, de la Nouvelle-Zélande ou d'Afrique du Sud.

Extrait des nouveaux programmes. **Pratiquer différents langages en Histoire et en Géographie** : utiliser des cartes analogiques et numériques a différentes échelles, des photographies de paysages. **S'informer dans le monde du numérique**.

- **HISTOIRE : le temps des rois (CM1).** Relier l'histoire des USA avec le temps de la colonisation du Nouveau Monde.

Extraits des programmes : On inscrit dans le déroulé de ce thème une présentation de la formation du premier empire colonial français, porté par le pouvoir royal, et dont le peuplement repose notamment sur le déplacement d'Africains réduits en esclavage.

SÉANCE 3

WHERE DO YOU LIVE? I LIVE IN ...

Matériel

- Album **How to make an apple pie and see the world**
- Mappemondes
- Flashcards collectives des personnages (à fabriquer à partir de photocopies de l'album)

Dans le DVD-Rom

Pour les étapes 2, 3 et 4

- Flashcards individuelles et collectives des pays de langues anglaises (voir Album 7) et nouvelles

Pour l'étape 5

- Exercice

En amont, l'enseignant aura préparé une mappemonde avec les drapeaux des pays dont sont originaires les personnages. On peut s'aider de la mappemonde au début de l'album **How to make an apple pie and see the world**.

1. WARMING UP 10'

Compétences langagières
- Réagir et dialoguer
- Lire et comprendre
- Écrire

Activités ritualisées

Procédure identique à la séance 2.

2. RECYCLING 5'

Compétences langagières
- Écouter et comprendre

Les pays dans l'album

- Les élèves reprennent leur mappemonde. Raconter l'histoire en entier à nouveau, sans montrer les images. L'écoute est active : les élèves doivent numéroter dans l'ordre les pays traversés par la boulangère. Puis, ils doivent entourer les pays de langue anglaise.
- La vérification se fait avec l'album et les flashcards collectives classées dans l'ordre.
- Les élèves collent la mappemonde dans le cahier et écrivent WHERE?

3. TEACHING 10'

Compétences langagières
- Écouter et comprendre
- Parler en continu

Where do you live?

- L'enseignant montre l'image de la fin de l'histoire avec les personnages. Le but est de les faire parler pour dire dans quel pays ils vivent. Les élèves doivent observer les illustrations pour retrouver les personnages.
- Scinder la classe en 9 groupes et distribuer 1 flashcard personnage à chaque groupe.
- L'enseignant relit l'album en entier en laissant le temps aux élèves d'observer les illustrations. À la fin de la lecture, il demande à chaque groupe : « *Where do you live?* » Les élèves font parler leur personnage et répondent par le nom du pays, ex : « *Jamaica* ». L'enseignant reprend et dit « *I live in Jamaica.* » Il fait répéter collectivement puis en groupes. Continuer ainsi avec les autres personnages.

- Faire répéter à nouveau de nombreuses fois la question « *Where do you live?* » et la réponse « *I live in France* » en faisant parler les personnages.
- Écrire la question et la réponse au tableau.
- Aligner ensuite au tableau les flashcards personnages avec les flashcards pays correspondantes.

PHONOLOGIE :
Intonation descendante de la question ouverte commençant par Wh.

▸ **Activité collective de compréhension : *Listen and raise the card***
- Les élèves ont 1 tas de flashcards individuelles des pays.
- Ils demandent en chœur : « *Where do you live?* » L'enseignant répond : « *I live in the USA.* »
- Les élèves doivent lever la bonne flashcard.

4. LEARNING 10'

Activités à l'oral

▸ **Jeu de compréhension et de production orale : *Pick a card and say the word***
- Les élèves sont en binômes. Ils ont 1 tas de flashcards individuelles des pays, faces visibles.
- L'élève 1 dit : « *I live in Italy* ».
- L'élève 2 doit montrer la bonne flashcard du pays.
- Puis, on inverse les rôles.

Compétences langagières
- Écouter et comprendre
- Parler en continu
- Réagir et dialoguer

▸ **Jeu d'interaction orale : *Find your partners***
- Les élèves choisissent chacun une miniflashcard de pays. Ils se déplacent dans la classe et se demandent lorsqu'ils se rencontrent : « *Where do you live?* » Ils répondent : « *I live in [+ pays de la flashcard] …* ».
- Les élèves ayant la même carte doivent ensuite se regrouper.

▸ **Jeu de production orale : *Ball game***
- L'élève 1 demande « *Where do you live?* » et passe le ballon à l'élève 2 qui répond : « *I live in Italy* », etc.
- L'enseignant en profite pour corriger, répéter et faire répéter.

5. READING, WRITING 10'

Vers l'écrit

- Les élèves lisent silencieusement la question « *Where do you live?* » au tableau. Puis, l'enseignant l'efface.

Sur l'ardoise, ils doivent reconstituer la question, puis la réponse :

Compétences langagières
- Lire et comprendre
- Écrire

live?	do	live	Where	you	I	France.	in

- Les élèves s'entrainent à écrire une phrase sur l'ardoise « *I live in …* »

▸ **Exercice**
- Les élèves font un petit exercice où il faut relier les personnages de l'histoire avec le pays où ils habitent. Puis, ils répondent aux questions.

Niveau + : les élèves rédigent quelques questions et réponses supplémentaires du type « *Where do you live?* *+ dessin de la vache,* « *I live in …* », « *Where do you live?* » *+ dessin du garçon avec le bermuda,* « *I live in …* », « *Where do you live?* » *+ dessin d'un drapeau,* « *I live in …* »

6. SUMMARY 2'

Qu'avez-vous appris ?

« *What did you learn?* »
La question « *Where do you live?* » et la réponse « *I live in …* »

Synthèse
- Retour en français sur les acquis de la séance

Lancer le projet

Les élèves vont devoir se présenter auprès des habitants de la plantation de canne à sucre pour pouvoir poursuivre le voyage. Ils vont donc devoir préparer une courte présentation en y ajoutant le lieu où ils vivent…
- Les élèves récapitulent rapidement ce qu'ils peuvent dire pour se présenter :

– *Name: My name is …*
– *Age: I am ten years old.*

– *Country: I am from France.*
– *Nationality: I am French.*
– *I live in* [+ nom de la ville]
– *My address is …..*
L'enseignant propose d'être plus précis pour présenter le lieu où l'on vit et de parler aussi de sa maison : « *I live in a house, in an apartment …* »

CROISEMENTS ENTRE ENSEIGNEMENTS

ENSEIGNEMENTS ARTISTIQUES / ARTS PLASTIQUES : dessiner l'intérieur de sa maison (à la manière des maisons de poupée, pour bien identifier les pièces de la maison). Ce dessin servira pour la séance suivante. Les élèves pourront s'aider de modèles, s'inspirer des idées de leurs camarades.

Extraits des programmes : **La représentation plastique et les dispositifs de présentation. La ressemblance** : découverte, prise de conscience et appropriation de la valeur expressive de l'écart dans la représentation. Recherche d'imitation, d'accentuation ou d'interprétation, d'éloignement des caractéristiques du réel.

SÉANCE 4

LA MAISON

Matériel

Dans le DVD-Rom

Pour l'étape 2

Bingo des heures

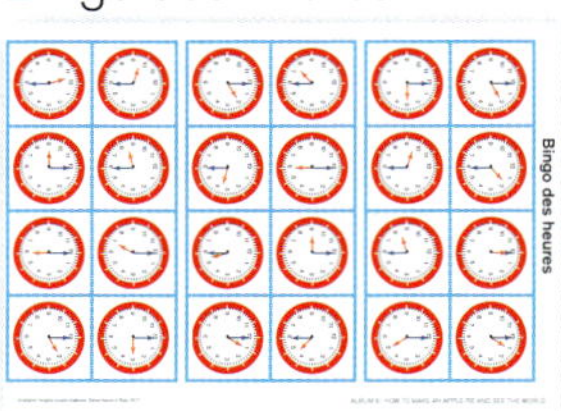

Pour l'étape 3 et 4

- L'intérieur d'une maison

- Flashcards collectives des pièces de la maison

- Flashcards individuelles des pièces de la maison

- Maison du [u:]

- Silhouettes de la vache et du poulet

Pour l'étape 5

- Fiche mémo *The house*

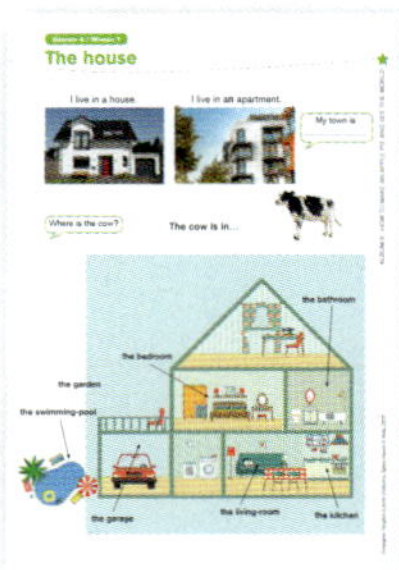

En amont, les élèves auront dessiné l'intérieur de leur maison.

1. WARMING UP 10’

Activités ritualisées

- Procédure identique à la séance 2.
- Introduire le rituel « *What time is it?* », « *It’s half past eight* », avec l’heure et demie, si les élèves s’en sentent capables.

Compétences langagières
- Réagir et dialoguer
- Lire et comprendre
- Écrire

2. RECYCLING 10’

Révisions de l’heure

Compétences langagières
- Écouter et comprendre
- Réagir et dialoguer
- Lire et comprendre

▸ **Activité de compréhension sur l’heure (révision) : *Bingo***

- L’enseignant énonce des heures piles ou et demie. Les élèves recouvrent leur carte d’un jeton. Les gagnants sont ceux qui ont recouvert toutes leurs cartes.
- Faire plusieurs parties. Laisser la place à des élèves volontaires pour mener le jeu dès que possible.

Where do you live?

▸ **Jeu de production orale : *Ball game***

- L’élève 1 demande « *Where do you live?* » et passe le ballon à l’élève 2 qui répond : « *I live in Italy* » Etc.
- L’enseignant félicite, encourage, corrige, répète et fait répéter.

▸ **Jeu à l’écrit**

- Sur l’ardoise, les élèves doivent reconstituer la question, puis la réponse :

live?	do	live	Where	you	I	[votre ville]	in

3. TEACHING 10’

Le lexique de la maison

Compétences langagières
- Écouter et comprendre

- Afficher l’image d’un intérieur de maison : « *This is a house* ».
- Demander si les élèves vivent en maison ou en appartement : « *Where do you live? In a house? In an apartment?* »
- Les élèves répondent par « *In a house, in an apartment* ».
- Reprendre ensuite en disant : « *I live in a house / I live in an apartment* »
- Nommer les flashcards des pièces de la maison, « *the rooms* » : *the kitchen, the living-room, the bathroom, the bedroom, the swimming pool, the garage, the garden*

Niveau + : *the office, the dining-room.*

PHONOLOGIE :
- Réalisation du [h] de ***h**ouse*
- Réalisation du [tʃ] de *ki**tch**en*
- Réalisation de la diphtongue [aɪ] de *d**i**ning-room* par opposition au [ɪ] de *l**i**ving-room*
- Réalisation du [ɑ:] long de *gar**a**ge*, *b**a**throom*
- Réalisation du [ʒ] de gara**ge**
- Prononciation de *garden* : ['gɑ:dn] et de *office* : [ɒfɪs]
- Réalisation du [u:] long de *r**oo**m* : *living-r**oo**m*, *dining-r**oo**m*, *p**oo**l*

Commencer une maison du son [u:].
Attention : tous les mots avec OO ne se prononcent pas forcément [u:]. C’est le cas de « *foot, look, book, wood* », par exemple, avec le son [ʊ]

- Les élèves récitent un virelangue (tongue twister) de plus en plus vite :
  The tooth is loose in the living-room or in the swimming pool.
- L’enseignant répète et fait répéter de nombreuses fois les mots, collectivement, en groupes, voir individuellement. Pour rendre la répétition moins lassante, on peut faire un jeu de ***What’s missing?***

▸ **Activité de compréhension et de production orale collective : *Point to***

- L’enseignant affiche les flashcards de la maison à plusieurs endroits de classe, bien en vue. À chaque fois qu’il énonce un mot, les élèves doivent montrer la bonne flashcard.
- Ensuite, demander « ***Where is the kitchen?*** » Les élèves montrent du doigt la flashcard de la cuisine.

4. LEARNING 10'

Compétences langagières
- Écouter et comprendre
- Réagir et dialoguer
- Parler en continu
- Lire et comprendre

Activités à l'oral

Distribuer les mini flashcards.

► **Jeu de compréhension orale : *Where is ...?***
- Les élèves jouent en binômes. 1 jeu de miniflashcards est étalé entre les élèves. L'élève 1 demande : « ***Where is ... the garden?*** » et l'autre doit montrer la bonne flashcard.
- Penser à inverser les rôles.

OU

► **Jeu de production orale : *Snap***
- Les élèves jouent par 3 avec un seul tas de miniflashcards étalées devant les joueurs. Le meneur ne joue pas. Il dit le nom d'une pièce de la maison et le premier des deux autres élèves qui tape sur la bonne carte marque 1 point (compter les points en anglais).
- Varier les rôles de meneur de jeu dans le groupe.

► **Jeu d'interaction orale en binômes : *Where is the cow?***
- Les élèves prennent leur dessin de maison réalisé en arts plastiques. Ils découpent la silhouette de la vache qu'ils déplacent dans la pièce de leur maison. L'élève 1 demande : « ***Where is the cow?*** » et l'autre répond « ***The cow is in the bedroom.*** »
- Reprendre le jeu avec le poulet : « *Where is the chicken?* »
- Penser à inverser les rôles.
- L'enseignant peut montrer un exemple au départ, si nécessaire.

Niveau + : faire utiliser le pronom personnel « *It* » employé pour les animaux, afin de remplacer « *chicken* » et « *cow* » : «***It****'s in the garden.* »

Vers l'écrit

L'enseignant écrit au tableau le nom des pièces de la maison.

► ***Match the pictures with the words***
- L'enseignant lit à haute voix les mots des pièces de la maison et fait relire par des élèves volontaires.
- Puis il demande de relier les flashcards des pièces de la maison aux mots écrits au tableau.
- Reprendre plusieurs fois cette activité avec plusieurs élèves volontaires.
- Sur l'ardoise, les élèves doivent recomposer la question et la réponse :

is	chicken	Where	the	?

is	the	chicken	bedroom.	The	in

Niveau + :

chicken?	the	is	the	Where	is	in	bedroom.	The	chicken

- On peut reprendre plusieurs fois l'activité en changeant le nom de la pièce de la maison.

5. READING, WRITING 5'

Compétences langagières
- Lire et comprendre
- Écrire

Fiche mémo

- Les élèves collent la fiche mémo sur la maison. Ils la lisent silencieusement.
- L'enseignant la lit à haute voix et fait lire ensuite quelques élèves volontaires.

Virelangue

- Pour terminer la séance, les élèves récitent à nouveau le virelangue de plus en plus vite :

The tooth is loose in the living-room or in the swimming pool.
- On peut prévoir une *battle* en groupes.
- Puis, ils collent la maison du son [u:] dans le cahier.

6. SUMMARY 1'

Synthèse
- Retour en français sur les acquis de la séance

Qu'avez-vous appris ?

« What did you learn? »

Le nom des pièces de la maison.

L'enseignant demande de revoir le lexique de la maison pour la séance prochaine.

PROLONGEMENTS

- **On peut prévoir une séance supplémentaire si nécessaire pour revoir le lexique de la maison, avec les mêmes activités et un jeu de cour** de type « *Steal the bacon* » (le béret). Un élève de chaque équipe a une miniflashcard des pièces de la maison. Les élèves crient en chœur « *Where do you live?* » et l'enseignant répond « *I live in a house with a living-room* ». Les 2 élèves qui ont la carte « *living-room* » doivent venir chercher le béret. Etc.

CROISEMENTS ENTRE ENSEIGNEMENTS

- **ÉDUCATION ARTISTIQUE :** nourrissage culturel. Des artistes ont travaillé sur le thème de la maison (Hundertwasser, Paul Klee, Antoni Gaudi). Des idées d'activités sur le blog : http://tinyurl.com/y866fnqr
- **SCIENCES** : la maison écologique, économiser l'énergie et la consommation domestique.
- **MATHÉMATIQUES** : aires et périmètres, exercices avec un plan d'une maison. Identifier les figures géométriques : le carré, le rectangle, sur le plan d'une maison.

SÉANCE 5

LE PROJET : SE PRÉSENTER

Matériel

Dans le DVD-Rom

Pour l'étape 2

Exercice *The house*

1. WARMING UP 10'

Activités ritualisées

Procédure habituelle.

Compétences langagières
- Réagir et dialoguer
- Lire et comprendre
- Écrire

2. RECYCLING 10'

Compétences langagières
- Réagir et dialoguer
- Lire et comprendre
- Écrire

▸ **Jeu de production orale : *Ball game***

- L'élève 1 demande « *Where do you live?* » et passe le ballon à l'élève 2 qui répond : « *I live in Italy* » Etc.

▸ **Exercice**

- Les élèves font un petit exercice (2 niveaux) où il faut relier les mots aux images des pièces de la maison et répondre à deux questions.

Niveau + : il y a deux mots en plus (*office* et *dining-room*).

- L'enseignant écrit la question « *Where do you live?* » au tableau. Les élèves s'entrainent à répondre à la question sur leur ardoise « *I live in* [votre ville] ».

3. TEACHING 5'

Compétences langagières
- Écouter et comprendre

Rappel du projet

- L'enseignant rappelle le projet : les élèves vont devoir se présenter auprès des habitants de la plantation de canne à sucre pour pouvoir poursuivre le voyage. Ils vont donc devoir préparer une courte présentation en y ajoutant le lieu où ils vivent…

À noter

Rappel de ce que les élèves peuvent dire pour se présenter (noter au tableau) :

– *Name: My name is …*
– *Age: I am ten years old.*
– *Country: I am from France*
– *Nationality: I am French*
– *I live in* [+ nom de la ville]
My address is …..

Ajouter :

– *I live in a house / an apartment with [+ rooms].*

- À l'aide de leurs dessins de maison, les élèves vont s'entrainer, d'abord, puis se présenter à la classe. Cela est assez rapide, tout le monde peut passer.

4. LEARNING **10'**

Se présenter

- Les élèves peuvent légender leur maison pour s'aider.
- Puis, par groupes de 4, ils s'entrainent à se présenter à l'oral, avec l'aide de leurs camarades.
- Certains s'aident du tableau, d'autres veulent écrire quelques mots-clés de leur texte.
- L'enseignant passe dans les groupes, encourage, félicite, aide, répète et fait répéter.

Compétences langagières
- Écouter et comprendre,
- Parler en continu
- (Écrire)

Astuce Si vous avez des tablettes, les élèves peuvent s'enregistrer.

5. READING, WRITING **10'/15'**

Se présenter devant la classe

Les élèves se présentent devant la classe avec leur dessin.

Compétences langagières
- Lire et comprendre
- Parler en continu

6. SUMMARY **1'**

Qu'avez-vous appris ?

« *What did you learn?* »
Se présenter à l'oral.

Synthèse
- Retour en français sur les acquis de la séance

SÉANCE 6

LE PROJET (SUITE) : COMPLÉTER SON PASSEPORT

Élément culturel

Le passeport américain.

Matériel

Dans le DVD-Rom

Pour l'étape 1

Questionnaire des rituels de l'année

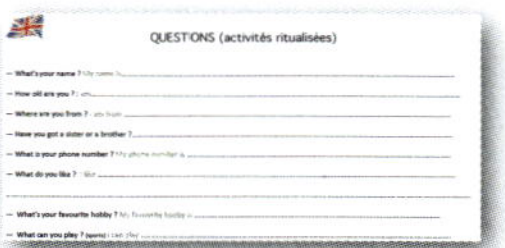

Pour l'étape 2

Questionnaire *All about me*

Pour les étapes 3 et 4

- Image d'un passeport

- Maquette du passeport

- Flashcards individuelles des drapeaux

- Jeu Risk Ambassador (voir Album 7)

Pour l'étape 5

- Fiche mémo *Passport*

- Fleur lexicale

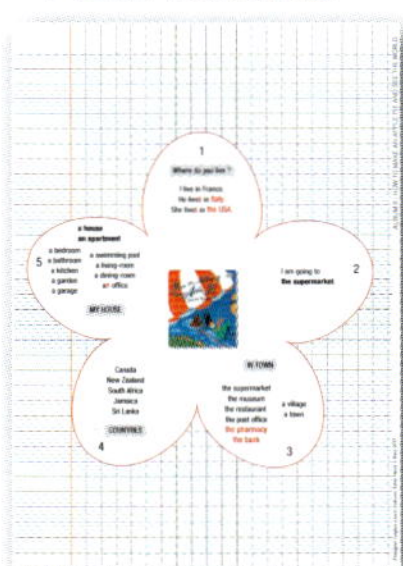

1. WARMING UP **10'**

Activités ritualisées

- Procédure habituelle.
- Lire et compléter la première fiche mémo *Greetings*, avec toutes les salutations vues dans l'année.

Compétences langagières
- Réagir et dialoguer
- Écrire

2. RECYCLING **5'**

Le questionnaire des activités ritualisées, à l'oral

- Les élèves prennent connaissance du questionnaire des rituels : ils le lisent silencieusement. Toutes les questions ont été étudiées dans l'année.
- En binômes, ils s'entrainent à répondre à l'oral.
- Des élèves volontaires viennent répondre à l'oral devant les autres élèves. Ils donnent leurs stratégies pour retrouver des réponses, en s'aidant des questions ou par analogie, en se rappelant des passages appris par cœur dans l'année, etc.

Compétences langagières
- Lire et comprendre
- Réagir et dialoguer

3. TEACHING 15'

Le passeport

Compétences langagières
- Lire et comprendre
- Écrire

- Présenter une image d'un passeport américain.
- Distribuer les maquettes de passeport aux élèves. Ils découpent la couverture et la plient en deux, face visible. Puis, ils font de même avec l'intérieur.
- Les élèves doivent ensuite remplir le questionnaire *All about me*, si possible sans s'aider du cahier. Le cahier ne doit intervenir que pour la vérification. Les élèves se corrigent d'abord seuls, puis en fonction des remarques de l'enseignant.
- Assembler ensuite les feuilles et les agrafer. Pour les parties blanches, les élèves peuvent coller les drapeaux coloriés des pays rencontrés dans les albums 7 et 8.

Niveau + : les élèves écrivent le nom des pays sous les drapeaux, avec l'aide du cahier d'anglais.

- Les élèves s'autoévaluent quant à leur capacité à répondre seuls à un questionnaire. En fonction des difficultés, faire retravailler les questions et les réponses qui ont posé problème, suivant les élèves.

4. LEARNING 10'

Activités à l'oral

Compétences langagières
- Écouter et comprendre
- Parler en continu

- Jeu de production orale : ***Ball game***. L'élève 1 dit « *I live in Italy* » et passe le ballon à l'élève 2 qui répète : « *He/She lives in Italy* », etc.
- L'enseignant félicite, encourage, corrige, répète et fait répéter.

GRAMMAIRE :
L'enseignant fait rappeler le –S au verbe conjugué à la 3e personne du singulier.

► ***Risk Ambassador***

- Les élèves peuvent rejouer au jeu de « *Risk Ambassador* » de l'album 7. Voir la règle du jeu expliquée en séance 6 (Album 7). Réutiliser les flashcrads individuelles des pays.
- Il y a un mot de passe à respecter pour pouvoir déposer son pion sur un pays (même si on tombe sur l'étoile) : cette fois, il faut poser la question et donner la réponse correspondant à la flashcard piochée. Ex. si on pioche la carte d'Angleterre : « *Where do you live? I live in England.* » La carte ***Baker*** (à fabriquer soi-même), représentant l'héroïne de l'album, constitue un joker si on s'est trompé dans un mot de passe.
- Le gagnant est celui qui a visité tous les pays en premier.

5. READING, WRITING 5'

Fiche mémo

Compétences langagières
- Lire et comprendre
- Écrire

- Les passeports sont conservés dans le sac en kraft, avec les minif ash-cards des pays et les miniflashcards des ingrédients.
- Lorsque ce module sera terminé, les élèves colleront leur passeport sur la fiche mémo prévue à cet effet. En attendant, les élèves lisent la fiche mémo et ils complètent les bulles.
- Certains élèves viennent lire leur passeport à la classe.

6. SUMMARY 1'

Qu'avez-vous appris ?

« *What did you learn?* »
Répondre à un questionnaire par écrit.

Synthèse
- Retour en français sur les acquis de la séance

ÉVALUATION

Éléments culturels

- La fiche « *All about me* » est souvent donnée aux élèves anglais à l'école.
- Différence entre *British English & American English* : « *favorite* » et « *color* » sont les mots américains. En anglais : « *favourite* » et « *colour* ».
- Le signe # est le signe indiquant le « n° ».

Matériel

Lien youtube de la description des maisons :
http://tinyurl.com/yaxl6me6

Lien youtube de la lecture de l'album à voix haute :
http://tinyurl.com/manbobt

Lien youtube de la recette de la tarte aux pommes :
http://tinyurl.com/yavpknld

Dans le DVD-Rom

Pour l'étape 1
Question Box

Pour l'étape 2
- Évaluation

- Recette de la tarte aux pommes

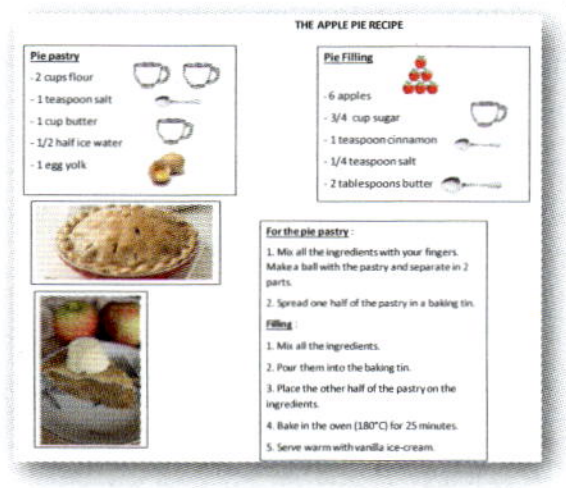

1. WARMING UP 5/10'

Activités ritualisées

- Reprendre une des activités de production orale de la séquence si certains élèves n'ont pas été évalués.
- Les élèves qui n'ont pas lu leur « *passport* » passent devant la classe.

Compétences langagières
- Réagir et dialoguer
- Écouter et comprendre
- Parler en continu

2. ÉVALUATION 25'

Compétences langagières
- Écouter et comprendre
- Lire et comprendre
- Écrire

Parler en continu et Réagir et dialoguer

Procédure habituelle.

Écouter et comprendre

1. L'enseignant énonce des pièces de la maison. Il dit : « *In my house, you can see **1** : a garden, **2** : a bedroom, **3** : a bathroom, **4** : a garage, **5** : a swimming pool* »

Niveau + : il ajoute « ***6** : a kitchen* ».

2. L'enseignant fait écouter 3 fois un enregistrement avec des personnes qui présentent leur maison. La première écoute permet de comprendre le sens, la 2e sert à prélever les informations et la 3e permet de vérifier ses réponses. Les élèves doivent écrire les noms des enfants au bon endroit. Écrire les noms au tableau.

Texte de la description :

– *Hello! My name is **Sarah**. I live in a house with a living-room, 1 bedroom, a kitchen, and a bathroom.*
– *Hello! My name is **Amelie**. I live in an apartment with a kitchen, a living room, a bathroom and 1 bedroom.*
– *Hi! My name is **Ellen**. I live in a house with a kitchen, a living-room, a bathroom and **2** bedrooms.*

Niveau + : ajouter « *Hi, my name is **Nicole**. I live in a house with a beautiful garden, an office, a kitchen, 1 bedroom, a bathroom and a living-room.* »

3. L'enseignant lit 3 ou 4 passages du livre dans le désordre : 1. la page *England* / 2. la page *Shopping list* / 3. la page *Sri Lanka* / 4. Niveau + : la page *Italy*.
Les élèves doivent numéroter les images de 1 à 3. Ils doivent ainsi relever des mots connus et faire le lien avec les images.

Niveau + : les élèves numérotent les images de 1 à 4.

Lire et comprendre / Écrire

4. L'élève remet la question et la réponse dans l'ordre : *Where do you live? I live in France.*

Niveau + : pas d'indication de ponctuation.

5. L'élève lit la page « *All about me* » et répond au questionnaire.

6. L'élève recopie la *shopping-list*.

Les élèves qui ont terminé plus tôt peuvent réécouter l'histoire au casque MP3 si vous en avez ou visionner la vidéo de **How to make an apple pie and see the world**.

3. READING, WRITING 15'/20'

Compétences langagières
- Écouter et comprendre

La recette de la tarte aux pommes

- On ne peut terminer cette séquence sans faire une tarte aux pommes, avec de la cannelle et de la glace à la vanille, si possible.
- Les élèves reçoivent la liste des ingrédients précis, pour la pâte et pour la garniture. Ils expliquent en français ce qu'ils ont compris, en lien avec le lexique connu et leurs connaissances des recettes de cuisine.
- L'enseignant fait visionner la vidéo. Les élèves peuvent prendre des notes. Ils préparent ensuite leur tarte aux pommes par groupes (variable suivant vos possibilités).
- Les élèves collent la recette dans le cahier d'anglais. Lire à haute voix puis fait lire quelques élèves volontaires.

On peut prendre des photos des élèves pour les coller en souvenir dans le cahier.

PROLONGEMENTS

Si vous souhaitez aller plus loin et travailler sur le lexique de la ville avec la structure « *Where are you going?* », vous pouvez suivre l'exploitation sur mon blog. Lien : http://tinyurl.com/y7yockwf

CROISEMENTS ENTRE ENSEIGNEMENTS

FRANÇAIS / PRODUCTION D'ÉCRITS : la fin de l'histoire laisse supposer une suite, car l'héroïne veut de la glace à la vanille, et le supermarché est à nouveau fermé. Les élèves peuvent inventer la suite de l'histoire en français, avec un nouveau voyage autour du monde pour rechercher les ingrédients de la glace à la vanille.

Extraits des nouveaux programmes : Produire des écrits variés en s'appropriant les différentes dimensions de l'activité d'écriture.

À noter

Deux séances facultatives sont proposées dans le DVD-Rom :
- Séance 8 : Les moyens de transport
- Séance 9 : La ville

Présentation du DVD-Rom

Toutes les ressources nécessaires à la mise en œuvre, organisées par albums ou par type de documents, sont proposées dans le DVD-Rom.

Pour les activités ritualisées :

– un tableau d'évolution des activités ritualisées dans l'année

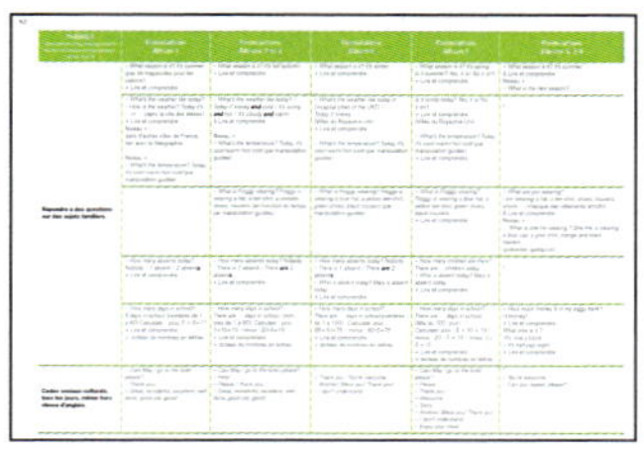

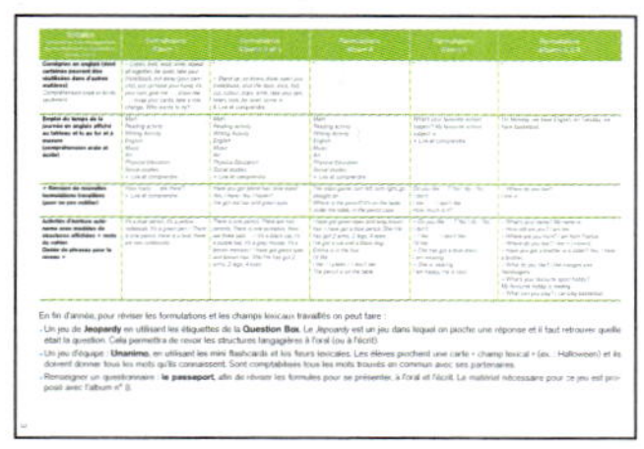

– des cartes « Question Box » pour travailler la compétence langagière « Réagir et dialoguer »

– différents supports à utiliser au cours de ces activités

Pour chaque album :

– une carte mentale « Enseignement de l'anglais et éléments culturels travaillés autour de l'album »

– une carte mentale « Croisements entre enseignements possibles avec cet album »

– des flashcards collectives et individuelles

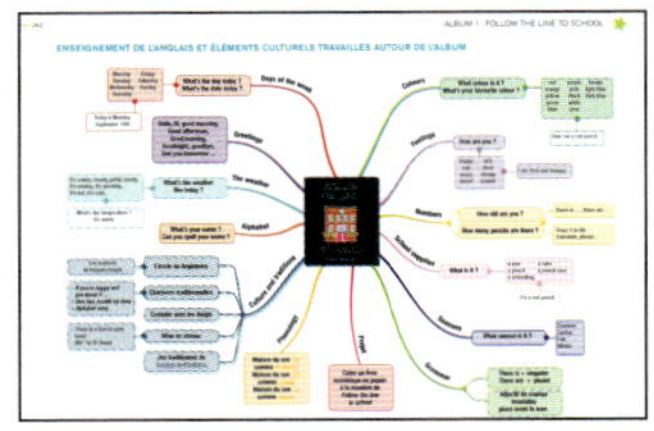

– des étiquettes-mots

happy	fine
sad	angry
cold	hot
sick	hungry
thirsty	scared

eyes	a nose
toes	teeth
legs	hair
a mouth	shoulders
arms	hands
ears	a foot / feet
a head	fingers

– des fiches mémo (2 niveaux)

niveau 1

niveau 2

niveau 1

niveau 2

– des fiches mémo de civilisation (1 seul niveau)

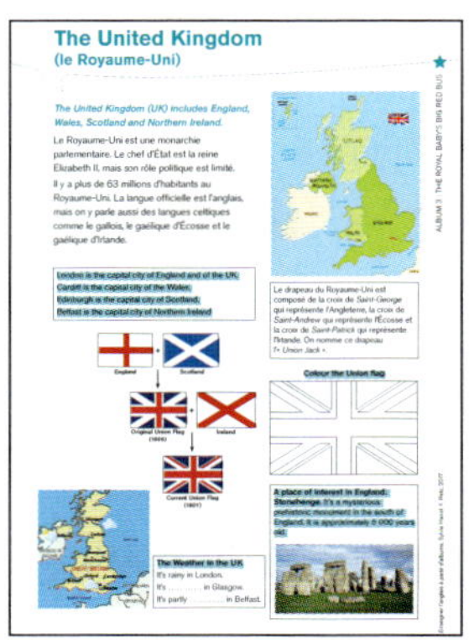

– des paroles de chanson

– des exercices et des jeux (2 niveaux)

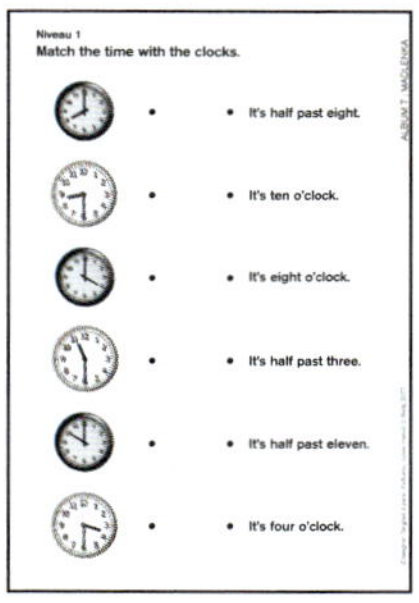

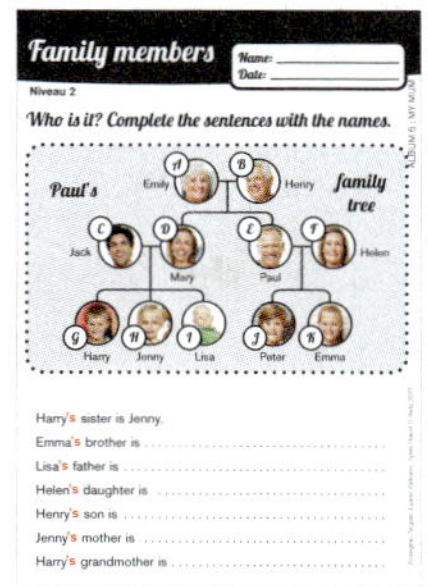

– des évaluations pour les élèves (2 niveaux)

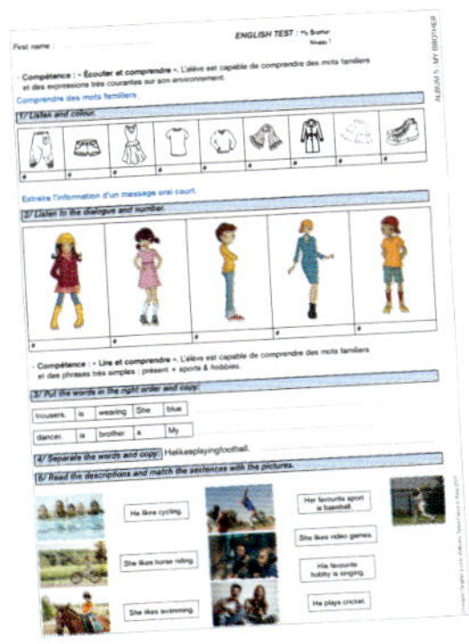

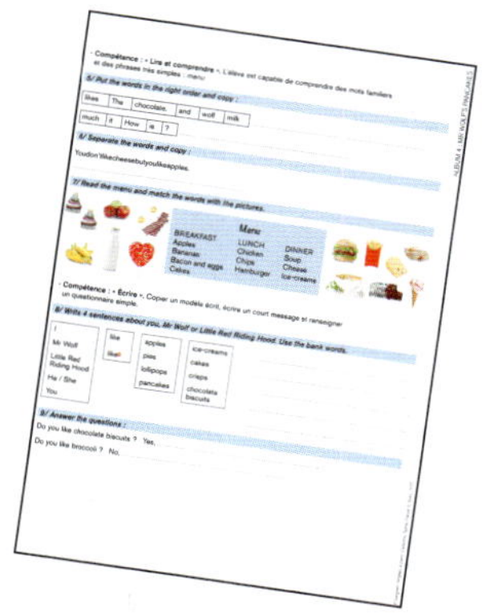

– des grilles d'autoévaluation pour les élèves
– des fleurs lexicales pour faire le point sur le lexique appris avec l'album
– des maisons du son

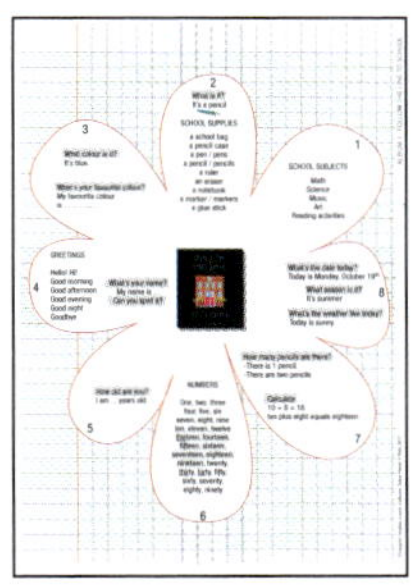

Pour l'enseignant :
– des exemples de production d'élève

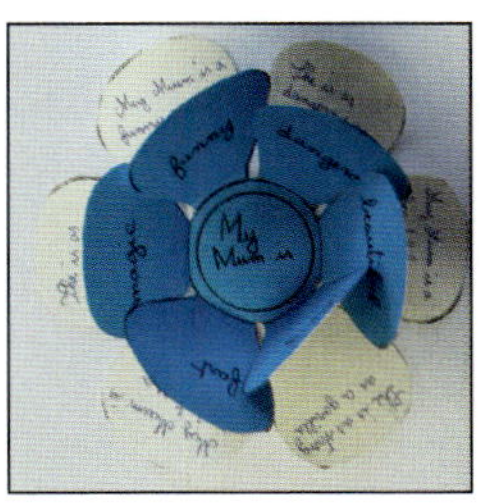

– pour l'évaluation : les compétences évaluées et un exemple de tableau d'évaluation, des compétences orales et un cahier de progrès

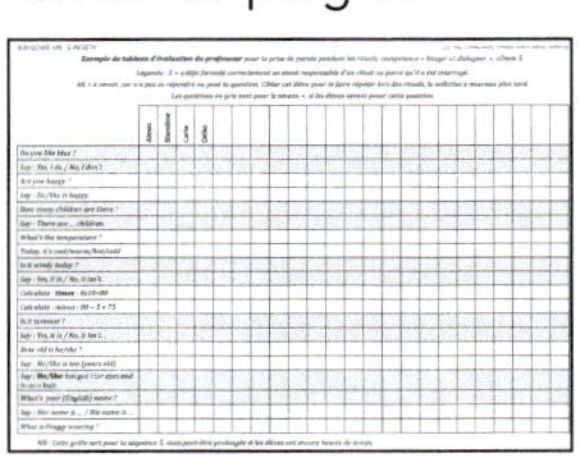

Utilisation du DVD-Rom

• Installer le DVD-Rom

Sur PC : Insérer le disque dans votre lecteur. L'installation se lance automatiquement. Si ce n'est pas le cas, aller dans « Poste de travail » (menu « Démarrer »), cliquer sur le fichier « Enseigner_Anglais_Albums_CM1CM2_PC.exe » et suivre les étapes d'installation jusqu'à la fin. Une icône s'affiche alors sur le « bureau » : double cliquer dessus pour lancer le DVD.

Sur Mac : Insérer le disque dans votre lecteur et double-cliquer sur l'icône pour l'ouvrir. Double cliquer sur « Enseigner_Anglais_Albums_CM1CM2.dmg » puis glisser l'application dans le dossier « Applications ».
Aller dans le dossier « Applications » et double cliquer sur « Enseigner_Anglais_Albums_CM1CM2_Mac.app ».
L'insertion du DVD n'est plus nécessaire une fois l'application installée sur l'ordinateur (PC et Mac).

Sur Linux : Insérer le disque dans votre lecteur et double-cliquer sur l'icône pour l'ouvrir. Double-cliquer sur « Enseigner_Anglais_Albums_linux64.tar.gz ». Une fenêtre s'ouvre. Double-cliquer sur « Enseigner_Anglais_Albums » pour lancer l'application. Il est également possible de faire un clic droit sur « Enseigner_Anglais_Albums_linux64.tar.gz », cliquer sur *Extract Here* et une fois le dossier décompressé : cliquer sur « Enseigner_Anglais_Albums » pour lancer l'application.

• Naviguer dans le DVD-Rom

Cliquer sur le logo pour accéder au site des éditions Retz.

Cliquer sur la catégorie ou l'album souhaité pour accéder aux ressources associées.

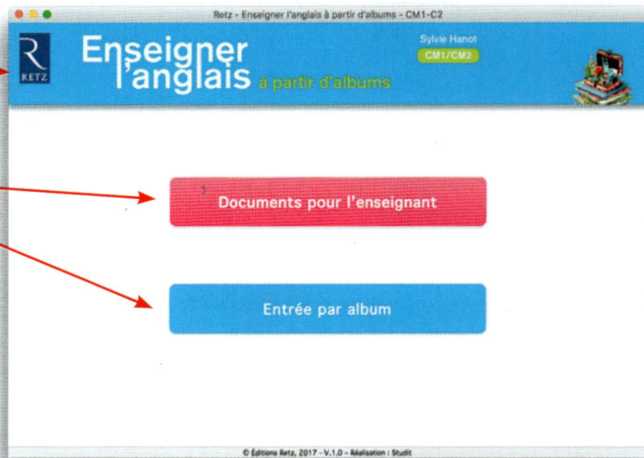

Cliquer sur le bandeau supérieur pour retourner à l'écran d'accueil.

Le nom de la catégorie ou de l'album s'affiche en noir.

Cliquer sur ces boutons pour accéder directement aux autres ressources, sans repasser par l'écran d'accueil.

L'ensemble des ressources associées à l'album s'affiche dans la partie droite de l'écran.

Configurations requises
PC : Windows 7, 8, 10. **Mac** : IOS 10.5, 10.6, 10.7, 10.8, 10.9, 10.10, 10.11, 10.12, 10.13. **Linux** : Ubuntu 16.04 / Flash Player 11 / Internet Explorer 8 ou versions ultérieures, Firefox version 3.4 ou versions ultérieures, Chrome, Safari, Opera toutes versions.